中国历史研究院首批"兰台青年学者计划"项目(编号：LTQN2021LX601)资助

国家社科基金重大招标项目（编号：22&ZD232）资助

山东省高等学校高水平学科"曲阜师范大学中国史"资助

海洋教育与高中历史教学

Marine Education and History Teaching in High School

孙晓光　张赫名　李智昊　著

中国社会科学出版社

图书在版编目（CIP）数据

海洋教育与高中历史教学 / 孙晓光等著. -- 北京：中国社会科学出版社，2024.12. -- ISBN 978-7-5227-4714-9

Ⅰ. G633.512

中国国家版本馆 CIP 数据核字第 2025ZZ4435 号

出 版 人	赵剑英
责任编辑	宋燕鹏
责任校对	王文源
责任印制	李寡寡

出　　版	中国社会科学出版社
社　　址	北京鼓楼西大街甲 158 号
邮　　编	100720
网　　址	http://www.csspw.cn
发 行 部	010-84083685
门 市 部	010-84029450
经　　销	新华书店及其他书店
印　　刷	北京明恒达印务有限公司
装　　订	廊坊市广阳区广增装订厂
版　　次	2024 年 12 月第 1 版
印　　次	2024 年 12 月第 1 次印刷
开　　本	710×1000　1/16
印　　张	27.25
字　　数	378 千字
定　　价	156.00 元

凡购买中国社会科学出版社图书，如有质量问题请与本社营销中心联系调换
电话：010-84083683
版权所有　侵权必究

目 录

导 言 …………………………………………………………（1）

第一章　高中历史教学中海洋教育的探索
　　　　——以教学组织形式为视角 …………………………（4）
　第一节　海洋教育在高中历史教学中实施的必要性与
　　　　　可行性 ……………………………………………（5）
　第二节　海洋教育在高中历史教学中的现状分析 …………（11）
　第三节　探讨进行海洋教育的多种形式及实施策略 ………（20）

第二章　海洋教育在高中历史教学中的实施 ………………（47）
　第一节　相关概念界定 …………………………………………（48）
　第二节　以"和谐海洋"为导向的海洋教育在高中历史
　　　　　教学中实施的必要性和可行性 ………………………（51）
　第三节　以"和谐海洋"为导向的海洋教育在高中历史
　　　　　教学中的实施现状 ……………………………………（59）
　第四节　以"和谐海洋"为导向的海洋教育在高中历史
　　　　　教学中的实施对策 ……………………………………（68）

第三章　统编版高中历史必修教材海洋教育内容研究 ………（91）
　第一节　海洋教育内容及其在历史教学中的应用价值 ………（91）
　第二节　统编高中历史必修教材海洋教育的内容分析 ……（102）

第三节　海洋教育内容在统编版必修教材中的应用
策略 ……………………………………………（120）
第四节　统编版历史必修教材海洋教育内容的应用
案例设计 ………………………………………（126）

第四章　高中历史教学中开展海洋教育研究
　　　　——以人海关系为视角 ……………………（137）
第一节　高中历史海洋教育相关概念界定 …………（138）
第二节　高中历史开展人海关系视角下的海洋教育的
必要性与可行性 ………………………………（146）
第三节　高中历史开展人海关系视角下的海洋教育现状
调查及分析 ……………………………………（155）
第四节　高中历史开展人海关系视角下海洋教育的
原则策略 ………………………………………（187）

第五章　高中历史"海洋教育主题教学"研究 ………（207）
第一节　海洋教育主题教学相关概念界定 …………（208）
第二节　高中历史海洋教育中开展主题教学的必要性
与可行性 ………………………………………（213）
第三节　高中历史统编版必修教材海洋教育内容梳理
与分析 …………………………………………（224）
第四节　高中历史海洋教育主题教学设计步骤 ………（246）
第五节　以"维护海权"为主题的海洋教育教学
案例呈现 ………………………………………（256）

第六章　高中历史教学中海洋意识培养研究 …………（277）
第一节　海洋意识的内涵及发展概况 …………………（278）
第二节　高中生海洋意识现状调查 ……………………（281）
第三节　《中外历史纲要》中海洋意识教育内容分析 ……（288）

第四节　高中历史课堂海洋意识培养原则与策略 ………… (299)
　　第五节　《中外历史纲要》中海洋意识培养案例分析 …… (302)

第七章　海洋文化融入高中历史教学的策略研究 ………… (329)
　　第一节　海洋文化概念界定 ……………………………… (330)
　　第二节　海洋文化融入高中历史教学的价值 …………… (335)
　　第三节　高中历史统编版教科书中海洋文化内容和
　　　　　　特点 ……………………………………………… (341)
　　第四节　海洋文化融入高中历史教学现状调查分析 …… (355)
　　第五节　海洋文化融入高中历史教学的步骤策略 ……… (371)

参考文献 ……………………………………………………… (419)

后　记 ………………………………………………………… (429)

导　言

在漫长的历史长河中，蔚蓝色的海洋一直是人类探索、征服与交流的舞台。它不仅孕育了丰富的自然资源，更见证了文明的兴衰更迭与文化的交流碰撞。在全球化的时代背景下，海洋的重要性愈发凸显。从国家层面来说，党的十八大提出了"海洋强国"战略，包括提高资源开发能力、发展海洋经济、保护生态环境以及坚决维护国家海洋权益等方面的内容。至党的二十大的召开，我国海洋强国战略有了进一步的深入与发展，党和国家领导人多次强调海洋的重要性，并提出要加快建设海洋强国的具体目标和措施。2021年《全国海洋经济发展"十四五"规划》、2022年《"十四五"海洋生态环境保护规划》等政策文件相继发布，这也为海洋强国建设指明了方向。

在这一时代背景下，海洋教育也因此成为教育领域不可忽视的一环。中学历史教育中必不可少的海洋教育，受到前所未有的重视。中国作为海洋大国，提升以高中生群体为代表的全民海洋意识，对于维护国家海洋权益至关重要。历史学科作为海洋教育中重要的学科门类，肩负着时代所赋予的使命。总体来说，在历史教学中开展海洋教育具有十分重要的意义：第一，有助于培养学生的全球视野和国际意识。海洋作为地球上覆盖最广的部分，占据了地球总面积的71%，是连接世界各大洲的纽带。通过海洋教育，可以使学生了解海洋在沟通全球活动方面的重要作用，从而拓宽学生的视野，增强国际意识和跨文化交流能力。第二，增强学生的海洋意识和环保责任感。随着现代化的快速发展，海洋环境面临着严峻的挑战，如海洋污染、过度捕捞、海洋生态系统退化等。通过海洋教育，学生可以了解这些问题的严重性和紧迫性，培养保护海洋的责任感和意识。第三，加深对人类历史发展的理解。纵观人类历史的发展，海洋都扮演着不可替代的角色，古代各地区文明的交流、航海时代的开启以及全球化的形成，都与海洋密不可分。通过海洋教育，学生可以更加深入地了解人类历史发展的脉络和海洋在其中所起的作用。这有助于增强学生的历史素养和人文情怀，使他们对人类文明的演进有更深刻的认识。第四，培养未来的海洋人才。随着国家对海洋战略的重视和海洋经济的发展，对海洋人才的需求也日益增加。通过海洋教育，可以激发学生对海洋的兴趣和热爱，培养相应的海洋专业人才，服务于我国的海洋发展战略与国家建设。第五，提高公民的海洋维权意识。海洋在人类发展中的重要作用引起了各国的充分重视。在各国海洋活动日益活跃的当下，国家间的海洋争端日趋激烈。通过海洋教育明确本国的海洋权益，提高公民的海洋维权意识是国家维权的重要基础。

为更好地开展包括海洋教育在内的高中历史教育教学任务，国家有关部门组织专家根据最新的普通高中历史课程标准，编写了统编版高中历史教材。该教材及时有效地将国家对于做好高中生海洋教育工作的指导思想贯穿教科书的字里行间，具有较多的海洋史史料。如何尽快熟悉使用统编教材海洋教育内容，考验着历史教师的能力。

《海洋教育与高中历史教学》这本书，正是基于这样的时代背景与教育需求应运而生。中学阶段是学生形成世界观、价值观的关键时期，将海洋教育融入历史教学之中，不仅能够拓宽学生的知识视野，更能培养他们的海洋意识、国际视野和跨文化交流能力。我们期待，这本书能够成为中学历史教师手中的一把钥匙，帮助他们打开海洋世界的大门，引领学生走进一个充满未知与神奇的海洋世界。同时，我们也希望这本书能够激发更多学生对海洋的热爱与探索欲，为他们未来的成长与发展奠定坚实的基础。让我们携手共进，在历史的海洋中扬帆起航，共同书写人类与海洋和谐共生的新篇章！

第一章　高中历史教学中海洋教育的探索

——以教学组织形式为视角

21世纪是海洋的世纪。海洋的重要性正逐步得到各国的重视，十九大上，我国重申要加快建设海洋强国，大力发展海洋经济。近几十年来，我国海洋事业取得了巨大进步，但在一些方面，如海洋教育等还与其他海洋强国存在一定的差距。为了把我国建设成真正的海洋强国，借鉴国外有益经验的同时，尤其需重视青少年的海洋教育。在高中历史教学中，围绕着本国及世界海洋发展的历史进程，进行海洋教育的探索，这不失为一种提高青年学生海洋意识的有效的方式。历史新课程标准中提出，历史教学内容的选择要注重和生活实际以及社会热点相联系，体现基础性和时代性，海洋与人们的日常生活联系密切，并日益得到国家的关注，也可以成为历史教学内容中的一部分。

教学组织形式是影响教学质量最重要的一环，如何在利用当前普遍采用的教学组织形式的前提之下，在保证高中历史教学质量的同时，实现高中历史教学中海洋教育的突破，值得教育工作者深入思考。本文拟从教学组织形式视角出发，分析目前海洋教学组织形式存在的优势与弊端，结合实际，采取切实有效的方式在高中历史教学中进行海洋教育，使得学生通过历史教学中的海洋教育，能够开阔海洋知识视野，增强历史观察力和历史责任感，不仅了解世界各国的海洋发展历程，也能在与别国的比较中，发现我国在海洋方面的不足，从而激发起探究海洋的热情，并形成系统完整的海洋历史知识体系，为我国真正步入海洋强国奠定基础。

第一节　海洋教育在高中历史教学中实施的必要性与可行性

21世纪是海洋的世纪。在当今陆地空间发展不足，资源日益枯竭的时代，海洋越发显现出它在提升综合国力，促进经济发展等诸多方面的重要作用，而它的重要性也逐步得到各个国家的重视。世界各国从战略高度对待海洋问题，纷纷制订国家海洋战略、政策、发展纲要和计划，全方位推进海洋事业。我国虽然是海洋大国但却不是海洋强国，大力发展海洋事业，离不开海洋科技的开发，同时也有赖于全民海洋意识的提升。中学生作为国家的希望，正处在积累知识，形成正确的人生观、世界观和价值观的关键时期，所以在高中阶段实施海洋教育显得尤为重要。从目前的情况看，不论是国家政策的支持还是历史学科的课程性质以及大众媒体和公共设施的发展也都为海洋教育的实施提供了可行性。

一　必要性

实施海洋教育的必要性不仅体现在国际层面应对各国之间海洋的竞争，更体现在国内教育层面确立陆海平衡教育思维以及弥补中学生海洋意识方面。

（一）国际海洋竞争的必然要求

地理大发现以来，不少大国纷纷把目光由陆地转向了海洋，进行了一系列的海洋探险活动，并在巨大利益的驱使之下，进行了残酷的海外殖民扩张，拉开了海洋大国相互竞争的序幕。从最初的西班牙、葡萄牙，到有"海上马车夫"之称的荷兰、号称"日不落帝国"的英国，再到法、德、日、美等海洋大国的崛起。我们不难发现西方大国的强国之路无一不是通过海洋而实现，西方海洋国家长达几百年的"蓝色圈地运动"及制海权的争夺，造就了一批"海上霸主"和世界性的海洋强国。① 这些国家的海外扩张尽管包含着令人不齿的罪恶，但客观上也反映出一个问题，海洋是各国寻求发展的重要方向。

进入21世纪以来，伴随着陆地资源的枯竭以及生态环境的恶化，海洋对于各国发展的重要性又得到了进一步的提升，国家间对于海洋的竞争也日益激烈，呈现白热化的趋势。除了对海域、岛屿以及海洋资源的争夺外，各个国家发展的战略重点也转向了海洋经济和海洋科技，但不论是经济的竞争还是科技的竞争，归根结底还是海洋人才的竞争。我国要想在激烈的国际海洋竞争中取得优势，建成海洋强国，需要全体公民海洋意识的提升，所以国家除了加大力度发展高等海洋教育，培养专门的海洋人才，为海洋事业的发展做储备外，还要积极宣传海洋教育的重要性，进行海洋通识教育，不断增强普通民众的海洋意识，使我国在国际海洋竞争中，呈现出海洋"硬实力"和"软实力"相互配合、相互促进，共同推进我国海洋竞争能力提升和海洋事业不断发展的局面。

(二) 确立陆海平衡的教育思维的需要

我国虽然是世界上较早认识和开发利用海洋的国家，但海洋文明一直未受到足够的重视，相反因受到自给自足的小农经济等多方面的影响，形成了大陆文明，人们也习惯于"以陆看海"，没有充分认识到海洋的重要性，而且这种思维一直延续至今，对陆地的重视远远大于海洋，陆海失衡，阻碍了我国海洋事业的发展。而我国要建设海洋强国，就不得不转变这种思维，尤其要从教育层面来改变，使青少年学生首先确立起陆海平衡的思维。

教育政策是国家整体政策的重要组成部分，但20世纪90年代前，我国还没有出现任何关于海洋教育的法律、法规等，甚至连海洋教育相关的称谓和概念都没有，可见海洋教育还没有提到政府议

---

① 邓聿文、农华西：《世纪之交的中国海洋问题》，《海洋开发与管理》1998年第1期，第17页。

程中，也没能进入人们的视野。近年来，随着国际形势的变化和国家发展的需要，国家教育方针也开始强调海洋的重要性，但是受到几千年大陆文明的影响，现行的历史教科书主要强调的还是大陆文化，使得涉海内容在整个高中历史教材中所占比例甚少。岳麓版高中历史教材是目前图文资料相对来说比较丰富的，但在"必修课程89个学习要点中，涉及海洋的只有13个要点，还不到15%"[1]，所以，在历史教学中，适当补充相关涉海资料，转变陆海失衡的比例，引发学生对海洋的重视是必要的。

(三) 中学生海洋意识的缺失与认知偏差

我国是典型的海陆复合型国家，但长期以来受"重陆轻海"思想，以及文化因素和地理环境等方面的影响，多是以陆看海，对海洋的重视程度不够，对海洋促进国家发展所起的作用也认识不足。所以我国在地理概念上是海洋大国但从海洋经略方面上来看却非海洋强国。中国国民海洋意识薄弱是一个普遍现象。《中国青年报》对中国青年蓝色国土意识进行了调查，结果显示，我国青年海洋意识薄弱，近三分之二的被调查者只知道中国国土面积为960万平方千米，但对300万平方千米的海疆根本没有意识。[2] 一方面是海洋的重要性日益凸显，我国需要建成海洋强国，另一方面却是国民海洋意识尤其是中学生海洋意识的缺乏与认知偏差，两者相互矛盾，严重阻碍了我国海洋事业的发展和海洋强国的建设。

而青少年海洋意识的缺乏与偏差正是体现了我国对海洋教育的认识不到位，以及海洋教育发展过程中存在诸多问题，诸如学校不重视等，这在对一线历史教师的访谈中也得到了验证，大多数学校都没有正规地进行海洋教育，历史教师也对其关注不到位，所以中学生对有关海洋的知识认识模糊，没有形成完整的知识体

---

[1] 林境炎：《论中学历史教学中海洋意识的培养》，硕士学位论文，福建师范大学，2012年，第10页。

[2] 吴卫卫、王勇军：《试论发展海洋教育的时代价值》，《长春师范大学学报（人文社会科学版）》2014年第2期，第124页。

系，自然所具有的海洋意识也是模糊的甚至是错误的。那么针对以上问题，在高中阶段实施海洋教育，尤其是通过历史课，让学生不仅了解中国的也包括世界上其他国家的从古至今的海洋策略，摆脱"重陆轻海"思想的樊篱，形成系统的、正确的海洋意识已经迫在眉睫。

二 可行性

可行性主要指能够实施海洋教育的现实条件。当前，无论是国家层面的相关政策，还是教育层面课程标准的实施，甚至是大众媒体的发展都为实施海洋教育提供了可能。

（一）国家相关政策的支持

新中国成立后，尤其是改革开放以来，随着《海洋法公约》的生效，我国为了适应时代发展，也制定了海洋发展战略，海洋教育也由此得到了关注，如《中国海洋21世纪议程》和《中国海洋事业发展》从宏观上对我国海洋事业的发展进行了规划，加大海洋教育的财政投入，培养海洋教育人才。

进入21世纪后，我国的海洋政策也进入积极探索的阶段。海洋教育的重要性也进一步受到了国家的重视，涌现出不少规范海洋教育的政策，国家层面的如《国家海洋事业发展规划纲要》《全国海洋意识教育基地管理暂行办法》等，省市地方层面的如《山东省海洋环境保护条例》等。国家及地方各级政策对海洋教育的支持使其在高中阶段实施成为可能，国家海洋局宣传教育中心副主任李航表示，海洋教育要想进校园、进教材、进课堂，还需要全国海洋系统和教育系统的通力合作。[1] 所以在国家政策以及各级各类教育系统的大力支持与配合下，一些有条件的地区特别是沿海地区，纷纷响应落实，地处黄海、渤海之滨的辽宁大连是海洋教育发展较好、取得

---

[1] 马军：《大连：海洋文化主题沙龙聚焦海洋教育》，《中国海洋报》2012年8月15日第2版。

较大成就的地区之一,在全国已建立的18个海洋意识教育基地中,大连市是基地数量最多的城市,3个海洋教育基地因地制宜地发展,形成了各自的特色。山东青岛也是走在海洋教育发展前列的地区。2011年,青岛市在小学阶段实现了全面普及海洋教育。作为中学海洋教育的先行者,青岛三十九中依托于专门进行海洋教育的中国海洋大学,获得了丰富的海洋学科资源,各科教师,尤其是历史教师也有意识地在教学活动中渗透海洋教育,起到了良好的效果。不论是大连市还是青岛市,对海洋教育的重视,不仅有利于当地海洋教育的继续发展,对于其他地区也具有示范意义,从而有利于我国整体海洋教育的发展。

(二) 新的历史课程标准的要求

在高中阶段实施海洋教育符合历史课程标准的要求。最新版高中历史课程标准明确指出:普通高中课程标准修订重视在学科教育中有机融入社会主义核心价值观的基本内容和要求……加强海洋权益等方面的教育。[1] 所以在高中阶段实施海洋教育是应然的也是必然的,历史教师要根据历史课程标准的要求,不仅完成海洋知识方面的授受,更要在海洋教育的过程中渗透进情感态度价值观方面的内容,使学生形成正确的海洋观。

而且新的历史课程标准也指出"课程结构的设计、课程内容的选择、课程的实施等,都要始终贯穿发展学生历史学科核心素养这一任务"[2]。比如近来的南海争端引发了我国广大民众对海洋问题的关注。教师也可借助这一形势,加强对学生的海洋教育。在授课过程中,教师可适时向学生说明,我国是最早开发和利用南海的国家,对南海有着无可争议的主权。近年来由于南海的战略价值日益凸显,才引发了"南海争端"。教师通过讲述我国对南海的开发史以及南海

---

[1] 中华人民共和国教育部:《普通高中历史课程标准》,人民教育出版社2017年版,第2页。

[2] 中华人民共和国教育部:《普通高中历史课程标准》,人民教育出版社2017年版,第1页。

争端的由来，不仅能够增强学生的时空观念以及分析论证史料的能力，更是渗透着爱国教育，激发起学生维护我国海洋权益的热情，完成对历史核心素养的培养。

除了历史课程标准中情感态度价值观以及核心素养方面的要求说明在高中历史课堂中进行海洋教育可行外，历史学科本身的课程性质也体现了这一点。"历史学是研究人类历史进程的学科……探寻历史真相，体悟历史规律，总结历史经验，顺应历史发展趋势，是历史学的重要社会功能。……普通高中历史课程是促进学生全面发展的一门基础学科。"[①] 海洋作为人类探索历程的重要组成部分，在历史课堂中实施海洋教育，能够增进学生对海洋知识的了解。借鉴历史，学生可以在历史课堂中汲取经验教训，以古察今，知己知彼，总结出海洋历史的发展规律。最后，海洋教育丰富的知识，以及情感态度价值观等方面的内容都能促进学生的全面发展，而这正是历史学科所追求的，所以在历史教学中实施海洋教育是可行的。

（三）大众媒体及相关基础设施的支持

单纯依赖课堂教学实施海洋教育存在着诸多困难。但随着时代的发展，科学技术的进步，人们获取信息的途径也变得越来越丰富，不再局限于书本、报纸等纸质媒体，互联网的大力发展更是为海洋教育的实施提供了一个广阔的平台，它能够最大限度地打破时间和空间的界限，模拟出相关的情景，满足学生对海洋的无限想象，从而能更大程度地激发学生学习的兴趣与热情。而且网络的应用也使得学生对海洋知识的接受不再局限于课堂，随时随地学习也变得可能。教师若能合理使用上述资源，与课堂教学相配合，实施海洋教育必定会取得显著的成效。

除了大众媒体，海洋馆、航海博物馆是保存和延续中国海洋文化的载体，它们的日益完善，也拓展了公众尤其是中学生丰富海洋

---

① 中华人民共和国教育部：《普通高中历史课程标准》，人民教育出版社2017年版，第1页。

知识的途径。教育功能是博物馆的基本特点,开展社会教育是博物馆工作的基本内容。① 基于此特点,教师应该灵活运用这一资源,充分发挥它们的教育功能。海洋教育本身就是爱国主义教育的一个重要组成部分,而博物馆又是进行爱国主义教育的基地,所以,通过对各种展品的解读,不仅能了解到丰富的海洋知识,更能在潜移默化中增强民族自豪感,激发学生的爱国热情。

综上所述,不论是目前我国建设海洋强国所面临的严峻局势以及重大挑战还是国家相关政策的出台、历史新课标的要求与基础设施的支持,以高中历史课程作为载体进行海洋教育,是必要的也是可行的。历史教师通过对高中历史教材中涉海知识的发掘,并根据实际情况,采用适当的教学组织形式进行海洋教育,有利于学生获得完整海洋历史。

第二节 海洋教育在高中历史教学中的现状分析

海洋教育在高中历史课程中实施是一种趋势,是势在必行的。为了了解海洋教育在高中历史教学中的实施现状,主要包括学生、教师对海洋知识的了解情况,以及他们对高中历史课程教学情况的关注等,笔者分别针对学生和教师设计了不同的问卷:《论海洋教育在高中历史教学中的实施调查问卷(学生卷)》和《论海洋教育在高中历史教学中的实施访谈问题(教师卷)》(详见附录一),分别对学生和教师进行了调查访问。

结合实际情况,此次调查主要采取了问卷调查法和访谈法,采用当面交流、问卷以及网络通信方式对高中历史教师进行访谈。为保证调查结果的真实性,笔者选取了16位高中历史教师作为访谈对

---

① 宋向光:《博物馆教育是贯穿博物馆一切工作的基本主题》,《中国博物馆》1996年第4期,第40页。

象,他们来自不同的学校,职称和教龄也不同,具有层次性,这样的安排是便于了解不同资历和经验的教师在实际教学中是否进行了海洋教育,是否有意识地采用了不同的教学组织形式进行海洋教育。在与这些一线历史教师的交流过程中,能真切感受到他们真诚的态度以及对我们的支持与期望。访谈的内容笔者一一做了记录,并将在下文进行阐述。

对于学生则主要采取问卷调查法和观察法。调查问卷采取当面发放、及时收取的方式,以临沂临港一中、济南历城二中和曲阜师大附中三所学校的高中生为调查对象,面向高中三个年级的学生进行随机分层抽样。实际发放问卷611份,回收587份,回收率约为96.07%,有效问卷563份,有效率约为95.91%,符合问卷调查的要求,在很大程度上可以作为反映以教学组织形式为视角的海洋教育在高中历史教学中的实施现状的依据。

此外,笔者在实习期间,也积极与工作多年的历史教师进行交流,学到了不少关于组织教学,调动学生积极性,增强师生互动等方面的方法和技巧。对于学生的历史学习情况,笔者也有意识地进行了观察,对他们的历史学情有了进一步的了解。针对调查收集到的数据,进行了细致的量化和分析后,得出以历史教学组织形式为视角下的高中历史海洋教育实施情况如下。

一 当前的教学组织形式下实施海洋教育存在的优势

在当前教学组织下实施海洋教育具有多方面的优势,这些优势不仅体现在教育内容的丰富性上,还深刻影响着学生的全面发展以及社会对海洋问题的关注与行动。

(一)班级教学目标明确,便于海洋知识的传授

不论是对一线历史教师的访谈,还是通过对学生的调查(表1-1),可以得知,在中学历史教学中是以班为单位进行教学的,也就是通常所说的班级授课制是主要的教学组织形式。在这种教学组织形式下,教师可以依据历史课程标准确定一节课中海洋历史教学所

要达到的目标。而历史课程标准作为教学的指导性文件,就使教师所确立的海洋教育不偏离正常教学的轨道,依据教学目标制订的教学计划、教学内容、教学方法和教学评价等也都具体可行。在历史课程标准的指导下,历史教师能把握好课堂的节奏,依据教学目标,在规定的时间和地点里,完成海洋知识的传授,预设性强,目标明确,不断丰富学生所掌握的海洋知识。

表1-1

题目选项	A. 以班为单位	B. 小组活动为主	C. 老师个别教学	D. 多种方式兼有
6. 你们的历史课大多采用哪种教学组织形式进行?	46.7%	11.1%	4.4%	37.8%

班级授课制下,教学单位是包含相对固定人数的班级,同一班级里的学生年龄相当、理解能力和接受水平相近,海洋教育过程中存在什么问题,也容易引起学生间的互动,互帮互助,丰富各自的海洋知识体系。教师确定的教学目标除了依据历史课程标准外也会考虑学情,满足大部分学生的需求,所以教师的讲授以及学生之间的交流与沟通,便于学生对海洋知识的理解与掌握,完成海洋教育的目标。

(二) 充分发挥教师的主导作用,引导学生形成正确的海洋观

从(表1-2)可以看出,在涉及海洋历史的课程中,学生们认为历史教师还是主要以讲授为主(37.8%),其实在班级教学中,不管是涉及海洋的课程,还是别的课程,教师都主要是通过讲授法来传授知识的,虽然随着科学技术的发展,多媒体等新型教学资源的涌入,使得教学方法有所改变(利用PPT等占到33.3%,传统与现代相结合占17.8%),但以讲授为主的方式在班级教学中仍然占主体地位,这也使得教师在海洋教育或者其他内容的教学中起着主

导作用，有利于教师选择涉海教学内容，调轻海洋教育活动以及选择与利用各种教育手段，从而使海洋教育在历史课堂中有条不紊地进行。

表1-2

题目选项	A. 讲授为主	B. 利用PPT等	C. 传统与现代相结合	D. 无固定方式
8. 在涉及海洋历史的课程中，你的历史老师一般采用哪种教学方式？	37.8%	33.3%	17.8%	11.1%

历史教师要在历史教学中进行海洋教育，传授给学生完整的海洋历史知识，其自身就必须首先建立起系统完整的海洋知识体系，具有正确的海洋观，这样在与学生的相处过程中，不论是课堂上有意识的海洋教育，还是潜移默化的影响，都会体现在学生身上，使他们在掌握知识的同时，也不断增强海洋意识。但学生年龄相对较小，对知识的系统把握比较困难，这就更加要求教师发挥主导作用，积极引导，促使学生形成正确且完整的海洋知识。

（三）便于进行教学管理和检查，考察师生在海洋史方面的授受情况

采用班级授课的方式，由教师同时面对几十个学生授课，使得班级里的所有学生可以享受同等的受教育机会，对于目前的教育情形来说，这是最切合实际的，是高效的、快速的、经济的、规范的，有利于海洋教育的普及和大规模推进。

班级授课制，是以班为单位进行教学的，且学生的水平相当，所以这样的一种结构，也便于学校的管理。此外，由于上课进度相对一致，学习内容相近，学校可以组织统一的考试来检查学生

知识的掌握情况,以了解学生的知识水平,哪些方面掌握得较好,哪些方面还存在缺陷。在这一过程中,学生有关海洋的历史知识掌握情况也能得到及时反映。对考察的结果进行分析后,针对学生在海洋知识的掌握上存在的优势与不足,历史教师可以积极地进行改进,在今后的海洋教学过程中,根据历史课程标准的要求,教师也可适当增加一些涉海时事热点问题,引发学生学习海洋历史的兴趣,灵活运用地图展示、视频播放、合作探究等多种教学方法,调动起学生的多种感官,提高历史学习的效率,完成海洋知识高质量的教授。

二 当前的教学组织形式下实施海洋教育存在的弊端

要想在当前的教学组织形式下有效实施海洋教育,只有充分认识当前海洋教育存在的弊端,依照问题,对症下药,才能促使海洋教育真正开展。

(一) 局限于单一的组织形式,且教法单调

班级授课制是目前的主要组织形式,这种方式从出现到得以在世界范围内推广并一直沿用至今固然有它的不可替代之处,上文已经分析过它的优势所在,但它也存在不容忽视的局限性。

首先,班级授课教学方式的采用的确在很大程度上保障了教师主导地位的发挥,然而可能一整节课都是教师在讲,学生在听,看似好像完成了教学任务,实现了相关海洋知识的教授,但这种方式实际上并没有关注到学生的主体性,填鸭式教学仍然存在,教师至上,教材中心,学生想了解的一些知识,如中国与周边国家的一些海洋争端等,也可能在高考的指挥棒下被打入深渊,这就限制了学生的主动性和创造性。实习期间,笔者在与一线历史教师的交谈中也发现,除了教材中现有的涉海内容外,教师们一般不会再补充相关的知识,更别说采取多样的教学组织形式来进行海洋教育了。

其次,班级授课制下教师面向的是全体学生,一个班有五六十

人,甚至更多,教师纵然有心想要关注到每位学生,也可能心有余而力不足,这样的一种现实状况的存在,可能使得某些对海洋知识有浓厚兴趣的学生得不到满足,也就是说,班级授课制不能很好地做到因材施教。

最后,还是从(表1-2)来看,讲授法在班级教学中仍然占有非常重要的地位,教学方法比较单调,此种方法的应用固然能较系统地传授知识,但它却不能很好地调动学生的多种感官去获取知识,一直靠听来接受知识,必然是单调乏味的,时间一长就昏昏欲睡了,而海洋知识是丰富的,让人充满遐想的,图片、视频、地图等等的应用会更有利于学生对海洋知识的接受,这种演示法就需要用多媒体等教学设备,虽然现在多媒体的应用已经比较普遍,但在访谈中,也有不少教师尤其是年龄较大的教师表示,不太使用多媒体,除了有些技术掌握不了之外,在升学压力的重压之下,还是会首先考虑现实,力求把课本上的知识讲完。

(二) 以课为单位进行教学割裂了涉及海洋的历史知识的完整性

目前的高中历史教材是必修加选修的模式,本书主要挖掘必修中的涉海内容,所以在行文中也主要针对必修教材来谈。那么现行的高中历史必修教材中,主要包含了政治、经济、文化三个大的模块,并没有完整的一个模块是来讲授海洋的,且在现有的这几个模块之下都是以"课"的形式来展示的,如岳麓版高中历史教材必修二的第二单元——《工业文明的崛起和对中国的冲击》,这一个单元共包含七课,其中有五课涉及海洋知识,是历史教科书中涉海内容较多的一单元了,但将海洋知识这样分散在每一课,学生获取的知识也势必是零散的、不成体系的。从(表1-3)(表1-4)的调查数据来看也印证了这一点,一半以上,约66.7%的学生认为历史课本中有关海洋的内容只有一点,零散地分布在三个模块中,不利于他们建立系统的海洋体系,所以他们通过历史教学也只对中国海洋发展历史认识了小部分。

表1-3

题目选项	A. 非常多	B. 一点	C. 没有	D. 没刻意想过
9. 你觉得在历史课本上有关海洋历史的内容多吗?	17.8%	66.7%	0.0%	15.5%

表1-4

题目选项	A. 能清晰认识	B. 认识大部分	C. 认识小部分	D. 一点也不
10. 你能否通过历史课堂教学形成对中国海洋发展历史的清晰认识?	8.9%	31.1%	60.0%	0.0%

前文提到,目前主要的教学组织形式仍然是班级授课制,它以"课时"为教学的基本单位,以"日课表"为教学活动的基本周期,以"课"为教学活动的单位[①]。历史教材的这样一种编排,倒也适合这种教学组织形式,一般一节课是45分钟,刚好讲授历史教材中一课的内容,看似契合,实则割裂了海洋知识的完整性,一种比较极端的情况,某一个班的第一节历史课安排在周一上午,第二节历史课却安排在周五下午,中间隔着三四天的时间,前一节课的内容遗忘得差不多,第二节课还没有学,导致每次上课学到的海洋知识都是孤零零的。在这种情况之下,如果教师忽视了课程内容彼此间的联系,不能有效地、及时地进行系统梳理,那么包括海洋知识在内的历史知识都会变成孤立的,学生无法把握历史的全貌。

而从表1-5来看,历史教师对海洋教育的疏忽,更加重了这种

---

① 朱汉国、郑林:《新编历史教学论》,华东师范大学出版社2008年版,第74页。

弊端，虽然有五分之一多（22.2%）的学生认为历史教师对教材中的海洋知识进行过系统梳理，但有一半多一点（57.8%）的学生指出历史教师只是对当堂的涉海内容梳理过，这样的一个调查结果也反映出在目前班级授课制这种教学组织形式下，只有部分教师是有意识对海洋知识进行系统梳理的，而大部分教师则缺乏这种意识。更为严重的是访谈到的一些教师甚至都没有认识到海洋教育的重要性，认为是浪费时间，没有进行海洋教育的必要。而这样的一种认知势必会影响到学生。

表1-5

题目选项	A. 系统梳理过	B. 对当堂课的内容梳理过	C. 没有梳理过	D. 没注意过
11. 你的历史老师是否对课本中的海洋知识进行过系统梳理？	22.2%	57.8%	17.8%	2.2%

所以从目前的现实情况来看，在班级授课制这种主要的教学组织形式下，受到现行历史教材的制约以及历史教师自身相关海洋意识的缺乏，学生学到的海洋知识还是分散的、孤立的，接受的海洋教育还不完善，想要学到较系统完整的海洋知识，还需要多方面的努力。

（三）过于强调书本内容，与现实脱节

通过对表1-6、表1-7和表1-8的分析，我们可以看出，大部分（88.9%）的学生认为中国的海洋局势和他们联系密切，应该加以了解，并且也认识到学习海洋历史知识对了解国家的海洋局势有帮助，其中，24.4%的学生认为很有帮助，66.7%的认为有帮助，并能够适时地关注海洋热点问题，有17.8%的学生经常关注。但历史教师是否意识到以上问题，而借助学生对海洋局势的热情，引导他们投入有关海洋的历史知识的学习中去呢？从表1-9中我们看出，虽然有 82.2% 的学生认为他们历史教师在课上讲授的有关海洋内容与现实有联系，但通过笔者在实习期间的观察以及对一线历史教师的访谈发现，学生所认为的与现实有联系，可能仅仅体现在一节课的导入部分或过渡上，如借助南海争端问题、钓鱼岛事件等，在真正的教学过程中，历史教师很少甚至不会涉及这些热点问题，还是主要依托于历史教材进行讲述。学生的兴趣爱好说得再多，在高考这个大的指挥棒不变的情况下，教师也会先考虑升学问题。课程标准中没有要求的，不讲；历史教材中没有的，不讲；高考中不考的，不讲，一切均以高考为衡量标准。

表1-6

题目选项	A. 完全不关注	B. 不太关注	C. 偶尔关注	D. 经常关注
2. 你平时是否会关注与海洋有关的热点新闻？	4.4%	20.0%	57.8%	17.8%

表1-7

题目选项	A. 非常密切，应该多加了解	B. 密切，应该了解	C. 有关系，但我没有能力参与，所以没必要多加关注	D. 跟我无关
3. 你认为中国的海洋局势跟你联系密切吗？	31.1%	57.8%	4.4%	6.7%

表1-8

题目选项	A. 很有帮助	B. 有帮助	C. 没有帮助	D. 没注意过
4. 你认为高中生学习海洋历史知识对于了解国家的海洋局势有帮助吗？	24.4%	66.7%	2.2%	6.7%

表1-9

题目选项	A. 很大	B. 一般	C. 不大	D. 没注意过
12. 你认为历史教师在课上讲授的有关海洋的内容与现实的联系大吗？	15.6%	66.6%	15.6%	2.2%

目前在班级授课制为主要形式的教学组织形式下，历史教师往往利用自身的主导作用，一味地桎梏在教科书里。历史教师若不作创新，固守课本，既不能满足学生的求知需要，也不利于实现素质教育的目标。有关海洋的历史在教材中本就不多，如何依据教材，在可允许的范围内组织教学，打破窠臼，盘活教材内容，向学生传递更多的海洋历史信息，不仅是完成高中历史课程教学任务的需要，更是不断推进加深海洋教育的需要。

第三节 探讨进行海洋教育的多种形式及实施策略

高中历史教学组织形式是多种多样的，我国对于它的探索也是千姿百态、层出不穷的。提出了不少新的课堂教学模式，可以说它们各有特点，在教学组织形式改革的大浪潮下也是风靡一时。

在高中历史教学中实施海洋教育是近年来兴起的新兴事物。如何在现有的高中历史教学组织形式之下，实施海洋教育，促进涉及海洋的历史知识的传播，使学生形成正确的海洋意识，这是值得教学研究者和教学工作者深入探讨的问题。

目前来看，班级授课制这种教学组织形式的地位仍是不可撼动的，它的优势在上文中已明确指出，所以在高中历史教学中实施海洋教育，仍然要在坚持班级授课制的前提之下进行，并辅助以课外教学组织形式，力求获得良好的海洋教育实践成果。

一　充分利用班级授课的组织形式

不论是从我国目前的国情还是学生获取知识的途径来看，课堂仍然是学生系统获取海洋知识的主阵地，所以班级授课制这种形式还不能摒弃，但对于海洋教育的实施，它又存在诸多弊端，因而要对其进行调整、完善和发展，以促进学生对海洋知识的了解与掌握，使班级授课制在保留传统优势的前提下，适合海洋教育的发展。

首先教师要充分了解学生在海洋方面的知识储备以及他们通过历史教学想进一步获取的涉海知识，并与教材内容进行比较，从而明确哪些方面需要补充，哪些方面可以简单带过，这样教师不论是在教学内容的选择上还是对整个教学过程的把控上都会变得游刃有余，有利于实现师生间互动式的课堂教学模式。

从教学过程来看，实施"读、议、讲"的课堂教学模式，这种模式是把教师的讲与学生的学相结合，师生互动，使教师的主导作用和学生的主体作用都得以发挥，而且学生之间也交流互动，培养合作能力。"读"，既读教材也读各种资料，读教材是基础，以了解书中的基本涉海内容，再读教师精心准备的补充材料，实现海洋知识的扩充；"议"，学生自己阅读过程中会发现一些问题，再加上教师提出的问题，小组间展开讨论，互相启发，不仅能从横向上拓展海洋知识，纵向上也能加深对海洋知识的理解；"讲"，会贯穿于教学过程的始终，除了面对全班学生讲之外，可根据教学的不同阶段和学生的需要，对小组讲或对个人讲。通过教师的讲，能够启发引导学生，解答学生的疑惑，并概括总结，方便学生掌握。

从教学内容来看，现在的班级授课制下，教师以课为单位进行教学，割裂了涉及海洋的历史的完整性，不利于学生系统的海洋知识体系的形成。要改变这种弊端，教师可引导学生共同对教材内容挖掘整合，把类似的内容进行归纳，师生互动，不仅实现了教师对海洋知识的梳理，也便于形成一个相对完整的体系传授给学生，利于学生对知识的接受和海洋知识体系的系统构建。

在教学方法方面，海洋知识是鲜活生动的、引人遐想的，所以教师要改变讲授法过于强调知识识记与灌输的情形，采用不同的教学方法，还学生一个生动活泼的历史课堂。常见的有问题教学法、演示法、参观法、合作探究法、练习法、角色扮演法等等。如在讲《新航路的开辟》一课时，可采用角色扮演法，请学生分别扮演四位航海家，演绎他们艰险的航海历程，这样学生不仅能获取知识，亲身参与更能体会到航海家们不畏艰辛、勇于进取的精神，从而激发学生探索海洋的热情。此外这些方法不仅可以单独使用，也可以结合起来使用，能取得更大的成果，如将问题教学法和合作探究法相结合，教师提出问题或者学生自己发现问题后，同学之间合作，通过查找相关的海洋资料，对涉海问题进行讨论，不仅拓宽学生的海洋知识面，还能增强他们与人合作交往的能力。当然方法的选择不是为了追求华丽而用，它仍要服务于课堂，以促进学生的发展为目的。

教学评价是教学中的重要环节，教学评价运用得当，它能够发挥重要的作用。但从目前的教学来看，我国的评价方式过于单一，往往以考试成绩作为唯一的评价标准，不能对学生所掌握的海洋知识进行系统全面的了解，且仅仅是对学生的评价，对于教师的评价更是缺乏。为适应海洋教育而完善的班级授课制要注意改变这种状态，不仅对学生做出评价，也要对教师进行评价，形式上，不仅包括学校评，学生评，也可以教师自评互评，实现评价主体的多样化，内容上，注重对教师综合素质的评价，教学水平、师德修养等都可作为评价的指标。历史教师则要针对评价结果进行反思与提高，修订教学计划、完善教学内容、丰富教学方法等；对学生的评价则要多种方式结合，不仅采取考试一种形式，如讲完《改变世界的工业革命》一课后，请学生完成一篇历史调查报告，总结两次工业革命中都出现哪些与海洋有关的发明创造，它们又对后世带来了怎样的影响，通过检查学生的作业完成情况对他们作出相应的评价，不仅客观公正，学生写作的过程也是他们历史综合能力的运用展示过程，比起单纯的考试，更能体现海洋教育的成果。

针对上面的分析以及实施海洋教育的具体要求，再结合笔者对几版高中历史教材的分析以及对一线教师的访谈，发现岳麓版教材涉海内容更为丰富，所以笔者对岳麓版高中历史教材三本必修中的涉海内容进行了深入挖掘，并分析了学生所要达到的目标（详见附录二）。现就新型班级授课制的要求，以岳麓版必修二第一单元第5课《农耕时代的商业与城市》教学片段为例，做以下案例分析。

案例一：《农耕时代的商业与城市》教学片段

表1-10　　　　　　　　教学案例设计示意图

	教学案例设计	设计意图
课前准备	教师：熟悉教材、准备课件、查找相关资料 学生：预习教材、完成老师布置的读材料的任务	课下的准备工作也是整个教学过程的一部分，学生阅读教材和相关材料的活动，连接起课上和课下，使其成为一个整体
教学目标	知识与能力：了解我国古代商业及城市在各个时期的发展特点，重点掌握海上丝绸之路的相关情况及港口城市的兴起与发展。 过程与方法：结合文献、图片、地图等资料的分析，把握古代商业和城市的发展历程，明确海洋在其中发挥的作用，发展史论结合、论从史出的能力。 情感态度价值观：商业文明是中华文明的一部分，商业和城市的发展是经济发展的结果，反过来又促进经济的发展，它在发展中体现出的诚信、开拓、创新精神也值得学生学习	三维目标的设定，不仅使学生能够获得相关的知识，更能深入到学习过程之中，体悟多样的学习方式，更重要的是情感态度价值观方面的培养，树立起开拓创新、诚实守信的精神。层层递进，不仅符合教学的要求，也满足了学生发展的需要

续表

教学案例设计		设计意图
教材分析	本课虽然不是典型意义上的涉海课程，但商业和城市的发展内容及穿插的海洋知识能够承接前一节课手工业的发展和后一节近代前叶的发展，甚至能与必修一中古希腊的发展形成对比，进而能够分析出我国古代海洋尤其是海上贸易的发展情况，是进行海洋教学比较合适的一课	以本课为线索串联起前后衔接的部分，其承上启下的作用，便于学生复习巩固，形成系统的海洋知识体系
学情分析	该阶段的学生虽然在知识规模上较初中有所发展，但抽象概括能力还有所欠缺，需教师引导以形成相应的知识体系，此外，学生对枯燥乏味的历史知识不感兴趣，爱听历史故事，生理上，青少年活泼好动，注意力集中时间短，喜欢发表自己的见解，所以教学中，应多采用直观形象的材料激发学生的兴趣，并要创造条件，适时让学生发表看法	教学过程中必须以学生为主体，对学生情况的准确分析，不仅有利于教学过程的顺利进行，更有利于学生掌握知识
重点难点	重点：我国古代商业和城市发展的表现和特点 难点：从商业和城市的发展中归纳出我国海洋的发展历程	重、难点的确定是结合教材知识线索以及学生的理解掌握能力、现有的知识水平等来确定的，处理好重难点，一节课就成功了一半，有利于提高教学质量
教学方法	本节课采用讲授法、史料分析法、自主学习法、合作探究法和地图演示法等	多种教学方法的运用，能够调动学习的积极性，使学生的多种感官都参与到学习中，取得良好的教学效果

第一章　高中历史教学中海洋教育的探索　　25

续表

教学案例设计	设计意图
（一）导入新课 师：上一节课我们学习了我国古代手工业的发展，生产的产品除了满足自己的需要外，剩余的部分有什么作用呢？ 生：进入市场或销售到海外。 师：剩余产品的出现，社会分工的发展，促进了我国古代商业的兴起与发展，那么我国古代的商业究竟经历了怎样的发展历程呢？今天我们就来学习农耕时代商业和城市的发展	以问题导入，激发学生的求知欲，提高学生学习的热情，同时，问题涉及到初中所学，复习巩固旧知识的同时，增强学生学习新知识的信心，取得一个良好的开始。然后直接抛出问题，目的明确
讲授新课 （1）古代商业的发展 师：课下已让学生完成预习工作，呈现关于古代商业发展的表格，让学生在仔细阅读课本第一目的内容后，完成表格。 生："读"，自主阅读教材，完成表格，简单理解商朝到明清以来我国各个时期商业的发展特点。 师：总结归纳，使学生进一步明确商业的发展特点，"讲"，重点讲解其中的几部分，如精选几段课下已让学生阅读浏览过的关于"丝绸之路"和"海上丝绸之路"的相关文字材料、图片等，使学生明确"海上丝绸之路"对我国商业发展所起的重要作用，在展示有关我国古代造船技术的材料同时引导学生深入思考导入中提及的问题，使学生明确，一方面手工业的发展为海上贸易提供了商品，造船技术的发展便利了海上贸易，另一方面，海上贸易的继续与扩大又进一步刺激了手工业的发展，其中也包括造船等技术	以表格展示相关内容，清晰明了，便于学生的掌握。让学生自主阅读教材及材料体现"读"的作用，增强学生自主学习的能力，以及归纳和概括史料的能力，课外阅读与课上教学过程相联系，弥补历史教材中涉海资料缺乏的局限性，丰富课堂内容，便于学生对海洋知识理解与扩充。此外这一阶段涉及范围较广，较为抽象，主要以教师"讲"为主，引导学生思维，借助地图、时政热点等，引发学生兴趣，回顾之前所学，巩固知识

（教学过程）

续表

	教学案例设计	设计意图
教学过程	过渡：商业繁荣总是与城市联系在一起，那么随着商业贸易的发展，古代城市的功能与格局又发生了怎样的变化呢？	承上启下，开始新一目的学习
	古代城市的繁荣 师：以表格的形式展示自周以来到明清时期我国城市的发展特点，请学生阅读教材，自主完善。 生："读"教材，完善表格。 师：请学生回答，检查填表情况，结合学生所答，规范要点，便于学生记忆，同时指明需要注意的细节部分，适当穿插着讲述历史材料、故事等引发学生兴趣。针对海上贸易促使沿海港口城市繁荣的史实，选取典型事例，提供相关史料，使学生了解该城市兴起与繁荣的始末，进而明确海洋在促进城市发展中所起的作用。展示地图，标注这些沿海港口城市的位置，引导学生思考，经济中心的南移使得大多数的工商业市镇集中在江南地区。 生：紧跟教师思路，积极思考，回答问题	学生的"读"与教师的"讲"贯穿整个教学过程。表格的作用也再次展现，利于理清学生的思路，地图的运用生动形象，便于学生直观记忆，典型事例的选取，既拓展了学生的知识范围，又能使他们真正认识到海洋的作用，从而激发他们探究海洋的热情
巩固提升	系统梳理本节课所学，然后结合本节课教材及课堂中出现的相关史料，再回顾必修一所学的古希腊借助海洋的发展历程，开始"议"的环节，小组讨论中外海洋事业发展的不同点，教师适当引导	梳理本节课所学达到复习巩固的效果，提出延伸问题，提高学生能力，小组讨论，拓展自身知识面又能加强合作能力
课后作业	结合课上小组讨论的成果再查找相关史料，就中外海洋事业发展的不同点，完成一篇历史小论文	使课上讨论的问题落到实处，实现价值，以小论文的形式呈现，提高学生书面表达能力

续表

	教学案例设计	设计意图
板书设计	第5课：农耕时代的商业与城市 一、商业：春秋、隋唐、明清 ⎫ 发展特点★ 二、城市：唐、宋、明清　　⎭ ⇩ 　　　　　　　　　　　　海洋的作用★	板书设计简明扼要，框架条理清晰，突出重难点，易于学生理清思路，课下进行复习巩固

课上教学过程的结束还不是一节课最终的结束，在课后，教师除了督促学生完成课后作业外，也要针对上课中的情况进行总结与反思，并请学生也对教学过程做出评价，以促进教师改进与不断完善，获得教学质量的进一步提升。

二　辅助以课外教学组织形式

"教学必须通过一定的组织形式进行。如何把学生和教师结合起来，如何安排教学的场所、时间和教学活动，都是属于教学组织形式的问题。历史教学组织形式，按教学实施场所来分，有历史课堂教学、历史课外教学和横跨课堂内外的活动探究式教学。"[1] 根据图1-1、表1-11的调查来看，除了课堂教学，海洋馆、博物馆、网络媒体、平面媒体等都可以成为海洋教育的重要途径，并且学生们也愿意从这些途径中获得更多的关于海洋历史的知识。此外，通过问卷表1-12、表1-13的反馈来看，单一的班级授课制这种教学组织形式已经难以满足学生获取海洋知识的需求了，他们希望通过集体教学、小组活动等多种形式的配合表1-12获得更多有关海洋历史人物、历史事件、我国取得的海洋成就以及与其他国家的海洋争端等方面的知识表1-13。因此要保障海洋教育在高中历史教学中的实施，满足学生对海洋知识的实际需求，除了在历史课堂中运用

---

[1]　朱汉国、郑林：《新编历史教学论》，华东师范大学出版社2008年版，第74页。

班级授课制的方式进行传授,丰富课外教学组织形式也是十分必要的,多种教学组织形式的配合运用,更有利于海洋知识的传授,激发学生的学习热情,从而不断增强海洋意识,为我国海洋强国战略的实现贡献力量。

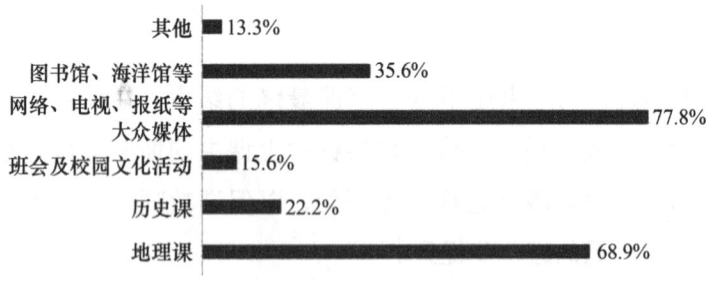

图 1-1

表 1-11

题目选项	A. 课外书	B. 网络、电视、报纸等大众媒体	C. 图书馆、海洋馆、博物馆等公共设施	D. 哪种方式都不愿尝试
13. 除了历史课堂教学,你还愿意通过以下哪些方式来学习有关中国的海洋知识?(多选)	75.6%	88.9%	84.4%	0.89%

表 1-12

题目选项	A. 集体教学	B. 小组活动	C. 自学	D. 各种方式配合
7. 你认为哪种教学组织形式最有利于你的学习？	8.9%	15.6%	0.0%	75.5%

表 1-13

题目选项	A. 海洋历史人物	B. 海洋历史事件	C. 中国古代取得的海洋成就	D. 我国与其他国家的海洋争端
14. 除了课本的内容，你还希望获得有关海洋历史的哪些知识？（多选）	66.7%	82.2%	68.9%	68.9%

（一）现场教学

这种教学组织形式是教师带领学生走出课堂，根据一定的教学任务，组织学生到博物馆、海洋馆和历史遗迹等其他具体场所进行观察、调查或实际操作以达到教学目的的一种教学组织形式。它虽然走出课堂，但未脱离课堂，相反与历史课堂教学有着密切的联系，服务于课堂，补充了学生在历史课堂上教材中所接触不到的涉海内容，有助于学生获得丰富的海洋知识。

现场教学组织形式具有直观性、互动性、个性化等特点，所谓直观性，是指学生亲临现场，直面大海，能够直观体验，调动多种感官，感受真实强烈，相比于单纯地通过书本学习更加生动形象。所谓互动性，是指现场教学中学生有相对更多的自由，交流讨论，共同探究，师生间的互动也会更多，学生提出的问题，教师现场作答，更利于理解。个性化则是指，在现场教学这种教学方式之下，能够充分调动学生了解海洋的积极性，每个学生发挥自己的特长，通过自己的探索获取相关的海洋知识。

高中生的抽象思维能力有了较大发展，但有时仍需借助于具体的事物，此外他们通过初中阶段的学习，虽然已有了一定的知识储备，但一些理论知识还要进行细致的讲解，并且这一阶段的学生还是比较活跃的，乐于接受一些有趣的历史故事等，喜欢发表自己的见解，所以现场教学这种教学组织形式充分考虑到了高中生目前的身心特点、思维水平以及学情等，把课本中需要讲述的理论知识带到现场，通过鲜活的案例展示给学生，调动起学生的多种感官，更符合学生的接受水平，也让学生体会到理论来源于实践并反作用于实践的道理，通过在现场的教学，深化补充课本中的涉海知识，所以它是课堂教学的重要补充，能够帮助学生形成完整的海洋历史认识。

海洋教育的特点也决定了它适合采用此种教学组织形式，海洋是充满遐想的，仅仅依靠书本上的知识是难以满足学生的需求的，需要深入实际环境中，让学生亲近海洋，直观地感受海洋的魅力。所以沿海地区的学校可以充分利用这一优势条件，选择合适的机会，带领学生到海边，寓教于乐，培养海洋情感。在这一方面，山东省的青岛地区可以说走在了国家的前列，不仅充分利用当地的海洋资源，在历史、地理等学校开设的常规课堂中进行海洋教育，还结合当地特色，大力开发校本课程，为其他地区开展海洋教育提供了借鉴。然而我国地域广阔，东西跨度大，造就了不同的文化特色，海洋教育也不例外。在内陆地区，亲海式的海洋教育形式实施起来存在困难。要解决这一矛盾，可以考虑参观博物馆、历史遗迹等，博物馆中的展品、历史遗迹作为记录历史的载体，本身就蕴含着丰富的知识，以此来进行现场教学，也可达到海洋教育的目的。

运用现场教学进行海洋教育意义重大，但相较于课堂教学来说，它的难度较大，有不少问题值得我们关注。首先，现场教学是要走出课堂甚至走出校园，那么不论是到海边还是去博物馆、海洋馆等，教师都要组织好学生，提前告知要遵守的规则秩序，保障好学生的安全，在现场教学过程中，也要注意引导学生，做好记录，并及时检查指导。其次，现场教学难度较大的一个原因是它的预设性较小，有许多变化的因素存在，甚至教师要做到走到哪里讲哪里，看到什么讲什么，还要回答学生随时可能提出的问题，这不论对教师的海洋知识储备还是临场反应能力都是一个极大的挑战，所以，教师在现场教学前要做好充分的准备，在日常的生活中也要注意不断充实自己的海洋知识，提高专业能力。最后，进行现场教学的机会相对来说仍然较少，所以，师生都要珍惜每次现场教学的机会，除了教学前的准备及教学过程中的海洋知识讲授外，课后的考核也要落到实处，布置好相应的任务，并及时检查和反馈，使现场教学真正发挥出对海洋教育的重要意义。

（二）课外阅读、视频观看

课外阅读"是在历史学科教材之外，课堂学习之余，师生对历史教材、课程辅导材料之外的读物进行阅读的活动"[①]。从课外读物的载体来看，呈现出纸质版和电子版并驾齐驱的局面。从阅读的材料来看，"主要为通俗历史读物（包括历史小丛书、历代史话、历史故事、历史常识以及历史连环画等）、历史回忆录和人物传记、历史文学作品（包括小说、诗歌和剧本等）和历史科学著作（如通史、断代史、国别史、历史文献等）"[②]。阅读的形式可以分为泛读、精读和研究性阅读。泛读，学生根据自己的兴趣爱好选择性浏览教师指定的书目，不重视考核，以提高学生学习历史的兴趣为目的，对海洋知识还不是特别了解的学生可以采用此方式，先通过阅读大量的书籍，感受到海洋的魅力，激发起探索海洋的兴趣。精读，是指教师结合具体的教学内容，制定一些文章和书籍，指导学生深入阅读，以加深学生对教学内容的理解，其中的部分材料教师在课上也会用到，这也就使课下阅读与课上的"读""讲"结合起来，补充

[①] 何林：《基层高中历史教学对课外阅读的利用研究——以光山县为例》，硕士学位论文，河南师范大学，2015年，第5页。

[②] 赵秀玲：《历史教育学》，山东大学出版社1997年版，第198页。

了课上教学。研究性阅读则是教师布置与海洋有关的研究题目，如"明清之际为何实施海禁政策"，指导学生围绕课题查阅相关资料，写出读书笔记、读史心得、研究报告或历史小论文等。[①] 这个过程中也可组织学生"议一议"，甚至搬到课堂上"议"，通过讨论，开拓思维，不断激发学习海洋知识的兴趣。

视频的选择，对于可信度比较高的纪录片、专题片等，如《大国崛起》《世界历史》等，可直接用于相关的历史教学。而历史题材的电影、电视剧等，是艺术化的历史，不能做到完全再现历史事实。这就要求教师在应用此类资料作为课程资源的时候要作比较分析，精心选择，并且必要时可做一定的技术处理。所以，针对这两类视频资料的特点，让学生选择合适的视频资料进行观看，不仅化抽象为具体，增强知识的趣味性，激发学生了解海洋的兴趣，还能再现历史，弥补历史的不可再现性，此外还能够提供情景，陶冶学生的情操，对学生进行情感方面的教育，激发对海洋的热爱之情。

阅读课外书，观看影视作品，对于进行海洋教育，弥补课上的不足，确实发挥着不小的作用，但其中也有一些事项需要加强关注。不论是课外读物还是视频资料，都是作为课堂教学的补充，来丰富学生的海洋知识，对学生进行海洋教育，提高海洋意识的，因此，就要对其进行选择，有目的性而不是盲目的，尤其在进行这两项任务之前，教师要做好指导，布置好任务，使学生明确阅读以及观看的目的是什么，在阅读观看后教师要做好检查，不能让其流于形式，花费了时间而无所获。其次，书和视频资料中难免出现错误，除了教会学生识别发现这些错误外，也可以恰当地利用，结合已经学过的知识"找茬"，让同学们在课堂上"议""论"，不仅能够检验学生对学过的知识的掌握情况，也能进一步复习巩固，还能使学生认识到书中、电视剧里的内容也并不都是正确的，在阅读观看时要有批判的态度，要敢于指出其中的错误。

[①] 朱汉国、郑林：《新编历史教学论》，华东师范大学出版社2008年版，第80页。

案例二：指导学生课下观看《大国崛起》的相关视频

上文提到，岳麓版高中历史教材必修二第二单元《工业文明的崛起和对中国的冲击》中提到了较多涉及海洋的内容，比如新航路的开辟，欧洲国家葡萄牙、西班牙、荷兰、英国等的崛起历程，新型航海工具的出现等等。《大国崛起》这部纪录片正好与此契合。引导学生观看相关的几集，进一步了解海洋在其中发挥的重要作用以及科技的发展给海洋航运带来了怎样的变化。

准备：由教师提供或学生自行下载第一集《海洋时代》，第二集《小国大业》，第三、四集《走向现代》《工业先声》，教师提出观看要求，布置好作业，完成一篇历史小论文。

实施：在讲授完第二单元第七、八、九课之后，借助自习或者周末时间让学生自行观看或者统一观看《大国崛起》中的第一到四集，看看海洋在葡萄牙、西班牙、荷兰、英国等国家的崛起中起到了怎样的作用，并完成作业。

总结：此次视频观看活动进展良好，学生兴趣高涨，能够投入进去，写作的历史小论文也能体现一定的深度，能够认识到海洋在其中发挥的重要作用，并能进行引申，思考我国在海洋利用方面的局限与不足，提出一定的建议。由此来看，运用视频教学对进行海洋教育起到了重要的作用。

（三）历史专题讲座、报告会

历史报告会，是指结合历史教学内容，举行各种专题讲座、报告会，拓宽、深化学生的知识，同时对学生进行思想教育。[1] 历史报告会一般是在某一重大历史事件或历史人物的纪念日召开，相关的纪念日有中国"航海纪念日"和"世界海洋日"等，如2005年举办的"纪念郑和下西洋600周年海洋文化专题报告会"等，专题讲座则是为了进一步拓展学生所学的知识或者让学生了解某一领域取得的新成就等，如有关南海问题的专题讲座。

---

[1] 朱汉国、郑林：《新编历史教学论》，华东师范大学出版社2008年版，第80页。

专题讲座或者报告会主题的选定，不仅要从专家学者的角度出发，还要考虑学生的发展和需要，可以先由主讲人提出，也可先让学生提出他们感兴趣的，反馈给主讲人，双方彼此交流研究，达成共识，确定好主题。而经过确定主题这一环节，主讲人可以了解到学生的兴趣点所在，对所要讲的专题已经有了哪些了解，还想深入了解些什么，哪些知识点又是容易被学生忽略的。这就给主讲人尔后编写讲稿做了一个知识上与心理上的准备，[1]而这也是一场讲座成功的关键之一。此外，因为讲座主题是对话交流的产物，也会让学生产生一种参与者、开发者的意识，增强认真听的自觉性，达到事半功倍的效果。

讲座的内容要体现科学性、思想性和时代性的有机统一。内容的选择要时刻谨记"以学生为中心"，本着实事求是的原则，不无中生有也不夸大其辞。鉴于此，史料的选择就要做到准确、慎重，这也与历史学科核心素养之一的"史料实证"不谋而合，通过专题讲座的开展，教师要有意识地培养学生搜集、整理和辨析材料的能力。历史虽然是研究过去发生的事情，但其也要紧随时代的步伐，具有"家国情怀"，关注现实问题，明确社会责任。那么针对目前存在的海洋热点问题，可以考虑选择一些热门问题，来调动学生了解海洋的积极性，而不是紧追教材不放，照本宣科，墨守成规。

开展主题讲座，讲授法是必不可少的，而在继承传统讲座中行之有效的方法之外，也要有一些新的探索。传统的讲座，虽然不是在课堂上，但"以教师为中心"的思想仍然存在，主讲人只顾讲自己的，全然不顾台下学生的反应，时间一长，学生就会走神，台上的人讲得慷慨激昂，学生却要昏昏欲睡，效果自然大打折扣，也没有实现开讲座的目的。那么该如何激发学生听讲的热情呢？除了把握好节奏，适时调控行为表情之外，声音语调的变化，幽默的语言，

---

[1] 李骥秋：《历史专题讲座：在研究型课程意义上的实践与思考》，《中学历史教学参考》2002年第11期，第19页。

图片、视频、音频等资源的多样运用，提出问题引导学生思考等方法也能起到一定的调控作用。方法不是唯一的，主讲人要善于总结经验，听取他人的意见，结合学生的特点，选择行之有效的方法。

开展的讲座是否真的取得了预期的效果，重在反馈，途径大致有这两条：一条是自我审视反思；另一条是学生反映。[①] 前者指的是主讲人的自我检验，将每次或几次开展的报告拍摄下来，讲座结束后，通过观看视频，来总结反思自己在讲述过程中的得失，以利于之后的修改与完善。后者则是以从学生那里获取的信息为佐证，通过口头提问或者问卷的形式，从学生处获得较为系统的反馈，来评价检验一场讲座的质量。而无论是哪一种途径都要做到及时，力求获得的反馈真实客观。

当然，开展讲座，主讲人除了是专家学者之外，也可由教师担任，教师与学生朝夕相处，不论是对学生还是对教材都更加熟悉，能够结合学生的特点及教材内容选择合适的主题开展讲座或报告，不仅兼顾了学生的兴趣，也能联系教材深化教材，与课堂上的历史教育"形散神不散"，取得良好的海洋教育效果。此外，也可让学生自己来讲，从被动地接受到参与其中，准备的过程虽然艰辛，但必定受益匪浅。

（四）研学旅行

研学旅行对很多人来说还是一个新兴的词汇，其涵盖面非常广，目前没有一个固定的模式，亦很难有一个准确而简洁的定义。2016年11月30日由教育部、国家发展改革委等11个部门联合统一印发的《关于推进中小学生研学旅行的意见》对研学旅行做了如下表述：中小学生研学旅行是由教育部门和学校有计划地组织安排，通过集体旅行、集中食宿方式开展的研究性学习和旅行体验相结合的校外教育活动，是学校教育和校外教育衔接的创新形式，是教育教学的

[①] 李骥秋：《历史专题讲座：研究型课程意义上的实践与思考》，《中学历史教学参考》2002年第11期，第21页。

重要内容，是综合实践育人的有效途径。① 也就是说，研学旅行是一种综合实践教育活动，既不同于传统意义上的课堂，也不只是旅游，而是"上课+""旅游+"，即将课堂与旅行相结合，在旅行的过程中丰富获取知识的途径，激发学习的热情。而这无疑与我们所倡导的海洋教育课外教学组织形式高度契合，研学旅行应该成为高中历史教师进行海洋教育的一种重要途径。

有关海洋教育的研学旅行大体可分为两种形式：实地旅行和VR虚拟旅行。实地旅行即在任课教师或者相关人员的带领下，到海洋实践基地或者海洋馆、博物馆甚至海边实地旅行，通过亲身参与以获取海洋知识的过程，如日照海洋公园和西安曲江海洋极地公园等，前者以"了解海洋、认识海洋、热爱海洋、保护海洋"为主题，以"通过一个孩子带动一个家庭，进而影响整个社会，提升市民海洋环保意识，共同热爱并保护海洋家园"为思路，启动了海洋科普教育进校园活动，以全省、全国知名的海洋科普教育基地为海洋科普研学旅行目的地。后者则始终坚持以"普及海洋知识，传播蓝色文明"为己任，近年来开展了研学旅行、海洋科普进校园、进山区等多项内外结合科普活动。娱乐休闲、开阔眼界的同时，激发了学生了解海洋知识的热情，拓展了学生获取海洋知识的途径。VR虚拟旅行则是借助计算机，利用仿真技术、多媒体技术、传感技术等多种技术的结合感知由计算机生成的、实时动态的有关海洋的三维立体逼真图像。这种形式更加适合距离海洋较远的内陆地区，也更加经济、便于操作。

无论是实地旅行还是VR虚拟旅行，同上文所提到的各种课外教学组织形式一样，都要作好前期准备，以应对旅行中可能出现的各种问题。对于研学旅行来说，首当其冲的是安全问题，学校组织的各种活动很多，但集体外出的活动相对较少，难免缺乏经验，这就

---

① 教育部等11部门关于推进中小学生研学旅行的意见，参见 http://www.moe.gov.cn/srcsite/A06/s3325/201612/t20161219_292354.html。

给带队老师带来不小的压力和负担。乘车安全、住宿安全、饮食安全、人身安全以及一些临时性的突发事件等等，都需要老师提前做好准备，计划周密，只有这样当面对问题时才能万无一失。其次是收费问题，高质量的研学旅行势必需要资金的支持，但一些学生及家长认为这会加重经济负担，没有必要花这部分钱甚至认为学校趁机敛财，众口难调，无疑给研学旅行的实施增加了困难，要解决此问题，就需要政府、学校、家长和社会等多方面的协调和努力，各主体承担起各自的职责，这也从侧面反映出要精心设计研学旅行的行程，力求经济高效，满足学生获取海洋知识的需求。另外还存在对研学旅行的本质认识不清、认为其影响学习的问题，各部门与旅游业的资源协调问题，研学旅行后的效果评价问题以及现场指导等问题。以上种种问题的存在可以说使得海洋研学旅行的发展既面临机遇又存在挑战。

但研学旅行是我国学校教育改革中的重要一环，对于在历史教学中进行海洋教育更是意义重大。在推行过程中，研学旅行的贯彻虽然充满阻力与困难，但我们依然要进行不断地尝试与实践，在实践中总结出适合发展海洋教育的研学旅行方法，在实践中完善各种机制与保障措施，不能让海洋研学旅行这个意义深远的教育改革实践流于形式。

不论是现场教学，还是课外阅读、视频观看抑或是开展历史专题讲座、报告会等多种课外教学组织形式，它们作为课内教学组织形式——班级授课制的重要补充，不仅弥补了班级授课制在海洋教育方面存在的缺陷与不足，激发起学生学习海洋知识的兴趣，提高探索海洋的热情，使学生形成完整的海洋知识体系，也极大地丰富了海洋教育的形式，使得学生甚至广大的民众，都可通过它们接受海洋教育，获得更多的海洋知识，为我国迈进海洋强国奠定坚实的基础。

附录一

论海洋教育在高中历史教学中的实施调查问卷（学生卷）

亲爱的同学：

你好！感谢你抽出时间参与此次调查问卷，你的真实想法与实际情况将为科研创作提供很大帮助，希望你能真实作答，问卷为匿名填写，问卷填写的内容都将严格保密。感谢你的支持与合作！

说明：问卷中的备选答案无对错之分，请勿"漏题"。题目无特殊说明的均为单项选择，请你根据真实意愿和实际情况在备选答案的序号上画"√"。

一、个人情况：

1. 性别：

男　　　　　　　　　　女

2. 年级：

A. 高一　　　　　　　　B. 高二

C. 高三

二、高中生对海洋教育的关注情况

1. 你认为以下哪些选项属于海洋教育的范畴？（多选）

A. 海洋意识　　　　　　B. 海洋行为

C. 海洋道德　　　　　　D. 海洋科学

E. 海洋文化知识　　　　F. 海洋历史

G. 其他涉及地球水域的专题

2. 你平时是否会关注与海洋有关的热点新闻？

A. 完全不关注　　　　　B. 不太关注

C. 偶尔关注　　　　　　D. 经常关注

3. 你认为中国的海洋局势跟你联系密切吗？

A. 非常密切，应该多加了解

B. 密切，应该了解

C. 有关系，但我没有能力参与，所以没必要多加关注

D. 跟我无关

4. 你认为高中生学习海洋历史知识对于了解国家的海洋局势有帮助吗？

  A. 很有帮助   B. 有帮助

  C. 没有帮助   D. 没注意过

5. 你获取海洋知识的途径有哪些？（多选）

  A. 地理课   B. 历史课

  C. 班会及校园文化活动   D. 网络、电视、报纸等大众媒体

  E. 图书馆、海洋馆等   F. 其他

三、学生对高中历史课教学形式等方面的关注情况

6. 你们的历史课大多采用哪种教学组织形式进行？

  A. 以班为单位   B. 小组活动为主

  C. 老师个别教学   D. 多种方式兼有

7. 你认为哪种教学组织形式最有利于你的学习？

  A. 集体教学   B. 小组活动

  C. 自学   D. 各种方式配合

8. 在涉及海洋历史的课程中，你的历史老师一般采用哪种教学方式？

  A. 讲授为主   B. 利用 PPT 等

  C. 传统与现代相结合   D. 无固定方式

9. 你觉得在历史课本上有关海洋历史的内容多吗？

  A. 非常多   B. 一点

  C. 没有   D. 没刻意想过

10. 你能否通过历史课堂教学形成对中国海洋发展历史的清晰认识？

  A. 能清晰认识   B. 认识大部分

  C. 认识小部分   D. 一点也不

11. 你的历史老师是否对课本中的海洋知识进行过系统梳理？

  A. 系统梳理过   B. 对当堂课的内容梳理过

C. 没有梳理过　　　　　　D. 没注意过

12. 你认为历史教师在课上讲授的有关海洋的内容与现实的联系大吗？

A. 很大　　　　　　　　　B. 一般

C. 不大　　　　　　　　　D. 没注意过

13. 除了历史课堂教学，你还愿意通过以下哪些方式来学习有关中国的海洋知识？（多选）

A. 课外书

B. 网络、电视、报纸等大众媒体

C. 图书馆、海洋馆、博物馆等公共设施

D. 哪种方式都不愿尝试

14. 除了课本的内容，你还希望获得有关海洋历史的哪些知识？（多选）

A. 海洋历史人物　　　　　B. 海洋历史事件

C. 中国古代取得的海洋成就　D. 我国与其他国家的海洋争端

论海洋教育在高中历史教学中的实施访谈问题（教师卷）

尊敬的老师：

您好！下面的访谈问题仅作研究之用，无对错之分，我们坚决尊重您的选择，对您的个人观点严格保密。衷心感谢您的支持与合作，祝您工作顺利，生活愉快！

年龄_____　　教龄_____　　职称_____

1. 您在历史课堂中多采用什么方式进行教学？

2. 您所在学校是否开展过海洋教育？（若并未开展，您认为原因是什么？）

3. 您赞成在高中历史教学中实施海洋教育吗？为什么？

4. 您认为历史课本中涉海内容多吗？（如使用过多种教材版本，您认为哪个版本涉及较多？）

5. 您在历史课堂中会有意识地采取多种教学组织形式讲授海洋

史吗？

6. 您对在高中历史教学中实施"海洋教育"有什么建议？

附录二

表1-14　高中历史岳麓版教科书必修1涉海内容归纳与海洋教育培养目标

必修1①		
目录	涉海内容	海洋教育培养目标
5. 爱琴文明与古希腊城邦制度	三面环水，港湾众多，这样的地理环境特点使得古希腊航海和海外贸易发达，地少人多的古希腊人凭借这方面的优势向海外殖民扩张，为创造自己的独特文明打下了基础，促进了民主政治的产生，所以古希腊文明是以海洋为依托，属于海洋文明，或称蓝色文明	使学生了解海洋对古希腊文明形成的重要作用，同时发散思维，认识到海洋对国家或地区发展的依托作用，从而引起学生对海洋的重视，不断增强海洋意识
7. 古罗马政治与法律	古罗马建城之初，只是蕞尔小邦，经过几百年的鲸吞蚕食，最终成为地跨三洲，水兼四海的地中海霸主。影响深远的罗马法的发展完善也受到了海洋环境的影响	了解古罗马利用便利的地理条件进行海外扩张，成为超级帝国的史实
12. 鸦片战争	清王朝闭关锁国之时，资本主义国家却在为争夺更广阔的海外市场而疯狂扩张。以英国为首的西方国家向中国走私鸦片，试图扭转贸易局面，并在1840年发动了鸦片战争，清政府战败，相继签订了《南京条约》等，连同第二次鸦片战争战败后签订的《天津条约》和《北京条约》，中国丧失了部分海洋领土主权和关税自主权，独立发展的道路被迫中断，卷入资本主义世界市场	（1）分析鸦片战争、中日甲午战争、八国联军侵华战争等一系列侵华战争的内因与外因，并能进行反思。外因：资本主义国家拓展海外市场、进行资本积累的必然结果，内因：清政府腐败落后，海权意识不足。反思：中国要增强国家实力，防御外敌，必须注重海防，加强海防意识，坚持走海洋强国战略

---

① 曹大为、赵世瑜总主编，赵世瑜、刘北成主编：《普通高中课程标准实验教科书·历史必修（Ⅰ）》，岳麓书社2004年版。

续表

目录	涉海内容	海洋教育培养目标
14. 从中日甲午战争到八国联军侵华	1894年日本舰队在丰岛海面偷袭清军运兵船，挑起了中日甲午战争。黄海大战中，北洋舰队全军覆没，标志着战争的结束，清政府战败，被迫签订了《马关条约》，中国割辽东半岛、台湾全岛及附属岛屿、澎湖列岛给日本，开放诸多商埠，允许日本在华设厂。八国联军侵华战争仍以中国失败而结束，完全沦为双半社会	（2）帝国主义国家凭借其强大的海洋实力发动的一系列战争是非正义的，侵犯了中国的海洋主权，造成了贫穷与落后。让学生认识到我国建设海洋强国是以"和谐海洋"为理念，走和平的道路
23. 祖国统一的历史潮流	毛泽东和周恩来"和平解决台湾问题"设想的提出以及叶剑英"九条方针"的阐述，都为"一国两制"构想准备了基础，80年代后，邓小平全面阐述了"一国两制"的深刻含义。在"一国两制"方针的指导下，成功解决了香港和澳门问题。从"汪辜会谈"到"九二共识"，大陆与台湾的关系也在"一国两制"方针的指导下有了不小的进展	认识到香港和澳门问题是历史遗留问题，它们的顺利回归，是"一国两制"构想运用的结果，这不仅为国家间解决历史遗留问题提供了借鉴，也体现了我国综合国力的增强。台湾始终是我国领土的一部分，解决台湾问题仍要在"一国两制"方针指导下，坚持和平道路
24. 两极对峙格局的形成	第二次世界大战后，美苏之间关系恶化，两极对峙格局形成，"冷战"期间爆发了局部"热战"。1950年6月，朝鲜战争爆发，以美国为首的"联合国军"进行干涉，越过三八线，入侵朝鲜。美军舰队进犯台湾，侵犯了中国主权。10月，中国人民志愿军入朝作战。1953年，交战双方签订停战协定	认识到朝鲜战争虽然是内战，但是因大国干预而局势混乱，中国抗美援朝一方面是保卫国家安全，维护新兴政权；另一方面则是反侵略，朝鲜战争的结束维护了周边海域的稳定，显示了新中国的实力

续表

目录	涉海内容	海洋教育培养目标
26. 屹立于世界民族之林——新中国外交	(1) 新中国成立后，奉行独立自主的和平外交方针。在同邻近国家和新兴的民族独立国家发展友好关系的过程中，中国与印度、缅甸等国共同倡导了和平共处五项原则。以其包容性和开放性逐渐得到了国际社会的认可，成为解决国家间问题的基本准则。 (2) 随着世界形势的发展变化，中美两国关系逐渐改善，1972 年，尼克松总统访华，双方在上海发表《中美上海公报》，美国承认，台湾是中国的一部分。 (3) 20 世纪 80 年代以后，面对风云变幻的国际局势，中国仍然坚定不移地反对霸权主义，维护世界和平。中国独立自主的和平外交政策更加丰富和完整，形成全方位的外交格局	认识到独立自主、和平共处是我国外交的基本特点。我国一直奉行独立自主的和平外交政策处理国与国之间的关系，坚持维护世界和平与稳定，在当今的海洋局势中，我国也是以和谐理念维护海洋稳定。 在外交上，我国积极致力于周边地区的和平与稳定，与周边国家的友好相处，虽然现在与一些国家在海洋方面存在争端，但我国也是力求以和平方式解决

表 1-15　　**岳麓版高中历史教科书必修 2 涉海内容归纳与海洋教育培养目标**

必修 2①

目录	涉海内容	海洋教育培养目标
4. 农耕时代的手工业	汉代丝绸远销欧洲，使中国获得了"丝国"的称号，丝绸之路和海上丝绸之路是在此时兴起与发展。制瓷技术也日臻完善，明清时期，瓷器与丝绸一起成为对外出口的大宗产品	让学生感悟中国古代在手工业方面取得的辉煌成就，丝绸之路和海上丝绸之路在产品运销世界中起到了重要作用，对比联想现在中国倡导的"一带一路"

---

① 曹大为、赵世瑜总主编，曹文柱、杨宁一主编：《普通高中课程标准实验教科书·历史必修（Ⅱ）》，岳麓书社 2004 年版。

续表

目录	涉海内容	海洋教育培养目标
5. 农耕时代的商业与城市	（1）隋唐时期，商业贸易蓬勃发展，商人来往频繁，陆上和海上丝绸之路都空前繁荣。 （2）商业的繁荣也促进了城市的发展，唐宋时期，海上贸易的兴盛也促使沿海港口城市走向繁荣，除广州外，泉州、杭州、扬州等都繁盛一时。 （3）商业的不稳定性和商人的流动性大等特点与统治思想矛盾，出现重农抑商思想，明代禁止民间出海贸易，清初海禁更严	（1）使学生了解海上丝绸之路的发展历程。 （2）认识到优越的地理环境（主要讲沿海）对经济发展以及一个城市兴衰的重要性，从而启发学生增强海洋意识。 （3）简单了解明清时期采取的海禁政策
6. 近代前叶的发展与迟滞	明清之际，东南沿海地区发展的同时，西方殖民势力已东来，私人海上贸易频繁。明清易代后，东南沿海抗清势力强大，为维护统治，长期实行海禁政策	深刻领悟明清时期的海禁政策对我国经济发展造成的危害，从而培养学生的海洋开放意识
7. 新航路的开辟	在社会背景和技术条件的支持下，15、16世纪，几位航海家，如迪亚士、达·伽马、哥伦布、麦哲伦等分别在西班牙和葡萄牙的支持下，进行了海上探险，对于人类认识未知世界具有重大意义，因此也被称为"地理大发现"。新航路的开辟对欧、亚、非及世界都产生了深远的影响	明确迪亚士、哥伦布等人开辟新航路的史实，能够正确评价新航路的开辟，有哪些积极影响，又造成了怎样的危害。引导学生把哥伦布开辟新航路与相近时期的郑和下西洋作比较，从而使学生树立起和谐海洋的理念
8. 欧洲的殖民扩张与掠夺	（1）新航路开辟之初，葡萄牙和西班牙就率先进行殖民掠夺活动。葡萄牙垄断了从欧洲到亚洲的海上贸易路线。西班牙在中、南美洲建立了庞大的殖民帝国。 （2）17世纪上半叶，荷兰海上贸易发达，有"海上马车夫"之称。 （3）英国人对西班牙船只进行海盗式掠夺，被称为"海盗国家"，经过一系列商战，18世纪下半叶确立了海上霸主地位	（1）列举四国抢夺殖民地和建立海外商品市场的史实，认识到海洋在其中发挥的重要作用。 （2）认识到欧洲列强的殖民扩张推动世界市场形成的同时给亚、非、拉人民造成了深重灾难，比较东西方在海洋发展方面的不同路径

续表

目录	涉海内容	海洋教育培养目标
9. 改变世界的工业革命	（1）蒸汽机革新后，在海上交通方面，以蒸汽为动力的汽轮问世，加强了洲际之间的联系。 （2）第二次工业革命后，交通运输更加便捷，铁路和港口成为世界贸易的动脉，世界市场最终形成	使同学们认识到技术革新对于海上交通发展的重要性；交通的便利又带动了经济的发展，调动学生的兴趣，积极投身于相关海洋事业
10. 近代中国社会经济结构的变动	19世纪50—60年代，清政府内部发起了一场旨在"自强""求富"的洋务运动。左宗棠创办了福州船政局，李鸿章创办了轮船招商局。北洋、南洋、福建三支海军也相继建成，昭示着海防意识的增强。东南沿海地区也兴起了一批新兴民族工业	认识到福州船政局、轮船招商局以及三支海军的建立，体现了我国近代海洋意识的增强，也要认识到其中的不足，以史为鉴，吸取经验教训，为了我国的强大，不断增强海洋意识
13. 交通与通讯的变化	1872年，轮船招商局的成立，标志着中国新式航运业的诞生。1900年前后，民间兴办的各种轮船航运公司艰难求生	轮船航运公司的创办与发展是近代人海洋意识增强的一个体现，引导学生不断增强海洋意识
20. 对外开放格局的初步形成	中国的对外开放已经形成了从经济特区到沿海开放城市，再到内陆省会城市，从东部到中西部全方位、多层次的新格局	认识到沿海城市开放的原因以及产生的重要作用，明确我国要进一步发展必须重视海洋的作用，激励学生为海洋经济发展作出贡献

表1-16　　岳麓版高中历史教科书必修3涉海内容归纳与
　　　　　海洋教育培养目标

必修3①

目录	涉海内容	海洋教育培养目标
6. 中国古代的科学技术	指南针是我国古代四大发明之一，早在战国时人们就发明了指南仪器——司南，北宋时发明了指南针，并应用于航海。13世纪传入欧洲，在地理大发现中起了重要作用	能够认识到指南针的发明与应用对航海带来的重大影响，同时进行思想教育，增强学生的民族自豪感，进而增强海洋意识
9. 诗歌与小说	主要讲述了我国古代在诗歌、小说等方面的成就，从《诗经》、汉赋到唐诗宋词再到明清小说，每一个朝代都有其独特的风情。"东临碣石，以观沧海""海上生明月，天涯共此时"等名句都涉及海洋	通过对唐诗宋词中关于海洋的诗句的学习，引发学生对海洋的兴趣，热爱祖国大好河山，增加对海洋的情感
11. 希腊先哲的精神觉醒	古希腊文明的崛起以海洋为依托，希腊先哲们也从客观出发，上观宇宙，俯察人生，追求真理。被誉为西方"哲学之父"的泰勒斯居住在海边，认为万物皆由水而生成，创立了朴素的唯物主义世界观	使同学们认识到古希腊的自然环境影响了其政治经济制度，而文化又是经济政治的反映，鼓励学生开放思维，勇于思考创新，学习海洋的包容性
15. 近代科学技术革命	达尔文随英国海军探测船参加了历时5年的环球考察，出版了划时代的巨著《物种起源》，建立起生物进化理论；瓦特革新蒸汽机后，多个工业部门都先后采用蒸汽机作为动力，1807年，美国人富尔顿发明了蒸汽轮船	引导学生学习达尔文、瓦特和富尔顿等人不畏艰辛，勇于创新的精神，认识到轮船的发明对航海事业发展的积极影响，调动学生学习海洋知识，投身海洋事业的热情
20. 西学东渐	鸦片战争后，中国与西方世界的联系扩大，一些先进中国人"开眼看世界"。林则徐编译《四洲志》，开研究、学习西方的先河，魏源编成《海国图志》，明确提出"师夷长技以制夷"的思想主张	明确《四洲志》和《海国图志》等书籍的作用，认识到国家的强大需要加强海防，引导学生不断增强海洋意识

---

① 曹大为、赵世瑜总主编，曹大为、郭小凌主编：《普通高中课程标准实验教科书·历史必修（Ⅲ）》，岳麓书社2004年版。

第二章 海洋教育在高中历史教学中的实施

海洋作为人类的资源宝库，成为现今各国激烈角逐的对象。面对国际海洋资源竞争愈演愈烈、海洋局势日趋紧张的现实，在中国海军成立60周年之际，一贯主张海洋和平的中国提出了"和谐海洋"理念，以共同维护海洋持久和平与安全。[1] 面对挑战，中国应利用《联合国海洋法公约》等国际法谋求利益，同时强调构建"和谐海洋"环境，坚持和平走向海洋、平衡发展、不谋求海洋霸权，建设"强而不霸"的新型海洋强国。[2]

依据历史新课程标准的指示，本书以当今最热门的"和谐海洋"理念为基点，遵循国家的海洋教育政策，立足于教育教学实际，将"和谐海洋"理念与高中历史教学相结合。本书主要阐述以"和谐海洋"理念为导向的海洋教育在高中历史教学中实施的必要性和可行性、现状、策略等，力求提高高中学生的海洋意识，树立"和谐海洋"的人文理念，从而不断提高国民整体的"和谐海洋"意识，为国家的海洋战略进程提供强有力的保障。

---

[1] 宋云霞：《海洋法律制度的发展与构建和谐海洋》，《西安政治学院学报》2012年第1期，第89页。

[2] 刘洋：《蓝色疆土之维和与维权》，《人民法治》2015年第6期，第28页。

第一节 相关概念界定

要论述海洋教育在高中历史教学中的实施,应当对海洋教育等相关概念予以界定。

一 海洋教育

"海洋教育"作为近年来的一个新兴概念,还没有统一的定义,中外众多学者从不同层面对"海洋教育"进行了阐释与界定。

1980 年美国海洋教育专家莱斯·佩克在《什么是海洋教育》一文中从课程内容方面界定了海洋教育:"海洋教育这一术语反映了全部学校课程应包含的内容,包括海洋历史、艺术、传说、经济、文学、语言和其他涉及地球水域的专题。"该文还提到另一位海洋教育研究者哈罗德·古德温从教育目的层面对于海洋教育的界定:"海洋教育就是能够发展人们对海洋的敏感性,使人们理解海洋在人类事务中的角色和人类社会对海洋环境的影响的整个教育过程。"[1]

在中国,邵杰等学者从海洋教育的发展演变来界定其含义:"海洋教育一词最初的含义是培养海洋专业人才,因此,开展海洋教育的学校主要是高职与大专院校中有关海事、水产、渔捞等相关专门学校,所以'海洋教育'等同于'海事教育',而直到近年来才由'培育专业人才'的含义逐渐扩大为'基本文化素养'的含义。"[2]

中国海洋大学马勇教授从人海关系视角提出海洋教育的定义。他认为:"广义海洋教育包括一切增进人的海洋文化知识,增强人的海洋意识,影响人的海洋道德,改良人的海洋行为的活动。狭义的海洋教育则是指由学校教育者有目的、有计划、有组织地对受教

---

[1] Les Picker, "What Is Marine Education", *Science and Children*, 1980, (2): 11.
[2] 邵杰、王俊英、李英宽、孟庆玲:《海洋教育综述及对崂山区中小学的启示》,《学术探讨》2015 年第 2 期,第 4 页。

者施以有关海洋自然特性与社会价值认识、海洋专业能力以及由人的海洋知识意识、海洋道德与人的海洋行为等素质要素构成的海洋素养的培养活动。"①

我国台湾地区学者吴靖国认为海洋教育是"引领学生亲近海洋、探索海洋,进而关怀海洋的行动,由人文、科学、生态的认知发展,进而解决海洋环境资源问题的教育历程"②。

基于众多海洋教育学者的阐述,本章对所涉及的海洋教育做出以下界定:海洋教育是指以树立受教育者的海洋意识为目标,以有关海洋人文、科学、生态等为教育内容而进行的海洋基本素养的培养活动。

二 "和谐海洋"理念

《说文》中对"和"的基本含义解释是"和,相应也","谐"字在字典里解释的意思是"配合得当",也就是各组成部分协调地相互联系在一起的意思。③"如乐之和,无所不谐","和谐"乃是中国传统文化所追求的理想境界和终极目标。和谐存在于非对抗性矛盾之中。"和谐"的目的就是解决矛盾、化解矛盾。"和谐"更多时候指的是在和平的环境中,国家间要通过诚信、双赢式的对话,努力促使尖锐矛盾转化为非尖锐矛盾,并建立真诚、和谐基础上的双边交流,这也是出于对我们共同生存环境关爱、友好、进步、发展基础上的对话;"和谐海洋"是"和谐"的重要体现,要求各国在新世纪——21 世纪海洋世纪,要在涉海事务上努力建立更高层次、更

---

① 马勇:《何谓海洋教育——人海关系视角的确认》,《中国海洋大学学报(社会科学版)》2012 年第 6 期,第 39 页。

② 吴靖国:《海洋教育·教科书·教师与学生》,北京理工大学出版社 2009 年版,第 2 页。

③ 蔡一鸣:《海洋权与和谐海洋大战略观》,《浙江海洋学院学报(人文科学版)》2008 年第 4 期,第 14 页。

高境界上的合作。①

中国一贯主张维护海洋持久和平与安全，追求海洋科学开发与持续使用，强调海洋积极保育良善治理。2009年4月24日，中国提出构建"和谐海洋"的倡议，以共同维护海洋的持久和平与永续繁荣。"2014年6月，李克强在希腊中希海洋合作论坛上提出：'我们愿同世界一道，通过发展海洋事业带动经济发展，深化国际合作，促进世界和平、努力建设一个和平、合作、和谐的海洋。'这个主张表明的是中国要在经济上共同建设海上通道，维护航行自由，发展海洋经济，利用海洋资源，探索海洋奥秘；在文化上要推进不同文明的交流对话、和平共处、和谐共生。"②"和谐海洋"理念作为中国海洋事业发展的新成就，刷新了国际社会对海洋的认识，近两年以来得到更多国家的理解及认同。

作为人类共同的价值追求和基本价值观念，"和谐海洋"理念内涵丰富，其一是指海洋和平，努力用和平的手段解决海洋问题；其二是指人海和谐，维护海洋环境，促使海洋可持续发展。它不仅是一种面向未来的世界眼光，是一种同生共存的基本诉求，是一种宽厚包容的高尚情怀，是一种变通融合的高超智慧，也是一种平和理性的文明传统。以"和谐海洋"理念为导向来观察我们面临的浩瀚海洋，对海洋认识的层面也会丰厚起来。

"和谐海洋"理念不仅是中国发展海洋事业、维护海洋权益的指针，也是开展海洋教育的重要导向。所谓以"和谐海洋"理念为导向的海洋教育是指以促进受教育者树立人海共生、海洋和平理念为目标，以有关海洋人文、科学、生态等为教育内容而进行的海洋基本素养的培养活动。中国作为海洋大国，在当前所面临的海洋形势日益严峻的情况下，以"和谐海洋"理念为导向进行海洋教育成为

---

① 蔡一鸣：《学习借鉴海权论 构建当代和谐海洋》，《浙江国际海运职业技术学院学报》2008年第4期，第34页。

② 杨国桢：《海洋丝绸之路与海洋文化研究》，《学术研究》2015年第2期，第93页。

必要之举。"和谐海洋"理念既能服务于国家战略，也契合和平与发展的时代主题。

目前中国的海洋教育主要分为学校海洋教育与社会海洋教育。学校海洋教育是本书研究的主要方向，在基础教育阶段开展海洋教育主要是以渗透式手段把海洋知识教育、海洋意识与海洋观教育融入基础课程中。[①] 就本书而言，在高中阶段，适合开展海洋教育的学科主要有历史、政治、地理、生物等。根据课程资源的情况，在高中历史教学中实施以"和谐海洋"理念为导向的海洋教育，主要以促进受教育者树立海洋和平理念为目标，以有关海洋人文知识为教育内容。

第二节 以"和谐海洋"为导向的海洋教育在高中历史教学中实施的必要性和可行性

20世纪90年代以来，海洋教育已经得到世界各国政府的普遍关注，其中一些国家还制定了详细的实施规划。从各国海洋教育的实施渠道上看，学校教育为主要组成部分。纵观各阶段的学校教育，高中阶段是学生思维发展和价值观形成的关键时期。因此在这一时期对学生实施海洋教育，使其掌握必要的海洋知识、树立正确的海洋观念显得尤为必要。在高中阶段所开设的课程中，历史学科教学内容也为海洋教育的实施提供了切实可行的课程资源。

一 必要性

认识海洋，培养和谐海洋的意识，不仅可以引导国民正确对待海洋，还可以缓解海洋人才的短缺。然而，中国青年国民海洋意识

---

① 马勇：《何谓海洋教育——人海关系视角的确认》，《中国海洋大学学报（社会科学版）》2012年第6期，第38页。

的缺失、海洋人才培养的需要、新课程背景下加强高中海洋历史教学的需要，都说明了以"和谐海洋"为导向的海洋教育在高中历史教学中实施是十分必要的。

（一）中国青年国民海洋意识的缺失

作为典型的海陆复合型国家，中国实现海洋强国目标首先要从全面提高国民海洋意识方面入手。但从目前的情况看，中国国民尤其是青年国民的海洋意识较薄弱，这显然成为阻碍我国发展海洋事业和建设海洋强国的重要因素。

2014年4月，国家海洋局宣传教育中心、中国海洋石油总公司团委与中国青年报社联合主办了"中国青年海洋意识调查"。[①] 全国万人民调显示中国80、90后海洋意识普遍低于70后，中国青年"近海却不识海"的问题越来越严重。很多国民也许认识到了海洋对于中国当前发展的重要性，但遗憾的是大多数国民尤其是作为国家未来希望的青年一代对于中国的"海洋国家的历史"不甚了解，没有中华海洋文明的自信。

青年国民"近海不识海"问题的出现恰恰说明中国海洋历史的宣传与教育存在着缺失。青年一代对于国家海洋文明发展史的模糊认识，导致其无法拥有强烈的海洋意识，这将对中国海洋强国战略的实施产生消极影响。海洋意识的培养要从小抓起，现在处于中小学发展阶段的青少年则是海洋意识培养的重点对象。而作为海洋意识培养的第一步，首先是使学生了解中国和平经略海洋的历史以及海洋对于中国的重要性，从而摆脱重陆轻海的传统桎梏。在高中阶段历史学科中实施"和谐海洋"理念为导向的海洋教育已经刻不容缓。

（二）海洋人才培养的需要

人才资源是最重要的资本和第一资源。我国发展海洋事业，建

---

① 孙安然、陈宁：《国家海洋安全被受访者高度关注》，《中国海洋报》2014年7月29日。

设海洋强国，关键在于海洋人才。但目前我国的海洋人才供给在质量上存在许多问题，远远不能满足当前和未来海洋事业发展的需要[①]。

原中国海洋大学校长、中国工程院院士管华诗曾指出"中国海洋大学海洋专业的学生入学分数高但培养潜力不大，因为这些学生缺乏对海洋的兴趣和一定的海洋专业基础，更缺乏的是海洋专业发展的志向，对于毕业后是否从事海洋领域的工作比较茫然。"[②] 院士的这个困惑，其根源在于基础教育。基础教育阶段的海洋教育是为高等教育阶段培养海洋专业人才夯实基础。忽视了前者，后者难以实现。

国家创新人才培养的基础在高中。高中阶段是培养学生专业兴趣、奠定专业基础的重要时期，也是学生价值观形成和思维发展的关键时期。在高中阶段进行海洋教育，不仅能提高学生的海洋科学文化知识，还可以使学生通过了解重要的海洋知识对海洋产生兴趣，对海洋专业产生兴趣，从而为未来的海洋专科教育储蓄人才。即使学生未来不从事海洋领域的工作，大量拥有人海共存、和平利用海洋的观念的公民，也会助力中国海洋事业的蓬勃发展。

（三）新课程背景下加强高中海洋历史教学的需要

以"和谐海洋"理念为导向的海洋教育不仅符合新课程标准的要求，而且可以促进高中历史教学目标的实现。《普通高中历史课程标准（实验）》中提出："掌握历史知识不是历史课程学习的唯一和最终目标，而是全面提高人文素养的基础和载体；要求通过历史学习，使学生增强历史意识，汲取历史智慧，开阔视野，了解中国和世界的发展大势，增强历史洞察力和历史使命感；历史教学内容应

---

① 曲金良：《我国中小学海洋教育的现状分析与对策建议》，载李巍然《海洋教育新进展——2011年海洋教育国际研讨会论文集》，中国海洋大学出版社2012年版，第83页。

② 姜乃强、宋欣园：《新人口红利供给：中国教育创新发展的新使命——访山东省教育厅副厅长张志勇》，《教育家》2016年2月号。

坚持时代性，密切与现实生活和社会发展的联系，使学生逐步形成科学的世界观和历史观，树立不断完善自我，为祖国社会主义现代化建设做贡献和关注民族与人类命运的理想。"①

为了满足历史课程标准的要求，教师在把海洋历史知识传授给学生的同时，要与当今海洋时势相结合，以古看今，让学生在历史学习中增强自己的历史思维能力和历史洞察力，从而用新的角度和思维看待当今世界局势。在讲授有关中国古代海洋利用与发展的历史时，可以联系当前的南海局势，将其作为高中历史教学中海洋教育的时事资料。首先向学生明确中国古代奉行和平经略海洋的政策，发展邻海各国的友好关系。这种和平、和谐的理念延续至今。南海争端虽愈演愈烈，但中国始终坚持在保证主权的前提下和平解决的原则。中国在南海争端中的主张继承了中国古代和平经略海洋的传统，也符合中国的"和谐海洋"理念，更符合世界和平与发展的时代主题。由此可见，以"和谐海洋"理念为导向的海洋教育在高中历史教学中实施是新课程背景下高中历史教学的需要。

此外，《普通高中历史课程标准（实验）》中指出："加深学生对历史上以人为本、善待生命、关注人类命运的人文主义精神的理解。确立学生积极进取的人生态度，塑造健全的人格，培养坚强的意志和合作的精神，增强经受挫折、适应生存环境的能力。"② 可以说，培养学生人文精神是历史课程的重要目标，亦是历史课程的最高目标。"和谐海洋"理念在于引导学生用和谐的思想看待海洋，思考海洋国家关系，同时也会潜移默化地培养学生和合的思想，用和谐的思想和态度来思考和处理社会事务，完善学生的人格。

二　可行性

国家政策给海洋教育在高中历史教学中实施提供了支持，助其

---

① 《普通高中历史课程标准（实验）》，人民教育出版社2003年版，第1页。
② 《普通高中历史课程标准（实验）》，人民教育出版社2003年版，第2页。

突破阻力,更具可行性。高中阶段的学生处于品德发展的一个关键期,"和谐海洋"理念适时地为学生提供了一个理解世界的正面导向,并且历史学科作为人文学科,其内容丰富,非常契合以"和谐海洋"理念为导向的海洋教育的需要,因此海洋教育在高中历史教学中实施是切实可行的。

(一) 国家政策的支持

在我国国民教育中,关于我国既是内陆大国又是海洋大国的相关概念和知识,长期以来一直是被遮蔽的、被忽视的。20世纪末以来,根据共青团中央、国家海洋局、《瞭望周刊》以及不少课题组的调查显示,我国公众的海洋意识相当淡薄,现实状况令人担忧,因此海洋教育必须从中小学抓起,从"娃娃"抓起。由此,中央领导同志高度重视,国家相关团体和社会各界多有呼吁和倡导,国家相关部门相继推出了一系列的措施和行动。

2009年,九三学社中央委员会网站刊出《关于在我国中小学中加强海洋教育的建议》,建议国家加强海洋基础知识教育,统一全国中小学各版本教材中有关海洋知识的内容,明确基本的数据及概念,加强海洋国土观教育,加强海洋与国家主权教育。同年,中央领导李长春同志作出"海洋知识进学校、进教材、进课堂"的重要批示。国家海洋局向教育部发出《关于商请加强中小学海洋知识教育的函》,建议教育部和国家海洋局联合成立全国海洋知识教育委员会及专家咨询委员会,就"海洋知识,特别是海洋洋权益知识进学校、进教材、进课堂问题"研究制定解决方案及具体对策,在义务教育阶段增加海洋内容的分量,并将海洋相关知识纳入高考必考范围之内,改变目前海洋知识教育似有似无、可有可无的"软任务"状况。[①] 2012年,全国人大代表、大连海事大学校长王祖温接受记者专访时提出,从战略高度强化海洋意识教育,海洋教育应成为我国

---

① 朱信号、马勇:《我国台湾地区中小学海洋教育探索及借鉴——兼与大陆地区的比较研究》,《教学研究》2014年第4期,第109页。

中小学教育的重要内容。2013年1月6日，国家海洋局正式开始编写中国首套中小学海洋意识教育系列教材，目的是推进海洋知识"进学校、进教材、进课堂"工作的开展，这是激发学生海洋情感的重要举措，也是我国通识教育迈出的重要一步。

国家政策对海洋教育的支持使其在基础教育阶段实施成为可能，正如曲金良先生所说，海洋教育必须从全国中小学全部课程及其教科书入手，贯穿、融入中小学全部主干必修课程之中，这样才能从制度保障、规定措施和长效机制上真正落实"海洋教育进校园、进课堂、进教材"问题。①

国家政策的支持给海洋教育在高中历史教学中实施提供了支持，助其突破阻力，更具可行性。一些有条件的沿海中小学校率先开展了相关活动。2011年，青岛落实"海洋知识进学校、进教材、进课堂工作"，完成了我国首套中小学海洋教育校本教材《海洋教育》。作为海洋教育先行者的青岛三十九中已编写完成海洋物理、海洋生物、海洋地理等相关学科的教材，注意加强学科教学和海洋知识整合渗透，而且学校还开设了海洋教育的相关课程，将海洋教育渗透到教育教学的全过程。国家海洋局宣传教育中心盖广生主任指出，青岛的海洋教育无论是理论方面还是实践方面都走到了全国前列，为全国基础教育中的海洋教育做出了很好的典范和榜样。

（二）高中生的认知发展及品德发展规律

根据瑞士心理学家皮亚杰的认知发展观，高中生处于形式运算阶段，其思维发展已接近成人的水平，知识、接受能力等水平较初中阶段有了很大提高。在高中阶段历史教学中对学生进行系统的海洋历史知识教学，让学生"以史为镜"，以探求当今海洋时势显然更加合理和可行。例如，学生通过系统地学习中国古代"丝绸之路"

---

① 曲金良：《我国中小学海洋教育的现状分析与对策建议》，载李巍然主编《海洋教育新进展——2011年海洋教育国际研讨会论文集》，中国海洋大学出版社2012年版，第234页。

和"海上丝绸之路"的史实，提高对当今中国"一带一路"倡议的了解和认可。因此，以"和谐海洋"理念为导向的海洋教育在高中历史教学阶段实施更易达到理想的效果。

高中阶段或青年初期的品德发展进入以自律为主要形式，应用道德信念来调节道德行为的成熟时期，表现在能自觉地运用一定的道德观点和信念来调节行为，初步形成人生观和世界观。在学生品德发展的这样一个关键期，"和谐海洋"理念适时地为学生提供了一个理解世界的正面导向，它可以潜移默化地培养学生和谐共生的信念，使学生形成尊重、理解、认同、包容、和谐的世界观和人生观。历史教师恰恰可以以高中生品德发展的基本特征为情感态度价值观培养的出发点，在历史教学内容、形式、评价标准等方面遵循其品德发展规律，采取合理的培养措施，做到有的放矢，因材施教。

（三）历史学科课程性质的适宜性

高中历史教学是用唯物史观阐释人类历史进程和规律，进而培养学生的历史意识、文化素质和人文素养的基础教育学科。[①] 普通高中历史课程的性质决定了可以依托历史学科丰富的课程资源培养学生的"和谐海洋"的观念，进行海洋教育。

历史学科是人文社会科学中的基础学科之一，其学科的内容、功能等诸多方面，非常契合以"和谐海洋"理念为导向的海洋教育的需要。

首先，从知识的学习和掌握方面看，历史学科坚持在史与论科学统一的基础上认识客观历史，这是历史教学的基础任务。而关于海洋的历史知识自然也在客观历史之列，需要历史学科完成海洋历史知识教学的目标。

其次，从思维能力方面看，历史学科要求培养学生理解历史、认识历史、分析和评述重大历史问题并总结历史规律的思维能力。比如可以通过引导学生分析郑和下西洋、新航路开辟等重大海洋历

---

① 《普通高中历史课程标准（实验）》，人民教育出版社2003年版，第1页。

史事件，启发学生思考当时的海洋历史状况，结合现实的海洋局势挖掘历史细节，在教师指导下尝试总结海洋历史规律。

再次，从思想教育方面看，历史学科要求培养学生的民族意识，要使学生通过对中国历史和世界历史的学习，了解中国人民与世界各国人民的友好交往和相互交流；了解历史上中华民族对世界文明所作出的贡献；另外还要认识到必须争取民族平等，反对外来侵略、民族压迫、种族主义和殖民主义；要使学生具有正确的民族意识，具有强烈的民族自豪感、责任感以及使中华民族腾飞的紧迫感，也要有对其他民族的尊重、理解、认同、宽容的观念，以及民族的平等意识和共同发展的观念。[1]比如在涉及中国海洋发展的课程当中，要明确中国古代所建立的"海上丝绸之路"是沟通亚、非、欧各国的和平友好之路。这是中国对于世界文明发展所作出的贡献。近代以来中国的海洋权益频频遭到西方侵略者的瓜分，这让中国认识到平等与和平的海洋环境对于国家发展的重要性。正因如此，现今中国"一带一路"的建设抱着真诚与友好的态度，希望沿路沿带各国可以和平互利、携手共赢。

最后，从价值观的培养方面看，历史学科的教学内容广泛涉及正面的和反面的历史人物的形象及行为，是情感态度价值观教育的具体生动的材料。在这方面，历史教学有着独特的功效。郑和、哥伦布、达·伽马等海洋历史人物为人们所熟知，历史教学中可以对这些历史人物及其事件进行剖析，既能认识到哥伦布、达·伽马等西方航海家对海洋开拓和发现作出的贡献，也能了解到他们在开拓海洋期间所表现的恶劣行径，特别是可以将他们同"和谐海洋"的使者郑和相对比，寓教于史、寓教于情、寓教于理，从而使学生了解中国与西方海洋经略的不同方式。

综上所述，中学历史学科的课程任务适合于以"和谐海洋"理

---

[1] 王颖：《浅谈历史教学中对民族精神的培养》，《太原大学教育学院学报》2011年第3期，第95页。

念为导向的海洋教育的实施。

第三节 以"和谐海洋"为导向的海洋教育在高中历史教学中的实施现状

为了了解以"和谐海洋"理念为导向的海洋教育在高中历史教学中实施的现状,包括学生和谐海洋意识的强弱、对海洋历史知识感兴趣程度以及高中历史教师在教学各环节中实施以"和谐海洋"理念为导向的海洋教育的情况和效果等,笔者根据历史教学中教师主导、学生主体的理念,分别对教师和学生进行了调查。此次调查根据实际情况,主要采取了问卷调查法和访谈法,采取当面、问卷或网络通讯的方式对高中历史教师进行访谈;对高中学生则采取以问卷调查法为主,观察法为辅的方法。为此笔者设计了《论海洋教育在高中历史教学中的实施调查问卷(学生卷)》和《论海洋教育在高中历史教学中的实施访谈问题(教师卷)》(详见附录)。

此次调查主要采取了访谈法和问卷调查法。访谈法主要是以23位高中历史教师为访谈对象。为保证调查结果的实效性,笔者所选取的23位高中历史教师来自不同学校,职称和教龄不同,具有层次性,这样便于了解不同经验和资历的教师在教学中是否实施了海洋教育以及其进行海洋教育是否以"和谐海洋"理念为导向的情况。笔者在与教师的访谈过程中能切实感受到他们真诚的态度。笔者对访谈中的重点问题进行记录,并在下文中有所阐述。问卷调查法采取当面发放、及时收集的方式,以济南历城二中、德州武城二中、临沂临港一中和曲阜曲师大附中四所学校的高中学生为调查对象,进行随机分层抽样,实际发放问卷720份,回收问卷705份,回收率约为97.92%,有效问卷674份,有效率约为95.60%,符合问卷调查的要求,在很大程度上可以作为反映以"和谐海洋"理念为导向的海洋教育在高中历史教学中实施现状的依据。另外,笔者在教育实习期间有意识地观察学生的历史学习情况，对他们的历史学情具有初步的了解，认真观察教师的备课、上课、课后的实际教学情况，在集体备课中也与老师积极交流，从中学到很多关于课堂组织、学生学习兴趣培养、师生互动关系的处理等方面的教学方法和技巧。在调查结束后，对调查数据进行细致的量化和分析，得出以"和谐海洋"理念为导向的海洋教育在高中历史教学中的实施现状存在诸多问题的结论，主要表现为高中历史教材中海洋教育内容的缺失，历史教师在教学环节中海洋教育实施不足以及高中阶段学生缺乏和谐海洋意识。

一 高中历史教材中海洋教育内容的缺失

通过研究，得知高中历史教材中海洋历史知识比重不足，而且历史教材中也缺乏海洋教育的实施规范。这些都说明在高中历史教材中海洋教育是缺失的，是亟待解决的问题。

（一）高中历史教科书中海洋历史知识比重不足

从普遍意义上说，我国高中海洋教育实施的客观状况，不能依据还尚属个例的"少年海洋学校"、沿海一些中学的海洋特色"校本"课程及其乡土教材来进行判断，真正能够反映海洋教育在高中阶段实施情况的是全国高中普遍采用的"国标"课程及其教科书各版本中的海洋内容所占的比重。这是分析判断及评价我国高中海洋教育状况的基本依据。因此，高中历史教科书中的海洋内容比重也是判断高中海洋教育状况的基本依据之一。

从大多数教科书版本来看，编写者没有体现出全面系统的海洋意识。高中历史教科书中无一篇专门讲述海洋历史的课文，调查研究统计高中历史教科书中涉海内容的比重仅为 4.43%。[1] 另外，根

---

[1] 曲金良：《我国中小学海洋教育的现状分析与对策建议》，载李巍然主编《海洋教育新进展——2011年海洋教育国际研讨会论文集》，中国海洋大学出版社2012年版，第237页。

据表 2-1 高中学生对历史课本中海洋历史内容多少的评判可以看出，65.6%的学生认为历史课本上仅有一点有关海洋历史的内容，33.8%的学生认为没有或者没有刻意想过。参与访谈的一些高中历史教师曾指出，历史教科书中涉及海洋相关内容并不多，以岳麓版和人教版教科书相比较，人教版教科书属于通史体例，所以相对涉及得多一些。

表 2-1

题号	题目	选项（单选）	A	B	C	D（%）
8	你觉得在历史课本上有关海洋历史的内容多吗		0.6	65.6	14.1	19.7

通过以上调查分析，尽管现行历史教科书中海洋知识内容占有一定比例，但多是"不自觉"的，因而是零碎的、不系统的。涉海内容尚且有限，能够反映"和谐"海洋观念的课本内容更是极度匮乏。这种情况导致很多高中生没有意识到历史课本中存在海洋相关内容，这为实施以"和谐海洋"理念为导向的海洋教育造成了一定障碍。

（二）历史教材中缺乏海洋教育的实施规范

"所谓教材，从广义上讲是指教学活动中所利用的一切素材和手段，即教师指导学生开展学习活动的各种教学材料。"[1] 新课改下的大教学观认为中学历史教材是指教师指导学生学习的各种教学材料，包括教科书、讲义、讲授提纲、教辅材料等，其中教科书、讲义和讲授提纲是历史教材的主体部分，简言之，凡是承载历史课程内容和信息的物化材料，都可以视为教材。[2]

---

[1] 陈志刚：《历史课程论》，长春出版社 2011 年版，第 149 页。
[2] 叶小兵、姬秉新、李稚勇：《历史教育学》，高等教育出版社 2004 年版，第 92 页。

高中历史教材缺乏海洋教育实施的规范。中小学海洋教育的宗旨是增强全民族的海洋意识，提高中小学生对海洋重要性及国家海洋发展重要性的认识，并且强化学生的爱国情感以及将我国建设成世界海洋强国的自觉性。所以，高中历史教材中对我国海洋发展的历史以及对当代建设海洋强国目标走向的基本理念不是学术自由的空间，而应是国家意识和意志的标准表达，但实际情况却并非如此。例如，对郑和下西洋至今仍有不同的评价，有的课堂教案竟将之戏称为"洋（杨）白劳"，意思是下西洋是白劳作、白忙乎、徒劳无功。海洋观念之混乱由此可见一斑。

当前，"和谐海洋"理念的提出表达了我国希望与世界各国一道共同维护海洋持久和平与安全的意愿，是中国海洋发展的意志表达。但现今中国的海洋教育尤其是学校当中的海洋教育还未能对此理念进行准确与规范的表达，这一问题亟待解决。

二 历史教师在教学环节中实施海洋教育不足

通过对一线高中教师进行访谈发现高中历史教师对实施海洋教育比较忽视，而且历史教师的海洋意识和海洋教育水平也有待提高，这都使得海洋教育在高中历史教学中实施不到位。

（一）高中历史教师对海洋教育实施的忽视

从表2-2中我们可以了解到有67.2%的学生认为在历史课中进行海洋教育是必要的，其中约20%的学生认为很有必要，可以说大部分的高中生赞成在历史教学中实施海洋教育。

表2-2

题号	题目	选项（单选）	A	B	C	D（%）
7	你觉得在历史课中进行海洋教育有必要吗		19.7	47.5	14.7	18.1

然而，海洋教育在高中历史教学中的实施是不尽如人意的。根据图2－1我们可以直观地看到学生接受海洋教育的途径多种多样，主要来源是网络、电视、报纸等大众传媒，其次是地理课中，仅有少数学生认为自己从历史课中接收到了海洋教育。这可以说明高中历史教师在教学中不注重对海洋教育的实施和渗透，导致学生没有接受到足够的海洋教育。同时也从一个侧面解释了为什么中国青年一代对中国海洋文明史不甚了解的原因。

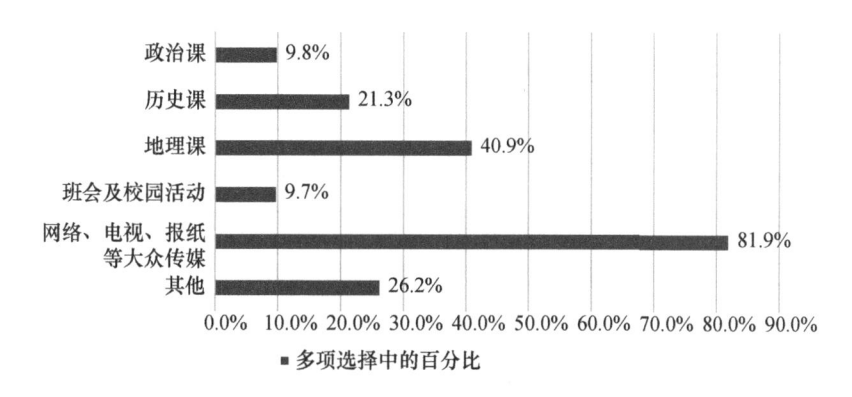

途径	百分比
政治课	9.8%
历史课	21.3%
地理课	40.9%
班会及校园活动	9.7%
网络、电视、报纸等大众传媒	81.9%
其他	26.2%

■多项选择中的百分比

图2－1 学生获得海洋教育的途径选择

（二）历史教师的海洋意识和海洋教育水平有待提高

在对高中历史教师进行访谈的过程中，多数老师都提及历史教师在目前的教学中确实不够注重对学生海洋教育的渗透，原因大概有三点：

第一点是所调查地区为内陆城市，海洋观念淡薄，中国传统的陆权思想更加剧了内陆地区对海洋教育重视不足的情况；第二点是大环境使然，素质教育下的应试教育使得一切以高考最大，与高考无关的或很少相关的知识内容基本不涉及，而历史教师开始对海洋教育有所看重始于高考题（2013年全国新课标卷一的第40题）中对学生海洋历史知识及和谐海洋观的考查，在此之前几乎没有在意海洋教育；第三点也是最重要的一点，高中历史教师的海洋意识有所欠缺。即使部分海洋意识较强的历史教师希望在历史教学中实施海洋教育，但由于其没有接受过系统的海洋教育培训，海洋教育水平不高，主要表现为海洋教育理念欠缺、海洋历史知识挖掘不够、海洋教育实施方法与时机不恰当等，使得海洋教育在高中历史教学中实施不到位。确实有不少教师在高中历史教学中渗透海洋教育，并取得了一些成效，但是其中仅有很少的历史教师能够将"和谐海洋"理念作为导向，因此导致以"和谐海洋"理念为导向的海洋教育在高中历史教学中始终难以真正落实。

三 高中阶段学生欠缺和谐海洋意识

海洋教育的目标之一是让青少年乃至全体国民像认知陆地国土一样认知海洋国土。然而时至今日，我国海洋教育的开展仍极为有限。尽管近年来在基础教育阶段实施海洋教育已取得一系列成就，但是还没有从教育的根本上解决问题。目前的困境在于地区的局部性、学校的部分性、课程的边缘性和随机性等，这使得海洋教育尚未普及，学生海洋意识淡薄。笔者通过对四所高中进行问卷调查，发现高中学生的海洋意识淡薄，对于"和谐海洋"理念更是缺乏认知。下面结合调查问卷数据进行分析。

（一）高中学生的海洋意识淡薄

根据表2-3的调查数据来看，所调查高中学生中真实接触过海洋的超过了80%，喜欢海洋的比例也高达77.6%，可以说高中学生对于海洋是有好感的、有兴趣的。另外，绝大多数学生认为高中生学习海洋历史，增强海洋历史观是有必要的，接近三分之一的学生认为是极有必要的，可以说在高中教学中实施关于海洋历史知识和海洋观念的海洋教育是符合学生期待的。但是在调查中发现，竟有接近半数的学生不关注与海洋有关的热点新闻，31.2%的学生认为不必关注中国海洋局势，其中多数认为自己没有能力参与，所以不必多关注，其他的则认为跟自己无关，这样的情况说明我们高中海洋教育落实不够，导致学生对海洋时势的关注度不够，海洋观念有待转变。

表 2-3

题号	题目（海洋意识和兴趣调查）	选项（单选）	A	B	C	D（%）
1	你去海边旅游过吗		37.7	36.1	14.8	11.4
2	你喜欢海洋吗		35	42.6	18	4.4
3	你认为高中生学习海洋历史，增强海洋观念有必要吗		27.9	47.6	18	6.5
4	你平时是否会关注与海洋有关的热点新闻		9.8	44.3	35	10.9
5	你认为中国的海洋局势跟你联系密切吗		21.3	47.5	22.9	8.3

对于高中学生海洋意识的评价要采取主题多样化的原则。笔者不仅采用了学生自我评价的方法，还采取了同学互评以及教师评价的方法。大多数教师指出了学生海洋意识淡薄的状况，而关于同学互评的调查16.2%结论来源于调查问卷，根据图2-2的数据我们可以清晰地看出，认为身边同学海洋意识强的仅有1.6%，28.1%的学生认为身边同学的海洋意识是淡薄的、缺乏的。

高中生对身边同学的海洋意识评价

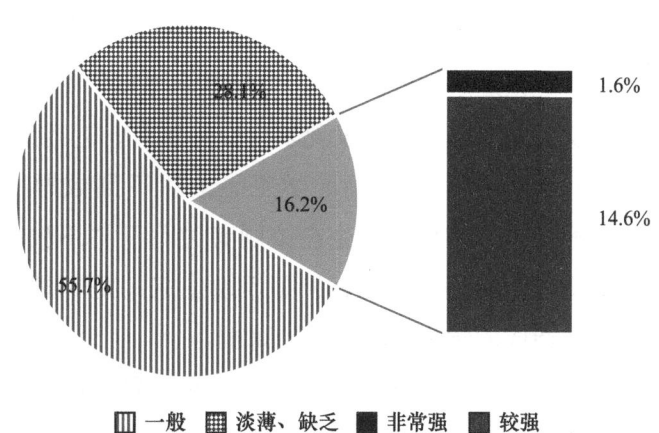

28.1%　16.2%　55.7%　1.6%　14.6%

▦ 一般　▦ 淡薄、缺乏　■ 非常强　■ 较强

图 2-2

表 2 – 4

题号	题目（海洋历史知识及理念）	选项（单选）	A	B	C	D（%）
13	我国的领海面积约是多少平方千米		22.9	13.1	57.4	6.6
14	你觉得我国是一个什么国家		32.8	3.3	49.2	14.7
15	"海上丝绸之路"形成于古代中国的什么时期		0	22.8	40.9	36.3
18	你认为"国家主权不容侵犯"这句话过时了吗		95.1	4.9	0	0
20	"世界海洋日"是每年的哪一天		16.4	31.1	22.9	29.6
21	没有强大的海权，就没有强大的中国，对此你赞同吗		49.2	45.9	4.3	0.6

除了对学生海洋意识的自评、互评及教师评价的调查之外，对学生掌握的海洋历史知识及理念进行考查也不失为一个有效的方法。仅有一半左右的学生能正确回答出我国有着 300 万平方千米的领海面积，我国是一个海洋大国而不是海洋强国；有 70% 以上的学生都不知道"海上丝绸之路"的形成时期，这是海洋教育在高中历史教学中缺失的一个证据。虽然绝大部分的学生认为"国家主权不容侵犯"不过时，但提高学生对海权重要性的认知依然是高中政治学科与高中历史学科应该继续加强的课题。"世界海洋日"的时间是一个关于海洋的常识问题，在作答时发现学生交头接耳，迟迟选不出来，而真正知道"世界海洋日"时间的学生恐怕达不到数据所显示的 31.1%，有意思的是，有部分学生在该题旁边写下"不放假，所以不知道"的话语。学生是可爱的，但是反映出来的是中国海洋教育的缺失以及由此造成的学生海洋观念的薄弱。

笔者在与高中历史教师进行交谈中也了解到导致以上问题出现的原因，其一是我国自古以来陆权传统的影响，学生在这样的文化传统下受到潜移默化的影响，导致学生只知道中国是一个大陆国家而并不知道中国也是一个海洋大国；其二是高中学生将升学作为自己的目标,学习是为了高考,日常学习科目繁多,压力较大,所以很难有时间参与其中,无法多加关注,导致学生认为海洋局势与自己无关,海洋意识不足。

(二) 高中学生对"和谐海洋"理念缺乏了解

高中学生海洋意识不足,还体现在对中国的"和谐海洋"理念缺乏了解。根据表2-5数据统计,除了极个别的学生之外,绝大多数高中生都知道是郑和在明朝初期率船队七下西洋,最远到达了非洲东海岸。可以说,郑和是一个传播与树立中华民族海洋和平形象的历史人物,郑和下西洋所代表的中国古代的海洋经略方式是当代中国"和谐海洋"理念的雏形。但是仍有部分学生认为郑和不值得赞颂,这是个严峻的问题。"和谐海洋"理念是我国解决海洋问题的基本理念,是文化传统与历史经验共同缔造的产物,而调查显示有83.1%的学生对"和谐海洋"理念不了解,其中没有听说过的占40.5%,如此高的比例应该促使我们深思,也恰恰说明了高中学生急需增加对"和谐海洋"理念的认识。

表2-5

题号	题目(海洋历史知识及理念调查)	选项(单选)	A	B	C	D(%)
16	明朝初期曾率船队七下西洋最远到达非洲东海岸的人是谁		0.2	98.8	0	0
17	你认为上题中的人物值得赞颂吗		32.8	50.7	11.7	4.8
19	中国的"和谐海洋"理念你知道吗		0.5	16.4	42.6	40.5

"以史为镜","以古看今",学习历史是为了借鉴历史的经验来指导实际的问题。中国历史上有着和平经略海洋的成功经验,但对于目前中国所面临的海洋争端,37.7%学生主张采取武力解决的途径。这说明学生并未从中国历史中汲取有益经验,在现实问题面前,脱离了我国所坚持的"和谐海洋"理念,甚至选择了一种较为不冷静的态度来表达对某些涉海事务的诉求。因此,在当前的学校教育

对于海洋争端的解决，学生主张采取的途径

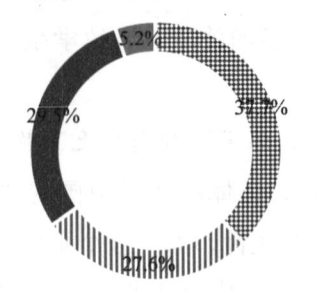

▦ 武力解决 ▥ 国际司法机关仲裁 ■ 外交谈判 ▨ 社会组织施压

图 2-3

中，"和谐海洋"理念的宣传与教育亟待加强。

第四节 以"和谐海洋"为导向的海洋教育在高中历史教学中的实施对策

海洋教育是实现海洋强国的需要，海洋兴则国兴。基础教育阶段的海洋教育直接影响着我国海洋政治和经济的发展，因此海洋教育必须要从基础教育阶段抓起。海洋教育的开展需要加强学科教学与海洋知识内容的整合，将海洋教育渗透进教育教学全过程。在高中历史教学中实施海洋教育亦然。

一 提高教师的海洋教育素质

加里宁称教师为"人类灵魂的工程师"，在塑造年轻一代品格中起着关键作用。在高中历史教学中实施以"和谐海洋"理念为导向的海洋教育，要想达到理想的效果，必须从提高教师的海洋教育素质做起。

首先，根据时代发展的要求，高中历史教师需要树立终身学习的观念，不断地学习、补充、更新自己的知识。面对以"和谐海洋"理念为导向的海洋教育在高中历史教学中亟待实施的现状，高中历史教师要通过个人进修或教学研究等方式来提高自己的海洋教育素质。教学研究是每个高中历史教师毕生的事业和任务，这一活动也是提高教师海洋教育素质的主要途径。历史教研活动多样，主要有听课、集体备课、说课、评课、经验交流及教学实验等。面对素质教育对学生提出"学会学习"的要求，教师应首先做到这一点。高中历史教师学习和研究的海洋教育内容有：一是要通过阅读不断充实和更新自己的知识，与时俱进，学习海洋时事政治，初步具备分析海洋问题的能力；二是提高自己的海洋历史专业知识，通过拓宽通史、专史和史学理论和加深海洋历史知识，并将其整理归纳，使其系统化、专题化；三是关注我国海洋战略及海洋理念，学习深化"和谐海洋"和"海洋强国"理念；四是在教学研讨活动中深耕教材，挖掘并解读高中历史教材中海洋教育相关内容，尽快做到在高中历史教学中合理渗透以"和谐海洋"为导向的海洋教育。

其次，海洋教育是一个比较专业的领域，学校要在高中历史教师中间开展广泛的海洋历史专业知识的培训，要求广大历史教师在日常教学中不断提高对涉海历史知识、"和谐海洋"理念涉猎的深度和广度，提高对诸多海洋问题解决办法的理解和认识，提高对多课题海洋综合探究的梳理和分析的能力以及提高对"和谐海洋"理念的理解深度。诚然，对全国所有的高中历史教师的全面培训并不现实，但是有计划、有步骤、适度规模的分期分批的常态化、常规化的高中历史师资海洋教育专题培训应当尽快开展起来。教育部要积极开展多种形式的教学研讨活动，适时举办不同方向、不同层次和不同范围的海洋专题研讨会，营造良好的海洋教育探究氛围，为高中历史教师提供海洋教育的交流和研讨平台。一方面，目前教育部正在实施由中央财政支持的"中小学教师国家级培训计划"（从2010年开始，简称"国培计划"），我国高中历史教师海洋内容教育的专题培训可以纳入"国培计划"施行。先行接受培训的高中历史教师，就是全国全面铺开高中历史教学中海洋教育实施的"种子队"。面向全国范围的高中历史海洋教育专题师资培训，需要大量专题培训教材，建议"国家海洋教育专家委员会"和"国家海洋教育领导小组"成立以后，适时组织研究制定高中历史教师海洋教育专题培训总纲，并据此编写出培训读本。另一方面，用措施和政策进一步鼓励广大历史教师积极承担起海洋教育教学工作，逐步落实涉海的各级各类竞赛评比活动，通过优质课评比等活动，不断推进海洋教育在高中历史教学中的实施向更深更广的领域拓展。

二　挖掘关于海洋教育的历史课程资源

"课程资源是课程设计、实施和评价等整个课程编制过程中可以利用的一切人力、物力以及自然资源的总和，包括教材以及学校、家庭和社会中所有有助于提高学生素质的各种资源，它既是知识、信息和经验的载体，也是课程实施的媒介。"[1] 在高中历史教学中实施以"和谐海洋"理念为导向的海洋教育需要充分挖掘关于海洋教育内容的历史课程资源，主要是深入挖掘高中历史教科书中关于海洋教育的内容以及在历史教学过程中补充相关的涉海史料。

（一）高中历史教科书中关于海洋教育的内容归纳

历史教科书，即通常意义上的历史课本。历史教科书具体体现了历史教学大纲或课程标准中所规定的教学内容，是学校教学中最常用和最主要的一种历史教材，在教学实际中既是教师教学的基本凭借，更是学生学习历史的主要工具。[2] 然而在调查中发现高中历史教科书中十分缺乏关于海洋教育的内容，但是如果教师重视在历史教学中实施海洋教育，就会有意识地深耕历史教科书中的涉海历史内容，从而在海洋历史知识教学的基础上培养学生的海洋意识，进而升华学生的海洋价值观。下面笔者采取表格的形式，以人教版高中历史教科书必修1、必修2、必修3为例对涉及以"和谐海洋"理

---

[1] 徐继存、段兆兵、陈琼：《论课程资源及其开发与利用》，《学科教学》2002 年第 2 期，第 1 页。

[2] 于友西：《中学历史教学法（第二版）》，高等教育出版社 2003 年版，第 65 页。

念为导向的海洋教育内容进行深入挖掘并归纳：

表 2-6　高中历史人教版教科书必修 1 涉海内容归纳与海洋教育培养目标

必修 1		
目录	涉海内容	海洋教育培养目标
5. 古代希腊民主政治	古希腊文明的发轫和兴盛以海洋为依托，属于海洋文明，或称蓝色文明。邻海的地理环境特点使得古希腊航海和海外贸易发达，这是古希腊民主政治产生的重要因素	使学生认识到海洋为国家或地区发展的重要依托，要重视海洋的作用，从而增强海洋意识
6. 罗马法的起源与发展	公元前 3 世纪早期，罗马统一意大利半岛，并向地中海地区扩张。海洋的地理环境特点也是罗马法逐步发展完善的影响因素	了解古罗马利用海洋的便利条件进行海外扩张，扩展自己领土主权的史实
10. 鸦片战争	英国在资产阶级革命成功后，不断向海外扩张。英国是依赖强大的海上实力扩张的，1759—1819 年期间占领孟加拉和新加坡，侵略步伐加快。英国在东方的殖民体系建立起来。1840 年英国舰队侵入广东海面挑衅，鸦片战争爆发。鸦片战争和第二次鸦片战争清军失败，签订《南京条约》《天津条约》《北京条约》等，导致中国损失海洋领土主权（香港岛），开放诸多通商口岸，失去关税自主权	（1）认识鸦片战争、甲午中日战争、八国联军侵华战争等是帝国主义国家拓展海外市场、进行殖民掠夺的必然结果，也是中国海权意识不足导致的结果。中国要想防御外敌、国家强大，必须加强海防，要坚持海洋强国战略。培养学生的海权意识。
12. 甲午中日战争和八国联军侵华	1894 年日本舰队挑起战端，引起甲午中日战争。黄海大战中，北洋舰队全军覆没，甲午中日战争以清军惨败告终，签订《马关条约》，导致中国损失领土主权（辽东半岛、台湾及附属岛屿、澎湖列岛），开放诸多商埠，允许日本在华设厂。八国联军侵华战争中国失败，损失惨重	（2）帝国主义国家凭借其强大的海洋实力侵犯中国的海洋主权，破坏和平与安定，使中国乃至整个亚洲地区陷入灾难。让学生认识到建设和谐海洋对于世界繁荣与发展的重要性

续表

目录	涉海内容	海洋教育培养目标
22. 祖国统一大业	为解决台湾问题，实现祖国统一的目标，邓小平提出"一国两制"的构想，在"和平统一、一国两制"的基本方针指导下香港、澳门顺利回归。海峡两岸关系不断发展，2005年胡锦涛和连战重申"九二共识"，主张台海和平稳定	香港、澳门回归是由中国国力强盛决定的，中国的主权不容侵犯。台湾始终属于中国领土，中国坚持在和平的前提下早日解决台湾问题。培养学生的和谐海洋意识
23. 新中国初期的外交	新中国奉行独立自主的和平外交方针。1953年周恩来提出了和平共处五项原则。1953年朝鲜战争停战以后，美国企图干涉中国台湾问题，中国在日内瓦会议上促使印度支那恢复和平。万隆会议讨论关于保卫和平、争取民族独立等重要问题，周恩来提出"求同存异"方针促使会议圆满成功	和平共处五项原则、"求同存异"方针体现中国"独立自主""和平外交"的基调和特色，拥护世界的持久和平和各国人民间的友好合作。与现实结合，使学生认识到当今海洋局势中，中国就是一个维护海洋和谐的负责任大国
24. 开创外交新局面	朝鲜战争停战后，美国继续敌视中国，利用台湾问题制造"两个中国"的阴谋并发动侵越战争从南面威胁中国，中美关系长期处于敌对紧张的状态。中国利用第31届世乒赛的契机向美国乒乓球队发出邀请，中美关系逐渐缓和。另外，面对敌视中国的日本，周恩来也邀请田中角荣访华，中日也随后建交	了解新时期我国外交注重发展同周边国家的睦邻友好关系，建设和平的周边环境。从而达到培养学生"和谐海洋""和谐世界"的意识和价值观的目的
25. 两极世界的形成	1945年，美苏两国分区占领朝鲜半岛的南部和北部。1950年，朝鲜战争爆发，美国为首的"联合国军"侵略朝鲜并向中朝边界推进。中国人民志愿军抗美援朝，美国被迫签订停战协定	认识朝鲜战争是美国发动的侵略战争，中国抗美援朝一方面是保家卫国；另一方面则是反侵略，维护了黄海、渤海区域的海洋和平与稳定

表2-7　　高中历史人教版教科书必修2涉海内容归纳与
海洋教育培养目标

必修2①		
目录	涉海内容	海洋教育培养目标
2. 古代农业的进步	中国素有"丝国"的誉称，西汉时期中国丝绸远销亚洲和欧洲，这条商路被后世称为"丝绸之路"。唐朝起，中国瓷器大量输出国外，远达欧、非两洲，明清时通过海上丝绸之路，瓷器对外销量更大	让学生感悟中国古代手工业的辉煌，通过对丝绸之路和海上丝绸之路的比较学习，延伸到现在中国倡议的"一带一路"建设，凸显了和谐海洋观
3. 古代商业的发展	在西汉时，陆上和海上丝绸之路促使中外贸易逐步发展。唐朝时，政府设市舶使专管对外贸易；在两宋时期，中国同东南亚、南亚、阿拉伯半岛及非洲几十个国家开展贸易，海外贸易税收成了南宋国库的重要财源。元朝时，在对外贸易港口泉州停泊的外国海船常达到百艘以上，泉州被誉为当时世界第一大港。到了清朝，统治者实行海禁和"闭关锁国"，中国对外贸易逐渐萎缩	(1) 认识中国进行海外贸易是以平等交换、和平的方式进行的，培养学生的平等、和谐的意识。(2) 认识中国古代对外贸易的历史发展，形成知识脉络，了解中国古代各时期海洋意识的多寡，从中感悟海洋经济对国家发展的重要作用。培养学生的海洋兴趣、海洋意识，增强学生投身海洋经济建设的热情
4. 古代的经济政策	明朝初期，东南沿海倭患猖獗，政府实行"海禁"和"闭关锁国"。清政府认为天朝大国无所不有，无需与外国进行贸易，导致正常的海外贸易一度陷于停顿	了解清政府的海禁和闭关锁国政策使中国同世界隔绝并逐渐落后于世界的史实，从而培养学生的海洋意识和对外开放意识
5. 开辟新航路	15—16世纪，葡萄牙和西班牙分别组织东西两条路线的海上探险，讲述了哥伦布、迪亚士、达·伽马、麦哲伦的海洋探险过程，这个探索未知世界的过程也被称为"地理大发现"。课本"学习延伸"部分将新航路开辟和郑和下西洋进行对比，主要是路线及航海技术的比较	(1) 认识新航路开辟对世界市场形成的重大作用，通过介绍探险过程，弘扬海洋探险精神。(2) 新航路开辟是带有掠夺性和殖民性的，给非洲和拉丁美洲带来巨大灾难，通过与郑和下西洋对比，培养学生的和谐海洋、和谐世界的理念

---

① 课程教材研究所：《普通高中课程标准实验教科书·历史必修2》，人民教育出版社2007年版。

续表

目录	涉海内容	海洋教育培养目标
6. 殖民扩张与世界市场的拓展	荷兰、英国野蛮掠夺并建立海外商品市场，包括荷兰入侵中国台湾，英国在印度扩大殖民势力等。荷兰因海上贸易发达有"海上马车夫"之称，而英国最终确立了世界殖民霸权，逐渐建立起自诩为"日不落"的殖民帝国。之后葡萄牙、西班牙等西欧国家纷纷加入殖民掠夺行列，在西欧殖民列强获得血腥财富的同时，世界市场进一步拓展	（1）认识到西欧列强掠夺殖民地和建立海外商品市场的一系列行为，有利于世界市场的形成和发展，培养学生的全球意识。 （2）通过学习西欧列强野蛮掠夺殖民地的史实，认识西欧列强给殖民侵略地区的人民造成的破坏和灾难，比较东西方海洋发展的不同路径
7. 第一次工业革命	轮船的出现大大改变了交通运输条件，世界各地的联系更为便捷，在一定程度上促进了世界市场的形成	（1）认识海上交通轮船的发明和发展使得世界联系更加密切。 （2）联系现实的海上交通培养学生对海洋的兴趣
8. 第二次工业革命	轮船越来越先进，交通运输日益便利	
9. 近代中国经济结构的变动	洋务运动时期，左宗棠创办福州船政局，李鸿章创办轮船招商局；洋务派筹划海防，十年之间初步建成北洋、南洋、福建三支海军。19世纪60、70年代，中国民族资本主义诞生，其企业主要分布在沿海地区，使用机器、雇佣工人，促使资本主义生产方式产生	总结近代中国在涉海事务中的经验教训，以史为鉴，鼓励学生为当今中国海洋事业的发展出谋划策
13. 对外开放格局的初步形成	我国经过二十多年的改革开放，形成了经济特区、沿海开放城市、沿海开放区、沿边开放城镇、内地开放城市的开放体系	认识开辟沿海经济开放区的重大意义。理解我国重视沿海地区经济发展的原因，从而培养学生的海洋经济意识和开放意识

续表

目录	涉海内容	海洋教育培养目标
15. 交通和通讯工具的进步	新中国成立后，国家统一管理的轮船招商局，获得较快发展	新中国成立后，重视轮船业发展反映出我国海洋意识逐渐增强，进而培养学生的海洋意识

表2-8 高中历史人教版教科书必修3涉海内容归纳与海洋教育培养目标

必修3①

目录	涉海内容	海洋教育培养目标
1. "百家争鸣"和儒家思想的形成	孔子的思想核心是"仁"和"礼"；老子强调一切都要顺应自然，社会动荡的根源是人们的行为违背了自然；墨子主张"兼爱""非攻"，墨家思想代表百姓的愿望，当时影响很大	认识中国古代宣扬"和谐"的思想，通过对传统思想和文化的学习，培养学生的"和谐"意识，尊重自然，尊重海洋，人海共生
8. 古代中国的发明和发现	指南针是我国古代四大发明之一，起初是战国时期发明的"司南"，后来制成指南针，北宋时指南针应用于航海。指南针应用于航海对于西方海洋事业的迅速崛起也起到推动作用	认识指南针对航海带来的重大意义，增强学生的海洋意识、创新精神和民族自豪感
9. 辉煌灿烂的文学	主要讲述了《诗经》、楚辞、唐诗、宋词、元曲、明清小说等文学成就。如王勃的"海内存知己，天涯若比邻"就是千古传诵的名句	了解唐诗宋词等文学形式中关于海洋的诗句，培养学生的海洋兴趣、海洋情感

---

① 课程教材研究所：《普通高中课程标准实验教科书·历史必修3》，人民教育出版社2007年版。

续表

目录	涉海内容	海洋教育培养目标
13. 从蒸汽机到互联网	1807年美国人富尔顿利用蒸汽机驱动轮船并试航成功,很快便成为水上运输的交通工具。1819年"萨凡纳号"从美国出发,成功横渡大西洋抵达英国	认识轮船发明给世界带来的重大影响,弘扬富尔顿的创新精神,调动学生投身海洋事业的积极性,培养学生的海洋意识,鼓励学生树立海洋志向
14. 从"师夷长技"到维新变法	当英国鸦片走私船频繁出没在中国东南海域时,清朝君臣只习惯称其为"夷岛",却对夷岛一无所知。后来林则徐编译《四洲志》,魏源编撰《海国图志》,使得中国开眼看世界	认识《四洲志》和《海国图志》的贡献,引导学生关注当今世界形势,尤其是紧张的海洋局势,培养海洋意识。另外,了解战争的灾难性,树立"和谐"理念

  教师在历史教学过程中对于涉海相关内容的深入挖掘是十分必要的。由于笔者一线教学经验并不充足,以上相关涉海内容的挖掘仍需历史教师根据教学实际进行调整。另外,为了实现我国高中海洋教育的基本目标,基于高中各科课程教科书应该分别对应充实融入的海洋教育内容体系,通过调研、分析和论证,可以确定出每门课程教科书中至少应该融入的海洋知识内容占该教科书内容总量的适当比重。曲金良先生指出:"中学历史教科书中对于中外历史的叙述需要强调海洋在人类历史演进中的重要作用,特别是需要大力加强中国既是内陆大国又是海洋大国的历史文化教育,所以中外海洋历史内容在历史教科书中所占比重(初中、高中阶段可有所不同)以不低于15%为宜。"[①] 具体可以先从修订课程标准入手,大体根据

[①] 曲金良:《我国中小学海洋教育的现状分析与对策建议》,载李魏然主编《海洋教育新进展——2011年海洋教育国际研讨会论文集》,中国海洋大学出版社2012年版,第239页。

不低于15%的内容比重要求，制定出高中历史教科书中需要相应增加的涉海内容要点。之后在不断增加高中学生课业负担和现行"课程标准"规定的内容总量、课时总量的前提下，完善课程内容体系，合理地置换原历史教科书中的一些可以被置换掉的有关内容。

（二）在高中历史教学中适当补充海洋历史内容的史料

作为通史体例的人教版高中历史教科书，比其他版本高中历史教科书中的涉海教育内容相对较多，但比重仍很小，因此需要教师在教学中适当地补充史料，促使以"和谐海洋"为导向的海洋教育在高中历史教学中更好实施。

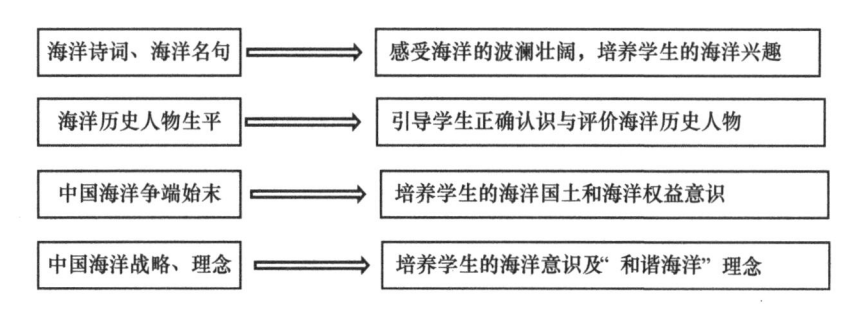

补充内容	教育目标
海洋诗词、海洋名句	感受海洋的波澜壮阔，培养学生的海洋兴趣
海洋历史人物生平	引导学生正确认识与评价海洋历史人物
中国海洋争端始末	培养学生的海洋国土和海洋权益意识
中国海洋战略、理念	培养学生的海洋意识及"和谐海洋"理念

图 2-4　适宜补充的海洋历史内容史料及示意图

三　历史课堂中采取科学有效的方法实施海洋教育

课堂教学是班级教学制的具体方式，便于发挥教师的主导作用，保证学生能够系统地、循序渐进地学习。因此，课堂教学在教育时间与质量上都是最有保证的。以"和谐海洋"理念为导向的海洋教育在高中历史教学中实施最基本的方式就是在课堂教学中渗透。将历史讲出有"情"的生动，有"思"的扩展，以及有"理"的智慧，才可以称之为一名优秀的高中历史教师。历史教学是一门"艺术"，海洋教育对于大多数高中历史教师来说比较陌生，这就需要高中历史教师不断研究教学方法，利用多样的教学手段，采取科学有效的方法在高中历史课堂中实施以"和谐海洋"理念为导向的海洋教育，从而达到海洋历史的价值教育目标。

（一）以直观教具为辅，寻找海洋历史异同与联系

海洋历史知识是海洋意识和海洋价值观培养的基础。以"和谐海洋"理念为导向的海洋教育在高中历史课堂中实施，首先需要学生掌握系统的海洋历史知识，这个任务的完成可以借助历史教学中的直观教具。对于认知能力尚需进一步发展的高中生来说，高中海洋历史知识具有一定的抽象性，直观教具不仅可以弥补这种抽象性，还可以激发学生的海洋历史学习兴趣。直观教具可以在很大程度上为学生生成海洋历史情境，升华出海洋历史概念，并进一步发展海洋历史思维。历史教学中的直观教具主要有年表、历史地图、图片、各类图表、历史实物及其仿制品、音乐制品、相关影视等。而在海洋历史教学中使用最为频繁的直观教具为历史地图。

历史地图是表现历史事件发生的地理环境和空间位置的重要工具。中国古代就有"左史右图"一说，宋朝史学家郑樵在《通志》中曾说"置图于右，置书于左，索像于图，索理于书"[①]。在高中历史课堂教学中实施以"和谐海洋"理念为导向的海洋教育时，教师正确地选择和应用历史地图可以将空间概念与时间概念相结合，清晰直观地展现出海洋历史的发展脉络。

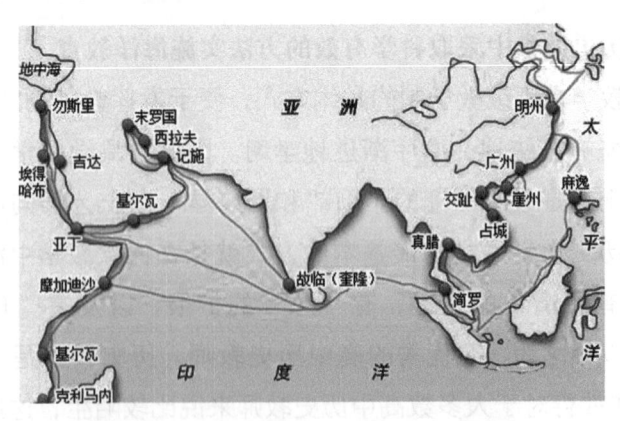

图 2-5　古代"海上丝绸之路"路线图

---

① 转引自童桦《左史右图浅议地图在高中历史教学中的运用》，《中国教师》2013年第5期，第37页。

图 2-6　古代"陆上丝绸之路"路线图

例如,在讲授"海上丝绸之路"内容时,一幅与史实相应的历史地图可以使学生产生感官上的冲击以加深记忆,另外将陆上"丝绸之路"地图与其对比展示,可以帮助学生寻找中国古代不同时期对外贸易发展的异同与联系,并由此深入思考"海上丝绸之路"对古代中国社会以及中国与周边国家关系发展所带来的和平与发展的重大影响,培养学生的和谐海洋意识。

以"和谐海洋"理念为导向的海洋教育在高中历史课堂中实施,还可以利用制作海洋历史年表、展示海洋历史图片、仿制海洋历史文物、播放海洋相关音乐和影视等方式。利用这些方式既能激发学生对海洋历史的兴趣,还能帮助学生认识历史的本质,达到启发学生海洋历史思维的目的,为培养学生的海洋意识、海洋情感、和谐海洋价值观奠定基础。

(二) 运用史论结合法,化解海洋历史教学难点

历史教学的目的不是追求知识的量,而是追求知识的质。在高中历史教学中提高学生从史实中提炼历史的本质规律无疑是教学的难点。高中生正处于思维发展和价值养成的关键时期,作为高中历史教师更不能仅仅满足于让学生记忆大量的史实,还要使学生掌握思考历史问题的角度,从而把握历史的规律或历史的本质。运用史

论结合法在高中历史课堂中实施以"和谐海洋"理念为导向的海洋教育是得到所调查高中历史教师认可的。自从2013年高考全国卷Ⅰ第40题涉及海洋历史内容考查之后，高中历史教师对海洋历史教育逐渐重视起来，笔者认为运用史论结合法实施海洋教育可以借助高考题、模拟题以及重要史料的内容。例如，在练习课中可以借助高考题对学生进行海洋教育。2013年高考全国卷Ⅰ第40题如下：

材料一：我国是最早利用海洋的国家之一，殷墟即发现了来自南海乃至阿曼湾的海贝。齐国借助"边海"的地理条件，发展"鱼盐之利"，成为春秋战国时最为富庶的国家。汉代"海上丝绸之路"雏形即已出现，魏晋而后，僧人"附商舶"西行"求法"，成为佛教东传的重要方式。宋元时代指南针等远洋航行工具的使用，使海外贸易达到鼎盛，明朝前期，在郑和下西洋的背景下，出现了一批重要的航海著作，如《瀛涯胜览》《星槎胜览》《西洋番国志》等，记录海行见闻，反映当时东南亚、印度以及阿拉伯、东非等地的风土人情、山川形胜。明后期，郑若曾针对倭寇等问题，在《筹海图编》中明确提出"海防"的主张："欲航行于大洋，必先战胜于大洋。"而明、清政府常常采用"海禁"的办法。到鸦片战争前，"各省水师战船，均为捕盗缉奸而设"。[①]

——摘编自白寿彝总主编《中国通史》等

材料二：鸦片战争后，中国被卷入世界市场体系，通商口岸不断增加。魏源认为海运"优于"河运者有四利：利国、利民、利官、利商。1842~1846年，茶出口增长一倍，丝的出口增长将近五倍；1846~1856年，茶出口又增长55%丝的出口增长三倍多，海关税收从1861年的490余万两增加到1902年的3000余万两。1866年，左宗棠创办福州船政局，附设福州船政学堂。1868年，江南制造总

---

① 白寿彝总主编：《中国通史》，上海人民出版社1995年版，第58页。

局制造的第一艘近代海轮"惠吉"号下水,1872年轮船招商局成立,"使我内江外海之利,不致为洋人占尽"。1885年,海军衙门设立。随着西方商品与资本输出的扩大,部分国人提出与列强进行"商战"。1904年,张謇上奏朝廷,请准各省成立海洋渔业公司,购置新式渔轮,发展海洋渔业。19世纪60年代后,清政府与英法等国签订条约,允许百姓出国,"毫无禁阻",仅南洋地区,就有中国移民500万人。[①]

——摘编自许涤新、吴承明主编《中国资本主义发展史》等

问题:(1)根据材料一并结合所学知识,概括指出我国古代海洋利用的特点。

(2)根据材料一、二并结合所学,分析指出晚清海洋利用的主要变化及启示。

解析范例及分析:

(1)从材料一中能发现中国古代海洋利用的特点:

①先秦时期的中国先民主要活动在近海地区,汉代"海上丝绸之路"出现雏形意味着对海洋实现了从沿海利用到远洋开拓;②"指南针等远洋航行工具使用"可以说明先进技术应用于航海;③引导学生结合所学知识可以发现中国的海外贸易和交往是以经济文化交流为主,没有海外殖民掠夺的行为,属和平利用;④明清时期的"海禁"和"闭关锁国"使中国海外交往减少,主要以零散的民间交流为主,这也说明中国的海防意识不强。

(2)通过材料一、二的对比,让学生自己归纳材料二中中国海洋利用的表现、影响,逐步引导学生发现中国近代海洋利用的变化,并带领学生回顾中国近代屈辱的历史史实。师生共同总结出闭关锁

---

① 许涤新、吴承明主编:《中国资本主义发展史》,社会科学文献出版社2007年版,第97页。

国的危害和加强海防意识的必要性。通过联系欧洲崛起的历史经验得出开发利用海洋资源对国家发展的关键作用。教师尤其要引导学生认清和平的海洋环境对于一个国家稳定与繁荣的重要性。解析中教师引导学生从史料中提取重要信息,让学生自己思考,从史实上升到史论,最后教师归纳总结,将史实和史论相结合,总结历史发展的规律,得出完整的知识体系和正确的价值观念,达到了海洋教育的目的。

(三) 运用问题探究法,以"疑问"开阔学生思维

历史教学的根本目的是提高学生的思想素质,以及认识历史和现实的能力,因此有人把新的历史观归纳为"从追求掌握具体知识转向提高学生素质"。问题探究是让学生通过长期、平凡、大量的研究训练,培养学生平等的态度,独立的精神,批判的意识,逐渐学会发现问题,熟悉历史思考过程,模仿历史研究方法,提高自己的实践能力和合作能力。以"和谐海洋"理念为导向的海洋教育要想在高中历史课堂中达到良好的实施效果,首先就要以教师为主导,学生为主体,在课堂中引导学生积极思考海洋相关历史事件,调动学生的海洋历史思维,使得学生以个人或合作的形式认识问题,深化理解。问题探究法的中心、重心应该在课堂,不是偶尔为之的加餐,而是每天都要吃的家常便饭。以"和谐海洋"理念为导向的海洋教育在高中历史教学中实施,通过学生对海洋历史问题的探究,使常态的方法成为习惯,长期的习惯形成意识,长期的意识成为价值观,从而培养学生的和谐海洋观,这才是我们海洋教育的目的。

学生发现和提出问题是比较困难的环节,因为学生能力有限,而且还有部分学生不重视历史的学习,所以他们很难自己发现和提出问题。因此教师要根据实际情况,从收集资料、询问和启发等环节中寻找学生历史学习的兴奋点。比如在必修1第5课"古希腊的民主政治"教学中,首先要讲授古希腊民主政治产生的历史条件,教师可以将讲授法转变为问题探究法,让学生自己思考这一问题,

由于高一学生知识整合能力有限,教师可以提供给学生几个思考角度,"同学们,古希腊产生了一种与古代中国迥然不同的政治制度,城邦民主制度,为什么在古希腊产生了这种制度呢?它产生的历史条件都有哪些呢?老师提供给你们几个方向,大家可以从地理环境、政治因素、经济因素、文化因素四个方面考虑,一会儿我来听听大家的见解",学生自己找到答案后,老师对其答案进行归纳和评价,并引导学生理解古希腊临海的地理环境特点是民主政治产生的一个重要原因。古希腊文明是依托海洋发展起来的,海港众多,海岸线曲折,使得航海和海外贸易发达,随之新兴工商业者阶层兴起,要求获得更多的政治权利,促使进行民主改革,从而产生了民主政治。古希腊的临海的地理环境特点影响了经济基础,而经济基础决定上层建筑。此外,视情况而定,可以启发学生思考海洋文明与大陆文明存在的不同之处,给学生提供思考的角度即经济、政治、思想文化方面。学生回答后,教师给予总结:经济上,海洋文明一般以商品经济为主而大陆文明以农业为主;政治上,海洋文明更容易形成民主政治而大陆文明容易导致专制独裁;思想文化上,海洋文明开放多元而大陆文明相对较保守闭塞。

(四)运用情境教学法,培养学生的海洋情感

"情境教学法指的是在教学过程中,教师有目的地引入或创设具有一定情绪色彩的、以形象为主体的生动具体的场景,以引起学生一定的态度体验,从而帮助学生理解教材,并使学生的心理机能得到发展的教学方法。"[①] 这种教学方法与传统的教学模式大不相同,它符合课堂教学规律、学生思维发展和认知规律,寓教学内容于形象具体的情境之中,从而使得教学不仅是传授知识的过程,更是师生情感交流的过程。

以"和谐海洋"理念为导向的海洋教育在高中历史课堂中实施,可以运用情境教学法,这需要学生积极配合,参与其中,达到培养

---

① 李吉林:《情境教学理论与实践》,四川教育出版社1990年版,第23页。

学生海洋历史思维的效果。在历史课堂中运用情境教学法实施以"和谐海洋"理念为导向的海洋教育,能够提高学生参与度,使学生更有兴趣地参与到课堂学习交流中,让学生在如临其境的感觉中,进行海洋历史的体验和思维,激发学生的求知欲和情感,培养学生的海洋意识及和谐海洋观。

  教师以"和谐海洋"理念为导向,运用情境教学法进行海洋教育可以通过以下几种形式:一是锤炼语言,描述海洋历史情境。历史教师运用具有艺术魅力的语言对海洋历史进行讲述,能够使学生探知到教师的思维过程,学习到思考海洋历史问题的方法,增强海洋历史认知能力。二是运用多媒体技术,再现历史情境。教师利用多媒体技术把关于海洋历史的图片、歌曲音乐、影视资料、对联或时政材料等内容,以自然生动的形式展示出来,提高学生学习海洋历史的兴趣,同时调动了学生的嘴、眼、耳、手等器官及大脑,积极进行海洋历史及海洋现实的思维活动。例如讲到英国殖民扩张的历史时,可以给学生播放《大国崛起》《世界历史》或《走向海洋》等纪录片,拉近海洋历史与学生的距离。三是利用角色扮演,体验历史情境。在历史课堂教学中,让学生积极参与教学活动,自己亲身扮演海洋历史人物角色,通过角色的扮演让学生体验角色所处的背景及环境,学会用角色的眼睛来观察海洋和世界,用其心灵揣摩当时的历史场景,从而引发学生更深刻的思考。例如,讲到甲午战争中国战败的史实时,可以让学生对邓世昌等人进行角色扮演,启发学生思考当时的情景,提高学生对中国海洋历史的认知。创设海洋历史教学情境还有很多形式,比如走进生活法、走进展厅法、走进现场法、形象比喻法、多维视角法等。

四 运用多种历史教学组织形式实施海洋教育

  "教学必须通过一定的组织形式进行。如何把学生和教师结合起来,如何安排教学的场所、时间和教学活动,都是属于教学组织形式的问题。历史教学组织形式,按教学实施场所来分,有历史课堂教学、历史课外教学和横跨课堂内外的活动探究式教学。"① 以"和谐海洋"理念为导向的海洋教育在高中历史教学中的实施不仅需要在历史课堂教学中实施和渗透，还需要借助历史课外教学和横跨课堂内外的活动探究课实施，多种历史教学组织形式相互配合，不断提高学生的海洋意识，培养学生的和谐海洋观和海洋情感。

（一）历史课外教学中海洋教育的实施

历史课外教学的形式主要有：课外阅读、历史报告会、历史知识竞赛、参观、访问、调查、制作、编辑、历史展览和观看历史影视剧等。

阅读课外历史读物，是学生学习拓宽历史视野的重要途径。海洋历史丰富多彩，必须通过课外阅读海洋历史读物开阔学生的视野，加深对海洋历史的理解。教师可以列出一批推荐书目，让学生根据兴趣选择性阅读，提高学生学习海洋历史的兴趣。时间充足的情况下可以布置学生写出读史心得、读书笔记或海洋历史小论文，并提供给学生交流的平台。

举行海洋历史专题讲座、报告会，拓宽并深化学生的海洋历史知识，同时对学生进行和谐海洋价值观的引导，培养学生的海洋情感。选择中国"航海纪念日"或"世界海洋日"举办海洋报告会，如"纪念郑和，发扬航海精神"，"钓鱼岛的历史、现状和未来"。报告会可以让学生或历史教师主讲，也可以邀请校外专家主讲。

另外，学校还可以通过举办海洋历史知识竞赛，组织学生参观与海洋历史有关的场所，访问海洋历史专家或海洋历史人物后代，组织学生制作有关海洋历史的用具（如轮船），编辑海洋历史壁报、小报、黑板报，发动学生筹备和举办海洋历史展览（如海洋历史人物生平展），组织学生观看海洋历史题材的影视剧（如《走向海洋》）等形式实施海洋教育。

---

① 朱汉国、郑林主编：《新编历史教学论》，华东师范大学出版社2008年版，第74页。

（二）活动探究式教学中海洋教育的实施

根据课程标准编写的高中历史教科书，在每单元或每册书中都设有一种新课型——活动探究课。各种版本的名称有别，但是基本结构和教学方式是相同的。高中历史活动探究教学形式多样，以"和谐海洋"理念为导向的海洋教育可以采用活动探究教学的形式实施，可以采用编写海洋历史剧本、表演海洋历史剧；热点海洋历史问题探讨（比如以"南海风云——寻找身边的历史"为题）；搜集、整理、展示关于海洋历史的文字资料；采访海洋历史见证人；参观、调查与海洋相关的历史文化古迹；举办海洋历史故事会和海洋历史辩论会等形式。

五 教学案例及分析

教师在历史教学过程中可以依据实际教学情况，以"和谐海洋"理念为导向综合运用多种教学方法实施海洋教育，下面以人教版必修2第5课"开辟新航路"为例进行教学设计及分析。"开辟新航路"是历史必修2中有关"走向资本主义世界市场"的重要一课。本案例涉及的主要是新航路开辟的原因和条件、经过、影响三个探究主题。

课时：一课时

时间：45分钟

表2-9　　　　　　　　教学案例设计示意图

	教学案例设计	设计意图
课前准备	教师：课件；教材 学生：课本；搜集的本科人物资料	让学生提前搜集本科人物资料，可以帮助学生对新航路开辟有初步了解。另外，海洋历史人物的生平事迹比较有意思，可以激发学生对新航路开辟的学习兴趣，增强海洋历史学习兴趣

续表

	教学案例设计	设计意图
教学目标	知识与能力：认识新航路开辟的原因和条件，了解新航路开辟的过程，理解新航路开辟对世界市场形成带来的影响。过程与方法：通过问题探究理解葡萄牙、西班牙走在开辟新航路最前列的原因，提高学生提取信息的能力，锻炼学生的历史思维。情感态度与价值观：感受航海家的探险精神，培养学生勇于进取的开拓精神；通过分角色扮演，让学生感悟新航路开辟给非洲和美洲带来的灾难，认识到新航路开辟是一种掠夺式的海洋开拓，从而培养学生的海洋意识及和谐海洋观	三维目标的设立，有利于学生从知识掌握、能力提高到价值观提升，层层递进。为了达到海洋教育的目的，将以"和谐海洋"理念为导向的海洋教育纳入情感态度价值观目标中，有意识地培养学生的海洋意识及和谐海洋观。让学生提前搜集本科人物资料，可以帮助学生对新航路开辟有初步了解。另外，海洋历史人物的生平事迹比较有意思，可以激发学生对新航路开辟的学习兴趣，增强海洋历史学习兴趣
重难点	重点：新航路开辟的经过难点：新航路开辟的影响和评价	重点是基本的海洋历史史实；难点是对航路开辟这一重大海洋历史事件的看法，需要教师引导学生对新航路开辟做出正确的评价
教学过程	导入：（3分钟）教师：利用多媒体出示两幅图片，即15世纪和16世纪的两幅世界地图，问学生两幅地图的不同之处，反映了什么问题呢？学生：16世纪世界地图中多了美洲和南极洲；不知道反映了什么问题。教师：反映的是全球化初步开始，是由于新航路开辟引发的，那么我们今天就来学习"开辟新航路"。请同学们快速阅读课本，了解新航路的含义	在导入部分，为学生展示出对比图片，清晰明了地体现出新航路开辟对世界市场形成的重要作用。运用以直观教具为辅的方法激发学生的兴趣，引导学生将全球化的发展与海洋结合起来进行思考，为本课的海洋教育实施奠定基础

续表

	教学案例设计	设计意图
教学过程	第一环节：(7分钟) 教师：出示传统航路图片，介绍新航路的含义。展示三则材料，同学们依据教材并结合屏幕上的材料，从政治、经济、文化和技术等方面分析出新航路开辟的原因和条件。 学生：回答新航路开辟的原因和条件，没提取到的有效信息，教师适时加以补充	教师对新航路的概念进行解读，也就是首次利用远洋航行的方式进行探索，开拓世界市场，提出问题和思考方向，引导学生思考新航路开辟的原因和条件，认识中国古代发明对推动世界历史前进的重大作用
	第二环节：(10分钟) 教师：展示新航路开辟图。下面同学们分组进行合作探究，讨论新航路开辟的一个中心，两个方向，四个人物各是什么以及解读地图回答新航路开辟的经过。 学生：合作讨论气氛热烈，积极发言，利用已有的地理知识对地图分析较好。教师对其进行表扬	学生结合地图，小组探究新航路开辟的经过，这是本课的重点，学生通过合作提取出来的信息记忆会更加深刻，有助于学生把握知识，了解世界联结为一个整体的起步过程
	第三环节：(10分钟) 教师：同学们，我们对新航路开辟的原因、条件、人物、路线都有了一定了解，而且大家应该已搜集好了人物资料。那么，接下来每组同学自行分配人物角色，分为欧洲、亚洲、非洲、美洲四大洲的人物角色展开情境，请认真揣摩人物心理去理解新航路开辟给四大洲带来的不同影响。 学生：对于创设角色情境十分感兴趣，互相指导，对四大洲因新航路开辟带来的影响有了更深层次的理解，达到了本环节的目的	运用情境教学法中的角色情境类，创设情境新颖，选择内容为新航路开辟给欧洲、亚洲、美洲、非洲四大洲带来的不同影响，让学生在对角色把握中感悟海洋历史事件，从而引导学生自己得出结论，一方面新航路开辟标志着世界市场开始形成，世界从此逐渐联结为一个整体；另一方面，要对这个时期的世界"融合"进行公正的评价，所谓的地理大发现也是一场欧洲的扩张运动，它打破了文明的孤立状态，它是以牺牲美洲和非洲的方式进行的，与当今世界的交流与合作存在差异

续表

	教学案例设计	设计意图
教学过程	第四环节（巩固提升）：（7分钟） 教师：同学们，在15世纪世界航海史上有两大壮举：郑和下西洋、新航路开辟。请同学们小组讨论比较两者的不同，主要从时间、规模、目的、性质、影响五方面进行思考，一会儿同学们可以自由发表意见。 学生：积极讨论，小组代表发言，其他成员做相应补充，也互相提出疑问，学习氛围良好。 教师：对同学们的回答做出总结和评价，对于学生的质疑态度提出表扬	引导学生将新航路开辟和郑和下西洋进行对比，郑和下西洋是以政治目的为重，未能挖掘到经济利益，但是郑和航行中却并没有掠夺和血腥的行为，一直被当作和平交往的典范，这与中国的和谐理念是分不开的。欧洲人则是在经济扩张下的地理发现，奴役和屠杀非洲人和美洲人，客观上促进了世界市场的形成，但是一定程度上造成了亚非拉地区的落后和贫穷。和平与发展是当今时代的主题，人类一方面在海洋资源开发上要尊重海洋，合理开发海洋，促进海洋的可持续发展；另一方面，在当今海洋争端中，要尽量采用和平的方式解决海洋问题，避免战争给人民带来的苦难，以此培养学生的海洋意识和和谐海洋观
课堂小结	（5分钟） 通过多媒体课件和板书带领学生回顾本节课知识，提示学生思考历史事件时运用史论结合法，辩证地看待历史事件和历史人物	不仅带领学生回顾本节课历史知识，还教给学生史论结合的历史学习方法，最终升华到培养学生和谐海洋价值观。

续表

教学案例设计	设计意图
布置作业	(3分钟) 开放性作业（二选一）： 1. 学生制作海洋历史黑板报和手抄报，为学校海洋历史展览准备作品。 2. 周末观看《走向海洋》纪录片，写一篇约500字的历史小论文	海洋历史展览是学校组织的课外海洋历史教育活动，需要学生积极参与，建言献策。《走向海洋》是国内首部以历史和发展眼光关注海洋文化的大型纪录片，以西方大国崛起的海洋探索为横坐标，中国数千年海洋发展史为纵坐标，中国融入全球化体系为时代背景，警示国人勿忘"背海而亡、向海而兴"的历史经验。其能帮助学生更好地了解海洋过去，认识海洋现在，把握海洋未来，又可以增加学生对海陆统筹、和谐发展的现代中国海洋战略的了解，鼓舞学生为实现中华民族的伟大复兴而奋斗
板书设计	第5课：开辟新航路 一、背景 二、条件 三、人物 四、经过（重点）★ 五、影响及评价（难点）★ 积极 　　⇨重视海洋，"和谐"开发 消极	板书简明扼要，注重突出本节课的主要线索，有助于帮助学生把握重难点。最后通过对开辟新航路的积极影响引导学生理解海洋的重要意义，从消极方面引导学生树立和谐海洋观

第三章　统编版高中历史必修教材海洋教育内容研究

第一节　海洋教育内容及其在历史教学中的应用价值

海洋意识无论在宏观视角下影响国家权利的实现，还是微观视角下个人素养的提升，都隐然印刻于国家机器与人的意识里。针对海洋意识开展的海洋教育，则包含历史、地理、政治诸多方面的教育，其中历史学科特性决定了海洋教育内容对于历史教学的影响及应用价值是必然的，其必然性进一步捍卫了海洋教育内容在历史教学中的重要地位及价值，凸显了本研究的必要性。

一　海洋教育定义

针对海洋教育的定义，目前学术界没有给出统一的界定。有的学者从海洋教育的价值角度，归纳海洋教育对国家、社会及个人的价值。[1] 另有学者从国家主权的角度解释海洋教育，即海洋教育是为维护与发展国家海洋主权与利益的方面而开展的。[2] 此外，有学者从

---

[1] 王炳明：《海洋教育学科发展的几点思考》，《宁波大学学报（教育科学版）》2019年第4期，第16页。

[2] 曲金良：《海洋文化概论》，青岛海洋大学出版社1999年版，第80页。

心理学上分析海洋教育对人脑机能的影响，从人的认知角度提升海洋教育。①

不同学科门类下，对海洋教育的界定亦不尽相同。语文及英语学科的研究学者，从语言学角度出发，分析语言措辞的使用，侧重于文化角度定义海洋教育。地理学科则立足于自然地理学及海洋资源学角度，定义海洋教育的地理属性。政治学科立足于服务政治的需要，在国家海洋安全、地缘国际政治、海洋领土主权方面对海洋教育进行定义。

本书结合学界不同视角下学者对海洋教育的定义及分析，认为海洋教育是对人能动地培养以海洋政治、经济、文化、科技、军事、生态多方面领域的海洋意识的教育活动。体现在历史学科上，通过对相关海洋史史料进行分析研读，回顾海洋历史的发展过程，展望人类海洋的长远规划，提升人的海洋意识。

二 海洋教育内容的分类

依照上述对海洋教育的定义，本书将海洋教育内容进行了分类说明。

海洋教育包括海洋政治、经济、文化、科技、军事、生态等重要领域内容。海洋政治往往通过回顾分析海洋史史料中政治人物、政治集团、既得利益群体在海洋历史中的行为，解读其背后的利益驱动因素及动机。站在海洋政治的视角下分析海洋历史，可以为维护海洋利益的主权提供参考。

海洋经济多体现在海洋历史事件中的经济方面。海洋经济基础的利益，关系着历史进程中的重大演变，新航路开辟等海洋历史大事件往往都深受海洋经济的影响。海洋经济在一定程度上影响海洋政治，政治集团往往出于经济利益驱使，作出海洋历史上的决策。

---

① 李婷婷：《中学历史教学中的海洋意识培养研究》，硕士学位论文，山东师范大学，2018年，第9页。

因此，海洋经济是海洋教育中海洋意识的重要组成部分。

海洋文化，在不同时期不同地区的文化表现符号各不相同。西欧等地区海洋文化层面多表现为宗教的形式，包含天主教、东正教在内的宗教体系深刻地影响了欧洲人的海洋意识形态。欧洲人的新航路开辟的海洋文化方面，就是海外传教。不仅是宗教，海洋文化还表现为海洋方面的典籍、书画、诗词、音乐、塑像、戏剧，不同方面的表现对海洋历史的进程产生了不同的影响。

海洋科技，在技术层面对航海进行分析。大部分海洋史史料中所叙述的海洋历史事件，都包含人类的造船航行。海洋科技中人类对于造船技术、航海技术的使用，深刻影响了人类航海线路，进而影响了海洋政治、经济其他方面的决策考量。此外，海洋科技还包括人类先进的科学技术使得对海洋的利用更为有效。

海洋军事，作为强制力的形式，往往改变海洋历史的发展方向。在海洋政治、经济、文化的推动下，军事武力作为工具被用于海洋权益的争夺中。海洋军事理论下，海战成为重要的门类，逐渐衍生为海军。相对应的海战武器升级制造，使得对海洋历史事件的影响更为深刻。

海洋生态，往往随着国家政府层面以及海洋环保人士的推动，一定程度地改变海洋，进而改变海洋历史。工业对海洋的破坏污染使得海洋环境生态遭到破坏，影响历史的发展。政府与海洋环保人士对海洋生态的污染治理，对保护海洋环境起到了重要影响。海洋生态与海洋政治、经济、文化、科技、军事一齐，对海洋历史的发展有着重大长远的历史意义。

三 海洋教育内容的特点

海洋教育在历史教学中呈现出一些鲜明的特征，这些特点不仅反映了海洋教育的本质属性，也体现了其与历史学科的内在联系。通过分析海洋教育的必要性、教育性、抽象性和客观真实性等特点，可以更深入地把握海洋教育在高中历史教学中的实施路径和方法。

(一) 海洋教育内容在历史教学中具有必要性

海洋教育内容在历史教学中具有充分且显著的必要性。历史进程中与海洋有关的历史事件较多，因而存在大量的海洋史史料。[①] 这些海洋史史料应用于中学历史教学中，可以充分说明海洋教育的必要性。例如学生在观看时政新闻播报中国在维护钓鱼岛主权方面的行动时，可以联想到历史课海洋教育学习中有关钓鱼岛自古属于中国固有领土的海洋历史，提升感召力。在网络上看到有损害中国南海领土主权的言论时，学生可以不为之所蛊惑，进而搜集相关海洋主权证据，为维护南海主权作斗争。海洋教育内容对于历史教学是必要的，对学生海洋意识的培养同样是必要的。[②] 在历史课堂中实施海洋教育，能够增进学生对海洋知识的了解。海洋教育内容包涵丰富的海洋历史知识，能够培养学生的海洋意识情感，同时符合历史学科核心素养的培养要求。这些正是历史学科所肩负的新时代的教育责任和使命，因此在历史教学中实施海洋教育是必要的。

(二) 教育性是海洋教育内容的基本特性

海洋教育内容最基本的特性就是其教育性。在高中阶段实施海洋教育符合历史课程标准的要求。最新版高中历史课程标准要求历史学科担负起培养学生正确的海洋意识与价值观念。大量的海洋史史料本身即具有教育的属性，学生在阅读教材中的海洋史史料时，分析历史事件背后的海洋意识，完成自我教育的过程。教师在历史课堂上，通过讲述海洋史史料，传授海洋教育，学生在接受海洋知识的过程中同样接受了海洋教育内容的培养。所以在高中阶段实施海洋教育是应然的也是必然的，历史教师要根据历史课程标准的要求，不仅完成海洋知识方面的授受，更要在海洋教育的过程中渗透进情感态度价值观方面的内容，使学生形成正确的历史海洋观，这

[①] 薛伟强、范红军、陈志刚主编：《中学历史课程与教学概论》，北京师范大学出版社 2019 年版，第 10 页。

[②] 陆怡静：《中学历史教学中的海洋权益教育研究》，硕士学位论文，扬州大学，2020 年，第 25 页。

是海洋教育内容的基本作用。

海洋教育内容的教育属性，还具有延伸的再教育性。当学生通过历史课堂上，教师利用教材开展海洋教育所学到一定量的海洋历史知识后，会在意识里形成海洋历史认知。学生在实际生活中遇到需要传播、更正他人有误的海洋意识观念的情况时，就会主动充当起海洋教育的"小先生"，将自己学到的正确的海洋意识传授给他人。[①] 这种海洋教育的再传递过程就是再教育性。例如针对近年来西方部分国家无理指责中国在东海划设防空识别区，教师可以结合教材中有关东海海权归属的海洋史史料，向学生说明东海自古就是中国海洋主权的一部分，是不可分割的。进而讲述中国作为独立的主权国家，完全有理由也有能力在自有海域划设防空识别区。学生学习到有关东海的海洋教育内容后，倘若身边同学对东海属于中国的主权的历史了解较少，该学生便可以主动自发地充当海洋教育的历史教师，帮助身边同学培养东海的中国主权意识。因此海洋教育内容承担着历史教学中重要且基本的教育性。

（三）海洋教育内容具有抽象性

人类记录客观世界的方式在不断地变化，历史知识的记录与展示同样随着改变。从木石骨蚌到帛绢皮纸再到信息时代的手机电脑，记载历史的承载物在变革，书写历史的记录用具在更替，历史舞台上的人在延续，涉海历史事件及其背后的海洋意识也随着具体历史的演变而不同。但变中不变的是，作为随着海洋历史上相关历史人物的人脑机能所产生的意识而产生的一系列能动的历史效果的产物，海洋意识往往是抽象的，非表面可感可听的实物。海洋意识所衍生的海洋教育也往往需要被教育者挖掘分析解读讲授才能完成对继任者的教育功能。意识本质上就是抽象的，如何挖掘海洋意识、如何解读海洋意识，如何传授海洋意识，这些都成为考量一个海洋教育

[①] 叶小兵、姬秉新、李稚勇：《历史教育学》，高等教育出版社2004年版，第89页。

者在从事历史教学中所要直面的问题。

教师在通过教材讲授海洋教育内容时,可以将抽象的海洋意识以海洋史史料为载体展开教学活动。通过创新教学法,采用现代多媒体技术,将海洋教育的意识分解成海洋政治、经济、文化多方面,再用高中生喜闻乐见的语言和视频、图片形式讲述出来。例如在叙述其他航路开辟内容时,教师将统编教材下册"马修号"复原船图片进行拟人化处理,搭配语言介绍,让"马修号"自己讲述航程:"同学们,我可是到过很多地方,我跟随卡伯特航行了很久,才发现到达纽芬兰岛,这让我备受荣光。"学生在充满兴趣的同时,理解了其他航路开辟的海洋历史过程中的海洋意识,使抽象的海洋教育内容易于被学生所接受。

(四)海洋教育内容具有客观真实性

海洋教育内容在历史教学中大多以课堂讲授的形式展开,学生在学习历史中首先要养成的便是历史的真实特征。海洋意识作为历史事件背后隐含的意识所在,具有已发生的客观真实性与不可逆性,非后人通过各种途径而人为改变先前历史事件的海洋意识。每个涉海历史事件都有相对应的独属于特定时代、特定事件、特定对象的海洋意识,都是客观发生的,具有确实的真实性。[1]例如新航路的开辟所反映的海洋政治、海洋经济、海洋科技、海洋军事等诸多海洋意识,教育者在传授相关海洋教育内容时注意使学生认识到相关涉海知识点及背后的海洋意识均是客观真实的。

学生在历史课堂上学习海洋教育时,教师应注重强调海洋史史料的客观真实性。例如,教师讲述哥伦布向西航行,到达美洲的海洋历史时,学生可能会问道:"真的有哥伦布吗?哥伦布为什么不向东航行?"面对这种问题,教师要耐心讲解,用大量有关哥伦布的海洋史史料,包括哥伦布的日记、哥伦布画像说明哥伦布是客观真实的历史人物。同时,教师借助这个问题,带领学生探讨哥伦布航向

---

[1] 曲金良主编:《海洋文化概论》,青岛海洋大学出版社1999年版,第62页。

选择的原因，并提供海洋史史料带领学生分析，使学生认识到海洋教育所反映的历史是客观真实的，是特定时代下的历史。

四 海洋教育内容的应用价值

海洋教育的应用价值不仅体现在知识传授层面，更深入学生认知、能力和素养的培养中。在高中历史教育的背景下，海洋教育的应用价值尤为突出，主要体现在以下三个方面：培养学生的海洋意识、充实历史教学内容与丰富课程资源、提升学生的海洋意识实践能力。这三个方面相互关联，共同构成了海洋教育在高中历史教学中的应用价值体系。通过系统分析这些应用价值，可以更好地理解海洋教育在历史学科中的重要性，并为进一步优化海洋教育的实施提供理论依据和实践指导。

（一）培养学生的海洋意识

海洋教育内容在历史教学中最必然、最本质、最基础的作用便是培养学生的海洋意识。海洋教育内容在历史课堂的教学过程中，对于学生的海洋意识培养是多方面的。一方面，学生通过学习统编教材海洋史史料，接受了海洋意识内容的教育，丰富了学生的海洋历史知识。另一方面，海洋教育内容的教育属性，使得在培养学生的海洋意识上具有教育的传递性，即再教育性。学生可以将自己所学的海洋意识在合适恰当的时候，以"小先生"的形式，传授给身边需要的人，实现海洋教育的再传递。[①] 如此，可以有效地扩大海洋教育的教育受众，使海洋教育内容的效果呈指数级增长。

（二）充实历史教学内容与丰富课程资源

历史教学多使用统编版高中历史必修教材进行讲授，教材所讲述的相关海洋历史的知识比重有所增加，但基于意识的抽象性，历史教师在向学生讲述内容时仍需把历史事件背后的海洋意识表达出

[①] 薛伟强、范红军、陈志刚主编：《中学历史课程与教学概论》，北京师范大学出版社2019年版，第98页。

来以方便学生理解。教师在课前备课时为展示好涉海知识点所传达的海洋意识，往往提前查阅大量书籍、互联网及请教经验丰富的教育从业者，有意无意地充实了历史课堂教学的海洋内容，长远来看更是丰富了历史相关海洋教育的课程资源。例如在讲述鉴真东渡相关内容时，教师会提前阅读大量鉴真东渡日本所乘船只的形制规模、航海航迹、唐代海洋地理特征等相关知识点，并通过图片、视频、史料、模型、实物在课堂上进行展示，从而丰富了历史教学环节与内容资源，不仅能帮助学生更好了解鉴真东渡的苦难、带来的影响以及鉴真的坚强意志，还能更好地完成本节课本子目的相应教学目标。

（三）提升学生的海洋意识实践能力

历史学科出于其本身的特性，在使用统编教材海洋教育内容培养学生海洋意识时，凸显出必要的实践意义。学生在学习海洋教育的理论体系时，检验学生是否真正掌握，就在于考查学生的海洋意识应用实践能力。教师在历史教学过程中开展海洋教育内容的教学，学生不仅掌握相关历史史实背后的海洋意识，还在日常海边出游研学、参观博物馆相关海洋展览、观看涉海新闻时政等实践活动中注意将所学海洋意识知识迁移到当前环境，学以致用，又巩固海洋相关历史知识。学生在使用统编教材提升自身的海洋意识实践能力时，面对网络里恶意诋毁捍卫祖国海疆而牺牲的解放军英雄，能够明辨是非善恶，运用历史课堂上所学的海洋教育知识，同侮辱英烈、有损中国海洋主权和领土完整的言论作斗争。此外，还会提升学生投身海洋边疆守护、海洋环境治理、海洋文化保护工作的热情，为建设海洋强国贡献力量。

五 历史教育与海洋教育的关系

中学历史教育作为厚植海洋意识和海洋情怀的重要教育学科，对学生的核心素养的培养和海洋教育的开展起着重大的作用。随着国家对海洋权益的重视、维护与开发海洋的力度不断加大，海洋教育的重要性日益凸显出来。如何进一步做好新时代海洋意识的教育与推广工作，树立全民尊重海洋、保护海疆、建设海洋的浓厚意识成为当务之急与重中之重。为深入落实习近平海洋强国战略，大力推动海洋教育在建设海洋政治强国、发展海洋经济强国、塑造海洋文化强国、打造海洋外交强国、构筑海洋生态强国上的积极教育作用，充分发挥历史教育，尤其是面向以高中生为代表的青少年群体的中学历史教育成为务必攻克的战略高地。随着国家高度重视海洋教育，中学历史教育的重心日益向海洋教育倾斜。

（一）中学历史教育是海洋教育的重要渠道

开展海洋教育，培养学生的海洋意识，离不开中学历史教育。中学历史教育不仅仅按照教材单元编排体系教授历史知识，还担负着传播海洋历史知识、开展海洋教育的重要作用。以习近平新时代海洋强国战略为统领建设海洋强国无疑对于增强综合国力、更好服务人民、提高国际影响力有着重要的意义。在此背景下，海洋教育事关国家海洋权益的维护与利用，尤其是对于以高中生群体为主的青少年一代，作为未来中国发展的主力军务必肩负起时代赋予的守好国家海洋的重要责任。

教育领域在广泛开展全民海洋意识的宣传教育的工作中起着重要的战略主阵地的作用，因此也义不容辞地承担起面向全体青少年进行海洋教育的重大责任与使命。教育所面向的受众群体多以各年龄阶段的学生为主，在数量上牢牢占据着国民中的相当数量级单位，在认知上处于接受学习能力强、主动求知需求高、学习领悟反应快、举一反三效果好的最佳年龄阶段，在未来上教育对象随着不断成长日益成为社会发展的中坚力量。

根据著名教育心理学家皮亚杰的认知发展理论，中学生尤其是高中生群体多处于形式运算阶段的完成状态。[1] 中学生的认知特点大

---

[1] 于友西、赵亚夫主编：《中学历史教学法（第4版）》，高等教育出版社2017年版，第79页。

多处于形象思维向抽象思维过渡的关键时期，这一时期学生已具备一定的思维逻辑能力，能够对某些抽象概念进行准确的界定与分析，这就为开展历史学属性上的以海洋文化教育、海权教育在内的海洋教育的开展铺设了心理认知基础。

海洋意识赋予历史的重任就是如何以时间主线阐述时空架构下的海洋相关历史事件及其深远历史意义、教训、影响，包括但不限于历史维度上的海洋政治、经济、文化、军事、科技、生态。以此为鉴为当下海洋权益发展服务，为未来海洋发展谋篇布局。以史为鉴，可以知兴衰。中国历史包含丰富的海洋历史文化资源，尤其是近现代史以来中国海洋权益不断遭受外国列强侵略、中国大量仁人志士围绕收回中国海洋权益不断奋起反抗、无数国人为实现海洋强国梦不断建设的历史，通过对统编历史教材的把握在课程教学中旗帜鲜明地体现海洋历史文化特色，使国家建设海洋强国的战略牢牢扎根于高中生的海洋意识之中。

(二) 海洋教育是中学历史教育的重要内容

统编版教材在编写海洋教育内容时，已经把海洋教育纳入了中学历史教育的一部分。海洋史史料作为基本史料，属于历史学的范畴。中学历史教育以时空为经纬、以逻辑为主线串联起古今中外的历史大事件与历史意义、历史研究与解释述评，涵盖包括中国史、世界史的政治、经济、文化多方面内容，视角宏大，包罗万象。中学历史教育往往通过传统课堂授课方式开展，必要时配以网络课堂、实景研学多渠道进行，教科书作为主要、首要、必要、重要的教育授课工具与媒介起着记录讲述历史、引发师生思考、帮助学生理解掌握历史的教育教学功能。教育者在授课时利用教材，熟练运用自主探究法、小组讨论法等，吸引学生的历史学习兴趣，设置悬念与问题，同时辅以必要的多媒体播放、教具展示以学生为主体向受教育者传授历史知识，培养学生正确的海洋观念与海洋思维、解释能力。

中学历史教育的内容极为丰富，单就历史展开的意识教育而言就包含海洋教育、公民道德教育、法治教育、劳动教育等，其中海洋教育作为中学历史教育的重要内容，更是承担着客观阐述中外历史上围绕海洋发生的系列或单独的历史事件、历史逻辑、历史启发的任务。[①] 在海洋政治、经济、文化、军事、科技、生态等诸多方面，培养学生养成正确、科学的海权意识与海洋观念，帮助学生形成维护国家海洋权益、依法保护海洋生态、有序经略开发海洋的海洋意识。

新修订的普通高中历史课程标准明确突出了海洋教育的重要意义，尤其是带领学生领会中外海疆、海域史下海洋对于人类文明演进的极大历史功勋以及不合理利用海洋所造成的对历史文明的巨大破坏。领悟自古以来尤其是新航路开辟之后海洋对于联系世界各大洲文明交流交往交融、沟通全球互联互通互鉴所扮演的纽带角色的重大历史影响，体会中国古代以先进的航海技术为代表的和平经略海洋的汉文化圈的国家、民族历史自豪感。通过讲授近现代以来西方列强海上霸权的依仗船坚炮利欺凌侵略中国、印度等亚非拉国家，感悟弱国危机从海上来的历史教训，激发海洋安全与发展利益是关乎国家生死存亡的重大国家、民族利益的海权意识。

近年来，国家对于高中阶段教育的投入与关注程度进一步扩大，高中生群体数量增长迅速。需要警醒的是，随着高中招生规模的扩大、高中生数量的提升，高中阶段的教育质量应同步甚至超前增长，培养质量不容小觑。面对如此庞大且日益增长的高中生群体，如何树立、强化其海洋观、国家观成为亟待解决的教育问题。此种情况下，作为典型代表的国家海洋观应当作为提升中华民族归属感、尊严感的重要抓手加大在中学教育的比重与力度，其中中学历史教师扮演着以统编版高中历史教科书为媒介、以正确的国家海洋意识为统领，结合历史教育教学的有关实际，深入高中教学一线实际开展

[①] 叶小兵、姬秉新、李稚勇主编：《历史教育学》，高等教育出版社2004年版，第98页。

教育培养工作。教师通过历史的视域阐述海洋对于中外历史文化发展进程的重要影响与意义,以时间为主线、以史学为逻辑、以海洋为脉络、以教材为抓手贯穿到历史课堂教学中,向学生传授正确的海洋意识观念,在海洋政治、经济、文化、军事、科技、生态等领域纵向发力,横向对比,全方位培养学生国家海洋安全与海洋意识。

第二节 统编高中历史必修教材海洋教育的内容分析

统编版教材严格按照国家意志编写,以新版普通高中历史课程标准为统领,涵盖了较多的海洋史史料,体现了国家对于高中生历史学科开展海洋意识教育的重视。通过对统编必修教材海洋教育有关内容进行分析,读懂读透读厚教材中海洋史史料所反映的海洋意识,为中学历史更好地开展海洋教育服务。

一 《中外历史纲要》上册海洋教育的内容解读

统编版高中历史教材《中外历史纲要》上册在编写过程中突出强调海洋意识的重要性。通过以时间为主线将海洋意识的教育融入中国历史各个阶段,从中国古代的海洋观念与文化到中国近现代的海洋危机,再到新中国成立以来,在党和国家的全面发展下海权的崛起。通过大量翔实的史料、精选的图表、严谨的正文以及多样的辅助系统向学生全景展示中国海权的发展演变即中国历史沿革的缩影,极具可操作性。[①]

中国自古以来便积极主动地探寻利用海洋,并潜移默化地与海洋形成了默契的自然保护法则。春秋战国时期的齐国,临近海洋,在管仲等名士的建言下积极向海洋进军,煮海为盐。在其他非靠海

---

① 方颖:《高中统编历史教材编写特点及教学建议》,《福建教育》2020年第10期,第34页。

地区的诸侯国人民面对盐铁等生活必需品价格日涨的背景下，不仅满足了齐国民众的日常用盐需求，同时大量海盐外销贩卖至其他诸侯国及地区。煮海为盐的盐业所需的原料仅仅是取之不尽用之不竭的茫茫大海和熊熊的炉火，这种近乎零成本的生产方式使煮晒出的海盐摇身一变成为堪比黄金的产品，齐国便在海盐贸易中迅速积累财富，出现了"摩肩接踵"的繁荣盛况。由此可见，海洋对于国家、地区经济发展贡献了不竭的资源与财富。统编版高中历史教材《中外历史纲要》上册第2课，通过教材辅助系统"史料阅读"的形式给出了《史记·苏秦列传》的一段话，该史料中描述了苏秦见到战国时期齐国都城的繁华景象。学生在学习本节课时，对于教师讲授齐国通过鱼盐之业等政策向海而生，积累了大量的财富成为"春秋五霸""战国七雄"的历史充满兴趣，在课堂中配合使用此史料可以帮助学生了解齐国都城临淄的繁荣景象，提高学生史料阅读能力的同时促使其把握海洋对于经济增长的巨大能力，深刻认识到中国古人利用海洋发展的勤劳与智慧，增强民族自豪感，进一步提升学生的海洋经济意识。

统编版上册第二单元第8课在编排过程中，在"中外文化交流"字目里采用海洋历史地图的形式，给出唐朝对外主要交通路线示意图，展现了唐朝与海外诸国、各地区交往的路线图，并以文字进行解释说明。海洋交通路线描绘准确，文字解说较为详尽。左侧有国内外古今地名对照表，标注有长安（今陕西西安）、幽州（今北京）、登州（今山东蓬莱）、天竺（今印度半岛）、波斯（今伊朗）等。学生通过学习本字目内容，可以清楚地以历史地图和相应解释为参照了解大唐的强盛和开放自信的胸怀，体会唐朝发达的海运能力，增强民族自豪感，帮助学生树立正确、开放、和平交往的国际视角。

此外，该子目还在讲述唐朝鉴真东渡时引用了历史图片唐招提寺，同样用文字进行了解释说明。教师可以在海洋历史教学课堂传授鉴真六次东渡日本弘扬佛法的事迹，表明鉴真为日本带去了大量先进的中国的生产建筑技术及天文历法、医药，同时讲述鉴真渡海时的决心与经历。通过对教材中有关海洋史史料的讲述，让学生理解古代海洋对于各国文化交往的影响，以及唐招提寺背后所隐藏的中华文化的缩影。教师对比现代先进的航海技术和跨海大桥，使学生深知现代科技的便利以及祖国的强大，学习鉴真东渡的精神。

统编版上册第三单元第 11 课，在编写有关海洋教育的内容时，在正文部分通过讲述宋元时期海外贸易的发展，描述了以广州等地为商贸港口的繁荣的远洋航海贸易，强调了宋元时期中国出口丝绸、茶叶、瓷器，进口珠宝进而发展海洋经济。简洁明了的正文使学生了解海上丝绸之路的繁盛及海外贸易给国家带来的巨大经济增长。同样是该课内容，教材使用了元朝运河、海运路线图，向学生传授元代以长途海洋运输的形式，航运江南地区的粮食。直观表明元代较为发达的航海能力的同时，展现了元代发达的海运体系。教材中标注的黄海元代古称"青水洋""黑水洋"，使学生关注黄海的主权归属问题，提升学生对于海权意识的关注度。

中国古代著名的大航海无疑是郑和七下西洋。教材在第 13 课从明朝建立到清军入关一课里，通过海上交通与沿海形势从航海和海防两大角度带领学生回顾明代的海洋政策。通过提供郑和航海路线图，并提供国内外古今地名对照表，促使学生形成和平友好交往的航海政策的意识，感悟明朝强大的航海实力与技术，增强民族自豪感。[1] 教材在"史料阅读"部分给出了明朝沈德符的《万历野获编》中的一段内容，描述了荷兰拥有较为先进的武器制造技术并应用于海战。学生在分析这段海洋史史料时，不仅提升了其海洋史史料阅读与分析能力，同时了解荷兰在明朝后期的武器装备强大于明军的历史，学生在教师的指引下分析明清之后中国海防落后于西方列强的原因，从而提升学生的海防意识。学生在学习戚继光抗倭史时同

---

[1] 李婷婷：《中学历史教学中的海洋意识培养研究》，硕士学位论文，山东师范大学，2018 年，第 14 页。

样会激发守卫海疆的信念，教师播放人民解放军海军视频、图片，强化学生的爱国拥军护海意识。

海洋，在国际政治的地缘政治博弈中，向来被视为重大的战略要地，可以说，控制了海权便控制了国家命运的咽喉。一场战争中夺取了某国的出海权，即标志着该国海军实力的瓦解。1894年震惊中外的甲午中日战争中日军夺取了北洋海军的出海权进而封锁其港口，致使后者不战而亡的教训就是血淋淋的实证。第17课"国家出路的探索与列强侵略的加剧"一课给出甲午中日战争形势图，该海洋历史地图详细描绘了清军与日军的进军路线和主要战场，带领学生回顾那场激烈的海战，使学生意识到海军的被摧毁往往意味着国家腹地的门户洞开，被任人宰割的时代也就随之而来。教材在编排上使学生通过海战形势图，强化海权与海防的重要性，从而实现本节课历史教学中海洋教育的教学任务。

新中国成立后党和国家十分重视海防建设，七十余载的发展中国锤炼出一支能打仗打胜仗的强大人民海军。统编教材上册第十单元第29课在海洋教育内容的编写上，突出了时政性，将习近平总书记对于海洋强国战略、强军战略的重要指示精神融入教材。在正文中明确提出了有关东海防空识别区的内容，强调维护中国东南沿海海洋安全的重要性；明确提出了钓鱼岛主权问题，使学生进一步认识到钓鱼岛是中国的固有主权岛屿的事实；明确提出了南海护海巡航的海防举措，强化学生维护中国南海主权必要性的意识。给出了习近平总书记在2018年4月12日，检阅南海海上编队的图片。学生在学习此内容时能够激发强烈的爱国热情，对国家海防事业的强大感会油然而生，教师指引学生进一步聚焦海洋，坚持习近平海洋强国战略，为新时代海防建设贡献力量。

二 《中外历史纲要》下册海洋教育的内容解读

统编版高中历史教材《中外历史纲要》下册正文系统采用较大的篇幅概述海洋部分，丰富的课文辅助系统使本就生发于海洋、联系于海洋、发展于海洋的世界史的全球化色彩更为厚重，进一步凸显了历史上不同文明、不同民族区域间的文明交流与互鉴。

统编版高中历史教材《中外历史纲要》下册立足于全球化视野，增加海洋意识在教材中的比重，突出以海为纽带的人类文明的交流互鉴。[①] 例如第三单元第 6 课，讲述新航路开辟的海洋教育内容，以迪亚士、达·伽马、哥伦布、麦哲伦等经典航海家的航海事迹为重点，补充学习其他海上航路的开辟者，培养学生勇于探险的时代精神。第七课则叙述大航海时代对全球大交换的意义，将初步形成的全球交通网络展现在学生的面前。通过第 7 课的学习，一定程度上强化了学生认知体系中海洋对于人类文明进程的关键意义。此外，在教育的层面上使由形象思维向抽象思维转化的高中生，深植海洋对于一个国家及其民族、文明的深远影响，以及国与国之间、文化与文化之间的联系与互鉴多以海洋为媒介进行的重要历史经验。同时，帮助学生理论联系实际，增强学生维护国家海洋权益的意识，从而实现对以高中生为主的中学生群体在历史课上普及海洋意识教育的目的，为实现新时代海洋强国战略夯实基础。

教材采用大量图表，在保证充分科学地配合阐释相关内容的同时使教学内容更易理解，更能吸引学生进一步探究的兴趣。下册教材近半数图表直接反映、间接反映海洋意识有关知识点，体现形式多为通过展示世界各个国家、地区、民族间以海洋为媒介联系，进行包括经济贸易往来、人文制度交流、军事战争路线、远洋航行探险等历史活动和事件。例如教材第 2 课古代世界的奴隶制帝国中第 12 页罗马帝国与汉朝交往的主要路线示意图，通过彩绘历史地图的形式以蓝色线条突出海上商路，将中国的南海地区与亚历山大、拜占庭、罗马相连，使学生形象直观地在意识中形成跨越中国南海、印度洋、波斯湾、红海、黑海、地中海的海上商路，增强海洋对于

---

① 赵启佳：《统编高中历史教材特点及使用策略刍议》，《贵州教育》2020 年第 6 期，第 23—25 页。

国家间经贸往来的重要性的认识，再由教师指引认识到中国海洋安全关乎远洋贸易发展的意义，提高高中生海洋意识。同样，第4课"中古时期的亚洲"中，第24页阿拉伯人商业活动示意图等均体现海洋经济的相关教育。

教材辅助系统形式更为灵活多样，且符合高中阶段学生对历史中海洋意识的理解力。本课导入部分采用导图和导入语，用情境导入的方式介绍新课，使学生对新授内容充满兴趣。以第6课全球航路的开辟为例，在课文标题的下方，通过采用小字讲述中国发明的指南针传入欧洲以及航海图对远洋航海发展的影响为导入语进行本课导入，并使用现存最古老的制作于1300年的新型航海图为导图配合新课导入，让学生对远洋航海工具充满兴趣。顺势导入本节课第一子目新航路开辟的动因和条件，在令学生了解古代远洋航海知识的同时，加深古代中国与欧洲航海事业的交流的认知，强化巩固其对海洋意识的认知。[①]

统编版高中历史教材《中外历史纲要》下册辅助系统各司其职，例如学思之窗，作为配合课文而出现的辅助模块，通过出示一段阅读材料并提出问题，借以提高学生的分析思考能力。第2课"古代世界的奴隶制帝国"中第9页的学思之窗，出示《柏拉图全集》第一卷的一段内容，向学生传递了古希腊人多居住在沿海地区的海洋史史料。进一步促使学生结合学思之窗的给出材料和示意图分析解答，提升学生体会古希腊人沿海而居建立众多城邦、创造海洋文明的海洋历史。此外，让学生领悟到海洋对于以古希腊为代表的海洋文明发展的重要性，强化高中生对海洋的尊崇和自发维护海洋权益的决心。第4课"中古时期的亚洲"第24页的学思之窗，出示了一段美国菲利普·希提著，马坚译的《阿拉伯通史》的材料。该海洋史史料记录了巴格达城的码头的繁荣景象，以及市场上有从各国和

[①] 晏绍祥：《统编高中历史教材〈中外历史纲要（下）〉的总体构架及主要线索》，《课程·教材·教法》2020年第6期，第16—21页。

各地区运送的物产，给出了阿拉伯商贸示意图并提出有关海洋教育的问题。帮助学生通过阅读有关阿拉伯帝国巴格达城码头及市场繁荣的材料，带领学生领略海洋贸易给城市带来的繁华，并结合教材给出的示意图，向学生展示阿拉伯商人航海技术的先进以及繁盛的海上商路。同时，使学生体会到海洋经贸能够给国家带来巨大的经济效益，从而提升高中生的海洋意识。

海洋对于人类的重要性不仅表现在战争，全球化的国际视域下，国家对外贸易、对内进口皆依赖于海运。传统西方经济学的三驾马车，即投资、出口、消费，作为拉动国家经济增长的推动力，深刻影响着国家的经济发展。仅就出口而言，往往将商品以海运形式从事跨国贸易。以第23课共建"一带一路"等相关内容为例，教材通过给出"一带一路"示意图，标注各条海上商贸路线，使学生直观认识到海洋对于商贸往来的极端重要性。"一带一路"示意图右侧提供了一幅卡通图片，即"一带一路"宣传画。该画以两人衣着商务西装握手合作为基础形象绘制，在细节部分添加帆船、高铁、骆驼等元素，其中帆船元素醒目地提示着学生通过海运形式实现共赢，在具有艺术欣赏价值的同时向学生传递海洋在"一带一路"合作中的重要地位。

巨大的财富驱动如同一只看不见的手推动着一代又一代富有冒险精神、追求财富的开拓者踏上寻找宝藏的船舶，其中不少优秀的航海家、探险家如哥伦布、达迦马、麦哲伦、白令找到了所谓的"财富密码"，即潜在的新兴市场和巨大的资源。资金、原料、劳动力、市场，四大要素。当以上资本主义经济发展的四个关乎财富的名词全部集齐时，隆隆作响的巨大机器轰鸣声裹挟着黑烟、鲜血与火光将资本主义推向世界各地。以第三单元第7课为例，在"商品的世界性流动"子目中，重点讲述了大航海时代资本主义快速发展，世界市场以海洋为纽带扩展。通过正文右侧"学习聚焦"栏目，提出了随着新的海上航路的不断开辟，世界市场的联系也不断加深的内容。① 教师可以在课堂上围绕此论断带领学生展开主题讨论,结合相关史料以小组探究的形式分析海上航路扩展对于世界市场形成的影响,使学生对全球海路开辟所产生的商品的世界性流动的认识进一步升华且深刻。同样是该子目部分,在介绍了"三角贸易"、葡萄牙殖民掠夺之后,讲述西班牙的海上殖民贸易帝国。其中着重介绍了西班牙远洋贸易的主要船只,即马尼拉大帆船。此外,教材正文部分通过列举经济统计数字,从而让学生准确地掌握西班牙远洋航海贸易的利益之大。教材又提供了一幅马尼拉大帆船图片,并在下方给出解释文字,此类正文搭配数据并饰以图片的形式,能够帮助学生全面掌握海洋的重要性。

从沙皇俄国到苏俄,由苏联到俄罗斯,欧亚大陆最北边的斯拉夫民族不断向东、向西扩张,在不断大量蚕食西伯利亚、东欧的土地的同时,目光一直紧盯着海洋。获取不冻深水良港,控制各出海口成为俄罗斯务必且首要争夺的战略要地。以第二单元"中古时期的世界"第3课"中古时期的欧洲"为例,教材以正文内容讲述俄罗斯的扩张历程,使学生直观感受到俄罗斯北临北冰洋、东临太平洋的广大海洋领土。教师指出海洋历史地图上鄂霍次克海的位置,再帮助学生找到波罗的海的位置,进而让学生领悟海洋国土面积对于国家生存与发展的重要性,增强学生保护中国南海等海洋领土的决心与意志。从波罗的海到北冰洋,从西太平洋到黑海,体量庞大的俄罗斯在坐拥陆空强国的同时,始终在意的是海上强国的国际政治地位。因此,通过历史上海权与陆权的争夺,苏联建立了从东欧至东亚的强大的海上舰队,直至苏联解体、东欧剧变,俄罗斯依旧牢牢掌握着实力强大的波罗的海舰队、黑海舰队等装备精良、战斗力极强的海上兵团,成体系、成建制、成规模地维护着其庞大的海洋利益。

---

① 季颖:《立足历史核心素养 提升课堂教学成效——以统编版"探寻新航路"为例》,《中学历史教学参考》2020年第10期,第76页。

在激烈的海洋利益竞争下，英国、日本、新加坡等岛国充分利用已有的海洋优势，全方位借助海洋进行发展。英国通过历次类似宪章运动的、与王权作斗争的运动之后，在光荣革命后，以海洋贸易为生的资产阶级积极活动，颁布了《权利法案》。英国作为周边均是海洋的岛国，在确立君主立宪政体后，资产阶级力量更为壮大。此后，在英国国王与首相内阁的双重加持下，积极谋取海权，发展工业革命。圈地运动后的"羊吃人"使得大量劳动力投入资本主义经济工业大生产中，通过剥削与积极的海洋政策，将源源不断的工业半成品、成品在利物浦等港口向外辐射，伴随着扩张的殖民地将产品卖至日不落帝国的余晖下。而昔日强大的西班牙，早已随着西班牙无敌舰队被英国击败至覆灭而退出海上霸主地位。占据中国澳门的葡萄牙也日益式微。继起的"海上马车夫"荷兰的商业帝国同样在与英国海权的争夺中败下阵来，足可以见海洋对于一个国家命运的塑造力。第 12 课"资本主义世界殖民体系的形成"中，在对西方海洋强国开展资本主义世界殖民掠夺的讲解中，使用了两幅历史地图用以阐述西方资本主义海洋强国在对外殖民扩张中所建立起的庞大的殖民体系，分别是拉丁美洲殖民地示意图、侵略亚洲的示意图，以此警醒学生弱国危机从海上来的历史教训，通过反面典型教导学生正视海洋强国建设，捍卫国家利益[1]。

同样为岛国的日本，先天便借助一衣带水、隔海相望的中国获得发展。一批又一批的遣隋使、遣唐使不惧海浪威胁，前往中国学习先进的典章制度、礼法、科技、文学、历法、建筑、医药，通通搬进了大和民族的血与魂中。大化改新以来，日本更是加强学习中华文化，菊与刀的民族在所谓天照大神的庇护下成长起来。来自其海洋西部的中国文化并不能满足日本的崛起，于是大和民族内在的武士道精神异化为侵略，面向朝鲜展开攻势。跨海而来的日本武士

---

[1] 晏绍祥：《统编高中历史教材〈中外历史纲要（下）〉的总体构架及主要线索》，《课程·教材·教法》2020 年第 6 期，第 16—21 页。

运用着驾轻就熟的海上造船、航海的能力肆意侵略，后虽败于明朝与朝鲜强大的海上联军，但日本倭寇渡海袭扰使得明朝不得不思索海防的重要性。戚继光等平定倭寇之祸后，明朝也开放了海禁，海权与陆权的争夺战中海权逐渐上升，陆权逐渐式微。日本国内历次幕府演进至江户时期也陷入了深重危机，美国佩里将军的黑船来航极大地刺激了封闭的传统日本社会，日本开始重视海洋上西方大国的存在。此后，"兰学"一词作为日本学习西方的代名词在日本国内大力推崇，在明治维新后日本彻底转变了姿态，成为新晋的海上强国，其海洋意识亦不断发展普及并得以最大限度地得到重视。教材在第二单元"中古时期的世界"第 4 课"中古时期的亚洲"一课中，采用史料阅读的辅助系统的形式，给出了德川幕府控制下日本的"闭关锁国"政策。在教师带领下，使学生思考日本作为岛国，下达海禁锁国的政令对于依赖海外贸易的日本会造成怎样的影响，由此帮助学生认识到对外开放海运对于国家利益的重大影响。此外，教材在讲解日本在第二次世界大战中后期亚太战场局势时，采用历史地图的形式，给出二战期间的亚太战场示意图，标注出同盟国军队进攻方向及路线，学生可以通过观察战场示意图分析日本作为岛国面对同盟国军队强烈攻势时，是如何利用海洋及有关战略地位重大的岛屿组织日军进行疯狂抵抗，通过太平洋战场可以直观感受到海洋对于国家，尤其是岛国国防的极端重要性。教师在课堂因势利导带领学生观看有关中国人民解放军守卫岛礁、海军陆战队魔鬼式训练、国防科研机构组织力量攻关的纪录片，使学生理解国家的安宁是由无数英雄般的战士日日夜夜守护着祖国的海洋大门带来的，培养学生形成崇军拥军爱军的爱国思想，在军事方面增强学生的海防观念。[①]

　　海洋利益的巨大影响不仅改变了岛国，还促使一些半岛国家向

[①] 谢莹莹：《高中历史概念教学的现状与策略研究》，硕士学位论文，曲阜师范大学，2018 年，第 14 页。

"岛国"国家转变。韩国，北为朝鲜，南临太平洋，东近日本，西与中国隔海相望，三面环海。一直以来作为朝鲜半岛的一个重要组成部分，历经高丽王朝、朝鲜李氏王朝等，通过北部陆路与南部海路与周边国家进行商业、文化交往。二战结束以后，受英美国家和苏联的影响下，朝鲜半岛分裂为两个国家。大韩民国，位于朝鲜半岛南部。此后朝鲜民主主义人民共和国成立，位于朝鲜半岛北部。朝鲜战争的爆发，深刻地影响了两国的发展方向。朝韩停战后，韩国以外向型经济为主，经济高速增长。由于北部朝鲜的陆路封锁，韩国大力推动海上贸易，利用各大港口同世界保持海洋经贸与人文往来，财阀势力强大，更是进一步助推向海而生的发展道路。因此，韩国虽作为半岛国家，在国际上却被部分学者认为是"岛国"，与其依赖海洋发展的海权意识浓厚不无关系。统编版下册第20课中，正文部分叙述了韩国依靠海洋贸易发展经济，掀起了现代化建设浪潮，发展劳动密集型产业。韩国因此实现了经济高速增长，成为新兴工业化国家，被誉为"亚洲四小龙"之一。由此可见，韩国取得快速的经济增长无不依赖于海洋，学生同样能够在学习此子目时思考海洋对于发展中国家经济发展的贡献，养成一定的海洋经济战略思维。

三 "全球航路的开辟"一课海洋教育内容分析

不同时代的政治经济影响不同时代的教育，中学历史教材也往往随着教育政策及思想的演变逐步进行调整。统编版教材投入使用后解决了此前各类历史教科书的海洋教育内容参差不齐、编排方式差异化的问题，体现了习近平新时代海洋强国战略思想，对于整体把握高中生历史视域下海洋教育的质量和数量提供了可行的方案。统编版下册第6课"全球航路的开辟"，以"新航路开辟"有关内容作为海洋教育的重要组成部分，开启了以海洋为纽带的互通全球的历史时代，极具代表性。本书通过分析"全球航路的开辟"一课的教材编排体系，研究当下统编版必修教材海洋教育内容，为历史课堂中更好开展海洋教育提供参考。

（一）"全球航路的开辟"一课简要介绍

统编版教材中"新航路开辟"部分内容，体现为下册第6课，即"全球航路的开辟"。本节课叙述大航海时代以迪亚士、达·伽马、哥伦布、麦哲伦等经典航海家的航海事迹为主，补充其他海上航线的开辟者。教材提供了大量海洋史史料，从海洋政治、经济、文化、技术等角度培养学生的海洋意识。通过学习本节课，学生对海洋影响下全球互联的历史时代有了新的认知——海洋沟通了全球各大洲各大陆各国家的经济文化联系，在海洋时代里成为关系国家利益的重要渠道与战略高地，深刻影响了千百年的国际格局。不仅如此，对之后学习全面更新的海洋时代下全球大交流及资本主义世界下的殖民体系起到了铺垫作用。

（二）导言分析

统编版"全球航路的开辟"一课所处专题为第三单元，导言中概述了新航路开辟对于全球大交流及世界市场的形成有着重要的推动力。有关新航路开辟所产生的历史影响，从海洋教育的角度将海洋对历史发展的脉络与联系深刻且全面地阐述出来。[①]

导言提到了海洋对于新航路开辟的必要性以及新航路开辟对人类历史进程的重要影响，尤其是关键词"海洋""新航路""整体""15世纪"等，概括了新航路开辟这一史实在海洋教育中的时间、事件、影响，是海洋教育内容的重要组成部分。本节课内容是统编版教材对于新版《高中历史课程标准》中增加海洋教育因素的集中体现。

从文字表达方面来看，本节课导言部分的文字表述，站在更为宏观的视角对新航路开辟以来以西欧为主导的世界互联体系进行了联动客观的大视角评价，文字翔实细致，运用一定的篇幅将新航路开辟的时间、地区、影响较为详尽地进行了表述，包含人口、文化、

[①] 季颖：《立足历史核心素养 提升课堂教学成效——以统编版"探寻新航路"为例》，《中学历史教学参考》2020年第10期，第76页。

生物物种的交流和人文地理与自然环境、地貌形态的利用与改变。统编版导言部分体现在海洋教育中的总体含义是，这类大航海时代的变化皆是西欧等地区发展到一定阶段后对于海洋的充分探索与利用开发的产物，海洋对于西欧诸国甚至全球各地区的变革与影响是客观、深刻且长远的。学生在使用统编版教材学习此模块内容时面对较为显然的海洋意识，基本可以在不需要教师的指导下自行阅读领悟新航路开辟内容下的海洋教育，从而实现自主探究学习，锻炼学生的历史领悟力，加深学生对历史维度下海洋的理解。

此外，统编版使用了一幅大航海时代航海家所绘制的世界地图，使得学生对大航海时代海洋重要性的认识更为直观，有助于了解该时期新航路开辟通过海洋为平台进行全球大联动的历史意义。该图受制于历史原因，部分地理地图绘制是有误的，却丝毫不影响学生对大航海时代的认识，反而从侧面印证了新航路开辟时期人类对于海洋以及各大洲大陆地理地貌的认知不是一蹴而就的，是不断探索纠正的历史动态过程，同时也能让学生感悟航海家不畏艰险的勇敢的航海精神，这也是海洋教育所要培养学生养成的一个重要内在层面。这幅历史地图很好地证明了编写组对增加海洋教育比重的意识。在版面设计上，统编版导言部分留存了较多的空白，这就为学生自学新航路开辟、课堂记录教师开展海洋教育内容时所作课堂笔记提供了方便，有利于学生书写、梳理在走向整体的世界的宏大历史时代中海洋所扮演的角色及其影响，进一步形成海洋意识的思维框架。

（三）标题

标题作为整篇课文的显著开篇部分，在学生使用教材进行学习时起到了画龙点睛的关键作用。教师往往在备课时对标题的印象尤为深刻，标题体现了本节课所教所学的内容，从而有效地开展课前预习、课堂学习、课后复习的准备工作。[①] 统编版与岳麓版教材都采

---

① 刘启迪：《新时代我国统编教材的使用方略研究》，《当代教育科学》2020年第8期，第25页。

用了大标题作为整篇课文的开篇、小标题作为子目的开篇的形式，下图展示统编版"全球航路的开辟"一课的标题与小标题（如表3-1）：

表3-1　统编版"全球航路的开辟"一课的标题与小标题

	标题	全球航路的开辟
统编版	小标题	新航路开辟的动因和条件
		新航路的开辟
		其他航路的开辟

从标题中可以看出，统编版标题中以全球航路为总称，立足于全球化海洋视域，所包含的内容更为全面。不仅是传统历史教学上所教授的哥伦布"发现"美洲等经典航海家为代表，探索西欧至印度、西欧至好望角、西欧至美洲大陆的经典航线，还有其他航线的开辟者。让学生对大航海时代的认识更为全面，更加认识到占地球表面面积一半以上的海洋究竟在连通世界、促进大交流的伟大历史进程中扮演了怎样的角色，极具海洋性，有助于学生以宏观的视角俯视全球海洋上的联动。岳麓版依旧直接以"新航路开辟"知识点为标题，简练的语言得以直观地了解本节课所学知识，但也意味着本节课所学内容仅仅局限于以迪亚士、哥伦布、麦哲伦等经典航路为依托的历史事实下的新航路开辟，海洋教育的特性较小，而本节课内容作为海洋教育体系中的代表性知识点理应作出更为全面细致、凸显海洋特质的教材布局与规划。

从小标题中可以看出，统编版分为三部分，第一部分较为直接地以"动因和条件"作为分析新航路开辟原因及背景，学生在第一子目的学习中便于理解本子目的所学内容，具有明确的规划，而新航路开辟与海洋贸易、海外传教、海上探险、海外殖民等海洋教育内容有关，地理大发现的背景更是与航海技术、造船技术、西欧各国王室对远洋航海的兴趣等海洋教育的几大要素有关，涵盖了海洋政治、经济、文化、军事、科技等诸多方面,体现出了教材编写者对海洋教育的重视。第二部分则以"新航路开辟"为题,直观阐述哥伦布等经典航海事迹,使学生在构建本节课海洋教育体系时较为清晰。第三部分为"其他航路的开辟",以近乎耳目一新的题目出现在师生面前,预示着该子目将要叙述与经典航海家所不同的其他航海家的航海历史。① 教材编写组将其他航路的开辟作为小标题,给学生带来更为宏大视野下的大航海时代的学习体验,学生会带着"有哪些其他的航路"的疑问与兴趣进行本子目的学习,从而加深学生对海洋的认识。

(四) 课文结构

1. 正文内容

正文内容是教材最核心的模块,教师在使用统编教材开展历史课堂的海洋教育活动时,往往依托教材正文的语言表述、价值观念、课程规划等进行教授。这就决定了统编教材正文内容海洋观念部分的编写数量与质量关乎面向学生普及海洋教育的力度与层次。

统编版在"全球航路的开辟"一课第一个小标题介绍新航路开辟的大背景用了四个自然段内容,是本节课的重点。② 第一段概述从13世纪开始的西欧人探索海洋以获取生活资源的海洋历史。该段揭示了伊比利亚半岛人在探索海洋的历史进程中得到了较为丰厚的资源,促使其进一步向更广阔的海洋进军。学生可以借此了解海洋带给人类大量的资源,形成捍卫海洋利益、有序开发海洋的观念。第二段在西欧经济产生重大变革的基础上叙述西欧贵族、新兴商人、资产阶级为追逐金钱远洋航海探险,叙述的时期为15世纪。该段立足海洋经济角度分析西欧人的远洋航海的海洋历史过程,构成了本子目海洋教育内容里有关新航路开辟的经济动因。第三段叙述西欧

---

① 季颖:《立足历史核心素养 提升课堂教学成效——以统编版"探寻新航路"为例》,《中学历史教学参考》2020年第10期,第77页。

② 教育部组织编写:《中外历史纲要(下)》,人民教育出版社2019年版,第35页。

人以往进行东西贸易的通道受阻，为开辟新的海上通道而出海探险的动因，此外还将海外传教作为出海远航的动因之一。由此可见海上交通要道对于依赖海运的西欧各国有关系着其经济发展的重要影响，学生在学习此知识点时教师可以展示当前国际政治格局中地缘政治争夺出海权、海上交通要道的示意图，激发学生守护中国南海、东海、黄海等我国固有海域的海权意识。海外传教的动因则是立足于海洋文化角度进行叙述。第四段以海洋科学的视角叙述了西欧人对于地圆说以及季风、洋流等海洋地理知识的掌握，并讲述了西欧人较为先进的造船和航海技术。这些都是新航路开辟的动因，学生也会在学习的过程中培养海洋科技强国的思想。第二个小标题包含三段正文内容，第一段讲述了西欧人探寻海外航海线路的历史，同时举例了迪亚士与达·伽马的航海事迹。第二段叙述了哥伦布船队的航海事迹。第三段叙述了麦哲伦船队的航海事迹。第二子目里三段举例的经典航海事迹能够帮助学生养成敢于冒险的勇敢的进取精神，这也是开展海洋教育的目标之一。第三个小标题包含四段正文内容，叙述了其他航路的开辟经过。第一、二段讲述英国卡伯特父子等航海家探索北半球其他海上航线的海洋历史事件。第三段讲述德雷克等探索南半球航海线路的航海家的海洋历史事件。第四段对其他航路的开辟进行了总结，强调了新航线的开辟使全球逐渐出现互联的大交流。第三子目用较大的篇幅叙述了其他航路的开辟，丰富了学生的海洋历史。

教材本节课正文部分，从西欧人对金钱财富的追逐的海洋经济角度、海外传播基督教的海洋文化角度、航海技术的进步等几个方面展开分析了新航路开辟的动因与条件。学生可以学习到海洋贸易对国家经济发展的重要影响，凸显了海上航线塑造着国际贸易的历史定律。此外，通过叙述新航路开辟对美洲传统社会以及非洲的殖民掠夺伤害，警醒学生重视海防的海权意识。教师可以根据教材补充欧洲的远洋商品贸易对亚洲经济发展的刺激作用，为第 7 课做铺垫。在海洋教学中，可以向学生讲述人类走向整体世界、以欧洲为中心的世界经济体系逐步建立的海洋历史过程。

　　整体来看，统编版新航路开辟内容海洋性更为突出，所体现的海洋教育内容包含西欧各国王室海外殖民的海洋政治、追逐海外金钱财富的海洋经济、海外传播基督教的海洋文化、航海技术大幅提升的海洋技术等。此外，第三子目"其他航路的开辟"的内容无疑进一步补充了学生的海洋意识认知体系中与哥伦布等经典航海事迹所不同的航路开辟历史，极大丰富了学生的海洋知识，提升了学生对海权的重视程度，并且课本留白较多，方便学生梳理海洋历史知识与相关框架。

　　2. 编排体系

　　统编版体现新版普通高中历史课程标准指导下海洋教育的教材编写理念，突出不同程度海洋教育的体系方式。注重转变传统高中历史课堂海洋教育教学的方式，在教材设计编排中设置各类课文辅助系统模块帮助学生跟随正文内容一起学习掌握海洋意识相关知识。

　　统编版教科书在课文辅助系统中设置了"本课导入""学习聚焦""史料阅读""学思之窗""思考点""历史纵横""探究与拓展"以及各类图表。《中外历史纲要》下册第6课"全球航路开辟"一课则使用了"本课导入"部分一处，给出1300年制作的新型航海图并叙述中国指南针传入欧洲后对远洋航海技术的提升等文字，学生在阅读时会对本节课航海工具等有关海洋教育知识充满兴趣，帮助学生更好学习新航路开辟内容，丰富航海知识。① 使用"学习聚焦"三处，第一处是第35页正文右侧给出了15世纪末西欧人在远洋航海动力上的准备以及技术上的条件相关内容，辅助学生理解西欧人的新航路开辟的动因与条件，提升学生的海洋科技兴国战略思想。第二处是第36页正文左侧给出了一段达·伽马、哥伦布、麦哲伦的航海事迹是新航路开辟的主要标志的有关文字，帮助学生从历

---

① 季颖：《立足历史核心素养　提升课堂教学成效——以统编版"探寻新航路"为例》，《中学历史教学参考》2020年第10期，第77页。

史学视角分析经典航海家的航路开辟事迹的历史影响。第三处是第38页正文左侧给出了一段其他航路开辟帮助人类对地球的认识有了新的飞跃的有关文字,学生可以借此了解其他航路开辟在航海史乃至人类历史进程中的影响。使用"史料阅读"两处,第一处是第36页正文左侧给出了一段意大利人马可·波罗所著的《马可·波罗行纪》内容,用以说明中国对西欧人的吸引力,可以培养学生形成分析史料得出西欧人追逐金钱财富的海洋经济方面的意识。第二处是第37页正文上方给出的一段《航海日记》中哥伦布发现美洲大陆返回西班牙后向西班牙王室描述印第安人与当地各种特产、建言殖民美洲的内容,说明哥伦布远洋航海探险的真实目的,学生可以了解西欧快速发展的原因之一便是新航路开辟后的殖民掠夺,强化学生的海权意识。使用"思考点"一处,提问西欧人进行地理大发现的原因,引发学生思考。使用"历史纵横"一处,描述了麦哲伦船队的航海经历,学生可以通过阅读感悟航海家的勇敢精神,提升学生的毅力。使用"探究与拓展"一处,"问题探究"部分给出梁启超关于郑和的著作中的文字,并让学生查找资料回答梁启超提出的问题。该设问既增强了学生的海洋观念,又提升了史料阅读、分析能力,符合高中历史课程标准中提出的核心素养。[①]"学习拓展"部分给出一段学者研究前沿内容,同时提问是否同意这种说法并说明原因。学生在接触此类学术前沿问题中,有助于锻炼其对历史的分析能力与判断力,提升学生对海洋教育内容的总体把握与判断。统编版还给出了一定量的历史地图与图片,在直观上带给学生大航海时代的感受,丰富学生对新航路开辟内容下有关海洋教育部分的认知。

  教师在历史海洋教育教学中,可以结合教材向学生补充"美洲"名称的由来,以意大利航海家亚美利哥·维斯普奇的事迹补充学生的海洋历史知识,丰富了海洋教育的历史事实。教师还可以提供西

[①] 晏绍祥:《统编高中历史教材〈中外历史纲要(下)〉的总体构架及主要线索》,《课程·教材·教法》2020年第6期,第16—21页。

方古代远航的记录，提升学生对于大航海时代独特的历史影响的分析能力。教师应注重通过教授本节课内容，培养学生梳理新航路开辟内容下海洋教育体系的能力。此外，教师可以通过对比郑和下西洋与哥伦布远航的结果与意义，使学生分析远洋航路开辟对不同国别与区域、不同国情、不同时代、不同的航海家与既得利益阶层的不同影响。统编版采用了一定量的反映海洋教育的历史地图、图片、表格进行呈现，帮助学生直观感受大航海时代的历史过程与特点。

通过以"全球航路的开辟"一课"新航路开辟"内容为例，对统编版必修教材编排体系进行分析可以看出，统编版在课文标题、小标题选取设置、正文内容的编写、课文辅助系统的设置等方面的海洋教育内容的编排上均较为详尽，有助于学生把握本节课新航路开辟下海洋政治、海洋经济、海洋文化、海洋技术诸多领域的海洋教育的知识体系。

第三节　海洋教育内容在统编版必修教材中的应用策略

统编教材中较多的海洋史史料为合理有效地开展海洋教育工作提供翔实的内容铺垫，如何使用统编版教材面向学生培养出具有高质量的海洋意识的人才考验着教师的教学能力。以统编版必修教材中海洋史史料为基础，以新版高中历史课程纲要为统领，以高中阶段学情为参照，结合历史海洋教育一线实际工作经验提出海洋教育在统编教材中的应用策略，为中学历史海洋教育提供参考。

一　深度研读教材以整合海洋史史料知识框架

统编版必修教材在全国各教育系统全面铺开以来，历史教师大多注意到教材中包含的海洋史史料内容占比较为上升，海洋教育的重要性得以突出。为此，较多的新版教材培训会也如火如荼地深入开展起来，帮助历史教师能够快速适应教材编排体系，读懂教材表达含义。统编教科书包含大量海洋历史教学资源，是学生学习历史及有关海洋意识的主要工具。统编版高中历史教材《中外历史纲要》上册和下册各以中国史、世界史为主要内容，以时间线展开叙述，海洋史史料即蕴含于各单元、各子目之中，需要教师通篇研读教材，深入挖掘海洋史史料的知识框架。教师可以通过线上、线下参加统编版有关培训会，在专家解读下分析教材，提炼历史史实中的海洋史史料，为学生搭建起海洋意识培养的知识体系。

此外，教师还可以通过组织历史教学组的历史教师，以教学业务骨干为领头羊，成立统编教材海洋教育工作研讨小组。采取共商共议的途径研读统编教材，对海洋史史料抽丝剥茧般提炼出来，共同补充整合海洋史史料知识框架。[①] 以教案、教学日志、课后反思、集体备课的形式反馈，总结教材使用海洋史史料所蕴含的海洋意识，帮助教师提升教材业务能力。

教师在研读统编教材时，应当注意总结海洋教育所使用的海洋史史料，及时有效地搭建起海洋教育的知识框架。针对统编版教材上册、下册海洋教育内容较多，教师可以运用大概念的理念教学。[②] 总结每一单元每一模块海洋史相关知识，寻找本单元海洋史史料中海洋教学任务的核心。教师在备课中，发现教材相同的海洋教育知识结构框架，提炼出海洋教育内容的大概念，进而在备课时确定相关的海洋教育教学方法。针对提炼出的海洋历史大概念，设计以海洋史史料为载体的学生活动，开展海洋教育。当堂课结束后，教师及时有效地完成教师评价，反思本节课使用大概念教学时的不足之处，总结教学经验。

[①] 薛伟强、范红军、陈志刚主编：《中学历史课程与教学概论》，北京师范大学出版社2019年版，第92页。

[②] 谢莹莹：《高中历史概念教学的现状与策略研究》，硕士学位论文，曲阜师范大学，2018年，第18页。

二 强化学生的海洋史史料意识与分析能力

正如历史事实的各个部分并非完全独立存在一样，统编版教材的海洋史史料反映了不同时代和国家的海洋意识或特定海洋历史对人类文明的影响。同一海洋史史料分析下的不同观点之间也存在联系，且解释同一历史时期内海洋意识的不同方面亦有研讨之处。为此，教师在使用教材带领学生进行海洋教育时，应注重培养学生对海洋史史料的敏感意识与分析能力，实现学生自主探究掌握海洋意识的目的。

例如，学生在学习《中外历史纲要》下册时，针对第 7 课有关新航路开辟对世界的影响，教师带领学生学习历史纵横部分的"玉米和甘薯传入中国"内容，在学生阅读后教师采用角色扮演的形式，让学生扮演记者报道分析玉米、甘薯等传入中国的过程，并请学生回答感想。教师可以观察学生是否回答出大航海时代新航路开辟下以海洋为纽带进行的全球物种大交换对于解决人类温饱所作的贡献。该海洋史史料着重突出海洋的联动运输特性，人类利用海洋交换优良的食用作物以促进商品经济的发展，倘若学生回答出海洋经济等海洋意识，便是加强了对海洋史史料意识的掌握与分析。教师应采取多种教学手法帮助学生养成分析海洋史史料的能力。

统编版教材在海洋史史料的选取与编排上，尽可能地体现国家对于中学生海洋意识培养的要求。以上册为例，教师可以提炼出教材有关海洋教育的内容，帮助学生分析中国历代海洋政策。自秦始皇重视沿海渔业，到西汉打造海上商贸通道，再到唐代与海外各国的交往、宋代的泉州海运商贸、明代的郑和下西洋，进而明清时期与琉球国海上册封朝贡贸易。[①] 以上海洋历史所体现的海洋史史料杂糅进教材体系，教师可以以中国历代海洋政策为主线，围绕教材梳

[①] 孙晓光、田梦杰、张赫名编著：《琉球王国儒家文化十二讲》，新华出版社 2020 年版，第 96 页。

理展开讲授。学生会在纵向历史对比上,对中国古代海洋政策树立一个全新的认识,进而强化其海洋史史料的敏感意识。经过教师梳理整合,增强学生对中国与海洋紧密联系的分析能力与认同感,提升学生的自豪感。

三　将海洋教育内容充分与多种教法、手段相融合

教师在使用统编版高中历史教材《中外历史纲要》的基础上,应融合多种不同的教学教法讲述海洋意识。创新历史课堂教学方法,多采用形象生动、形象多样的教学方法,提升学生对海洋教育的兴趣。[1] 例如统编版下册第 7 课,在内容编排上教材使用了较多的海洋史史料,用以分析大航海时代对世界的意义。单纯依靠传统的教师讲授法,无法大幅度提升学生的海洋意识。教师可以转变探索海洋教育教法,贴合现实热点,组织历史情境再现表演。[2] 例如,设置趣味性题目"新航路电视台要招聘一批栏目主持人,跟踪不同的家畜、农作物、水果的新航路开辟背景下的全球流向,假如你来应聘,你将如何介绍?"在课前按照已划分的海洋教育内容学习小组,安排给每个小组的任务。在海洋教育内容学习课堂上,由学生进行角色扮演,既增加课堂的生动形象性,又可以帮助学生加深对新航路开辟的影响的理解,增强学生对海洋时代的全球大联动的认同。

优化历史教学导入机制,教材提供的海洋史史料本身就有很强的导入可操作性,教师可以充分转化为海洋教育的导入模块。[3] 教师使用教材海洋史史料进行导入,引人入胜的开头,会使学生对接下来开展的海洋教育兴趣浓厚。例如使用统编版上册,教师在讲述第

---

[1] 郑婷婷:《高中历史统编教材微课程开发策略》,《中学历史教学》2020 年第 12 期,第 25 页。

[2] 叶小兵:《钻研新教材,用好新教材——统编高中历史必修教材使用的若干建议》,《历史教学(上半月刊)》2020 年第 8 期,第 12 页。

[3] 于友西、赵亚夫主编:《中学历史教学法(第 4 版)》,高等教育出版社 2017 年版,第 102 页。

15课时，教材给出了利玛窦的《坤舆万国全图》，并在配图下做出文字解释。该图由明朝时期传教士利玛窦绘制，包含了当时认为的世界的样子，堪称明朝时期的世界地图。教师在课堂导入部分可以将《坤舆万国全图》与国家最新标准世界地图相对比，让学生寻找其中的不同，并设置疑问带领学生探究地图不同的原因，借以展开有关清代中国人与传教士对于世界海洋的认知。

教材中的细节极易引起学生的兴趣，教师运用合适的教学策略可以结合教材细节开展海洋教育。学生学习《中外历史纲要》上册时，教师讲解第12课有关海洋科技的内容，教材提供了南宋手持罗盘的陶俑的图片，给出了罗盘在南宋的记载及作用的配文。教师在讲授此课时，可带领学生观察该图，让学生描述南宋手持罗盘的陶俑的塑刻细节，当学生说出罗盘时教师进一步提出问题："同学们，陶俑所持罗盘是什么样子的？"学生描述之后教师播放现代指南针的图片，结合教材讲述宋代人工磁化技术，从海洋科技角度分析人工磁化的罗盘对航海的深刻影响。学生会进一步领略中国古人航海技术的高超水平，激发航海热情与民族自豪感。

统编版教材有关海洋教育内容编排较为合理，但限于纸质载体的固态特质，对于承载海洋史史料信息的海洋历史地图无法动态展现出来。鉴于此，教师应充分将教材与现代多媒体设备相结合，利用先进的现代科学技术，在课堂上用"活"教材，更好地为海洋教育服务。例如讲述郑和下西洋内容时，教材给出了郑和航海路线图。这幅历史海洋地图描述了郑和下西洋的路线，但在纸质版教材上无法准确地表现出郑和七次下西洋的动态历史过程。通过结合现代多媒体设备，将郑和航海路线图制作成动态历史地图，生动且准确地还原郑和七次下西洋所到达的国家和地区，激发学生接受海洋教育的兴趣。此外，教师在历史课堂教学中，也可以在讲解的同时同步示意跟进郑和航海路线，使学生对航海过程一目了然，易于接受。通过将教材海洋史史料与现代多媒体设备相结合，充满科技感与趣味性的同时，加深了学生学习海洋意识的印象。还可以与时俱进结合教学所需，对海洋史史料有关内容进行适当合理化调整，提高学生对海洋教育的接受力。

海洋教育的重要特点就是服务于当下。统编版历史教材受历史学科性质的影响，多阐述以往古代海洋政治、经济、文化、技术、军事等，时政内容较少。现代多媒体设备恰恰充当起了衔接历史与时政的时空隧道。通过对教材海洋史史料的现代化多媒体技术处理，能够与时事政治紧密结合起来，拉近学生与海洋历史的距离，更起到了海洋教育的作用。例如，在讲述宋代泉州一带海洋商贸繁荣时，将教材有关绘画与海洋历史地图动画处理，并与现代"一带一路"倡议经济合作的繁荣景象图片与海洋路线地图相对比，做成视频、动态图片等，进行古今对比处理。学生既感受到创新的新鲜感，又体会到古人航海事业与海上商贸的繁荣，更能在教师的讲解中坚定投身"一带一路"建设事业的伟大决心，服务于海洋教育。

统编教材的海洋地图与图片可以结合现代多媒体技术，处理成符合历史课堂海洋教育需要的形式。教材正文同样可以转化为学生喜闻乐见的形式。[①] 例如，在讲述统编版上册第13课时，正文叙述了元朝末年至明朝东南沿海地区的倭寇袭扰以及抗倭事迹。该正文段落较长，时间跨度较大，对学生开展海洋教育的作用有限。教师可以将正文内容根据不同的表述及含义，单独区分出来，搭配不同的动画人物形象，做成历史人物的时空对话。教师在讲到"倭寇"一词时，可以用一个倭寇的动画形象加入课件，将正文中日本海盗袭扰中国的历史转化成学生喜闻乐见的常用语、网红流行词汇表达出来，吸引学生的学习兴趣。教师进而讲述正文部分倭寇对中国东南地区造成的破坏。此处，教师可以自己朗读正文所叙述的形容倭寇破坏的语句，也可以用人工智能的形式，转换成人工智能语音。同时，在课件播放备课时已经制作合成的木头燃烧声音、兵戎相见

[①] 叶小兵、姬秉新、李稚勇：《历史教育学》，高等教育出版社2004年版，第43页。

的兵器声音以及厮杀声作为背景音,将学生带入那个倭寇袭扰的年代。接下来,教师讲述正文部分戚继光抗倭的事迹。教师事先在网络上搜索、绘制戚继光卡通形象,并对戚继光配上基于海洋史实改编的合理的现代语言对话,表现出戚继光的抗倭精神。学生在充满兴趣的海洋历史教学课堂中接受海洋教育,对于培养学生海洋意识起到了促进作用。

第四节　统编版历史必修教材海洋教育内容的应用案例设计

统编版历史必修教材编制出版,以《中外历史纲要》上册及下册为主,内含大量海洋教育有关内容。笔者结合教育实习过程中开展海洋教育的经历,以《中外历史纲要》下册第三单元第6课"全球航路的开辟"为例,探索基于统编教材的海洋教育内容案例设计并进行反思建议,为更好地在统编版教材下开展海洋教育提供参考。

一　教学理念

通过统编版教材中海洋教育有关正文、历史地图等了解新航路开辟的过程,分析海洋对于历史发展的重大作用,培养学生时空观念;通过史料实证,让学生通过不同的航海家人设,以海洋史料为依据,对历史事物进行理性分析,了解新航路开辟的原因;[①] 通过本节课的学习,帮助学生体会航海家探险的勇敢精神,增强社会责任感及历史使命感,自觉投身于海洋强国的伟大建设中。

二　教材教学内容分析

本节选取《中外历史纲要》下册世界史部分,其中"新航路的

---

① 凤光宇主编:《中学历史学科核心素养教学实践研究》,上海教育出版社2019年版,第109页。

开辟"有关内容属于第 6 课"全球航路的开辟"。第三单元"走向整体的世界"由第 6、7 课组成。第 6 课叙述新航路开辟的整个宏大的海洋历史过程,与岳麓版等旧版教材相比,新增了其他航路的开辟的有关海洋史史料。第 7 课对以海洋为纽带的全球大交换进行了叙述。本节着重探讨具有代表性的第 6 课的相关内容。

三 学情分析

本节课面向高中学生展开授课。高一学生刚刚接受过初中历史有关地理大发现内容的学习,具备一定的海洋教育学习能力。但初中仅仅要求学习了解最基本的史学元素,海洋教育的有关内容较少。而高中阶段需要了解一些历史概念,例如其他航海路线及航海事迹、大航海时代等,需要学生进一步学习掌握,体会所反映的海洋意识。

四 教学目标

(一)时空观念

通过视频创设情境,通过材料补充,使学生更快更好地构建起新航路开辟时的时空背景。

(二)历史解释

提供新航路开辟动因的史料,引导培养学生通过史料进行史料解释的能力。

(三)家国情怀

通过对课本课后的问题探究,对比郑和与哥伦布航海的目的与方式,再指导学生回答梁启超提出的问题,为什么郑和之后再无郑和。最后升华,启发学生认识中国一直在和平崛起,走海洋强国战略并不是称霸,历史如此今天亦如此。从国家间的合作,到区域间的合作,再到"构建人类命运共同体",以和平发展的海洋为纽带,中国领导人用自己的长远眼光及其博大胸襟、历史担当,把握历史与现实进行深入思考,向全世界给出了"中国答案"。

五　教学重点与难点

历史教学设计中，针对本节课海洋史史料的有关课程设置，选取适合学情的教学重点与难点，对教师开展海洋教育有着事半功倍的效果。

（一）教学重点

新航路开辟的动因及影响。海洋史史料有关教学内容中的原因、影响等往往是学生在中学历史学习中应该把握的基础知识，是海洋教育的基本内容，地理大发现的动因及影响应设置为本节课的教学重点。

（二）教学难点

运用海洋相关史料分析新航路开辟诸多航海家及其航海事迹，掌握新航路开辟以来全球在以海洋为纽带下全球互联的历史过程，培养学生的海洋意识及史料分析能力。学生在接受海洋教育时，要养成整体掌握分析海洋史的思维能力，是学生海洋意识的归纳丰富之处，也是教师应当在授课过程中予以重点讲述的难点。

六　主要教学方式与教学用具

教学方式与教学用具多种多样，如何恰当合适地选取使用考验历史教师的教学能力，也影响着海洋教育的培养质量。因此本节课拟选用以下教学方式与教学工具，辅助开展海洋教育。

（一）教学方式

讲授法、启发式、讨论法、合作教学。

（二）教学用具

制作的 PPT 课件、海洋有关的图片和影视资料。

七　教学设计思路

本课教学设计以新航路开辟为内容，以新版课程标准有关要求为统领，以高中学生学情为参照展开。本节课目的是培养学生提炼分析新航路开辟的海洋史史料的能力，进行海洋教育，帮助学生掌握相关海洋意识。通过带领学生学习新航路开辟的动因，分析经典航海家的航海事迹，补充学习其他航海路线，最后带领学生总结大航海时代的长远且深刻的历史意义。

八 教学过程

以统编版教材第6课"全球航路的开辟"相关内容为例，结合课标要求与学情，设计如下教学过程及内容。

（一）导入新课

视频导入：在课堂上播放《全球通史》新航路开辟内容，使学生迅速进入历史课堂中海洋教育的氛围中，提升学生对海洋教育的兴趣。

教师：同学们，正如刚才视频里讲述的那样，新航路开辟是一场激荡人心的宏大历史史诗级的远洋探险活动。作为世界近代史开端的一部分，至今仍深刻影响着国际政治、经济、文化的诸多方面，甚至影响着同学们的衣食住行。同学们都对这样一场航海活动非常感兴趣，我们带着这个兴趣开始本节课的学习。

（二）学习新课

1. 新航路开辟的原因

教师：阅读教材第一子目第二段第一句，总结概括教材所反映的有关内容。

学生：西欧中世纪庄园解体。

教师：西欧庄园代表了在封建制度下的生产方式，庄园的瓦解说明了西欧封建土地制度的解体。同学们思考一下，手工工场代表了什么？

学生：商品经济的产生和资本主义的萌芽。

教师：西欧商品经济的发展，是相较于庄园经济的进步。黄金即资本。西欧的商人为了进一步扩大生产经营、旧贵族为了维持奢侈的消费，都需要攫取大量的黄金。但当时西欧黄金较少，为追逐金钱，西欧人踏上了海外探险的道路。意大利人马可·波罗在中国的见闻录《马可·波罗行纪》，在欧洲产生巨大影响。同学们从海洋经济、文化的角度思考一下，这些反映了新航路开辟的哪些原因？

学生：西欧人对香料、黄金的追逐；《马可·波罗行纪》的影响。

教师：《马可·波罗行纪》在当时的欧洲产生了巨大的影响。马可·波罗将所见的中国用文字记录了下来，当然部分是夸张的。但西欧人却深信东方有着遍地黄金和奇珍异宝以及香料。为什么香料对欧洲人的吸引力这么大？因为在欧洲香料一般被用于香薰功效，还被用来当作佐料和保存易变质的食物。欧洲对来自东方的香料等商品往往依赖于转口贸易，但途经阿拉伯等地时价格层层上涨。为获取更为高额的利润，开辟一条新的直接到达东方的道路成为欧洲人迫切需要的。同学们思考一下，当时的欧洲有连接中国等东方的商路吗？

学生：西欧以前与东方互通多依靠古丝绸之路。

教师：请观看这幅地图（古丝绸之路示意图），古丝绸之路从中国出发到达欧洲，被视为连通东西方的重要商路。同学们结合教材相关内容，分析古丝绸之路受阻的原因。

学生：奥斯曼土耳其帝国阻断古丝绸之路。

教师：因此，我们从海洋经济的角度概括原因为：古丝绸之路受阻、转口贸易获利较少、欧洲对财富的追逐。之前老师讲到，分析原因还要考虑到政治角度。同学们思考一下，站在海洋政治角度上来看当时的欧洲，以西班牙、葡萄牙等国家王室为首的政治势力试图对外扩张，以拓展其势力。

学生：强化王权，摆脱动乱的需要。

教师：此外，海洋政治、经济角度都有了，我们就要从文化的视角审视当时的欧洲宗教。同学们，西欧盛行的基督教在欧洲的影响有了解吗？当时西欧人认为基督教应该同样走对外扩展的道路，将基督教传播至全世界，因而在基督教教徒眼里，海外传教成为一种义务,促使西欧人踏上远洋的航船。

学生:基督教的海外传教是文化因素。

教师:刚才老师提到的海外传教的基督徒,将所谓的教义传至所到之处,更将"圣战"的硝烟燃烧至海外。我们之前所学的西方文艺复兴运动提倡人性与打破旧有陈规,鼓励探险家冒险,同样从海洋文化角度促使新航路的开辟。

学生:文艺复兴的影响。

2. 新航路开辟的条件

教师:通过刚才分析新航路开辟的动因,我们知道欧洲人向往航海至东方以实现他们的目的,那么他们是如何实现远航的?接下来我们进入角色扮演模板,假如你是当时西欧众多航海家中的一员,远洋航海需要做什么准备?

学生:远洋船只、指南针、航海地图等。

教师:请同学们阅读教材,有关部分说明了中国四大发明之一的指南针,就是罗盘传入了欧洲,改进后被欧洲的航海家们应用于航海。此外,西欧人对于航海地图的绘制水平也极大提升。

学生:航海技术的进步。

教师:欧洲人在造船技术上实现了改进,能够建造抵抗海上强风的船只,远洋航海的速度得到优化,船只的远洋航海能力大幅提升。

学生:造船技术的进步。

教师:地圆学说得到西欧社会的普遍认可。

学生:地理知识的完善。

教师:同学们思考一下,刚才我们提到的海洋技术层面的改进,在航海技术上提供了海外远洋探险的可能。在物资和金钱的支持方面,即海洋经济角度,则离不开欧洲各国国王等王室的支持。

学生:西欧王室在金钱上的资助。

教师:同学们,教材分析到这里有没有发现,新航路开辟的远洋航海活动中,西班牙、葡萄牙派出的航海家比较多。为什么是这两个国家而不是其他欧洲国家？老师这里可以给出一些提示，刚才提到航路开辟需要在海洋政治、文化、经济、技术等多方面分析，而在当时欧洲西班牙、葡萄牙是统一的状态，有能力支持远洋探险。

学生：完成统一，强化王权。

教师：我们再来看看西班牙、葡萄牙两国在海洋历史地图上的位置。通过地图我们可以看到，西班牙、葡萄牙都在大西洋东岸，伊比利亚半岛。

学生：地理位置优越。

教师：西班牙、葡萄牙两国都有着丰富的航海经验，两国派出的航海家也有着巨大的探险航海勇气，富有进取精神。

学生：航海传统。

3. 新航路开辟的过程

教师：接下来我们学习教材第二子目内容，该子目重点阐述了经典航海家们的航海事迹。请以小组为单位进行探讨并派代表回答，说明教材列举了哪些航海家的航海事迹？

学生甲：迪亚士，在葡萄牙支持下，于1487年远洋，绕道非洲抵达好望角。

学生乙：达·伽马，支持者同样是葡萄牙，在1497—1498年间，开辟了西欧至印度的海上航线。

学生丙：哥伦布，支持者是西班牙，于1492年远洋，"发现"美洲大陆。

学生丁：麦哲伦，支持者为西班牙，于1519年远洋，是人类第一次环球航行。

教师：相信同学们也注意到，观察教材海洋地图，西班牙支持下的航海家向西，葡萄牙转而向东进行海上探险。

教师小结：为了同样的动因，不同的航海家开辟了不同的航线。如下为新航路开辟的过程见表3-2：

表3-2　　　　　　　　　　新航路开辟的过程

人物	时间	航线	支持国	国籍
迪亚士	1487	葡萄牙至非洲最南端好望角	葡萄牙	葡萄牙
达·伽马	1497	葡萄牙至印度	葡萄牙	葡萄牙
哥伦布	1492	西班牙至美洲	西班牙	意大利
麦哲伦	1519—1522	西班牙至欧洲	西班牙	葡萄牙

4. 其他航路的开辟

教师：现在我们学习第三子目，其他航路的开辟。刚才讲到的迪亚士、哥伦布等经典航海家固然重要，其他海上航线的开辟者亦在海洋历史发展过程中拥有举足轻重的地位。同学们思考一下，其他海上航线上都有哪些航海家，完成其他航路的开辟过程表格见表3-3：

表3-3　　　　　　　　　　其他航路的开辟过程

人物	时间	国籍	航海事迹	南/北半球
卡伯特父子	15世纪	英国	到达纽芬兰岛	北半球
卡蒂埃	16世纪	法国	到达拉布拉多半岛	北半球
巴伦支	16世纪	荷兰	三次航行北冰洋地区	北半球
哈得逊	17世纪	英国	探索经北冰洋通向亚洲的航路	北半球
德雷克	16世纪	英国	到达美洲南端的合恩角	南半球
塔斯曼	17世纪	荷兰	到达新西兰和塔斯马尼亚岛	南半球

教师：刚才同学们在老师的提示下完成了其他航路开辟过程的历史表格，同学们有没有发现航线开辟有的在北半球，有的在南半球？这就说明了同迪亚士、达·伽马、哥伦布、麦哲伦等航海家一起，其他航路开辟上的航海家对探索未知海域、将全球联系成为整体作出了不可磨灭的贡献。反映出以海洋为纽带的全球联动大交换开始出现，人类进入大航海时代。

教师归纳：对比《中外历史纲要》上册第13课"从明朝建立到清朝统一"中"海上交通与沿海形势"子目里有关郑和下西洋的海

洋知识点，并带领学生填写回顾表格内容（表 3-4）：

表 3-4　新航路开辟与郑和下西洋海洋知识点对比图

		郑和下西洋	新航路的开辟
目的		彰显国威 交换海外的奇珍异宝 与海外诸国和平往来	抢夺殖民地财富 抢占海外领土 扩大海外市场 海外传教
性质		政治行为 朝贡贸易	经济行为 资本主义的海外殖民
影响	消极	增加了财政负担	给殖民地与被掠夺者造成损害
	积极	巩固了与海外诸国的联系	西欧迅速发展 全球大联动

九　反思与建议

教师在开展历史教育教学时，及时有效地跟进反思并给出建议有助于更好地实施教学。通过设计与分析上述海洋史史料教学案例，以统编版《中外历史纲要》下册第 6 课"新航路开辟"有关内容为依据，结合中学历史海洋教育教学一线的实际反馈情况，进行相关的反思并提出建议。

（一）反思

1. 学生方面

从学生的角度讲，学生在使用统编版教材学习海洋教育时，对教材中所体现的历史事实反映的海洋政治、海洋经济、海洋文化、海洋科技等内容兴趣较为浓厚。学生对统编版新教材的接受度普遍偏高，开展海洋教育成效显著。统编教材在面向高中生群体开展自主探究海洋教育活动时，具有指引学生问题方向、带领学生独立思考、紧密跟进教师思路的优势。教材在讲述历史事件所反映的海洋意识内容的正文编排及课文辅助系统设置上较为合理，层层递进、循循善诱，符合高中阶段学生的认知水平与接受能力，有助于学生更好把握海洋教育所学知识，提升海洋意识。

2. 教师方面

从教师的角度讲，在历史教学中更好地开展海洋教育需要教育工作者对历史事实本身及教材相关内容的编排设置、方向较为熟练，统编版教材对于教师传授历史上的海洋历史事件及海洋意识起到了积极的辅助作用。教师在课堂海洋教学中可以根据教材的编排自主设计教学方案，形式灵活，讲授法、小组讨论法、角色扮演法等多种方法均可以带领学生学习海洋意识。[①] 但基于学生在课堂海洋教育的反馈来看，如何更好地运用多种教学方法搭配使用统编版教材讲述好海洋意识，尤其是培养学生开放性的海洋思维是对教师教学功底的考验。

(二) 建议

1. 提高教师对海洋教育的重视程度

开展海洋教育当前作为国家教育目标之一写入新版高中历史课程标准及相应的课程规划内，并逐渐成为历史教师从事历史教学的共识。但笔者在教育实习过程中发现，有些历史教师尚存在对历史教学中开展海洋教育的重视程度不够的情况，认为海洋教育属于地理及有关学校校本课程的教学任务，对历史学科所应承担的海洋教育任务有意无意地忽略掉，进而把教学重点大部分投到学生升学成绩上。不可否认，提升高中生群体的升学成绩，培养大批优秀学子是教师教学的重要关切和任务之一，但并不说明开展海洋教育与注重学生成绩是矛盾的，二者恰恰是相辅相成、互成一体的存在。增加对海洋教育的重视程度，增强学生的海洋意识，对于提升学生成绩大有裨益。学生优秀的学习成绩自然会对更好领悟掌握海洋意识起着促进作用，因此中学历史教师应当提高对海洋教育的重视程度。

---

① 于友西、赵亚夫主编：《中学历史教学法（第 4 版）》，高等教育出版社 2017 年版，第 99 页。

2. 提高教师对统编教材的熟悉程度

笔者在教育实习中发现，历史教师在备课中对统编版教材有关海洋教育的编排体系、内容设置上的熟悉程度，直接影响历史课堂中开展海洋教育的教学质量，进而影响学生对海洋意识的掌握程度。部分教师认为新旧版本历史教材海洋有关内容近乎相同，不重视对统编版教材的学习培训。对此，教师应当深刻认识到统编版教材对于海洋教育的重视程度以及改进升级部分，多参加新教材培训会、交流会、学习会，提升教师对统编教材的熟悉程度。

教师可以使用大概念教学的方法，对海洋意识教育内容进行单元框架整合，提炼学生易于理解、重要的海洋史史料并处理成大概念。追溯教材海洋教育内容的本源，从而帮助教师尽快掌握统编版教材的核心海洋教育知识点，有的放矢地开展历史教学过程中的海洋教育活动。[1]

3. 提高学生对海洋意识的兴趣程度

学生对历史课堂上开展海洋意识培养的兴趣程度，直接关系到教师面向高中生群体进行海洋教育的教学效果。笔者发现部分学生对历史教材中海洋意识的有关概念、内容认识程度不够，划分也不够清晰。在教师传授海洋意识时对海洋政治、经济、文化、科技、军事、生态的教材史实提炼度不够，因而没有跟随教材课程进度形成完整的海洋教育意识体系。教师在历史教学过程中应探索各类提升学生对海洋意识兴趣的教学方法与设计，与时俱进结合现实依照教材开展海洋教育，进而提高学生对海洋意识的兴趣程度，更好地培养学生的海洋意识。

---

[1] 叶小兵：《钻研新教材，用好新教材——统编高中历史必修教材使用的若干建议》，《历史教学（上半月刊）》2020年第8期，第12页。

第四章　高中历史教学中开展海洋教育研究

——以人海关系为视角

21世纪被称为"海洋世纪",足以说明海洋在当下国际社会中的地位。中国紧随时代潮流,提出加快建设"海洋强国"战略。但是受传统陆地思维影响,海洋意识仍显薄弱。面向社会与学校的海洋教育显得尤为必要,高中生更是其中的关键。高中阶段作为学生思维认知成型的关键时期,需要培养学生的海洋知识与意识,使其形成正确的海洋观。历史学科以其人文性特点,发挥着情感导向作用,引导学生形成正确的人海关系认知,以配合海洋教育的技术性与价值性学习。

在高中历史学科中开展海洋教育便体现了海洋教育的价值性学习,即人海和谐关系与和谐海洋观。教师依托教材史实,结合时政热点,鼓励学生发挥能动性,来认识人类自诞生后,与海洋的相处过程。通过人类与海洋的相互活动,认识人海关系发展的阶段与特点,并将人海关系的历史发展融入日常教学。为此,本章通过对教材分析、教师访谈与学生调查来探究以人海关系为主线的海洋教育开展的可行性及开展策略。

统编版高中历史教材中包含的海洋内容十分丰富,但也存在局限。比如在海洋内容上存在碎片化特点等。因此,本章对统编版教材海洋内容进行分析,对教材中存在的问题进行探讨,并根据存在的问题,提出相应的应对措施。通过对高中一线教师的走访与调查,来探寻在升学压力与课程紧张的背景下,开展人海关系为主线的海洋教育所面临的挑战。通过对学生进行调查访问，来探究学生对人海关系的理解与历史中人海关系的演变认识程度。最后，对调查的结果整理分析，结合高中一线教学的实际，提出切实可行的开展方案与措施。

通过本研究，以期为当前高中历史学科开展海洋教育提供一条明晰线索，即人海关系的历史阶段线索，为一线教师整合教材中的海洋内容，贯彻唯物史观的指导，培育学生和谐海洋观提供帮助。

第一节 高中历史海洋教育相关概念界定

马勇认为狭义的海洋教育是指学校海洋教育，指由学校教育者有目的、有计划、有组织地对受教育者施以有关海洋自然特性与社会价值认识、海洋专业能力以及由人的海洋知识（意识）、海洋道德与人的海洋行为等素质要素构成的海洋素养的培养活动。[1]

海洋教育定义下的内涵是丰富的。从教育目的性来看，海洋教育的目的是丰富学生及社会人群对海洋的认知；从教育内容来看，海洋教育既包括自然地理中的海洋，如海洋环境、海洋生物、海洋要素等，也包括人文社会中的海洋，如海洋文化、海洋经济、海洋权益等；从教育范围来看，海洋教育不仅包含学校教育中的学生，也有社会人群；从教育方法来看，海洋教育的方式是多样的，学校海洋教育教材与实践相结合，社会海洋教育中新闻媒体的宣传等。近代以来，西方帝国主义国家从海洋上对中国的渗透，引发国人对海洋的思考，海洋渐渐引起国人的重视。近代以来的海洋价值主要体现在世界贸易航线，而受技术能力的限制并未对海洋进行大范围开发。随着西方"海权论"的流行，各国对海洋的需求越来越高，海洋在各领域中所占的地位愈发提高。新中国成立后，鉴于战争后

---

[1] 马勇：《何谓海洋教育——人海关系视角的确认》，《中国海洋大学学报》（社会科学版）2012年第6期，第35—39页。

的创伤十分严重，以恢复国民经济为主，对海洋建设和开发便没有提上日程。但国家对海洋的渴望与海洋的建设却一直存在。鉴于近代以来海军力量的薄弱，对领海控制和海洋贸易无法做到相应的实力保护，自改革开放后，随着国家国际地位的提高与经济水平的发展，国家对海洋的开发、海权的维护、海军的建设提上日程。21世纪的中国在对海洋需求日益提高的基础上，同样提出了新时代下的中国海洋战略。十八大提出的"建设海洋强国"以及十九大提出"加快建设海洋强国"，向国内国际展现了国家加快开发海洋、建设海洋的决心。

海洋地位愈显的同时，国人对海洋的认识便成为亟须解决的问题，尤其是青少年。在此背景下，中学海洋教育的发展便备受关注。因此，对中学海洋教育的概念定义便首当其冲。

中学阶段并未形成一套专门系统的海洋教育体系，中学海洋教育的开展与实施是融入其他学科教学的。就学科相近度来看，海洋教育实施主要是在地理学科中。海洋本身作为自然地理中的概念，有其自然性的一面。此外，在人与海洋的互动下，海洋被赋予了社会性的一面。因此，在地理学科中渗入的海洋教学内容是丰富的，在自然地理与人文地理中皆可涉及，但是只将海洋教育的渗透集中在地理学科是不够全面的。

就历史学科与海洋教育相关程度来看，主要体现在海洋的社会性一面，集中在海洋历史的演变以及人类与海洋相处共生的历史演变。其中衍生出来海洋文化、海洋权益、海洋意识等主观性认识以及海洋经济、海洋航路等客观性利用。无论是主观性认识还是客观性利用，皆体现了人海共生共存的和谐关系。而人海关系教育的加强，其意义是明显的，有利于青少年认识海洋、理解海洋、保护海洋，推动未来人海关系和谐发展，人海和谐观念便是马克思主义唯物史观中人为主体、海为客体，两者和谐发展的体现。而人海和谐关系的培养则要求高中历史教师依靠历史学科的优势与特点，向学生传授人海关系的历史发展阶段，推动学生形成健康正确的海洋观与人海和谐观念。

一 高中历史海洋教育

海洋教育本身作为组合词,是将自然概念下的"海洋"与社会概念中的"教育"结合在一起,因此应首先对海洋和教育两者进行概念溯源解读。

"海洋"一词在《辞海》中的释义为:由海水、溶解或悬浮于其中的物质、生活于其中的生物、临近海面上空的大气、围绕其周缘的海岸和海底等组成的统一体。通常所称的海洋,仅指海洋主体的连续水域。海洋是全球生命系统的基本组成部分,也是维系人类持续发展的资源库。由此看出,海洋本身自然性尤为突出,在与人的相互作用下,其社会性一面渐渐展现,这与人类对海洋的认识与开发程度息息相关。钟凯凯从人海主客观关系的视角出发,认为海洋世界具有三重面相:一是存在于自然界的海洋;二是与人类互动的海洋;三是人类想象的海洋。[1] 概括来看,第一重面相指自然地理中的海洋,第二重面相指人类社会中的海洋,第三重面相则主要指人类认识海洋后所形成的海洋文化。

"教育"一词在《辞海》中分为广义教育与狭义教育。狭义指由专职人员和专门机构进行的学校教育。因此,"海洋教育"受"教育"定义的影响,也应有广义与狭义之分。

马勇认为狭义的海洋教育是指学校海洋教育,指由学校教育者有目的、有计划、有组织地对受教育者施以有关海洋自然特性与社会价值认识、海洋专业能力以及由人的海洋知识(意识)、海洋道德与人的海洋行为等素质要素构成的海洋素养的培养活动。[2]

海洋教育定义下的内涵是丰富的。从教育目的性来看,海洋教

---

[1] 钟凯凯:《海洋教育概念探讨》,《浙江海洋大学学报》(人文科学版)2019年第6期,第69—73页。

[2] 马勇:《何谓海洋教育——人海关系视角的确认》,《中国海洋大学学报》(社会科学版)2012年第6期,第35—39页。

育的目的是丰富学生及社会人群对海洋的认知；从教育内容来看，海洋教育既包括自然地理中的海洋，如海洋环境、海洋生物、海洋要素等，也包括人文社会中的海洋，如海洋文化、海洋经济、海洋权益等；从教育范围来看，海洋教育不仅包含学校教育中的学生，也有社会人群；从教育方法来看，海洋教育的方式是多样的，学校海洋教育教材与实践相结合，社会海洋教育中新闻媒体的宣传等。

受海洋教育内涵的丰富性与海洋本身的复杂性影响，海洋教育在中学阶段并没有形成独立的学科体系，因此必须融入其他学科之中开展。海洋意识的培养是历史与现实的必然要求，海洋意识教育是中等教育的重要内容之一，加快建设海洋强国离不开青少年海洋意识的培养，中学生物、历史和地理三个学科方向的课程均渗透了海洋强国的理念。[1] 高中历史海洋教育便是指海洋教育在高中历史学科中的开展。以历史学科作为平台，借以历史教材中的海洋内容或历史与现实结合中所涉及的海洋方面，向学生传授海洋相关的知识，深化学生对海洋的认知。

高中历史海洋教育的开展首先应明确其内容。笔者在整理统编版新教材中发现，除此三类外，提及了国际海洋法律的演变，可概括为海洋法律史（"亚罗号事件"、极地资源与公海）；提及一战爆发的背景与海洋霸权等，可概括为海洋权益史；海外殖民扩张下，海洋的价值与利用，以及进入现代后的经济全球化，可概括为人类对海洋认识的演变史；但综上来看，统编版高中历史教材中，海洋内容主要包括海洋经济的开发与利用，海洋政治史（包括海洋权益与海洋法律等），海洋军事史（如甲午海战、日德兰海战等）。历史学科主要特点之一便是综合性强，涵括了政治、经济、文化、社会等各个层面，但就海洋角度来看，教材中海洋内容忽视了人海关系的历史演变与海洋文化资源。然而，从学情来看，高中阶段学生对

---

[1] 张立敏：《海洋教育国内研究综述》，《岭南师范学院学报》2020年第2期，第12—18页。

文化价值观的培养完善与规律性内容学习至关重要。海洋的价值不仅仅体现在它自身的经济效益与政治博弈上。学生对海洋的把握应是先了解人类对海洋关系的演变与同阶段相应的文化，在接触海洋文化的同时，感受人类对海洋的态度，从而真正理解海洋在人类历史中的发展。

高中历史海洋教育的开展其次应寻找合适的方式。首先，在历史学科教学中，应致力于历史与现实的结合，无论是课堂导入，还是课中插曲，抑或课后升华，当下海洋强国战略与国家复兴的结合都是历史学科值得利用的内容。其次，内地学生对海洋的认识不足，无法切实感受海洋的魅力与价值，课堂导入时可结合教材内容与课标要求，适当寻找与海洋相关的视频，自习时间可向学生展示历史中的海洋发展，并学习相应的海洋文化，提升学生海洋意识。最后，开展具有历史学科特色的海洋类主题活动等，丰富学生对人类历史中海洋的认识。

最后，高中历史海洋教育应明确其开展目的。以高中历史学科为载体，更不可离开历史学科的课标要求与核心素养。因此，海洋教育培养目的应在历史学科培养目标之中体现。普通高中历史课程的目标是坚持落实立德树人的根本任务。学生通过历史课程的学习，形成历史学科核心素养，得到全面发展、个性发展和持续发展。高中历史五大核心素养是唯物史观、时空观念、历史解释、史料实证和家国情怀。在高中必然围绕五大核心素养培养目标开展历史教学，在高中历史海洋教育开展中，则更需要进一步明确五大核心素养中有关海洋教育培养目的。其中就唯物史观在海洋教育中的培养目的来看，则是以培养中学生对海洋历史的辩证发展、人类在与海洋的相互作用中所发挥的主观能动性的演变以及人类与海洋的关系演变等发展观和历史观；从海洋教育培养目的来看，时空观念则是培养中学生对海洋在空间上的正确定位（海洋国土）与时间上的海洋演变（海洋主权），使中学生明确当代海洋在历史上的时空演变，加强中学生对海洋主权的维护；从海洋教育培养目的来看，历史解释则是培养中学生在阅读海洋相关史料基础上，对海洋历史事务作出理性客观的评判的能力，不以认识海洋现象为本，而以认识人类与海洋共处的内涵本质为本，如海洋权益的合法性来源、海洋经济的开发程度等；从海洋教育培养目的来看，史料实证则是培养中学生辨别海洋史料真伪、阅读海洋史料能力、理解海洋史料价值能力，如海洋名称的历史演变等。

从内容、方式、目的三个角度陈述高中历史海洋教育的定义，概括来看高中历史海洋教育是教师发挥主导作用，学生发挥主体作用，以高中历史教材为载体，以多种历史教学方式开展，以历史五大核心素养在海洋上的具体表现为培养目的的学校教育。

二　人海关系

高中历史海洋教育在内容上看范围是较广的，在政治史、经济史和文化史中皆有体现，如何在多个教材、多个维度中寻找一条主线，使中学生以主线展开海洋历史的线索，明确海洋历史的演变则尤为重要。

在此则需要明确海洋历史的开端。从自然地理角度分析，海洋诞生的事件是非常早的。高中地理教科书第一册中给出了社会普遍认可的时间。46亿年前地球开始初步形成，41.5亿年前地球上出现海洋。海洋是生命之始，亦是万物最后的归宿，地球上的生物按照时间的维度，以海洋为始终点形成了一个封闭的系统[1]。因此，海洋对人类的起源与发展起着重要作用。从社会角度分析，海洋与人类的相互活动则应起源于人类的出现，早期人类对自然是崇拜的，并在对自然的崇拜中慢慢适应自然以至征服自然的过程。人类对海洋的认识亦是如此。早期人类对海洋是崇拜并且敬畏的，随着生产力的提高和航海技术的发展，人类对海洋的认识慢慢清晰，并自近代

---

[1]　季托、武波:《系统思维视角下海洋教育的内涵与外延》,《教学研究》2017年第4期,第76—81页。

以来，海洋成为殖民扩张的主要途径，海洋的价值逐渐体现。此外，人类对海洋的认识呈现出由近海向深海发展的特点，这与人类远洋航行的能力息息相关。

历史学科与地理学科的最大区别是历史学科更侧重于人文社会，地理学科则是自然地理与人文地理并重。并且在人文地理方面主要是从海洋权益和海洋强国战略两个角度进行讲解。其目的是明确国家海洋主权不容侵犯，加深学生对海洋的保护与主权捍卫。对高中生海洋方面的引导应该是全面的，地理学科在海洋方面的讲授主要是时代所要求的海洋精神与海洋意识。历史学科作为补充，应明确海洋的历史演进，引导学生形成正确的海洋观。因此对历史学科中海洋教育的开展则必须依托历史学科的特点，海洋教育在历史学科中应以人类出现后，与海洋产生的一系列关系为开始，这就必然脱离不开人类的主观能动性。历史学科开展以人海关系为主线的海洋教育就应引导学生去理解人类敬畏海洋、人类适应海洋、人类征服海洋、人类破坏海洋到人类与海洋和谐共生的演进关系。从人类与海洋的历史演进中深化海洋的真正价值与意义，从而实现人海和谐发展。

之所以有海洋教育活动的产生与兴起，是因为有人—海关系与海洋学科的存在，最为根本的原因还是由于人—海和谐关系建立的需要。[①] 因此，在高中阶段，借助历史学科独特的人文性优势，开展以人海关系为主线的海洋教育，培养学生现代海洋观。

中学生在历史学科中认识与理解海洋主要以人类与海洋的相互活动为主，历史学科中的海洋教育主线则明晰出来，以人海关系为视角，引导学生认识人类与海洋关系的演变与时代的局限，探索人类与海洋活动作用的内容，面向人类与海洋未来的发展，将历史学科中的海洋内容完整包含。因此，明确人海关系概念对于高中历史

---

① 马勇：《何谓海洋教育——人海关系视角的确认》，《中国海洋大学学报》（社会科学版）2012年第6期，第35—39页。

开展海洋教育具有重要意义。

以人海关系为视角开展高中历史海洋教育，以此为主线将高中历史教材中所体现的海洋内容串联整合，使学生明确人海关系的历史演进，也有利于进一步解决高中历史教材中海洋内容分散零落的特点。马勇对人海关系系统的内容作了介绍：当代的人—海关系主要指人类与海洋的关系，具有多重性，是一个关系系统，包含了人—海的政治关系、经济关系、生态关系、文化关系、伦理关系、军事关系等，它们并立又相互联系，共存于人—海关系系统中。需要指出，人—海的生态关系主要指人海的自然关系，而人—海的政治关系、经济关系、文化关系、伦理关系、军事关系可以统称为人海的社会关系。[①] 因此，人海关系视角下的高中历史海洋教育：是指教师依托教材，向学生讲授人海关系在历史上的发展演变，包括人海政治关系、经济关系、文化关系、军事关系等人海的社会关系在历史中的具体表现，其目的是培养学生形成和谐健康的人海关系观念，确立正确的海洋观。

在此笔者认可马勇关于人海关系内涵的观点，认为人海关系的内涵是丰富的，其主要分为两个层面，即人海社会关系与人海自然关系。将人海关系置于高中历史学科之中，则主要凸显其社会性一面，且主要表现为人海关系的社会性演进。因此，笔者认为人海关系在历史中主要呈现为以下几方面：人海政治关系的演进、人海文化关系的演进、人海经济关系的演进。其中人海的政治关系又可细分为人海的军事关系、人海的法律关系等；人海文化关系则可细分为人海精神关系、人海哲学关系与人海科学关系等；人海经济关系则可细分为人海贸易关系与人海航线关系等。

由此看出，人海关系在历史学科中的最大特点是其发展性与社会性。因此，在历史学科中渗透人海关系视角下的海洋教育，则应

[①] 马勇：《何谓海洋教育——人海关系视角的确认》，《中国海洋大学学报》（社会科学版）2012年第6期，第35—39页。

把握人海关系的发展性与社会性，通过人海关系之下的不同视角，来认识高中历史学科在人海关系宏观与微观的历史演变。

第二节　高中历史开展人海关系视角下的海洋教育的必要性与可行性

在全球化的时代背景下，海洋作为连接世界的重要纽带，其地位日益凸显。因此，在高中历史教学中引入人海关系视角下的海洋教育，不仅具有高度的可行性，更是时代赋予我们的必要使命。

一　必要性

（一）历史教学中对人海关系线索的忽视

高中历史在使用统编版教材后，面临的问题主要有教师对旧教材与新教材的转换无法适应，教学重难点难以把握，教材课时内容庞杂，课时任务无法完成等。但随着对统编版教材的熟悉和理解后，以上问题会逐渐解决。教师需要对教材深度发掘，使学生深入理解历史事实与历史本质的关系，但并非面面俱到。新教材的课时容量是庞大的，面面俱到所带来的结果只会使学生负担加重，教师进度变慢，学生理解困难且混淆，反而是面面不俱到。

在此背景下，高中历史教师将目光放在熟悉新教材上，便容易忽视海洋史的梳理与教学。海洋内容在历史教材中的编排是割裂的，往往以引导或时代背景为补充，以衬托当时时代的主题与特点。因此，受内容容量庞大的影响，可能这些就会一笔带过，甚至直接跳过。

史启阳在其硕士论文中对人教版高中历史教科书与部编初中历史教科书中中国史部分均作了梳理，并在此基础上，提出了海洋史融入高中历史教学的主题与教法。他将教科书中出现的海洋内容划分为"海权、海防、海洋贸易与文化、海洋国土、海洋政策"五个主题。① 新课程改革后，在统编版教材的使用与新高考的影响下，教师在教学方面也应该显出与时俱进的一面。

历史教学的课时量不足、教学赶进度、教材不熟悉等一系列问题导致了在真实教学中对海洋内容的忽视，这也是当下高中历史开展海洋教育，引导学生形成和谐健康的人海关系观所面临的巨大挑战。因此，如何在保证进度、保证质量、不增加课时量的前提下，开展海洋教育，培养中学生形成和谐健康人海关系的观念是亟须解决的难题。

高中历史开展以培养和谐人海关系为主线的海洋教育必然要正视历史教学的实际情况，在常规教学任务下完成海洋教育的阶段性任务。这必然要求历史教师在教学中不能对海洋内容视而不见，引导中学生在潜移默化中完成历史学科以人海关系为主线的海洋教育的学习。

（二）高中生对人海关系历史发展脉络认识的凌乱

中国拥有很长的海岸线，但中国国土面积广阔，仍有较多国人远离海洋，对海洋缺乏清晰的认识。受家庭与社会影响，加之高中生的学业压力沉重，对课外知识与认识则显得匮乏，将注意力更多放在教材里与课堂上。

从现有数据来看，高中生的海洋意识是不断发展的。受中国"重陆轻海"的思想影响，社会与学校教育都忽视了海洋意识的培养，导致大多数人知道960万平方千米的陆地面积，却不知300万平方千米的海洋面积。因此，虽然高中生海洋意识不断发展，但仍然面临着巨大挑战。对高中生海洋意识的培养仍然任重道远。

另外，高中生海洋意识还有一个特点：从海洋向内陆，高中生海洋意识是逐步递减的。赵娟建议：要巩固发展沿海地区的海洋意识宣传成果，继续加强内陆地区的海洋教育力度，可以借鉴国内外

---

① 史启阳：《高中历史教学海洋史内容分析及应用研究》，硕士学位论文，天水师范学院，2019年，第34页。

先进的教育模式和理念，因地制宜地不断改善我国海洋意识教育的方式方法。①因此，沿海近海地区对中学生海洋意识的培养具备着天时地利的优越条件，但内陆地区无法通过实践性等活动培养中学生的海洋意识，只能通过展示图片或视频材料，加深对海洋的认识。

针对历史学科海洋教育的开展，以培养中学生和谐人海关系为核心，就必须重视中学生的海洋意识培养，要求中学生能够正确认识历史中人类与海洋相互活动的史实，并依据史实发现人海关系发展的规律，形成正确的人海观，进一步推动中国海洋事业和谐健康有序发展。

（三）海洋权益教育——新课程标准的要求

《普通高中历史课程标准（2017年版2020年修订）》明确了历史学科的课程性质。进一步运用历史唯物主义观点，以社会形态从低级到高级发展为主线，展现历史演进的基本过程以及人类在历史上创造的文明成果，揭示人类历史发展的基本规律和大趋势②。人类历史发展的规律与人类和海洋相处的规律是包含与被包含的关系。这就要求高中生明确人海关系发展的规律，树立正确的人海观、世界观和历史观。

历史新课标在基本原则中明确指出坚持正确的政治方向。其中指出要加强法治意识、国家安全、民族团结、生态文明和海洋权益等方面的教育。其中提到海洋权益的维护，通过讲解历史上的海洋史部分，以期高中生能够对中国海洋权益形成坚定认识，捍卫中国海洋权益不容侵犯。

此外，笔者认为，必修教材由此前按领域划分为政治史、经济史、文化史转变为《中外历史纲要》上下册，打破了对历史领域的割裂性，利于中学生以唯物史观为指导，正确理解历史发展的规律

---

① 赵娟：《我国海洋意识教育探究》，《海洋开发与管理》2021年第5期，第70—74页。

② 中华人民共和国教育部：《普通历史课程标准（2017年版2020年修订）》，人民教育出版社2020年版，第1页。

与政治经济文化间的关系。但这就面临了一个艰巨的任务：教师如何精简内容，用高一一年时间将中外通史讲授给学生，并培养学生的历史素养。这与当下高中实施的选科制相辅相成。纲要教材是面向所有高中生的，其目的是培养所有高中生的历史思维与家国意识，而非专业化培养。因此高一历史教学应致力于以唯物史观为指导，要求学生对中国历史的演进有清晰认识，形成正确的历史观与人生观。对历史学科中海洋教育的开展也应如此贯彻，进一步培养高中生形成正确的人海观。

吴敏认为：培养学生人文精神是历史课程的重要目标，亦是历史课程的最高目标。[1] 和谐健康的人海关系，符合辩证法要求，符合可持续发展的要求，符合当下的时代要求。培养学生形成和谐健康的人海关系观念有利于推动人类与海洋的和谐共生，有利于完善学生的品格并形成长远的眼光。

（四）海洋强国战略下对海洋人才的需求

自党的十八大明确海洋强国战略后，国家与社会对海洋的重视程度逐渐加强，这就要求学校应培养更多现代化海洋建设所需要的人才。海洋人才的培养大多是在大学阶段进行，通过海洋相关专业进行培养，且所学内容多是专业性知识。但这并非要求高中阶段便可忽视对学生的海洋教育。地理学科在海洋方面的渗透主要是认识海洋的自然性与其所体现的价值。但这些都是偏实用的，学生对海洋的认识仍然停留在海洋对人类的用途上。

历史学科则应偏重于培养中学生的人海观。中学生对海洋的认识提高不仅仅是认识海洋的价值，更应该明确海洋在人类历史中对人类发展所作出的贡献和人类与海洋相处后形成的海洋文化。而恰恰是培养中学生形成正确的人海观，即和谐健康的人海关系，才能推动青少年真正地热爱海洋，并投身于海洋建设的伟大事业之中。

---

[1] 吴敏：《论海洋教育在高中历史教学中的实施——以"和谐海洋"理念为导向》，硕士学位论文，曲阜师范大学，2017年，第10页。

这就体现了海洋建设所需要的高质量人才，不应是只培养学生的海洋技术与能力，也应该培养学生的人海意识，形成正确的人海观。国家海洋建设需要的是真正热爱海洋，并拥有海洋建设关键能力的高质量人才。因此，在高中阶段，培养中学生建立和谐健康的人海观，并引导学生去热爱海洋，为海洋建设贡献自己一份力量，有利于深入落实党和国家的海洋强国战略。

二　可行性

（一）海洋强国战略对人海关系发展的支持

向海而兴、背海而衰是近代世界大国的发展规律，当今世界主要大国纷纷强化海上存在。[1] 然而受传统农耕文明的影响，中国国民的乡土意识非常强烈。长达两千年之久的封建社会下，小农经济受到了统治者的青睐，安土重迁、安逸稳定的思想嵌入心扉，烙刻在一代又一代人的心智之中。

自西方新航路开辟后，中西方的差距日渐明显。东方大国在朝贡体系与宗藩体系的影响下，对"天朝上国"的迷恋越来越深，以致最后从骄傲中被迫走向西方的资本主义体系之下。正因为西方的远洋航行与世界扩张，东方大国故步自封，闭关锁国，造成了自近代以来西方强大的国际局面。

通过历史细节的讲述，使中学生在历史中吸取教训，看清国际局势，理解自近代以来，海洋在其中发挥的作用。特别是进入21世纪后，世界各国的联系越加密切，海洋作为连接各国的主要桥梁，海洋战略地位愈发受到各国的关注与重视。中国对海洋的认识便通过历史教学的衔接，在学生眼中形成完整的发展框架，人海关系的历史发展与中国海洋地位的演变息息相关。

随着人海关系在现代的进一步发展，以及综合国力的提升与国

---

[1] 王孙旺：《大国外交视域下习近平海洋强国战略研究》，《中共太原市委党校学报》2022年第1期，第35—38页。

际地位的提高,海洋在国家战略中的地位越来越高,如近年来多种类型的军舰被称为"下饺子"般服役中国海军。中国海军的建设与发展和中国海洋经济与国际贸易发展息息相关。中国海军不仅负责捍卫国家海洋主权完整,还负责在公海领域保护中国商船与中国在外侨民的安全。中国海军的强大支持中国国际贸易的发展,中国国际贸易的发展推动经济的繁荣,进而为海洋建设提供坚实的资金支持。

在此背景下,中国适应时代要求提出了海洋强国战略,并在党的十九大提出加快建设海洋强国。学校开展海洋教育尤为必要。开展海洋意识教育,一定要有明确有力的政策指明方向,有健全的法律法规保障统筹,让各方资源和力量形成一股合力,拧成一股绳,劲往一处使,汇聚星星之火,形成燎原之势。[①]

学校教育顺应国家战略要求,更需要各个学科依据自身优势与特点具体落实。历史学科作为历史与现实最好沟通的平台,最能反映当前国家海洋强国战略提出的背景与原因。通过连接当下具有现实意义的海洋强国战略,开展明清时期海禁政策与"闭关锁国"和同时期西方新航路开辟的教学对比,引导学生深知海洋在国家安全中的重要性,理解国家政策对国家发展的深远影响,进而依托史实理解从古至今人海相处的发展脉络,确立发展着的人海关系海洋观。因此,在国家海洋强国战略的支持下,历史学科更好地与现实相契合,发挥历史学科以古鉴今的作用。

(二)高中历史教材中海洋内容的丰富性为人海关系演进提供素材

就统编版教材内容来看,涉及海洋的相关内容是较多的。如《中外历史纲要》下册第三单元——走向整体的世界。通过讲解,告诉学生新航路开辟后世界开始由原来的分散逐步联系为一个整体。

[①] 李桂敏:《我国海洋意识教育现状分析与策略展望》,《环境教育》2022年第1期,第30—32页。

由此看出，海洋内容在高中必修历史教材中是十分丰富的。

此外，从教材中海洋内容的分布来看，具有以下特点：古代史海洋内容较少，近现代史海洋内容丰富；古代史海洋内容领域狭窄，近现代史海洋内容领域增多。

以上特点为以人海关系为视角的海洋教育开展提供了强有力的支撑。高中历史学科海洋教育的开展必须明确其主线，主线则是人海关系的历史演变。以古代史海洋内容的特点举例来看，人类受自身认识与生产力的局限性，对海洋的认识仍然停留在一个较低的阶段。从原始社会时期，人类与自然、与海洋的斗争中渐渐适应了自然与海洋；进入奴隶社会时期，受王权与神权相结合的迷信崇拜色彩影响，人类对海洋更多是敬畏，将海啸等自然灾害归结为海洋对人类的惩罚；进入封建社会之后，强大的中央与君权建立了多民族的统一国家，社会的稳定推动了生产力的发展，进而为人类开发海洋提供了能力支持，但同样受限于生产力，人类对海洋的开发仅仅局限于近海地区，而对远洋地区则无力涉及。引导学生从唯物史观分析人海关系在古代时期的历史演变，从而在宏观上建立古代人类对海洋的定位，进而思考这一时期人类与海洋的特点。使学生真正理解历史中人类是如何看待海洋的。

不难看出，人类对海洋的认识随着历史发展不断丰富，人海之间的文化贯穿其中，为人海关系演进提供历史文化素材。孔令媛等人对中国古代海洋文学中的人海关系进行探究并得出启示，从被公认为中国古代海洋文学先驱的《山海经》，到汉代大量的观潮诗赋、魏晋南北朝时的涉海志怪小说，再到唐及之后的大量海洋诗词、宋元之际的海洋戏剧等，它们无不记载着中华民族不断发展的历史，反映了不同时代人与自然尤其是与海洋的关系，能给今人以无限启迪。[①]

因此，高中历史教材的丰富性及其编排的特点，为在高中历史

---

① 孔令媛、尹周红、秦敏：《中国古代海洋文学中的人海关系探究及现实启示》，《名作欣赏》2020 年第 17 期，第 99—100 页。

学科中开展以人海关系为主线的海洋教育提供平台与素材。为中学生从唯物史观角度建立当下和谐健康的人海关系提供了历史依据。

(三) 人海关系的历史规律——高中历史学科性质的适应性

人海关系的演变必然是随着时间的前进而不断丰富,从历史的视角中寻找人海关系演变的特点与规律,以人文性为核心,引导中学生从内心感触和谐的人海关系,进而鼓励中学生在现代人类与海洋和谐共处的时代背景中去合理建设与开发海洋。

历史学科本身具有极强的人文性,历史不是教材里堆砌着的一行一行文字,而是一代一代人的故事。每一个故事背后都是沉甸甸的,它所承载的传承性与意义需要深深领会。将教材中的历史内容讲给学生,这些在初中阶段就接近完成,高中历史教师担负着更为艰巨的任务,这正是高中历史课程标准所要求的——育人。普通高中历史课程标准在前言中关于学科课程标准作了简单介绍:凝练了学科核心素养、更新了教学内容、研制了学业质量标准、增强了指导性。并指出本次修订直接关系着育人质量的提升。重建历史教育价值的关键,是实现由学科知识本位的教学转向以人为本的教学,而历史学科核心素养正是解决这一问题的关键。只有抓住历史学科核心素养的培养,才能全面发挥历史学科的育人功能,正确引领历史教学的改革与发展。[①]

高中历史学科因其人文性的特点,其学科目的指向性便十分明确,培养学生确立健康正确的人生观、价值观等。普通高中历史课程标准在课程性质中明确介绍:学生通过普通高中历史课程的学习,进一步拓宽历史视野,发展历史思维,提高历史学科核心素养,能够从历史发展的角度理解并认同社会主义核心价值观和中华优秀传统文化,认识并弘扬以爱国主义为核心的民族精神和以改革创新为核心的时代精神,具有广阔的国际视野,树立正确的世界观、人生

[①] 李卿:《回归历史学科本质 凸显历史育人价值——统编高中历史教科书编写思路、体例结构及教学建议》,《中国民族教育》2020年第11期,第42—46页。

观、价值观和历史观，为未来的学习、工作与生活打下基础。[1]

高中历史学科担负着立德树人的根本任务，引导学生确立正确的价值判断、坚持正确的思想导向，突出了历史学科的人文性。人海关系的历史演进符合唯物史观的历史发展规律，有利于使学生从历史角度关心国家命运与国际发展。"21世纪是海洋世纪"，早在2001年就已经在联合国缔约文件中被指出。海洋作为当下各国争相维护的对象，体现出了海洋所蕴含的巨大价值。

将人类与海洋的历史发展和时代要求相结合，凭借历史学科性质与培养目标的优势，引导中学生建立正确的人海关系观，为国家维护海洋主权与海洋权益，为国家的海洋合理建设与开发尽一份绵薄之力，正是历史学科在时代中发挥价值的体现。

（四）和谐人海意识的确立——高中阶段学生认知能力的关键性

从心理学角度来看，高中阶段学生认知能力得到极大提高。皮亚杰认为：儿童心理发展过程可分为几个具有质的差异的连续阶段；各个阶段的先后顺序恒定不变；认识结构的发展是一个连续的建构过程，每一个阶段都是前一阶段的发展，同时又为下一个阶段发展打下基础。[2]

高中学生处于皮亚杰认知发展理论的形式运算阶段，具有以下几个特点：思维形式摆脱思维内容，可以进行假设—演绎推理。因此，高中阶段的学生已经具备了摆脱具体表象来思考的能力，对于认识无具体表象的历史学科来讲，学生能够通过建立脑海中的思维框架来认识历史。

特别是对于内陆地区的学生来讲，高中生可能未曾真实见过海洋，但能够通过地理学科中对世界地图与海洋分布的学习，在脑海中规划海洋，以形成自身头脑中的海洋认识。地理学科主要学习的

---

[1] 中华人民共和国教育部：《普通历史课程标准（2017年版2020年修订）》，人民教育出版社2020年版，第1页。

[2] 郑甲平：《浅析皮亚杰的认知发展理论》，《报刊荟萃》2017年第9期，第54—56页。

是横向上的海洋，即海洋的空间分布；历史学科主要学习纵向上的海洋，即海洋的时间演进。

高中阶段学生认知能力处于爆炸式的增长。历史本身作为已经发生的史实，具有不可重现的特点，适合这一认知阶段的学生深入把握。在已经发生的历史事实中寻找历史的规律，确立正确的世界观；认识历史中的史实与历史人物，做到客观认识与评价，确立正确的价值观与人生观。具体细化来看，在海洋方面，则体现出认识人类与海洋的相互影响与发展，认识人海关系发展的规律，确立正确的人海观。

从表象到本质，从客观认识到主观评价，高中生认知能力与认知水平的提高为其认识本质、发现规律、形成认识奠定了能力基础。在高中阶段历史学科的学习中，中学生认知能力的关键性有利于理解唯物史观，理解历史规律，透过现象看本质，深刻把握历史与现实的关系。在历史学科中学习海洋内容，深刻理解人海关系的历史演变，从历史演变中发现人海发展的规律与人海发展的本质，进而为当下人海关系的时代特点做出解释，以做到历史中人海关系的发展为现实中处理人海关系和解决国家海洋争端提供服务。

第三节 高中历史开展人海关系视角下的海洋教育现状调查及分析

高中历史课程对于培养学生的海洋意识和全球视野具有重要意义。其中，以人海关系为视角开展海洋教育作为一个新兴且重要的领域，逐渐受到教育界的关注。要真正实现人海关系视角下的高中历史海洋教育，必须对当前历史教材的海洋教育内容与学生发展状况有充分的理解与把握。

一 统编版高中历史教材分析及挑战

高中历史教材为适应新时代下新高考与新版普通高中历史课程

标准的要求，由此前使用的岳麓版改版为统编版高中历史教材。统编版高中历史教材一改此前将政治、经济、文化分开按时间讲述的特点，以纲要的形式将政治、经济、文化编排在一本教材中。这就不可避免地出现教学容量大而导致的教学任务难。但仔细研究可以发现，统编版教材的课时之间存在着联系，用主线贯穿的方式，从宏观定位到微观思考来解决教学容量大的难题。这就要求教师寻找教学主线来完成课时任务。

统编版高中历史教材中海洋内容较此前版本更加丰富。田梦杰指出：统编教材海洋教育内容丰富，规制宏大。[①] 但如何在课时容量大的困难下，完成统编版教材中有关海洋内容的讲述，而又不失衔接，更考验着教师对统编版教材的理解与把握。将海洋内容的主线设定为人海关系演变，来分析统编版教材中的海洋内容是如何体现人海关系的，从而使学生能够从历史长河中发现人海关系的规律，以培养学生和谐的海洋观。

（一）《中外历史纲要》上册海洋内容分析

《中外历史纲要》上册以时间为线，涵盖政治、经济、文化等多个方面，贯穿中国古代史、近代史和现代史，时间跨度长，涵盖范围广。因此，对纲要上册中海洋内容分析，应放在整个中国历史发展背景之下。此外，根据前文对人海关系内涵的把握，将教材中涉及海洋方面内容进行归纳，以帮助一线教师明晰各课时中海洋内容所对应的人海关系层面。

1. 人海政治关系

海洋在历史上真正被赋予政治属性是在新航路开辟后，西欧资本主义国家认识到海洋在殖民扩张中的重要性，开始将海洋与主要航线划为各自领域。海洋的政治属性就是伴随地理大发现而经历了一个由外及内、从无到有、从单一到复杂的过程，也是一个"先入

[①] 田梦杰：《统编版高中历史必修教材海洋教育内容研究》，硕士学位论文，曲阜师范大学，2021年，第1页。

为主、赢者通吃"的过程，这一过程促使国家与海洋建立了全新的联系。① 因此，从中国范围内来看，中国对海洋政治属性的认识则主要体现在清朝末期——中国的觉醒时期。但在此之前，人海政治关系并非没有发展，海洋政治属性仅仅是作为人海政治关系的其中一点，且在此之前中国已经将东海、南海等地划入版图。但由于古代社会的生产和整个经济结构水平低下以及由此产生的统一全球市场的缺乏，对海洋进行占有不过是一种说辞而已。②

中国自秦朝确立大一统国家之后，对海洋的控制与管理便展现出来。如第三课"秦统一多民族封建国家的建立"中描述了秦统一后的版图，建立起"东至海暨朝鲜……至辽东"的国家，教师带领学生理解中国此时已经是拥有狭长海岸线的国家，沿海经济随着政治稳定和生产力的发展而发展。

在第10课"元朝治理边疆措施"中提及对台湾地区的治理。教材第58页元朝在隶属福建晋江的澎湖设置巡检司，履行行政管理职能，以经略台湾。并在历史纵横中指出元朝在边疆治理上与汉唐时期的不同，其特点呈现出与内地一体化的趋向。

在第13课"从明朝建立到清军入关"第二个子目海洋交通与沿海形势中详细介绍了明朝初年伟大的大航海事件——郑和下西洋，并指出明朝时期沿海地区受到的侵扰以及明朝政府作出的应对。回顾宋元时期的海外贸易与海上航路，理解这一时期远洋航行与沿海问题。深化学生透过问题看本质的能力和对明朝统治者对海洋的态度，为此后世界大航海时代的来临与中国的反应埋好伏笔。

在第14课"清朝前中期的鼎盛与危机"第二子目介绍了清朝疆域的巩固与清朝版图，其中提到郑成功收复台湾与清朝在台湾设府，隶属福建省。从政治上明确了中国台湾及其附属岛屿的法理权，在

---

① 林建华、邹冠男：《海洋政治属性的生成与演进》，《中国社会科学报》2018年8月15日第5版。

② 林建华、邹冠男：《海洋政治属性的生成与演进》，《中国社会科学报》2018年8月15日第5版。

此结合时事引导学生正视"台独"势力企图分裂台湾的行径，坚决捍卫国家领土主权完整。此外，在第三子目中提到清朝统治危机的具体表现包括西方列强在沿海地区的频繁活动并推出清朝"闭关锁国"政策，进而分析这一时期"闭关锁国"政策的原因及其影响，再结合当下时政，使学生深入理解"21世纪是海洋的世纪"和中国海洋强国战略。

1840年爆发的鸦片战争被认为是中国近代史的开端，是中国融入世界和西方资本主义体系下的开始，海洋作为西方世界打开中国大门的途径，在其中扮演着重要的角色。海洋政治属性在中国与外国的争端下日益凸显。

在第17课"国家出路的探索与列强侵略的加剧"一课中，集中体现了人海政治关系之下的人海军事关系，如近代军事化海军等。洋务运动中创办了如福州船政局等近代军事工业，兴办近代第一所海军学校——福建船政学堂，派遣留学生学习海军知识与技术，并建成了以北洋舰队为代表的新式海军。教师引导学生认识中国在海洋方面早期近代化的尝试，使学生理解海洋权益的维护需要海军力量的支持，更需要大批海洋人才。教材第98页介绍了中法战争与甲午中日战争。李鸿章发出"避战保船"命令，北洋海军失去了制海权。学生通过学习中法战争与甲午战争，理解海战的残酷性与制海权的重要性，通过学习《马关条约》，认识条约的屈辱性及其影响。最后学生通过了解台湾被日本占领时台湾军民的抗争，加深学生对两岸同源、两岸统一的坚定认识，鼓励学生为当下台湾回归祖国与实现国家统一而做出努力。

在第24课"全民族浴血奋战与抗日战争的胜利"第三子目中，提到了海外华侨在陈嘉庚等侨领的领导下，积极捐款捐物，支援抗战，数万华侨青年回国参战。此外，日本联合舰队偷袭美国在太平洋的主要海军基地珍珠港，太平洋战争爆发。1943年通过的《开罗宣言》规定日本所窃取的中国领土如台湾及其附属岛屿、澎湖列岛等归还中国。1945年10月25日，陈仪在台北代表中国政府庄严宣布台湾光复。从此，台湾作为中国的一个省，回到祖国怀抱。

第 26 课题目是"中华人民共和国成立和向社会主义的过渡"。在教材第 158 页，朝鲜内战爆发后，美国立即进行武装干涉，同时派第七舰队侵入台湾海峡，阻挠中国的统一大业。台湾回归后，台湾海峡作为中国领海，主权不容侵犯，美国凭借自身的实力肆意践踏他国主权，理应得到坚决抵制。教师结合当下南海问题等时事新闻，引导学生正确看待，坚决维护我国南海和东海领海主权不容侵犯。

教材第 180 页提到中国人民解放军整体实力跃升，向着世界一流军队迈进。划设东海防空识别区，执行钓鱼岛维权斗争、南海常态化战斗巡航，有效进行海上维权、反恐维稳、抢险救灾、国际维和、亚丁湾护航、人道主义救援等重大任务。教材还展示了 2018 年习近平在南海检阅海上编队的图片材料，表明党和国家对现代化海军建设寄予厚望，对海洋愈加重视。教材第 181 页介绍了中国方案——"一带一路"。"一带一路"是"丝绸之路经济带"和"21 世纪海上丝绸之路"的简称。展现了中国在海洋时代中的大国担当与大国角色。

2. 人海经济关系

人海经济关系的发展阶段呈现出由近海岸至深海，由简单采集生产到复杂规模化生产，由人工操作到机械化生产这三个特点。无论是贸易与航线，都体现了人类逐级认识海洋的特点。

在第 2 课 "诸侯纷争与变法运动"中，教材第 11 页史料描绘了临淄的繁荣。齐国沿海地区凭借优越自然条件，成为重要的海盐生产基地，为齐国富强提供了支撑。使学生认识到在人类敬畏海洋的同时，开始通过生产力来利用海洋资源，发展沿海经济，理解人海关系随着生产力的发展与社会的进步进一步深化。

在第 11 课 "辽宋夏金元的经济与社会"中提到宋元时期，瓷器出口海外，成为继丝绸之后中华文明新的物质象征。教材第 62 页提到海外贸易繁荣外贸税收成为宋元两朝国库的重要财源,大型远洋海船装载丝织品、瓷器等,远销亚非许多国家和地区,输入中国的商品则以香料、珠宝等为主,主要外贸港口有广州、泉州、明州等。并在经济重心南移子目中提及元朝创造性地开辟了长途海运航线,并列出了元朝运河、海运路线图。体现出人海经济关系随着生产力的发展进一步发展。

教材第 81 页提到清朝后仅保留广州一处对外口岸,并规定由官府特许的"十三行"商人代为管理对外贸易事务。外商在广州的活动及其与中国商民的交往,都受到严格约束。民间船只出海贸易,更在严厉禁止之列。在明清时期,随着中央君主专制与思想文化专制的加强,海洋作为对外沟通交流的主要途径,开始面临着危机,"海禁"政策的盛行,影响了这一时期中国人海经济关系的发展。

第 15 课题目是"明至清中叶的经济与文化"。其中提到了新航路开辟后,农业上新的农作物品种传入中国,商业上用顾炎武的《肇域志》为史料支撑,介绍了徽州地区的经商习俗,其中提到海外经商的艰苦与凶险。

教材第 90 页便以英国走私鸦片的史实和飞剪船图片为导入,暴露了西方资本主义国家通过海洋走私行为来牟取暴利的行径,并借鸦片之争之名挑起鸦片战争。这说明海洋作为世界经济沟通的主要通道,正确利用可以发挥海洋的价值,牟取暴利则是在利用海洋,破坏和谐人海关系,影响各国之间关系。

在教材第 171 页,1984 年,中央进一步决定开放 14 个沿海港口城市。随着新中国的成立与改革开放,海洋再一次进入中国人的视野,为中国实现社会主义现代化与国际化交流提供了途径。人海经济关系在新时代下的新特点日益凸显,其作为合理合法的沟通交流途径,对世界范围内的经济全球化贡献巨大。

3. 人海文化关系

在人类早期阶段,即原始社会与奴隶社会时期,人类对自然与海洋的认识并不全面,对海洋则处于盲目崇拜之中。如《纲要》

上册第 1 课题目是"早期中华文明"。石器时代的人类生产力低下，以打磨石器为主，对自然的抵抗力较差。人类早期对自然与海洋都存在着适应的特点，以保证自身的存活。在早期国家出现后，生产力提高，人类对自然与海洋慢慢有了新认识。通过史料分析早期国家的特征，以得出其中包含王权与神权相结合的特征。结合精卫填海等神话传说来说明奴隶社会时期人类对海洋同样是敬畏与信奉的态度。第 1 课虽然在教材中未提及海洋内容，但学生能够通过教师对自然的延伸，理解人类早期对海洋的认识。第 1 课内容时间跨度长，涵盖中国原始社会与奴隶社会两个阶段，因此，教师引导学生理解早期人类对海洋的认识从而完成早期人海关系的发展的教学任务。

随着人类进入封建社会，受君主专制的影响，中国对海洋的态度在不同时期呈现不同特点。如在第 8 课"三国至隋唐的文化"的最后一个子目中提到了中外文化交流，介绍了这一时期中国与外国交流情况，其中有以海上航道往返的交流，如唐朝鉴真六次东渡前往日本传授佛法，唐朝后期，不少经海路来华的西亚商人在广州、泉州等港口城市定居。在教材第 46 页"唐朝对外主要交通路线示意图"中列出当时海路方面的航线。借此向学生展示现代西方国家的唐人街，带领学生感受对外开放，兼容并蓄的文化自信与民族自信，并且理解海洋成为文化交流与传播的重要途径，在文化创新与发展中起到重要作用。

此外，教师在讲述明清时期文化时，可将唐朝文化开放与海洋在其中扮演的角色和明清时期文化专制与"海禁"政策进行对比，使学生认识人海精神关系的体现，主要指海洋为人类精神意识的发展起到什么作用，如海洋的广阔影响人心胸的宽广等。从而对中国古代各时期海洋精神与文化发展形成联系。

《中外历史纲要》上册时间跨度长，涉及范围广，其中包含的海洋内容较为丰富，包含了人海经济关系、人海政治关系、人海军事关系、人海文化关系、人海精神关系等多个角度。因此，高中历史教材海洋内容的丰富性为教师开展以人海关系为主线的历史海洋教育提供大量史料素材，为学生形成和谐健康的人海关系观念提供价值依据。

(二)《中外历史纲要》下册海洋内容分析

《中外历史纲要》下册可理解为世界通史，从世界各文明产生开始，至21世纪全球化下的世界形势，其特点是时间跨度长，涵盖国家多，涉及领域广。本册历史教材中海洋内容丰富，世界各大洲的联系基本是通过海洋来进行的，特别是近代以来，新航路的开辟使全球的联系日益密切。对下册教材分析同样从人海政治关系、人海经济关系、人海文化关系三个角度开展，仍需注意的是，三者之间相辅相成，相互影响，并非彼此孤立和割裂。因此，笔者虽然将人海关系划分为三个主要角度，但教学中仍要注意三者之间的联系。如"全球航路的开辟"一课既涉及通过海洋进行文化扩张，还涉及海外寻求财富和海外殖民扩张与殖民地建设，体现了人海政治、经济、文化三者之间的统一。

1. 人海政治关系

第6课"全球航路的开辟"作为高中历史教材中海洋内容最丰富的一课，是人海关系发展到此阶段的重要表现，是人海关系内涵丰富的重要转折点。新航路开辟所带来的最直接的影响：是人类历史从分散走向整体过程中的重要节点，世界主要的大洋和大陆之间，通过海上航线建立了直接联系。地理大发现使人类在惊异地感受到世界性大航海对社会发展起到巨大推动作用的同时，也对海洋的认识从局部走向全局。人类通过海洋可以到达地球上的各个大陆和岛屿，这是陆地与海洋认识的真正转折点。[1]

新航路开辟后，人类与海洋的关系进一步深化，不单单表现在人类对海洋的利用性，也表现在人类对海洋的占有性，即海洋的政

---

[1] 林建华、邹冠男：《海洋政治属性的生成与演进》，《中国社会科学报》2018年8月15日第5版。

治属性。人类开始了对海洋的进一步征服——向深海远洋挺进。从客观来看，新航路开辟后促进了人口迁移和动植物的全球性流动，但同时也导致了各种疾病传播。教师立足于唯物史观视角，辩证分析新航路开辟后所产生的影响，海洋成为西方经济发展的利器，也成为西方邪恶殖民的途径。

在教材第 57 页谈及英国工业革命的背景时，英国通过殖民扩张，促进了资本原始积累，获得了大量廉价的原材料和广阔的海外市场。这一时期英国海外扩张过程中与其他国家所爆发的冲突以及英国的早期海军建设，使学生深刻理解海洋开始和陆地一样被占有和控制，海洋的政治属性因为其价值和利益的存在更加明显。

资本主义世界殖民体系的建立是同资本主义发展到帝国主义阶段联系在一起的，在它们之间扩张与争夺加剧的同时，也孕育着新的更大的冲突。教师引导学生理解这一时期帝国主义国家之间的矛盾与帝国主义和殖民地半殖民地人民的矛盾。西方邪恶扩张给落后国家和地区带去了严重的破坏，也带去了重建的使命，即双重使命理论。在全球范围内争夺海洋和陆地，成为帝国主义国家共同的目标。

教材第 85 页提到英德在日德兰海域进行海战，德国未能突破英国的海上封锁。学生要认识海洋地理位置在国家发展或扩张中的地位，理解海洋除了自身价值和航道价值外，其地理位置也至关重要。这主要体现了人海政治关系中的人海军事关系，即海洋战事，如二战时期的太平洋战争。一战结束后形成的国际新秩序——凡尔赛—华盛顿体系，其中提到限制美国、英国、日本等国的海军军备。究其本质，仍然是帝国主义国家争夺霸权和国际地位，说明一战结束后，海军的强大对国家实力的影响越来越重要。教材第 88 页学习拓展中提到了美国总统威尔逊的"十四点原则"，其中介绍道：领海以外，无论平时或战时，必须保持公海航行的绝对自由。随着海洋政治属性的加强，各国对海洋的争夺愈加激烈，为缓解各国在海洋上产生的争议，相关海洋法律在逐步完善。这虽然是大国霸权的工具，但体现了新阶段下人海政治关系中的人海法律关系进一步发展。

教材第139页提到海洋权益和极地资源争夺等日趋激烈,霸权主义和强权政治依然存在。本节课需要学生理解的内容较少,教师可以带领学生认识二战后世界为海洋立法所做出的努力,并与此前"十四条原则"中的领海公海相衔接,使学生认识到人海法律关系的发展与优化。

2. 人海经济关系

教材第8页提到古希腊人以移民方式扩大影响。他们凭借自己的组织能力、航海技术和武器,向地中海和黑海周边地区殖民。附上了古希腊人在地中海和黑海地区的殖民示意图,在学思之窗给出了柏拉图关于古希腊人居住范围和特点的描绘的史料。教材第11页史料阅读中对罗马城作出了描绘:贸易、航海、农业、金属加工,任何曾经创造出来或者生长出来的东西,都在这里汇合。文明交流子目中,列出了汉朝与罗马帝国交往的主要路线示意图,包括陆上商路与海上商路。

教材第22页提到阿拉伯商人在东到东亚、西到西欧、南至非洲的广大地区从事着陆上和海上贸易。并在第23页学思之窗中描绘了阿拉伯帝国都城巴格达城码头的场景:那里停泊着几百艘各式各样的船只,有战舰和游艇,有中国大船……阿拉伯人在东西方文化、政治和经济交流中发挥着作用,在古代航路的开拓与发展方面影响深远。

第7课"全球联系的初步建立与世界格局的演变"主要介绍了新航路开辟后对各洲以及世界所带来的影响。对社会带来的直接影响是促进了全球物种大交换。对经济带来的影响是商品的世界性流动具备了新特点,海路在世界贸易中的重要性大大提升,传统的印度洋贸易和新兴的大西洋贸易、太平洋贸易形成齐头并进的态势。新航路开辟后拉开了欧洲海外殖民扩张的序幕,随着海外市场的不断开拓,欧洲爆发了商业革命和价格革命,推动了欧洲资本主义的发展,人类社会开始进入大变革的时代。

教材第 135 页提到经济全球化是一个历史发展过程，可以追溯到新航路的开辟和资本主义的兴起。教师带领学生回顾新航路开辟后，海洋航线作为沟通全球的必经道路，在经济全球化中发挥的作用，进而借助海洋经济与海洋航线的发展认识经济全球化的阶段历程。

3. 人海文化关系

第 1 课"文明的产生与早期发展"介绍了世界各地区早期文明的产生，其中包括大河文明与海洋文明。海洋文明的代表是古代希腊，其中心区域是巴尔干半岛南部和爱琴海中的部分岛屿。教师带领学生对大河文明与海洋文明进行区分，理解各自文明的典型特征，并带领学生认识海洋文明所体现的个性文化特点。

教材第 34 页便以 13 世纪末 14 世纪初的新型航海图（实物史料）作为导入，航海图是人类走向海洋的必备工具，介绍了中国指南针对欧洲航海事业发展的影响。本课第一子目是"新航路开辟的动因和条件"。西欧人在地中海和大西洋沿岸的长期航行中积累了丰富的经验，他们相信大地是球状的，懂得选择风向最有利的季节出海远航。与此同时，造船技术不断提高，为远洋航行的进一步发展奠定了基础。这主要体现了人海文化关系中的人海科学关系，对海洋的认识进一步科学化。

《中外历史纲要》下册以全球为视角，展现了世界范围内早期文明的发展和全球联系性的加强。海洋在文明交流和全球联系中扮演了举足轻重的角色。以《中外历史纲要》为依托，开展人海关系视角下的海洋教育，希望学生形成和谐健康的海洋观，推动人海关系和谐发展，以响应"人类命运共同体"以及和平与发展的时代主题。

（三）以人海关系为视角的海洋教育内容特点

高中历史统编版教材投入使用已两年有余，对新教材的解读与分析并非仅仅简单陈铺，而是要从解读分析中发掘出其典型特点与存在问题，以期为一线教师在教学中对新教材的使用作出一些贡献。

1. 海洋内容碎片化

高中历史教材更新后，将中国与世界数千年来的发展融汇成《中外历史纲要》两册，其内容包含政治、经济、文化、军事、外交等众多领域。因此，针对每个时代的描述需要依据这一时期的重大事件和时代特点铺展，便容易出现著名事件和显著特点篇幅众多，而对这一时期其他内容叙述简略甚至不提。

因此，统编版历史教材海洋内容丰富性与碎片化的特点并不矛盾。海洋内容碎片化体现在教材中则主要是这一时期海洋方面的发展并不是主要问题，如秦汉时期北方少数民族的入侵与巩固大一统国家的措施是当时面临的主要问题。这便容易造成海洋历史的发展似乎被人为地割断，导致海洋历史断层。教师在讲解教材中未提及海洋内容部分时，容易忽略这一时期人类与海洋关系发展的时代特点，便无法做到全程人海关系演变的衔接。因此，需要教师在教材未提及海洋内容的课时中也应点到为止，带领学生回忆、巩固并形成新认识。

海洋内容存在碎片化的特点，放大来看，历史教材中其他内容也存在着相同的特点，如农业发展、商业发展抑或选官制度等，这与历史本身容量是密切相关的。历史自身所承载的内容是庞杂的，但对中学生来讲，学习最典型的历史，来把握历史规律，培养唯物史观素养和正确核心价值观才是最主要的。

至于培养专业性的历史人才则需要在选科结束之后，选择历史的学生将会进一步系统地学习历史知识和历史规律。对海洋内容的系统性整理在高一阶段以人海关系的视角完成，将会对后期海洋史复习形成宏观框架与微观定位。对于未选历史的学生来讲，宏观认识人海关系的发展，对于新时代下海洋建设与海洋维护可以形成内心的价值判断，以培养新时代下新青年和谐海洋观与价值观。

2. 中国史与世界史人海关系割裂化

《中外历史纲要》分为上下两册，将历史分为中国通史和世界通史。受教材的局限性，学生在学习中国史后，对同时期世界历史的发展很难做到清晰认识，往往会出现历史时期与历史事实混淆。学生在学习世界史时，因对中国史学习已过去一段时间，也会遗忘同时期中国历史发展，从而导致中国史的学习与世界史的学习互相割裂。

从这一局限性细化来看，中国人海关系的历史发展与世界人海关系的历史发展存在着时间上的出入，并且在内涵上也存在不同。学生依托教材，结合教师补充讲授，对学习中国人海关系的历史发展形成一条主线，再学习世界史后，便容易混淆甚至将全球范围内人海关系的历史发展与中国割裂。但就人海关系发展的规律来看，是基本不分国界的。中国在世界丛林中矗立，必然符合其中的规律，因此虽说中国人海关系发展有其个性，但仍具备着世界范围内人海关系历史发展的共性。

因此，将中国史与世界史两册海洋内容整合学习，做好中国与世界关系的梳理和历史发展的衔接，极其考验教师的能力。做好两册海洋内容与人海关系发展的衔接，防止割裂，既可以带领学生梳理好中国史人海关系发展演变的地域性特色与时代性特点，也能够带领学生从全球视角中发现人海关系发展的整体性规律。

3. 海洋精神内涵薄弱化

以人海关系为视角，开展高中历史海洋教育其最终目的是培养学生确立和谐健康的海洋观，透过历史现象来反思历史，正视当下。

人海关系的历史发展阶段性特点十分明显。人类对海洋的认识与海洋对人类的反作用是人类与海洋关系的直接体现。人类对海洋的认识是渐进发展的，但仍以其经济价值为核心，以至于后来因争夺而被赋予了政治属性。海洋对人类反作用则主要体现在海洋赋予人类的文明特性与精神，此外还有海洋自然灾害等。

统编版教材中所反映的更多是前者，即人类对海洋的渐进利用与人海关系的发展。反映出人类是主体，是以征服者的姿态来面对海洋。但历史学科本身的人文性更应强调人类与海洋的相处中，海洋带给人类哪些更具价值性的东西。这不应只体现在经济和政治价值中，也应该体现出海洋文化精神。

因此，针对教材中海洋精神内涵的薄弱，教师更应结合史实和时事，引导学生认识其中所具备的精神内涵，使学生能够由表及里地认识海洋价值，推动人海平等关系下的和谐发展，也能促进学生确立和谐海洋观与奋进的海洋精神。

二　教师教学中开展人海关系视角下的海洋教育访谈及结果分析

（一）访谈概况

教师在教学中扮演着至关重要的角色，高中历史教学中渗透人海关系视角下的海洋教育与教师有着千丝万缕的联系。为了了解一线教师在历史教学中开展人海关系视角下的海洋教育情况，笔者对一线历史教师进行了走访调研。

笔者分别对泰安市宁阳县 A 高中和济宁市曲阜市 C 高中的部分一线教师进行了走访调研。

访谈共分为两部分，教师基本情况与访谈问题。教师基本情况包括教龄与执教年级；访谈内容包括五个问题，具体分别为：高中历史教学中向学生讲授海洋方面的内容是否有必要？您会在高中历史教学中向学生讲授海洋方面的内容吗？您是怎么理解海洋教育中的人海关系的？您认为当下在历史学科中渗透人海关系教学存在哪些问题，有哪些举措？高三复习过程中，是否有海洋专题复习，主线是什么？

笔者将访谈教师分为三个层次，分别是刚入职教龄不过 5 年的青年教师，入职 5 年以上、25 年以下的中年教师与教学经验丰富、教龄超过 25 年的成熟教师。访谈教师按姓氏首字母命名。其中宁阳县 A 高中青年教师 Z 老师（教龄 1 年），中年教师 D 老师（教龄 18 年）和 X 老师（教龄 16 年。姓氏重合，采用姓名第二个字首字母），成熟教师 C 教师（教龄 32 年）；曲阜市 C 高中青年教师 P 老师（教龄 2 年），中年教师 W 老师（教龄 14 年），成熟教师 L 老师（教龄 29 年）。

（二）访谈结果与分析

通过对各位一线教师的走访调查，并将访谈记录整理和分析，如下所示：

> 问题一：您认为在高中历史教学中向学生讲授海洋方面的内容有必要吗？请说明理由。
>
> Z老师：有必要。海洋是人类交流沟通的重要通道，在历史中发挥着重要作用，历史教学离不开海洋内容的讲述。并且可以增强学生的海防意识和海洋环保意识。
>
> D老师：有必要。21世纪是海洋的世纪，海洋与历史知识密切相连，有利于提高学生综合素质。
>
> X老师：有必要。可以强化学生的海洋意识，正确认识和利用海洋，科学经略海洋，事关民族复兴。铸就学生海洋精神，如博大、宽容、开放、自信。
>
> C老师：有必要。世界各地区联系多数开始于海洋，人类离不开海洋，人类发展的历程与海洋有密切联系。
>
> P老师：有必要。国家经济发展离不开海洋，帮助高中生了解当前世界海洋状况有利于学生未来发展，帮助学生树立爱国意识与民族精神。
>
> W老师：有必要。海洋作为当下经济发展与国际交流的重要一环，地位不言而喻，引导学生正确认识海洋，学习海洋，对建设海洋强国至关重要。
>
> L老师：有必要。海洋是沟通各国的主要通道，海洋教育是现代国家发展的必然要求。

各位教师不论教龄差距，一致认为有必要在高中历史教学中讲授海洋方面的内容，且认为海洋对人类历史的发展起着至关重要的作用。各位教师联系到历史中的海洋与现实中的海洋，从多角度分析了讲授海洋内容的合理性与必要性。

问题二：您会在高中历史教学中向学生讲授海洋方面的内容吗？您对教材中的海洋内容持什么看法？对时事中海洋内容的关注度如何？

Z老师：会结合教材中出现的海洋内容进行讲解。我认为历史教材中对海洋方面的内容涉及较少，应增加内容。对海洋的关注并不高，平时备课与学习较忙。

D老师：会，不仅会结合教材中的海洋内容，还会结合与海洋相关的时事热点进行讲解。我认为教材中的海洋内容观念明确，布置合理，很赞同。对海洋相关的时事热点时常关注，很感兴趣。

X老师：会，会采取教材海洋内容并与现实相结合的方式进行讲解。我认为教材中的海洋相关内容较少，但有助于增强学生海洋观念。对海洋相关时事热点偶尔关注，不能系统、全面地了解。

C老师：会，因课堂时间有限，只会结合教材中出现的海洋内容进行讲解。我认为教材中海洋方面的内容接近历史真相，符合唯物史观。对海洋的关注度一般。

P老师：会，会结合教材讲解。统编历史教材更突出了海洋意识教育，尤其是涉及近代史部分，海疆保卫与民族危机相联系，让学生进一步认识"海洋国土"的重要性，并希望未来能进一步丰富"海洋教育"相关史料内容。

W老师：会，会结合教材讲解。我认为教材中海洋内容设置较为丰富，但因课堂容量有限，无法全面铺开并延伸。对海洋热点新闻较为关注。

L老师：会，会结合教材讲解。我认为教材中海洋内容较为零散，前后逻辑较差，要依据时代背景渗透。对时事热点经常关注。

从访谈结果中可以看出，教师从不同角度对教材中的海洋内容发表了看法，有从教材中海洋内容容量角度分析，有从教材中海洋内容质量角度分析。教师会根据教材中已有的海洋内容展开相关海洋知识点的讲授，但受个人知识储备与课堂时间限制（有部分教师讲课速度较慢），无法延伸或结合实际热点。这与教师本身对海洋的关注度有密切关系，经常了解海洋热点新闻的教师会在课堂上延伸拓展并展开讨论。

问题三：您怎么理解海洋教育中的人海关系？您认为教材中是否有关于人海关系的内容？是否会在教学中渗透人海关系的历史、现状与未来？

Z老师：人应顺应自然，也需要发挥主观能动性利用海洋资源。没有关于人海关系的内容。会。

D老师：海洋是人类资源的重要来源，海洋教育有助于人类更加了解海洋，保护海洋。没有关于人海关系的内容。会。

X老师：相互依存。中国发展特别需要关注海洋，重视海洋开发、利用与保护。有一些，比如新航路开辟对人类的影响和郑和下西洋的积极意义。适时渗透，开阔学生视野，提升海洋认知。

C老师：海洋影响人类，人类以海洋为平台创造历史。对统编版教材不熟悉，没注意教材中是否有关于人海关系的内容。想渗透，但知识储备有限。

P老师："人海关系"应当由"人海自然关系"和"人海社会关系"组成，包括人海生态关系、政治关系、经济关系、文化关系、军事关系、法律关系等。教材中有丰富的内容与此相关，如"海上丝绸之路"。会，如在讲解丝绸之路时会结合当下"一带一路"使学生古今联系。

W老师：人海之间的活动，历史学科则主要侧重人海之间活动的历史演变与历史事实。教材中人海关系的内容较为丰富，这与当下"海洋强国"建设息息相关。会在教学中结合当下来认识人海关系的演变，如海洋环境、海权等内容。

L老师：它是海洋教育的一个侧面体现，也是海洋教育的核心内容。有，如郑和下西洋、闭关锁国等内容体现出人对海洋的态度。会结合，这是教学中的新视角，学生也很感兴趣。

从访谈结果中可以看出，人海关系在教师眼里主要是相互依存，人类利用海洋，顺应自然，保护海洋。对于教材中人海关系的内容，部分教师认为没有，部分教师表示统编版教材刚接触，还不够熟悉，部分教师认为有一些。但总体来看，说明教材中关于人海关系的内容还是较少的。但各位教师会结合自身知识储备，在教学中进行补充。

问题四：您认为当下在历史学科中渗透人海关系存在哪些问题？对人海关系教学存在的问题是否有解决举措？

Z老师：我认为主要问题是相关史料较少。认识方面比较薄弱，应加强相关培训与学习，应从教材内容、课标设计、教学环节等方面增加专门的环节。

D老师：我认为主要问题是教师知识储备有限，相关史实资料缺乏，教学时间有限。举措暂无。

X老师：我认为主要问题是片面理解利用海洋，误解海洋观念，教育层面重视不够，相关内容稀缺。应提升认知水平，足够重视，培养创新能力和资料整合能力。

C老师：我认为主要问题是对海洋知识缺乏。应坚持教师自我发展，学习相关海洋知识，来克服知识性问题。

P老师：一、相关史料不够丰富；二、教师自身海洋意识缺乏。建议一线教师多丰富自身海洋知识，查阅相关海洋史料，为课堂海洋知识直观形象提供史料素材。

W老师：主要是课时紧张，导致海洋方面知识无法全面涉及，学生只能一知半解。建议历史教师为学生开列阅读书目，以课外途径丰富学生海洋知识。

L老师：一线教师海洋知识储备有限，海洋情怀不足，教学中难免忽略。强化教师自身海洋素养，教学中逐步渗透。

从访谈结果中可以看出，历史学科渗透人海关系主要存在史料少，理解有误区，教学时间有限，教师知识储备有限等问题。针对以上问题，教师们建议自身应注重个人发展与学习，课前备课要充分。因此，历史学科中渗透人海关系为主线的海洋教育，客观难度艰巨，但仍有线可循，考验着教师自身能力与知识储备。教师通过发挥主观能动性，结合学生兴趣，克服客观局限性，在课堂上开展人海关系主线式海洋教育教学。

问题五：高三复习过程中，是否有以海洋为主题的专题形式的复习？并说明原因及效果，且如果有，海洋史专题复习的主线是什么？

Z老师：未带高三，并不了解。

D老师：高三复习过程中有以海洋为主题的专题形式复习，原因是为培养学生的海洋意识，结合社会热点问题，聚焦高考。复习方式主要是微专题，有助于学生从历史的角度去认识海洋的变迁发展历程，并将历史与现实相关联。海洋史专题复习的主线是以时空定位编排。

X老师：高三复习中有海洋专题复习，原因是海洋史是历史重要组成部分，关于海洋内容考试可能会涉及。复习方式主要是专题整合，资料阅读，中外关联，古今对照。学生对海洋史有一定的认识，初步形成对海洋的正确认知。海洋史专题复习的主线是以世界为背景，分析不同大洋周边地区发展的共性与个性，强调各地联系与区别。

C老师：高三复习中未设置海洋专题复习，原因是高考考查方向未涉及海洋专题。复习方式主要是以大洋为中心，整合相关史实，效果是学生可能发现不同大洋周围历史演变是不同的。

P老师：未带高三，并不了解。

W老师：有海洋专题复习，海洋历史在教材中有部分占比，高三复习强调专题化复习，将原来零散的知识整合，以应备高考。海洋史主线主要是按照教材顺序编排，即时间线索。

L老师：有。海洋史在高考中出现过。复习方式主要是以国别史为主，主线则是按时间和国别排列，形成比较认识。

从访谈结果可以看出，高三专题复习中部分教师会将海洋史设为专题进行海洋内容系统复习，也有教师未设置。就海洋史专题复习主线来看，按时空定位、比较分析等方式进行复习。复习效果比较明显，学生对教材中海洋知识更加熟悉。但其中存在的最大问题是，复习专题是以旧教材和旧高考为主，针对新教材与新高考的海洋史专题，各位教师也表示将会因时更新。

三 学生接受人海关系视角下的海洋教育调查及结果分析

（一）调查概况

为了了解高中生在历史科目中对人海关系视角下海洋教育学习的实际情况，笔者分别在山东省泰安市宁阳县A高中、德州市陵城区B高中和济宁市曲阜市C高中，对学生进行抽样问卷调查。

问卷内容主要由四个部分组成，共21道题目（详见附录一），包括单选题、多选题和客观题三种类型。第一部分是对所调查对象基本情况的了解，包括性别与年级。第二部分是高中生对海洋的关注及高中历史课堂对海洋的渗透情况调查（第1—6题）。第三部分是高中生对海洋常识的认识调查（第7—14题）。第四部分是高中生对人海关系的发展的认识调查（第15—21题）。

问卷设计好后，笔者分别在实习过的A高中、C高中开展调查，随后前往此前高中母校B高中开展调查。三所高中生源规模有较大区别，师资水平和学生水平也存在差距。其中 A 高中是宁阳县当地重点高中，竞争比较激烈，一级学生 800 人上下，生源质量较好，但受地理位置制约，教育方面以教材书本为主，管理严格，重成绩而忽视个性；B 高中是陵城区内唯一一所普通高中，主要吸收城区及附近乡镇的学生，生源规模大，一级学生数量 2000 人上下，师资水平较高，但生源水平存在较大差距；C 高中是大学附属中学，是三所学校中生源质量最好的学校，师资水平高，生源规模较小，一级学生数量在 700 人上下。

在此次问卷调查中，笔者采取随机抽样调查，在高一随机抽取五个班级、在高二随机抽取三个班级。其中高一年级问卷主要在 A 高中和 B 高中发放，高二年级问卷在 C 高中发放。这样既可以考虑到不同学段学情差异，也可以兼顾学生个体之间的差异。调查对象的基本情况如下表所示：

表 4-1　　　　　　　　　问卷调查对象基本情况

年级	高一	高二	共计
人数	242	167	409

资料来源：根据附录一调查问卷个人情况调查结果制成。

此次调查问卷共计发放 420 份，有效回收 409 份，有效回收率 97.4%。其中高一年级发放问卷 250 份，有效回收 242 份，有效回收率 96.8%，高二年级发放问卷 170 份，有效回收 167 份，有效回收率 98.2%。笔者通过 SPSS 软件，对所获取的数据进行统计和分析，对高中生在历史学科中对人海关系视角下海洋教育的实际认知情况进行进一步梳理。

（二）调查结果与分析

通过对调查问卷的整理、统计和分析，笔者将依据问卷中所出现的具体问题进行解读和分析。

1. 中学生对海洋的关注程度

对于非沿海地区的学生来讲,受升学压力与家庭条件影响,学生对海洋的认识非常有限,仅仅局限于教材与书本之中。随着现在网络发达,学生通过网络也会了解一些海洋知识,但与个人兴趣息息相关。因此问卷第 1 问便设计为学生对海洋的热爱,如表 4 - 2 所示:

表 4 - 2   中学生对海洋的热爱程度调查

热爱程度 \ 年级	高一	高二	小计
喜欢	147	115	262
一般	59	36	95
不喜欢	6	3	9
没去过,不清楚	30	13	43

资料来源:根据附录一调查问卷第 1 题调查结果制成。

根据调查数据显示,高一年级喜欢海洋的人数比重为 60.7%,不喜欢的人数比重为 2.5%;高二年级喜欢海洋的人数比重为 68.9%,不喜欢的人数比重为 1.8%;总体来看,喜欢海洋的人数比重为 64.1%,不喜欢的人数比重为 2.2%。

可以看出,随着学段的增长,学生对海洋的热爱程度是增加的,且学生喜欢海洋的人数比例是较高的,因此,在中学阶段开展人海关系视角下的海洋教育是符合学生兴趣方向的。

随后问卷第 2 问便设计为学生会去主动了解海洋相关的时事新闻吗,进一步了解学生能否将兴趣爱好转化为行动实际。如表 4 - 3 所示:

表 4-3　　　　　　　　中学生了解海洋时事新闻情况调查

选项＼年级	高一	高二	小计
经常主动去了解	26	16	42
偶尔主动去了解	138	86	224
会听他人分享	61	56	117
毫不了解	17	9	26

资料来源：根据附录一调查问卷第 2 题调查结果制成。

根据调查数据显示，高一年级学生主动了解海洋时事新闻的人数比重为 63.6%，毫不了解的人数比重为 7.0%；高二年级学生主动了解海洋时事新闻的人数比重为 61.1%，毫不了解的人数比重为 5.4%；总体来看，主动去了解的学生占比为 65.0%，毫不了解的学生占比为 6.4%。

可以看出，受兴趣影响，会主动去了解的学生占多数，但受升学压力与课业负担等因素影响，经常主动去了解的学生数量较少。且随着学段上升，升学压力增加的同时，主动了解书本以外的知识的学生比重降低。

最后，通过问卷第 6 问让学生对自身海洋了解程度做出总结，如表 4-4 所示：

表 4-4　　　　　　　　学生对自身海洋了解程度调查

选项＼年级	高一	高二	小计
非常多	7	11	18
有点多	105	56	161
一般	127	94	221
没有	3	6	9

资料来源：根据附录一调查问卷第 6 题调查结果制成。

根据调查数据显示，认为自己对海洋了解有点多和一般的学生人数最多。高一学生认为自身对海洋了解有点多和一般的人数比重分别为43.4%和52.5%；高二学生认为自身对海洋了解有点多和一般的人数比重分别为33.5%和56.3%。

可以看出，学生虽然对海洋的兴趣度非常高，并且会主动去了解或听同学与老师分享海洋相关时事新闻，但是因学生年龄尚小，对国际新闻的知识储备与社会经验较为缺乏。很明显的是，学生对自身年龄阶段与自身认知水平的认识非常贴近，并未过高或过低评估自己。

因此，高中阶段学生对海洋方面知识的学习具有较好的兴趣，历史学科若要摆脱枯燥性，应依托学生兴趣来展开教学。人海关系视角下开展海洋教育在此背景下则显得确有必要。

2. 高中历史对海洋的渗透情况

学生海洋兴趣很高，但海洋知识储备却十分有限，这与学生当下的学段学情有着密不可分的关系。调查学生在高中历史课堂中能学习到多少海洋知识对探究学生海洋知识储备有限的其他原因有巨大帮助。探究高中历史对海洋的渗透情况主要从教师和教材两个角度着手，如表4-5和表4-6所示：

表4-5　历史教师在课堂上讲解海洋方面的时事新闻情况调查

年级 选项	高一	高二	小计
经常会	25	21	46
偶尔会	105	103	208
基本不会	72	40	112
完全没有	40	3	43

资料来源：根据附录一调查问卷第4题调查结果制成。

根据调查数据显示，认为教师在课堂上经常涉及海洋方面时事新闻的学生占比很小，高一年级为10.3%，高二年级为12.6%，总体来看为 11.2%；认为完全没有涉及的学生占比较小，大多数是认为偶尔会涉及，高一年级认为偶尔会涉及的占比为 43.4%，高二年级为 61.7%，合计来看为 50.9%。

可以看出，高中阶段受课标要求与课时任务等条件限制，教师会以教学重难点和课标要求为重点讲解内容，认为经常会讲解课外海洋知识的学生占比很少，说明在历史课堂中，受时间限制，教师很难有太大的发挥空间，拘泥于教材来完成任务成为教师的首要目标。

表 4-6　　　　历史教材海洋方面知识丰富性情况调查

年级 选项	高一	高二	小计
非常丰富	20	15	35
有但是不多	181	130	311
没有	28	15	43
没仔细看，不了解	13	7	20

资料来源：根据附录一调查问卷第 5 题调查结果制成。

根据调查数据显示，认为统编版教材中海洋方面知识有但是不多的学生占比最高，高一年级为 74.8%，高二年级为 77.8%，合计来看为 76.0%。

可以看出，学生认为统编版教材中海洋方面的内容虽然有，但因为其零散性的分布，在整篇教材中所占比例较小。

由以上两项数据可以看出，高中阶段的学生虽然对海洋十分憧憬，对海洋知识也十分感兴趣，但受教材、教学、升学等因素影响，学生对海洋知识的掌握程度并不高。最后，通过设计"学生获取海洋知识的途径有哪些"这一问题，来了解学生除教材外还有哪些获取途径。如表 4-7 所示：

表 4-7　　　　　　　　学生获取海洋知识的途径调查

年级 选项	高一	高二
教材	93	82
课外书	125	72
网络博主	175	102
电视新闻	174	115
其他	24	42

资料来源：根据附录一调查问卷第 7 题调查结果制成。

本题为多选题，根据数据显示，学生获取海洋知识的途径是多样的，其中从网络和电视中获取的人数最多，还有一些学生会从报纸等其他途径获取。

由以上问卷结果可以看出，高中阶段历史教学中开展海洋教育仍任重道远，教师引导学生以人海关系为海洋教育的主线教学，使学生能依据主线来寻找人类与海洋历史发展的共性与个性，既可以有效利用课上时间，也可以整合教材与课外资源。

3. 高中生海洋常识调查情况

前文提到高中生对自身海洋了解的调查结果显示，认为自身海洋了解有点多和一般的人数最多。因此有必要对学生掌握的海洋常识作具体调查，本问卷按照古代与现代海洋知识相结合的方式设计了一些问题。

如问卷第 9 题与第 10 题都是与《联合国海洋法公约》（以下简称《公约》）相关，将两题调查结果整合后如表 4-8 所示：

表 4-8　　　　　　　　海洋法公约相关常识调查情况

X\Y	300 万	960 万	500 万	100 万	小计
听过并非常了解	1	2	4	0	7
听过并有所了解	26	20	24	11	81
听过并不了解	75	36	63	29	203
没听过	45	28	27	18	118

资料来源：根据附录一调查问卷第 9 和 10 题调查结果制成。

第 10 题正确答案是 300 万平方公里。根据调查数据显示，听过并了解过《公约》且选对的学生占比为 30.7%，听过并不了解《公约》且选对的学生占比为 36.9%，没听过《公约》且选对的学生占比为 38.1%。

第 8 题和第 13 题是现代海洋常识与时事热点新闻的问题，将两题调查结果整理后如表 4-9 和 4-10 所示：

表 4-9　　　　　　"世界海洋日"常识调查情况

年级 选项	高一	高二	小计
3 月 16 日	29	32	61
6 月 8 日	113	86	199
9 月 16 日	78	33	111
12 月 8 日	22	16	38

资料来源：根据附录一调查问卷第 8 题调查结果制成。

本题正确答案是 6 月 8 日。根据调查数据显示，高一年级正确率为 46.7%，高二年级正确率为 51.5%，总体来看正确率为 48.7%。

表 4-10　学生了解日本渔民大肆捕杀海洋生物事件调查情况

年级 选项	高一	高二	小计
知道并详细了解	123	67	190
听过但并不了解	110	81	191
没听过	7	18	25
不关心	2	1	3

资料来源：根据附录一调查问卷第 13 题调查结果制成。

根据调查数据显示，高一年级详细了解过和听说过日本渔民捕杀海洋生物的学生占比高达 96.3%，高二年级学生占比为 88.6%，总体来看为 93.2%。

由以上两题看出,随着我国节能减排政策与国家节日活动的大力宣传与推行,有近一半学生对"国家海洋日"的时间是清楚的。受网络时代快速发展的影响,学生对时事热点新闻的了解较为充分。说明高中生对当下海洋相关事实感兴趣且能够付诸实施去了解。

第 11 题和第 15 题是针对古代海洋变迁与跨海航行的史实考察,其中第 15 题因学生在初中阶段便学习过,答对的学生比例很高,达 98.5%。第 11 题调查结果整理如表 4 – 11 所示:

表 4 – 11　　　　　　学生了解南海古称调查情况

年级 选项	高一	高二	小计
涨海	47	23	70
琼海	199	123	322
沧海	98	64	162
朱崖海	57	39	96

资料来源:根据附录一调查问卷第 11 题调查结果制成。

本题为多选题,正确答案为涨海、琼海和朱崖海,沧海是渤海的古称。根据调查数据显示,本题选沧海的学生为 162 人,错误率是 39.6%。选择琼海的人数最多,涨海的人数最少。

可以看出,学生对教材中相关的海洋常识记忆非常牢固,但是对于教材外结合的海洋知识则显得不足。沧海一词曾在曹操所作《观沧海》一诗中体现,仔细思考便不难答出。

根据以上数据显示,学生对于教材内的海洋历史知识与当下的海洋时事知识认识比较到位,但对于教材外的海洋历史知识则略显不足。因此,在历史学科中结合学生感兴趣的海洋时事新闻开展人海关系视角下的海洋教育十分有必要。

4. 中学生对人海关系发展与海洋战略的认识情况

问卷设计的难度是由浅至深,最后一部分则是透过现象看本质,历史与现实相结合,去思考现象背后的规律与实质,即人海关系的历史发展阶段与当下的国家战略相结合。

第 2 题和第 16 题皆是为探究学生对当前国家海洋战略的认识情况，将两题调查结果整合后如表 4-12 所示：

表 4-12　　　　　学生对国家海洋战略的认识情况

X\Y	听过并详细了解	听过并有所了解	听其他人说过	没听过，不了解	小计
非常重要	35	169	41	32	277
比较重要	11	69	24	21	125
一般	1	0	2	3	6
不重要	0	0	0	1	1

资料来源：根据附录一调查问卷第 3 和第 16 题调查结果制成。

根据调查数据显示，几乎全部的学生认为海洋在当下国际背景中的地位是重要的，认为非常重要的占比 67.7%。这说明中学生结合自身已有的历史知识，认识到海洋在国家发展中的地位与价值。但具体来看，学生对于国家制定的建设海洋强国战略并未有深入了解，大多数学生仅仅是有所了解甚至是有所耳闻。

最后，问卷以人海关系发展的主要特点，即人海矛盾与海洋价值等角度来设计问题，考查学生对人海关系的认识程度。如第 17 题结合当下环境问题，询问学生当下人类对海洋的开发是否过度？调查结果如表 4-13 所示：

表 4-13　　　　　学生对人类开发海洋的认识情况

年级 选项	高一	高二	小计
非常过度	8	6	14
过度	138	103	241
正常	91	55	146
不过度	5	3	8

资料来源：根据附录一调查问卷第 17 题调查结果制成。

根据调查数据显示,认为人类对海洋开发过度的人数比例最高,高一年级占比为 57.0%,高二年级占比为 61.7%,合计来看为 58.9%;认为人类对海洋开发正常的人数比例居其次,高一年级占比为 37.6%,高二年级占比为 32.9%,合计来看为 35.7%。

可以看出,随着人类生产力水平提高,人类征服自然与海洋的能力越来越强,人类对海洋的破坏力也随之提升,如冰川融化等问题接踵而至。但我国提出节能减排与可持续发展的政策后,对海洋的开发与破坏程度降低,因此也有部分学生认为当下我国海洋开发程度是正常的。

第 18 题则是在第 17 题基础上发起设想,询问学生倘若经济发展与海洋环境冲突加剧,该作何选择?调查结果如表 4-14 所示:

表 4-14　在经济发展与海洋环境冲突加剧后学生的选择情况

选项＼年级	高一	高二	小计
A	2	1	3
B	93	75	168
C	144	88	232
D	3	3	6

资料来源:根据附录一调查问卷第 18 题调查结果制成。

根据调查数据显示,认为以恢复海洋环境为主,暂停相关经济活动的学生人数最多,高一年级占比为 59.5%,高二年级为 52.7%,合计来看为 56.7%。

可以看出,学生以辩证的视角来看待冲突,且认为环境大于经济的学生超过一半,这也符合我国当下主张的可持续发展理念,符合人海关系的和谐化发展。

第 12 题则依据海洋的经济价值与精神价值来设问学生,海洋的价值包括哪些?调查结果如表 4-15 所示:

表4-15　　　　　　　学生对海洋价值的认识情况

选项\年级	高一	高二	小计
海洋生物资源	241	160	401
海洋能源	237	161	398
海洋环境	118	123	241
海洋地理位置	142	119	264
海洋文化	119	133	252

资料来源：根据附录一调查问卷第12题调查结果制成。

根据数据显示，多数学生能看出海洋所具备的经济价值，即生物资源与能源，但有约40%的学生认为海洋环境、海洋地理位置和海洋文化不算海洋价值。

可以看出，学生将目光只放在了海洋的经济效益上，对价值本身的理解没有突破利益。因此，高中历史学科需要发挥学科人文性的特性，引导学生对海洋文化、海洋环境等形成价值认识，培养学生健康和谐的海洋观与价值观。

最后，通过对未来的期望结束问卷，第19题设计为对未来人海关系发展态势持什么态度。调查结果如表4-16所示：

表4-16　　　　学生对未来人海关系发展的趋势认识情况

选项\年级	高一	高二	小计
非常乐观	45	15	60
乐观	159	113	272
一般	20	17	37
悲观	18	22	40

资料来源：根据附录一调查问卷第19题调查结果制成。

根据调查数据显示，多数学生对未来人海关系发展的趋势持乐观态度，高一年级占比84.3%，高二年级占比为76.6%，总体来看为81.2%。但也有少数学生对未来人海关系发展持一般态度，甚至是悲观态度。

可以看出，随着社会的发展与人类的进步，学生对未来人海关系发展期望值较高，人海关系的和谐化健康化是多数人期望看到的。

综上，根据调查问卷的主观题结果显示，高中阶段学生对海洋的兴趣度很高，对海洋知识的渴求度很高，但实际上在高中学习阶段中，受客观因素限制，学生很难学习到更多的海洋知识。此外，学生对当下的海洋时事了解较多，但对历史中的海洋知识较为匮乏，尤其是教材之外的内容。最后，仍有近半学生对海洋价值无法突破经济视角，历史学科独特的人文性应充分发挥，从历史发展中认识海洋的文化价值、环境价值及地理价值，学生对未来人海关系的发展较为期待。

5. 客观题情况分析

本次问卷共设计三个客观题，设计目的是由事件到本质，由表象至深层。第一个问题是日本核废水排放事件，并请同学们发表自己的看法。几乎所有同学都在新闻中了解到这一事件，并认为此举是将本国利益凌驾于其他国家之上，破坏海洋环境与海洋生物，给周围国家带来沉重影响，甚至会危及人们的健康。

第二个问题则在事件本身上加以升华，针对海洋环境问题设问，人海关系的矛盾只存在于经济与环境方面吗？学生们展开联想，认为人海关系的主要矛盾在于人类对海洋的开发与利用，即关注海洋所产生的经济效益，由此所引发的环境问题日益明显，全球气候变暖、冰川融化、海啸、赤潮、海洋塑料污染等。此外，学生们也能认识到人海关系的矛盾不局限于此，如人类与海洋生物的矛盾，国际政治视角中的海洋主权争端，海洋军事打击，海洋污染后的人类安全等方面。

最后，结合历史学科本身，设问随着历史的发展，人类对海洋的认识的阶段是什么？最后一问从宏观视角出发，纵观整个人类发展历史，来探究人海关系的演变历程。因此，学生很难做到全面列举所有的阶段。根据本题回答数据整理，笔者总结三个特点，一是高二学生与高一学生相比，回答较为客观，主要原因是高一学生当下处于《中外历史纲要》上册的学习，《中外历史纲要》下册，即世界史内容尚未学习，因此高一学生很多是用中国史的知识来回答本题，无法站在全球的视角去考虑；二是高一学生回答视角单一片面，如有的同学只从军事角度认识人海关系的发展，有的同学只从政治角度，还有的同学只认识到人类对海洋的开发是从近海到远海，海面到深海的过程，无法完全归纳阶段特点；三是高二学生已完成必修的学习，且选科中包括历史，因此能够使用唯物史观的方法去思考问题，且归纳较为完整，但仍有多数同学存在阶段时间不明确、阶段特点不合理等问题。

综上，学生对海洋的认识仍然局限于事件本身，且能够认识到当下海洋环境的重要性，认为未来人海关系的发展是和谐共生。但是可以看出，多数学生对历史中人海关系的发展阶段并不熟悉，定位不够明确，无法以发展的眼光来看待人海关系，无法正确认识人海关系发展的规律。因此，高中历史应坚持以唯物史观为指导，结合史实，引导学生认识人海关系的历史演变与规律，推动学生建立和谐海洋观。

第四节 高中历史开展人海关系视角下海洋教育的原则策略

高中历史开展人海关系视角的海洋教学，其目的是借助历史学科的独特视角，帮助学生深入理解人类与海洋之间的复杂关系，以此培养学生的海洋意识和全球视野。以下是从原则策略角度对如何开展人海关系视角下海洋教育的总体介绍。

一　历史性原则——人海关系主线框架分析与设计

高中历史开展人海关系视角下的海洋教育，就必然要形成人海关系的历史发展框架，依托历史发展框架来认识人海关系的阶段特点和阶段史实。因此，首要解决的便是人海关系框架的分析与设计。

（一）人海关系主线框架分析

教师对人海关系框架的把握取决于教师对教材的理解程度。以人海关系为视角开展海洋教育，考验着教师对教材的熟悉程度，需要教师对教材中存在的问题进行克服。

第一，历史教材选取的仅是无数历史事件中具有代表性，且能够反映时代的关键内容，受教材本身容量的局限性，无法将发生过的历史完全囊括。历史教学也不仅仅是拿出教材简简单单圈画，而是尽可能还原历史，使学生能够依托教材中的历史内容，尽可能完整认识这一时期的历史事件，并能通过事件认识本质，理解历史发展的规律。而教材容量的局限性也就导致了内容的零散性，无法做到每节课有效地衔接。因此需要教师通过回顾、暗示等方式引导学生进行相关知识点的衔接。海洋知识衔接需要线索，教师以人海关系的历史发展为线索，使学生能够理解每个时期人海关系发展的特点。

第二，高一至高三的学生对人海关系的认识是有区别的。高二面临着选科，选择历史的大多是对历史感兴趣且对历史知识较为熟悉的学生，这一阶段的学生对人海关系的历史发展阶段能够以唯物史观为指导，得出大致定位，但受自身知识局限，无法全面认识。进入高三后，学生对历史的理解将会更进一步，对人海关系的发展更加清晰，且高三教师在带领学生复习时，会采取专题式复习，其中包含海洋史专题复习，但海洋史专题复习的线索是较为模糊的。高三学生对历史知识较为熟悉，且能够以唯物史观为指导，去认识历史发展的规律，以人海关系的历史发展为线索来复习海洋相关知识，符合唯物史观的要求，符合学生的认知。

对于高一学生来说，初中的历史学习，仅是学习历史知识，如历史事件与历史人物，对于历史发展的规律与实质则显得陌生。刚步入高中的学生在学习高中历史时则显得力不从心，教师则更需要循循善诱，因势利导，引导学生发现历史发展规律，认识历史本质。人海关系的线索是历史发展的规律在人海方面的具体体现，教师依托教材带领学生理解人海关系的发展，不仅帮助高一学生尽快熟悉高中历史学习的特点，也能引导学生认识历史总的规律。

第三，针对前文总结的《中外历史纲要》两册海洋内容的割裂性，教师则需要在教学过程中适当补充，锻炼学生宏观思考的能力与时空结合的能力。割裂性问题主要分两点来看。首先微观方面，并非每节课时都涵盖着人海关系的发展，教师需要结合前后所学知识与课外补充史料来保证人海关系教学的秩序；其次宏观方面，教材将中国历史与世界历史分割开来，学生对两者之间的联系需要通过指导衔接，人海关系的发展亦是如此，世界人海关系的发展与中国人海关系的发展并非同步，因此需要教师将中国人海关系发展与世界人海关系发展衔接，使学生形成宏观上完整的人海关系观念。

第四，针对教材中海洋精神内涵薄弱的问题，教师则需要引导学生学习相关海洋知识的同时，能够理解背后所体现的海洋文化与海洋精神。中华优秀传统文化包含着优秀的海洋文化。历史学科不单是学习历史史实与历史规律，也要从中学习历史赋予我们的文化与精神，如家国意识与积极进取的精神等。

第五，《纲要》上册第15课是中国古代史最后一课，教师应在完成第15课任务后作出古代史的总结。其中对人海关系的发展总结则反映出中国古代人海关系发展的规律与方向。教师此前已经提到上古时期人类受自身能力的限制对海洋处于一种适应与敬畏的状态，然后通过总结秦朝以来，随着生产力的发展和思想文化领域的发展，人类对海洋的认识渐渐丰富，人海关系的内涵得到发展，人海关系的领域也逐渐增多。教师再结合中国古代"重陆轻海""重北方游牧民族而轻西南沿海"的特征，得出明清时期对海洋的忽视，将其想当然地作为天然防御屏障，反映出"海禁"政策和"闭关锁国"政策不符合当时的时代背景，引导学生理解"海洋强国"战略与时代背景的结合。

教师引导学生学习晚清时期历史内容时，应着重讲明这一阶段中国清政府与西方列强在全球视角下，对待海洋的态度与海洋建设和开发的能力，进而探讨这一时期为何会出现如此大的认知差别，从而发掘问题本质。以人海关系为视角来分析这一时期清政府对海洋的认识，究其本质仍然是落后的地主阶级眼光的狭隘性，无法认识到海洋作为沟通世界的桥梁发挥的巨大作用。因此，在西方完成资产阶级革命与工业革命进入近代化社会后，人海关系也在人类认识丰富的基础上得以发展，人类对海洋的开发与竞争愈演愈烈，而清政府停滞不前，其认知思维仍局限在海洋屏障中，而无法突破。

通过以上五点对教材中人海关系主线框架的分析，进而对人海关系主线框架进行设计。

(二) 人海关系主线框架设计

高中历史学科开展以人海关系为主线的海洋教育，首先明确什么是人海关系主线。前文已经对人海关系视角下的高中历史海洋教育做了清晰定义，此处不再赘述。此外，人海关系线索主要是针对高一年级，即面向所有高一学生，而非选科历史的学生。因此，人海关系主线框架设计主要是以《中外历史纲要》两册为平台开展。

王书明等人将人海关系的历史发展划分为四个阶段：一是15世纪以前，此时人类对海洋充满敬畏、好奇和顺从之心；二是15世纪大航海时代至20世纪初期，海洋成为世界交通的重要通道，人类开始主动走向海洋的更深处，但对海洋造成的破坏依旧在海洋可承受范围之内；三是从第一次世界大战到20世纪80年代，人类大力开发海洋，其破坏程度开始远远超出海洋的可承受范围，在人海关系中人类开始占据主动地位，但也承受着环境破坏所引起的灾难，人与海之间的冲突十分显著；四是20世纪80年代后，人海关系的重点逐渐从"人与海"的关系转向以海洋为背景下的"人与人"的关系，海权意识和海洋可持续发展意识发展起来，但与此同时，随着国家力量的此消彼长，海洋权益的现有划分方式也会带来新的冲突，海洋秩序酝酿新的调整。[①] 从世界范围的角度来进行划分，将新航路开辟与资本主义世界体系的确立作为划分点。但是在中国范围内的人海关系发展阶段与世界发展是否相一致？因此，教师通过高中历史教材的丰富性，结合教材本身按照中国史、世界史划分的特点，使学生了解中国视角中人海关系的历史发展阶段与各自阶段的特点和世界视角中人海关系的历史发展阶段与各自阶段的特点，使学生既能认识全球人海关系发展的共性，也能认识中国人海关系发展的个性。

因此，在王书明等人所划分阶段下，从教材客观实际出发，进一步划分，突出中国在人海关系发展阶段下的个性发展。

---

① 王书明、胡琳：《人海关系的历史发展阶段》，《中国海洋社会学研究》2019年第1期，第9页。

根据王书明等人的划分，从世界史视角来看，第一个阶段对应教材是《中外历史纲要》下册第 1 课至第 5 课，第二个阶段对应教材是《中外历史纲要》下册第 6 课至第 13 课。但中国人海关系发展的特点与其划分是有区别的，笔者根据中国人海关系的发展特点，在此基础上进行细分，分别是原始社会时期、奴隶社会时期、中国人海关系早期发展时期（秦朝至唐朝）、中国人海关系快速发展时期（宋朝至明朝郑和下西洋）、中国人海关系发展停滞时期（明朝"海禁政策"至鸦片战争）及中国人海关系重新觉醒时期六个小阶段。

自人类进入原始社会后，人类能够使用工具生存，史称石器时代。在此阶段中，人类受生产力低下等因素制约，仍无法对抗自然，特别是强烈的自然灾害。面对海洋亦是如此。因此，原始社会人海关系发展特点是人类适应海洋、依赖海洋的阶段。对应教材即《中外历史纲要》上册第 1 课第一子目。

随着人类生产力水平的提高，社会贫富差距与不平等开始出现，阶级分化日益明显，国家、文字相继出现，人类进入奴隶社会时期。这一时期，人类意识得以发展，但仍无法突破自然束缚，对自然现象无法解释，且王权出现后，统治阶级为巩固自身利益，宣扬君权神授。因此，奴隶社会时期人海关系发展最大特点便是神权色彩浓厚，对海洋充斥着敬畏与服从、崇拜与信仰，但已经开始利用海洋进行早期的开发与航行。对应教材中相关内容是《中外历史纲要》上册第 1 课后两个子目。

春秋战国大变革时期，各国为图存开展变法，秦国角逐而出，统一天下，确立了中国第一个统一多民族的封建国家。秦汉时期，是中国越洋航海工具成熟的时代，对西太平洋与北印度洋上的季风规律基本上掌握，汉代的风帆技术已经成熟。[①] 秦汉至魏晋时期，中国人海关系得到了进一步发展，人类在敬畏海洋的同时，对海洋进行大范围探索，丰富了海洋认识与海洋文化，可理解为中国人海关系的早期发展时期。教师可以通过展示相关图片与史料使学生理解。

---

① 冯建勇：《现当代中国海洋文化的重构历程》，《浙江学刊》2013 年第 6 期，第 8 页。

对应教材是《中外历史纲要》上册第3课至第8课。

宋朝建立后，受北方少数民族的压制，通过西域与西方的联系被阻断，海洋贸易开始兴盛，教材中重点讲述了宋朝经济重心南移的完成以及宋朝海上贸易的繁荣。元朝除海洋贸易外，还开通了长途海运航线。明朝前期，受朝贡体系的影响，郑和远航海外，开始"耀兵异域，示中国富强"。这一时期，中国远洋航行的技术进一步发展，且领先于西方国家，可理解为中国人海关系的快速发展时期。对应教材是《中外历史纲要》上册第9课至第13课第二子目。

以上划分的四个小阶段对应着王书明等人划分的第一个大阶段，即15世纪以前，体现了中国在人海关系发展过程中的特点。在此之后，由于新航路的开辟，西方对海洋的探索开始赶超中国，以致超过中国。人海关系的历史发展进入第二个大阶段——向深海进发。

这一时期人海关系发展除了大范围探索与繁荣的海洋贸易外，最典型特征是人类赋予了海洋政治性因素，海洋开始以主权的形式纳入各国的控制之下。然而，在西方人海关系快速发展的同时，中国却陷入了闭关自守的防守型政策中。中国将海洋作为天然的防御屏障，在有限的海外贸易外，实行"闭关锁国"政策，将中国与世隔绝。中国人海关系仍处于王书明等人所划分的第一阶段，即笔者划分的第五个小阶段，可理解为中国人海关系发展的停滞时期。对应教材是《中外历史纲要》上册第13课第三子目至第15课。

中国在鸦片战争后逐步卷入资本主义世界体系之中，对海洋的认识与世界局势的变化渐渐清晰。魏源作为近代"开眼看世界"的主要人物，在其《海国图志》一书中详细说明了海洋的价值。他主张改漕运为海运，由海运而发展海商，由海商而建立新式海军，由拥有强大海军而掌握海权，期望中国通过发展海洋文明从而成为一个能够足以"制夷"的"海国"。魏源的"海运—海商—海军—海权"的"海国"理念表明了战争以最残酷的方式催促着近代国人海洋意识的觉醒。[①] 这一时期可理解为中国人海关系重新觉醒时期。对

---

① 李强华：《基于近代海洋意识觉醒视角的魏源"海国"理念探究》，《上海海洋大学学报》（社会科学版）2012年第5期，第917页。

应教材是《中外历史纲要》上册第 16 课至第 19 课。

一战爆发后，人海关系进入了新的阶段，即王书明等人划分的第三阶段，人类对海洋的破坏程度大幅增加，人类对海洋的争夺愈演愈烈。这一时期中国因已彻底卷入世界资本主义体系之内，且中国社会性质决定了中国在海洋权益上的抗争是无力的。但新中国成立后，中国摆脱了帝国主义国家的控制，实现人民当家作主，在维护国家海洋权益时开始据理力争。对应教材是《中外历史纲要》上册第 20 课至第 27 课和《中外历史纲要》下册第 14 课至第 21 课。

20 世纪 80 年代，联合国通过了《联合国海洋法公约》，于 1994 年生效，世界范围内人海关系的发展开始趋于和谐，即王书明等人所说的第四阶段。对应教材是《中外历史纲要》上册第 28 课至第 29 课和《中外历史纲要》下册第 22 课至第 23 课。

将以上内容整理如表 4-17 所示：

表 4-17　　　　　　　　人海关系发展框架整理

世界视角	时期	特点	中国视角	时期	特点
第一阶段	15 世纪以前	敬畏、好奇和顺从之心	第一小阶段	原始社会时期	适应与服从阶段
			第二小阶段	奴隶社会时期	崇拜与敬畏阶段
			第三小阶段	秦朝至唐朝	早期发展阶段
			第四小阶段	宋朝至明朝郑和下西洋	快速发展阶段
第二阶段	15 世纪大航海时代至 20 世纪初期	海洋成为世界交通的重要通道；人类开始深海探索；对海洋造成的破坏在海洋可承受范围之内；海洋被赋予政治属性	第五小阶段	明朝"海禁政策"至鸦片战争	停滞阶段
			第六小阶段	鸦片战争至清朝灭亡	重新觉醒阶段；中国社会性质决定了中国无法维护自身海洋权益

续表

世界视角	时期	特点	中国视角	时期	特点
第三阶段	第一次世界大战到20世纪80年代	人类大力开发海洋，其破坏程度开始远远超出海洋的可承受范围；在人海关系中人类开始占据主动地位；但也承受着环境破坏所引起的灾难；人与海之间的冲突十分显著	第七小阶段	辛亥革命至新中国成立	进一步觉醒阶段；中国社会性质决定了中国在海洋权益上的无力抗争
			第八小阶段	新中国成立至改革开放	人海关系进一步发展；维护国家海洋权益时开始据理力争
第四阶段	20世纪80年代后	海权意识和海洋可持续发展意识发展起来；海洋权益的现有划分方式也会带来新的冲突，海洋秩序酝酿新的调整	第九小阶段	改革开放至今	人海关系和谐化；新中国的综合国力不断上升，捍卫海洋主权与海洋权益；海洋经济开发可持续；海洋环境保护；海军实力不断上升

将教材中的课时按人海关系发展的历史阶段进行划分，教师在涉及相关课时讲解时，则可以将人海关系发展引入，引导学生理解和巩固人海关系发展阶段的框架，以推动高中历史学科有效开展海洋教育。

二 发展性原则——教师人海关系认知的自我提高

教师在教学过程中发挥着主导作用,高中历史教学中开展人海关系视角下的海洋教育必然离不开教师。以下通过发展性原则对教师提出建议,以期推动人海关系教学有效开展。

(一) 教师人海关系历史知识学习

伴随着网络时代的进一步发展,学生能够通过多种途径接触更多的课外知识。这为历史教学提供了更多可延伸的素材。这便导致了出现一种现象:部分学生了解到更多的课外信息,对这些信息的正确性产生怀疑,便会找教师寻求答案。历史教师不仅需要广博的历史知识,也需要了解更多时代信息。

"终身教育"在1965年由法国保罗·朗格朗正式提出,已经在世界各国广泛传播。"终身教育"理论是指"人们在一生中所受到的各种培养的总和",它指开始于人类的生命之初,终止于人的生命之末,包括人发展的各个阶段及各个方面的教育活动,其最终目的是"维持和改善个人社会生活的质量"。

就教师群体来看,担负着教书育人的责任与使命,自身更应该与时俱进和不断学习。袁金香在《教师自我发展之路》中提出:教师要走与时偕行之路,教师要走科学研究之路,教师要走专业化之路。[①] 教师自我发展是教师为完善教学、提升教育质量的必然要求。这也符合"终身教育"理论与"终身学习"理论,教师虽然是教育主导者,但是学无止境,教师自身知识储备也是需要不断学习与积累。

教师自我发展具有多种途径,尹明芝介绍了教师自我发展的有效途径:自我反思、教师同伴指导、教育对话、阅读与写作和学历

---

① 袁金香:《教师自我发展之路》,《科学咨询》(教育科研) 2020 年第 7 期,第 127 页。

进修。① 历史本身内容容量巨大，对历史教师而言，历史的完全熟悉是相对困难的，因此更需要教师不断阅读与学习，丰富自身历史知识，提升历史素养。

前文在对教师访谈中可以发现，教师普遍存在着对海洋知识与海洋热点不了解的问题，教师引导学生熟悉人海关系的历史发展，自身更应该具备充分的史实与认识，对人海关系线索能够做到认识明晰。

青年教师在教学中存在着经验不足的问题，更需要成熟教师的指导，通过自身工作之余充分学习，补充海洋知识。经常观摩优秀教师的讲课，丰富自身讲课经验。成熟教师针对教材的更新迭代，也要做到与时俱进，摒弃旧的教学思路与教学模式，以适应新时代下新课标的要求，不断丰富自身的海洋知识，充分了解当下的海洋热点新闻，以做到课堂教学中历史与现实相结合，活跃课堂氛围，提高学生兴趣。

一线历史教师在面临工作压力之余，应当多注重自我发展，提升自身的历史必备品格，即唐代史学家刘知几的"史才""史学""史识"和清代章学诚的"史德"。在关注海洋时事热点，丰富海洋历史的同时，也丰富自处时代的海洋认识。

此外，教师在自我发展与自我学习的同时，也应注意到与时俱进，即信息化下的教学改革与发展。互联网时代下，网站在其中发挥着重要作用，高中历史开展以人海关系为视角的海洋教育更需要通过网站的开发来吸引学生的注意。因此一线教师应在完善自我发展的同时，通过教研组与学校委员会，申请开发设计人海关系发展的主题网站。网站可以实时更新相关教学阶段无法在课堂多讲的人海关系历史，展示相关人海关系史料与相应实时人海关系热点新闻。学生在完成日常学习后，既可通过阅览网站来缓解学习的疲劳，也

---

① 尹明芝：《中学历史教师专业化自我发展的理论与实践探索》，硕士学位论文，东北师范大学，2006年，第15页。

可以丰富学生对人海关系历史发展的认知。

(二) 教师将教材与实际相结合

前文已经对统编版高中历史必修教材中的海洋内容进行了分析,并归纳了教材中海洋内容的特点。《中外历史纲要》两册教材中的海洋内容较为丰富,为人海关系视角下海洋教育开展提供了史实素材。但不可否认的是,历史本质是不可再现的,学生通过史料学习历史,但因时代久远而无法做到切实感受与理解,这就必然要求历史教学不仅要依靠教材,还要结合实际。

如何做到人海关系视角下海洋教育开展既依托教材,又联系实际,这需要一线教师从每节课实际出发。如《中外历史纲要》上册第11课辽宋夏金元的经济与社会,本节课内容提到了宋朝海外贸易的繁荣,教师在设计本节课时可通过"南海一号"沉船图作为导入,使学生通过现实中存在的实物来认识宋朝海外贸易的繁荣程度,使学生感受这一时期的海外贸易。进而引导学生理解,在宋元时期,商品经济发展,对外交流由原来以官方为主转变为官方与民间共同发展。随着社会发展,对海洋的探索不再局限于官方,民间通过贸易的方式去探索海洋,丰富了人类对海洋的认识。

教材中有海洋内容的课时,结合实际导入较为简单。再如《中外历史纲要》第1课"中华文明的起源与早期国家"。本课内容并未涉及海洋,教师如何结合实际展开人海关系的起源阶段教学?笔者建议以河姆渡文化作为导入,来开展人海活动的早期交往学习。这里教师可以展示学术观点,冯建勇指出考古学者对中国海洋文化的早期探索,并列举了中国海洋文化发展的历史脉络,认为早在史前时期,中国东部沿海一带的先民就与海洋发生了密切的关系,较为典型有长江河姆渡文化遗址,以及沿环中国海周边分布的贝丘遗址。[1] 学生对河姆渡文化便会形成新的认识,而非此前所学习的作物

---

[1] 冯建勇:《现当代中国海洋文化的重构历程》,《浙江学刊》2013年第6期,第13—15页。

区别等。进而分析人类进入奴隶社会后，对海洋的认识呈现出什么新特点，来完成本课人海关系早期发展的学习任务。具体设计思路在本书教材分析中已提到，此处不再赘述。

以上是教材与实际实物和当下学术观点相结合的建议，其他课时仍可结合其他方面进行人海关系视角下海洋教育的讲授，仍需要教师从客观出发，认真剖析教材，寻找与教材本科内容相衔接的海洋实际。

除课堂导入部分设计与实际相结合外，教师还可通过课后探究部分进行延伸。如《中外历史纲要》上册第10课课后学习拓展部分，让同学查找资料，了解有关马可·波罗来华记载，及当时除马可·波罗来华以外的中欧交往史实。教师引导学生学习此时西方人来华的海洋通道与其他西方人来华的史实，丰富这一时期东西方海上交流的认识。

最后，在教学过程中，教师讲到相关海洋内容或涉及海洋时，可通过课前备课向学生讲述现实生活中的类似事件，使学生能够在历史学习中找到现实共鸣。或者结合当地著名历史景点，建议学生个人参观或学校组织集体参观，丰富学生的现实认知。

历史教学不只教历史，教师如果只拘泥于历史之中，必然会使自身与学生的思维受限。因此，历史教学与现实相结合，以达到学生共鸣且为现实服务的目的。

三　多样性原则——丰富人海关系历史发展的课外途径

开展历史教学不应只局限于课堂之内，多形式下的历史教学能够使学生感受到有温度的历史，而非一贯输入的麻木。因此，以多样性原则为参照，丰富高中历史海洋教育以人海关系为视角的教学方式，通过多种课外途径来丰富学生对人海关系历史发展的认识。

（一）学生课堂课外多形式学习

在当前日新月异的网络时代背景下，手机更新迭代与网络快速发展，学生在假期休息期间可以通过网络查阅到自己感兴趣的任何内容，时代的果实丰富了学生的课外认知。

因此，在当下时代，学生们在课堂上产生疑惑的知识可以在放学后通过查阅网上资料答疑解惑。历史学科更是如此，网络上的历史博主与时事热点博主都在谈论着与历史相关的话题。对此感兴趣的学生可以通过除书籍外的更多途径获得知识。

正如在实际调查数据中所体现，相比起教材以外的获取途径，从教材中了解海洋知识的学生比例较低，仅有42.8%。其他获取途径如课外书籍所占比例为48.2%，通过网络博主获取海洋知识的学生比例为67.7%，通过电视途径获取海洋知识的学生比例为70.7%。还有部分同学通过报纸、期刊等其他途径获取海洋知识。

可以看出，有较高比例的学生通过课外形式获取海洋知识。但不可否认的是，课外途径获取的海洋知识是否正确仍然存疑。当下网络时代发达，多种多样的信息扑面而来，学生对社会认知与了解并不充足，对网络中的信息无法靠自身辨别真伪。学生在接触更多信息的同时，也有可能会接收到错误价值观引导的信息。因此教师在鼓励学生上网查阅资料、获取信息的同时，应该引导学生明确问题意识，要对所掌握的信息保持质疑，通过多方面佐证来证实信息的准确性，或者询问教师。

随着课外学习途径的丰富，教师和学生或多或少会忽视课堂教学。教师便会产生松懈心理，学生也会出现不在意甚至于上课走神、打瞌睡等现象。课外学习途径的丰富并非意味着课堂教学的地位下降，学生获取知识的途径多样会扩大学生的认知范围，但不意味着课堂教学的影响力下滑。因此，学生在通过课外途径丰富自身海洋知识的同时，对于课堂教学中所涉及的人海关系主线与海洋内容，应认真整理笔记，做到课上学习，课后巩固。

因此，在当下学习途径多样化的背景下，高中阶段学生仍然要以课堂为主，课堂上学习的知识是直接面向高考的。为应对高考升学，学生不可忽视课堂学习的重要性。课外途径学习是为学生自身课堂学习作补充的，是服务于课堂学习知识的，是丰富自身知识素材与认知价值的。学生必须明确课堂学习与课外途径学习的关系，防止顾此失彼。教师也应在课堂上循循善诱，引导学生要以课堂为主，课外学习为辅。

高中阶段学生在当下形式多样的学习途径下，容易迷失自我，过于轻信网络信息与网络上输送的价值观。因此，当下多形式学习对学生来讲是一把双刃剑，教师要发挥导向作用，引导学生合理正确使用网络，获取网络信息，学生要明辨是非，抱持质疑态度。

课堂学习仍然是学生知识来源的主要途径，教师课堂教学更应发挥其价值，丰富学生人海关系知识与海洋价值观。学生要充分利用课堂时间，提高课堂学习效率，利用课外途径辅助课堂学习，推动学生自身海洋认知发展。

（二）人海关系主题活动的开展

高一阶段学生升学压力较小，开展的主题活动较为丰富，如歌唱比赛、征文比赛等。在此背景下，教师可申请开设人海关系相关主题活动，以丰富学生对海洋的认识。

人海关系主题活动开展的形式是可以多样的，如人海关系主题辩论赛、人海关系主题征文比赛，或依据教材中体现的实际内容开展。人海关系主题下可以根据实际内容具体分析，如海洋经济发展与海洋环境破坏，海洋权益争端与国家利益冲突，人类与海洋生物的关系，海洋军事冲突等。笔者以辩论赛形式，结合教材内容，策划人海关系主题活动，以期为教师提供思路。

活动背景：《中外历史纲要》下册第6课学习拓展，选择一个或两个亚洲国家，进一步查找资料，看看新航路开辟对它们有哪些影响。

设计思路：同学们在学习完成新航路开辟带来的全球影响后，必然会产生疑惑，新航路的开辟为落后地区带来了惨绝人寰的打击，为欧洲国家资本主义发展提供了血腥的原始资本积累，以此为探究点，引出马克思针对英国在印度的殖民统治提出的"双重使命学说"，即"破坏"和"建设"的双重使命理论，从而设计问题，海洋在新航路开辟后扮演着什么角色？海洋是成为掠夺侵略的恶魔之路，还是成为建设发展的希望之路？

活动主题：新航路开辟后，海洋扮演着什么角色？正辩：海洋成为掠夺侵略的恶魔之路；反辩：海洋成为建设发展的希望之路。

活动目的：为加深学生对新航路开辟的影响的理解，海洋在其中发挥着重要作用，世界主要的大洋和大陆之间，通过海上航线建立直接联系。新航路开辟的影响离不开海洋，结合教材课后拓展，以海洋为主题，辩论新航路开辟后，海洋在其中发挥的作用，以提高学生辩论水平，丰富学生课外知识，开拓学生认知思维。

活动时间：未定

活动地点：未定

活动过程：（1）正方一辩陈词

（2）反方一辩陈词

（3）由正方二辩选择反方二辩或三辩进行一对一攻辩

（4）由反方二辩选择正方二辩或三辩进行一对一攻辩

（5）由正方三辩选择反方二辩或三辩进行一对一攻辩

（6）由反方三辩选择正方二辩或三辩进行一对一攻辩

（7）由正方一辩作攻辩小结

（8）由反方一辩作攻辩小结

（9）自由辩论

（10）反方四辩总结陈词

（11）正方四辩总结陈词

（12）点评

（13）宣布结果

活动结果：奖项设置，冠军一队，最佳辩手四名。

依托教材内容，以开设多种形式的活动丰富学生的课外经历，既能学习更多课外知识，也可以锻炼学生实践能力与心理能力。

附录一

基于高中生对高中历史海洋教育中人海关系的认识调查问卷

各位同学你们好：

  首先，感谢各位同学抽出时间参与此次调查问卷，本次调查问卷所填写的内容将严格保密，请根据你的真实想法与实际情况来进行填写，感谢你的支持与帮助！其次，问卷中的选项无对错之分，请根据个人的实际情况进行选择，请勿"漏题"！问卷题目分单选、多选与客观题目，希望你能认真作答！选择题请在备选答案的序号上划"√"。

一、个人情况：

你的性别：男　　女　　你的年级：　高一　高二　高三

二、高中生对海洋的关注及高中历史课堂对海洋的渗透情况调查：

1. 你喜欢去海滨城市旅游吗？

  A. 喜欢　　　　　　　　　B. 一般

  C. 不喜欢　　　　　　　　D. 没去过，不清楚

2. 你会主动去了解海洋相关的时事新闻吗？

  A. 经常主动去了解　　　　B. 偶尔主动去了解

  C. 会听老师或同学分享　　D. 毫不了解

3. 你认为海洋在当下国际背景下的地位是如何的？

  A. 非常重要　　　　　　　B. 比较重要

  C. 一般　　　　　　　　　D. 不重要

4. 历史老师在教学过程中会讲解海洋方面的时事新闻吗？

  A. 经常会　　　　　　　　B. 偶尔会

  C. 基本不会　　　　　　　D. 完全没有

5. 你认为历史教材中有关海洋方面的知识丰富吗？

A. 非常丰富　　　　　　　B. 有但是不多

C. 没有　　　　　　　　　D. 没仔细去看，不了解

6. 你认为你自身对海洋的了解有多少？

A. 非常多，经常关注　　　B. 有点多，偶尔关注

C. 一般，很少关注　　　　D. 没有关注

三、高中生对海洋常识的认识调查

7. 你一般通过什么途径获取海洋知识？（多选）

A. 教材　　　　　　　　　B. 课外书

C. 网络博主　　　　　　　D. 电视新闻

E. 其他

8. 你知道"世界海洋日"是哪一天吗？

A. 3月16日　　　　　　　B. 6月8日

C. 9月16日　　　　　　　D. 12月8日

9. 你听过《联合国海洋法公约》吗？

A. 听过并非常了解　　　　B. 听过并有所了解

C. 听过并不了解　　　　　D. 没听过

10. 根据《联合国海洋法公约》与我国主张，我国管辖海域是（　　）平方千米？

A. 300万　　　　　　　　B. 960万

C. 500万　　　　　　　　D. 100万

11. 你知道下列哪一名称是南海的古称吗？（多选）

A. 涨海　　　　　　　　　B. 琼海

C. 沧海　　　　　　　　　D. 朱崖海

12. 你认为海洋的价值包括哪些？（多选）

A. 海洋生物资源　　　　　B. 海洋能源

C. 海洋环境　　　　　　　D. 海洋地理位置

E. 海洋文化

13. 你知道日本渔民大肆捕杀海豚等海洋生物的事件吗？

A. 知道，并详细了解过　　B. 听过但并不了解

C. 没听过 D. 不关心

14. 你知道日本核电站泄露后将核污染水排放进太平洋的事件吗？对此你的看法是什么？（客观题）

四、高中生对人海关系的发展的认识调查

15. 在我国唐朝时期，受航海技术限制，曾六次东渡日本传播佛教的人是谁？

A. 玄奘 B. 空海
C. 鉴真 D. 慧能

16. 你听过国家提出的"建设海洋强国"战略吗？

A. 听过并详细了解过 B. 听过但并不了解
C. 听其他人说过 D. 没听过，一点不了解

17. 你认为当下人类对海洋的开发过度吗？

A. 非常过度 B. 过度
C. 正常 D. 不过度

18. 当经济发展与海洋环境冲突加剧后，你会如何选择？

A. 继续大力发展经济，不考虑海洋环境
B. 发展经济同时治理海洋环境，但不可影响经济
C. 以恢复海洋环境为主，暂时暂停相关经济活动
D. 暂停相关经济活动，全部投入海洋环境保护

19. 你对未来人类与海洋的关系发展持一种什么态度？

A. 非常乐观 B. 乐观
C. 一般，不关心 D. 悲观

20. 你认为人海关系的矛盾只存在于经济与环境方面吗？如果还有其他方面，请列举出来。（客观题）

21. 你认为历史上，人类对海洋的认识发展的阶段是什么？（客观题）

附录二

基于高中历史海洋教育中人海关系渗透情况访谈提纲

尊敬的老师：

您好！感谢您在繁忙的工作中抽出时间来参与此次访谈，访谈内容将用作调查研究使用，希望您能结合自身的情况切实填写，再次感谢您积极的支持与合作！

一、基本情况

教龄：　　　　　执教年级：

二、访谈内容

问题一：

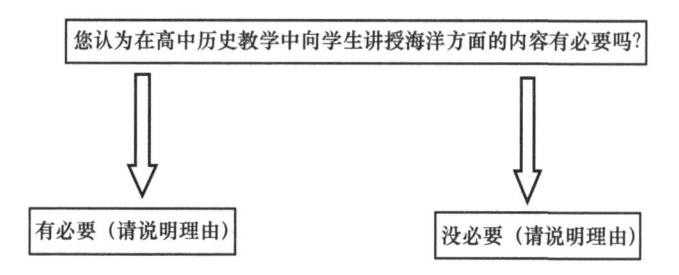

您认为在高中历史教学中向学生讲授海洋方面的内容有必要吗？

↓　　　　　　↓

有必要（请说明理由）　　没必要（请说明理由）

问题二：

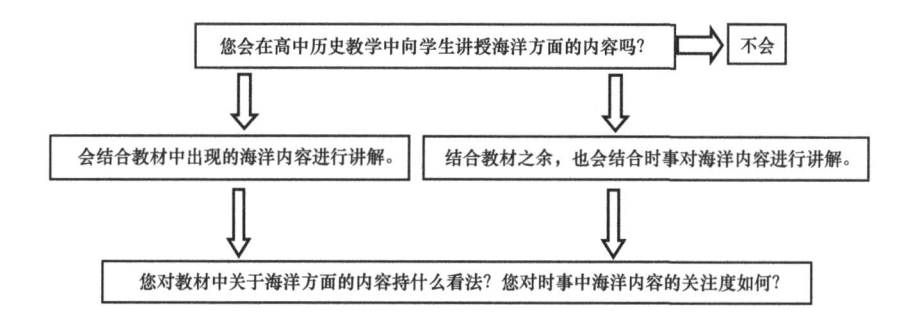

您会在高中历史教学中向学生讲授海洋方面的内容吗？ → 不会

↓　　　　　　↓

会结合教材中出现的海洋内容进行讲解。　　结合教材之余，也会结合时事对海洋内容进行讲解。

↓

您对教材中关于海洋方面的内容持什么看法？您对时事中海洋内容的关注度如何？

问题三：

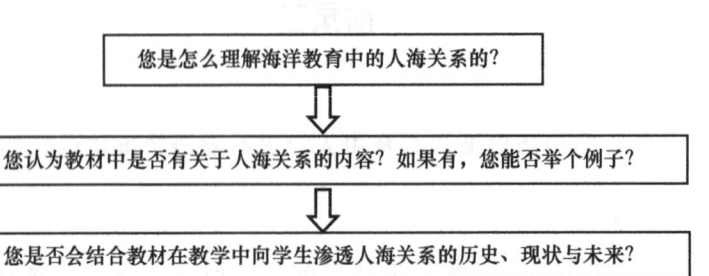

> 您是怎么理解海洋教育中的人海关系的？

⇩

> 您认为教材中是否有关于人海关系的内容？如果有，您能否举个例子？

⇩

> 您是否会结合教材在教学中向学生渗透人海关系的历史、现状与未来？

问题四：

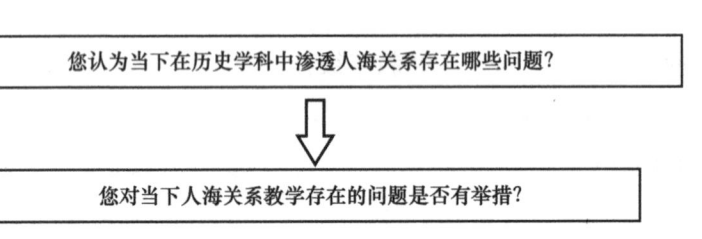

> 您认为当下在历史学科中渗透人海关系存在哪些问题？

⇩

> 您对当下人海关系教学存在的问题是否有举措？

问题五：针对高三教师

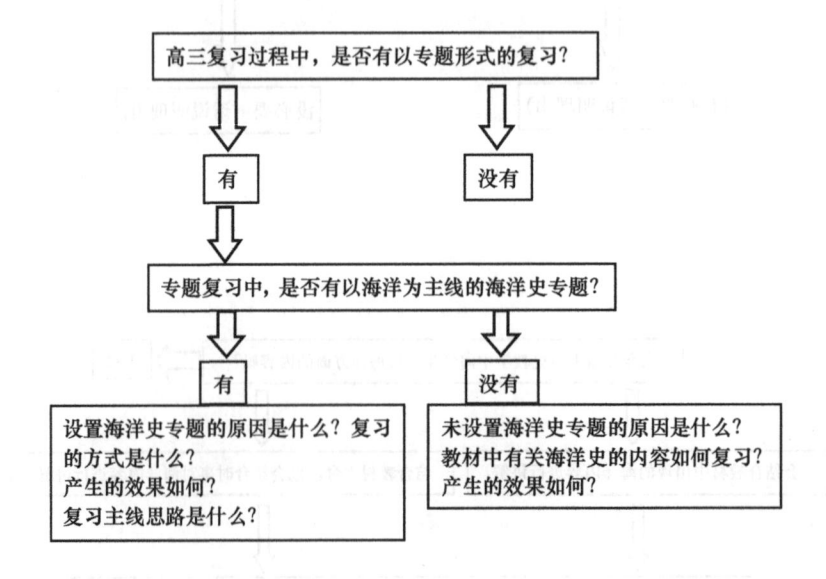

> 高三复习过程中，是否有以专题形式的复习？

⇩　　　　　　⇩

有　　　　　没有

⇩

> 专题复习中，是否有以海洋为主线的海洋史专题？

⇩　　　　　　⇩

有　　　　　没有

设置海洋史专题的原因是什么？复习的方式是什么？
产生的效果如何？
复习主线思路是什么？

未设置海洋史专题的原因是什么？
教材中有关海洋史的内容如何复习？
产生的效果如何？

第五章　高中历史"海洋教育主题教学"研究

21世纪是海洋的世纪。随着国际形势的发展变化，海洋逐渐受到各国的重视，各国间围绕海洋展开的竞争日益加剧。中国幅员辽阔，管辖的海域面积约300万平方千米，拥有广阔的蓝色海洋国土与丰富的海洋资源。20世纪90年代，国家海洋科技工作会议提出"建设海洋大国，发展海洋强国"的口号。随着经济实力和科学技术的不断发展，我国的海洋事业取得历史性成就、发生历史性变革。当前我国正逐步提高海洋的战略地位，党的二十大报告中就已经提出"加快建设海洋强国"。然而民众在对海洋重要作用方面的认为较为不足，要实现建设海洋强国的目标，在重视培养专门的海洋人才的同时，也不应当忽视海洋通识教育，提升全民尤其是高中生的海洋意识。

历史学科是一门认知结构多样性、思维方式具有求异性和灵活性的综合性学科。《普通高中历史课程标准（2017年版2020年修订）》中提出要加强海洋权益等方面的教育[1]。统编版高中历史教材包含丰富的海洋史内容，通过海洋史教学，有助于培养学生的海洋意识，形成正确的海洋观念，从而弥补高中生海洋历史知识匮乏的现状。

---

[1] 中华人民共和国教育部制定：《普通高中历史课程标准（2017年版2020年修订）》，人民教育出版社2020年版，第47页。

随着统编版高中历史教材的使用，大量的海洋史内容以各种形式在教材中融入历史课程学习。新教材采用的通史体例，海洋史内容在教材中的分布并不集中，缺乏系统性，不利于高中生海洋意识的建立与培养。

如何将教材中呈现的海洋史内容进行有效整合，从而系统培养学生的海洋意识，主题式教学便是一种很好的策略。《普通高中历史课程标准（2017年版2020年修订）》中强调为了深入分析课程结构，合理整合教学内容，可以设计新的综合性的学习主题，运用主题教学等教学模式展开教学[1]。主题教学可以整合相关海洋史内容，利用合适的"主题"将分散的知识串联起来。除此之外，主题式教学在教学过程中调动学生的积极性与主动性，渗透积极的价值观，有助于培养落实历史学科核心素养。因此，在高中历史海洋教育中应用主题教学，是充分利用海洋史内容培养学生海洋意识的有效途径。

第一节 海洋教育主题教学相关概念界定

为了实现海洋强国的目标，增强国人尤其是高中生对海洋重要作用的认识便显得尤为重要。在此背景下，海洋教育对海洋事业发展所具有的先导性、基础性的作用便逐步显现出来，其重要性不言而喻。基于中学教学的现实情境，海洋教育要想在中学阶段真正开展与实施，必然要融入其他学科教学。中学历史课程承载着历史学的教育功能。《普通高中历史课程标准（2017年版2020年修订）》（以下简称《新课程标准》）中指出：学生通过高中历史课程的学习，进一步拓宽历史视野，发展历史思维，提高历史学科核心素养，

---

[1] 中华人民共和国教育部制定：《普通高中历史课程标准（2017年版2020年修订）》，人民教育出版社2020年版，第47页。

为未来的学习、工作与生活打下基础①。海洋教育融入中学历史教学可以充分利用统编版高中历史教材中海洋史内容，培养学生的海洋意识，形成正确的海洋观念，有助于实现"海洋强国"的目标。要依托中学历史教学，开展海洋教育首先应明确高中历史海洋教育的内涵。

就中学历史教学中实施海洋教育来看，与海洋教育相关的内容主要涉及海洋政治、经济、文化等方面。如何实现海洋教育与历史教学的有机结合，把海洋教育落到实处，主题教学便是一种行之有效的方法。在中学历史课堂中开展海洋主题教育，教师在课堂中展示主题、解读主题并将主题凝练、提升，从而唤醒学生的心灵，使其产生共鸣。这种方式不仅可以增强教学的针对性，有效把握教学进度，还有助于培养中学生历史学科核心素养，激发学生认识海洋、热爱海洋、探究海洋的积极性，使学生逐步认识到海洋在人类历史发展进程中发挥的重要作用，为我国真正实现海洋强国目标奠定基础。下面笔者将对高中历史海洋教育与高中历史主题教学的概念进行界定，以期更好实现高中历史教学中海洋教育与主题教学的结合。

一 高中历史海洋教育

海洋，根据《现代汉语辞海》的释义，指海和洋，地球表面广大连续水体的总称②。这是海洋的自然属性。除此之外，随着人类社会的发展进步，人与海洋之间的互动逐渐增加，"海洋"一词的概念也有所扩展，海洋的社会属性也逐渐显现出来。比如，人类开发利用海洋的各种活动，以及存在于人类想象中的海洋。"海洋的存在有3种方式，即作为自然存在的海洋、作为国土存在的海洋和作为文化存在的海洋。"③

---

① 中华人民共和国教育部制定：《普通高中历史课程标准（2017年版2020年修订）》，人民教育出版社2020年版，第7页。
② 王逸杰：《现代汉语辞海》，光明日报出版社2002年版，第428页。
③ 刘训华：《国家海洋战略的推进向度》，《深圳大学学报（人文科学版）》2019年第5期，第32页。

"教育"有广义与狭义之分，广义的教育是指凡是对人们的知识技能、身心健康、思想品德的形成和发展有影响的各项活动都被称为教育；狭义的教育，主要指学校教育，即根据一定的设计需求和受教育者的发展需要，有目的、有计划、有组织地对受教育者施加影响，以培养一定社会所需要的人的活动[1]。

海洋教育作为一个新兴的独立研究领域，目前学界并没有形成对海洋教育严格的学理界定与阐释。当前对海洋教育的概念研究主要涉及两个方面，一是将海洋教育界定为一种培养人的海洋素养的教育活动。中国海洋大学马勇教授认为广义海洋教育的含义是指能够增进人的海洋文化知识，增强人的海洋意识，影响人的海洋道德，改良人的海洋行为的活动都可以称之为海洋教育；狭义的海洋教育指学校海洋教育，学校教育者有目的、有计划、有组织地对受教育者施以有关海洋自然特性与社会价值认识、海洋专业能力以及由人的海洋知识（意识）、海洋道德与人的海洋行为等素质要素构成的海洋素养的培养活动[2]。马勇教授从海洋教育的主体与客体以及活动地点的不同，将海洋教育分为社会海洋教育与学校海洋教育。二是将海洋教育视为一种战略活动，从国家海洋战略的角度审视海洋教育。刘训华指出："海洋教育是经略海洋的重要战略基础，是国家战略教育的重要资源。"[3] "海洋教育"这一概念还处于泛化状态，人们往往将所有与海洋有关的教育活动都称之为海洋教育，因此，海洋教育的内涵十分丰富。

在中学教育阶段，借助历史学科教学活动来开展海洋教育是十分必要的。结合本书的研究对象与研究内容，笔者认为有必要对高中历史海洋教育概念进行严格界定。中国虽然有 300 多万平方千米

---

[1] 顾明远：《教育大词典（第1卷）》，上海教育出版社1990年版，第3—4页。

[2] 马勇：《何谓海洋教育——人海关系视角的确认》，《中国海洋大学学报（社会科学版）》2012年第6期，第35—37页。

[3] 刘训华：《国家海洋战略的推进向度》，《深圳大学学报（人文科学版）》2019年第5期，第31页。

的海洋国土，但是仍有许多人远离海洋，对海洋缺乏清晰的认识，国民整体海洋权益观念薄弱。从海洋教育对象来看，高中历史海洋教育的实施对象为高中生。高中生由于面临的升学压力较大，加之家庭与社会等其他因素的影响，对海洋的认识主要局限于教材，导致高中生对海洋缺乏整体系统的认识。除此之外，受到地理条件的影响，沿海地区高中生的海洋意识要好于内陆地区，呈现出地区之间不平衡的状况。近年来，随着国家、社会对海洋的重视程度不断加深，高中生的海洋意识也在不断发展。但是总体来说，高中生海洋意识的培养仍显不足，在海洋历史观方面尤其显著。

从海洋教育内容来看，历史学科与海洋教育结合必然可以借助海洋史内容。杨国桢先生指出"海洋史学是海洋视野下一切与海洋相关的自然、社会、人文的历史研究，从理论上说，包括海洋的自然生态变迁的历史和人类开发利用海洋的历史、海洋社会人文发展的历史"[①]。统编高中历史教材中蕴含着丰富的海洋史内容，涉及人与海洋互动、交往的各种史实，在高中历史教学中融入海洋史内容不仅契合新时期高中历史课程改革的新理念，也有助于学生历史学科核心素养的培养。因此，海洋史内容在高中历史海洋教育中扮演着重要地位。

基于以上从对象与内容两个角度的分析，笔者认为，高中历史海洋教育是教师基于不同历史时期人与海洋互动、交往的史实，如海洋政治、经济、文化等方面的内容，采用恰当的教学方式，发挥学生主体作用，帮助学生认识海洋在国家发展、民族兴衰以及人类历史进程中的重要地位，从而提升学生海洋意识为目的的学校教育。

二 高中历史主题教学

《现代汉语词典》对"主题"的定义是"文学作品中所蕴含的

---

① 杨国桢：《海洋世纪与海洋史学》，《东南学术》2004年S1期，第289—292页。

中心思想，是作品思想内容的主题和核心"①。在教育领域谈主题教学，可以将主题理解为整个教学内容的总领框架，对整个教育教学活动起统领、支配作用。

随着新课改中对教学方式研究的不断深入，学界对主题教学有了更多的关注与研究，"主题教学"的内涵不断丰富，不同学者根据自身理解提出了不同的看法。窦桂梅以教育过程为视角对主题教学进行了阐释，认为"主题教学是围绕一定的主题，充分重视个体经验，通过多个文本间的碰撞交融，在强调过程的生成性理解中，实现课程主题意义建构的一种开放性教学"②。华东师范大学董蓓菲教授认为："主题教学是指教师围绕一个主题或专题，设计有序的学习活动，以提供学生运用阅读、写作、视像能力和批判性思维，学习和分享思想的机会。"③袁顶国教授认为："主题教学本质上是一种整体性教学，是有机整合思维方式的必然产物，它以主题为整个教学活动的灵魂，牵引教学系统各构成要素在动态行动中相互联系、彼此支持，以实现教学活动过程的和谐性展开，彰显教学系统的最大化功能。"④聂文萍认为："主题教学是指将相关教学内容进行整合，选择合理主题贯穿整体教学环节，并结合一定教学方式，充分发挥学生主观能动性，从而达到教学目标的教学模式。"⑤

笔者注意到，在大多数对主题教学的阐释中都突出强调了主题教学的共同点，即将主题教学定义为一种教学方式：都在教学活动实施前确定教学主题，围绕主题开展教学活动；都注重发挥学生主

---

① 社会科学院语言研究所词典编辑室编：《现代汉语词典（第7版）》，商务印书馆2020年版，第1701页。

② 教育部师范教育司编：《窦桂梅与主题教学》，北京师范大学出版社2006年版，第245页。

③ 董蓓菲：《美国主题教学与六种语言能力》，《语文教学通讯》2008年第10期，第41—42页。

④ 袁顶国：《从两极取向到有机整合：主题实践教学研究》，硕士学位论文，西南大学，2008年，第123页。

⑤ 聂文萍：《高中历史"主题式"教学研究》，硕士学位论文，西南大学，2022年，第9页。

观能动性，增强学生的情感体验；都强调教师对整个教学活动的主动建构。基于上述论断与笔者对主题教学概念的理解，笔者认为主题教学是在课堂教学开始前，教师在把握课程标准与教学目标的基础上确定教学主题，通过对教学内容的有机整合，设置环环相扣的问题，引导学生通过合作探究活动解决问题，最终实现教学目标的教学模式。

结合对高中历史海洋教育与主题教学概念的界定，笔者认为，高中历史海洋教育主题教学是对主题教学的进一步深化，是教师在普通高中历史课程标准、教学目标、学情以及海洋史内容的基础上，提炼出恰当的海洋教育主题，引导学生围绕海洋主题形成对海洋在国家发展、民族兴衰以及人类历史进程中的重要地位的认识，进而培养学生海洋意识的教育活动。

第二节 高中历史海洋教育中开展主题教学的必要性与可行性

近年来，海洋的战略地位越来越受到国家关注。与此同时，在新课程改革背景下，历史教材中的海洋史内容增多，主题式教学受到重视。无论是基于现实情境，还是基于学生特点，甚至是高考考查内容的变化，在海洋教育中开展主题教学都是十分必要与可行的。

一 必要性分析

高中历史海洋教育中开展主题教学具有充分的必要性。当前统编版历史教材中涉及海洋教育的内容分布较为分散，对于培养学生的海洋意识，实现海洋教育目标增加了一定难度。借助主题教学的形式，在历史课堂中开展海洋教育，对丰富学生的海洋知识、培养学生的海洋意识以及实现国家的海洋发展战略具有重要意义。因此，开展高中历史海洋教育主题教学是十分必要的。

(一) 新课程标准的内在要求

1. 对海洋权益教育的重视

《新课程标准》中指出普通高中课程修订的基本原则，要加强法治意识、国家安全、民族团结、生态文明和海洋权益等方面的教育。这是新课标中首次提出加强海洋权益教育，由此可以看出在历史学科中实施海洋教育已经成为历史教育中的一项重点内容。党的十八大、十九大以及二十大中都提出建设海洋强国战略，加快"海洋强国"建设。这些国家重大战略的出台说明了国家对维护我国海洋权益的重视，历史教学中更应当加强海洋权益教育。

如何理解海洋权益教育，笔者认为，不能将海洋权益教育等同于单一的海洋政治教育，也不能狭义地理解海洋权益的内涵而忽视其他海洋史内容的教学。除此之外，《新课程标准》中提到"探寻历史真相，总结历史经验，认识历史规律，顺应历史发展趋势，是历史学的重要社会功能"[1]。因此有效实施海洋权益教育应当在注重海洋权益教育的基础上，进一步加强对海洋史教育的重视，借助于海洋史知识的学习，帮助学生形成正确的海洋观念，适应当今社会的发展需要。

2. 对主题教学的提倡

新课程标准将历史课程性质定义为："普通高中历史课程，是在义务教育历史课程的基础上，进一步运用历史唯物主义观点，以社会形态从低级到高级发展为主线，展现历史演进的基本过程以及人类在历史上创造的文明成果，揭示人类历史发展规律和大趋势，促进学生全面发展的一门基础课程。"[2] 在以往传统历史教学方式下，教师依照教材的编写顺序授课，利用这种方式帮助学生了解历史发展进程，但是学生也只是加强了对历史知识的记忆与理解，而对如

---

[1] 中华人民共和国教育部制定：《普通高中历史课程标准（2017年版2020年修订）》，人民教育出版社2020年版，第1页。

[2] 中华人民共和国教育部制定：《普通高中历史课程标准（2017年版2020年修订）》，人民教育出版社2020年版，第1页。

何提高学生历史意识与思维能力往往没有主动探究。通过主题教学这一教学方式，学生在教师的引导下借助主题所提供的线索与逻辑，在学习过程中能够主动发现并解决历史问题，调动学生的历史思维能力，拓展历史视野，加强历史与现实之间的联系。这不仅有助于学生对历史知识的熟练掌握，更有助于增强学生对历史规律的理解，从而促进学生的全面发展。

《新课程标准》对教学的实施建议中提到要深入分析课程结构，合理整合教学内容。如何整合教学内容，《新课程标准》指出："运用主题教学、问题教学、深度教学、结构—联系教学等教学模式，对教科书的顺序、结构进行适当的调整，将教学内容进行有跨度、有深度的重新整合"[1]，可见开展主题教学确实是实现教学目标的有效方式。对教学内容的整合，一方面可以加强同一历史时期中外史事的整合，帮助学生拓宽历史视野，比如，可以将《中外历史纲要》（上）中提到唐朝海外贸易发达的内容与《中外历史纲要》（下）"中古时期的亚洲"中对阿拉伯人商业活动的相关内容，整合为新的主题，帮助学生从更宏观的角度看待古代中国与世界其他国家的海洋贸易状况，有助于增强学生对海洋贸易重要性的认识。另一方面也可以对历史发展前后的相关内容进行把握，将相关内容进行整合，形成新的主题。比如，可以将必修内容的"明清中国版图的奠定与面临的挑战"与"晚清时期的内忧外患与救亡图存"内容进行梳理，以"明清时期中国的海洋活动与影响"为主题进行学习，帮助学生认识到明清时期中国海洋政策的变化与这种变化所造成的近代悲剧，以此增强学生的海洋意识。此外，还可以在不打破教材编排顺序的基础上，以某一课为例，充分研究本课内容，选择恰当的海洋教育主题对本课内容进行整合，使之贯穿整合课堂教学，以海洋教育为视角开展主题教学。

---

[1] 中华人民共和国教育部制定：《普通高中历史课程标准（2017年版2020年修订）》，人民教育出版社2020年版，第48页。

（二）培养高中生历史学科核心素养的需要

学科核心素养是指学科知识、基本技能、思维方式和品行价值的综合素质，为培养人才提供了依据与指导，是对学生综合素质的总体概括。在历史学科中，历史学科核心素养包括五大方面：唯物史观、时空观念、史料实证、历史解释与家国情怀[①]。

唯物史观旨在为学生树立唯物主义观念，帮助学生以客观立场看待认识历史，正确认识、解读历史。在高中历史学习中，学生要学会用历史唯物主义的观点来思考问题、解决问题。通过海洋史内容的整体学习，能够帮助学生客观认识海洋在人类文明发展进程中的作用。时空观念要求学生在历史学习中对特定的时间、空间节点有清晰的认识与判断，能够以宏观视角看待历史在时间与空间上的变化。具备明显的时空特征是历史学科的特点之一，任何历史事件都是在特定的时空背景下发生的。统编版历史教材中有大量涉及海洋的历史地图，在教学中充分利用这些地图是培养学生时空观念的重要途径。史料实证要求学生能够对所获取的史料进行辨析，同时具备运用史料分析问题、解决问题的能力。历史解释则要求学生基于对史料的认识与理解，对历史进行理性分析与客观评判。良好的历史解释能力能帮助学生从历史学习中收获经验教训，获得对历史的正确认识。统编版历史教材中的辅助系统涉及包括海洋史内容在内的许多史料，通过对这些史料内容的学习与分析，有助于培养高中生史料意识，正确论述海洋在历史发展中的作用，提升学生的史料实证能力与历史解释能力。家国情怀旨在帮助学生通过历史学科的学习吸取历史经验，增强爱国意识，提升学生对民族、国家的认同感、责任感、归属感与使命感。我国古代海洋贸易的繁荣发展、近代我国海洋权益的丧失以及新时代我国海洋权益逐渐得到维护，均是培养家国情怀的重要抓手。

---

① 中华人民共和国教育部制定：《普通高中历史课程标准（2017年版2020年修订）》，人民教育出版社2020年版，第5页。

除此之外，新课程标准尤其强调要落实"立德树人"这一根本任务，培养学生的历史学科核心素养，培养德智体美全面发展的社会主义建设者与接班人[①]。主题教学以"主题"为中心，可以帮助学生深入学习，探寻历史知识背后所蕴含的价值观念，有助于历史学科核心素养的落实。

由此可见，以高中历史课程标准为指导，充分利用统编版历史教材中大量的海洋史内容，在历史教学中运用主题教学开展海洋教育有助于培养学生的历史学科核心素养。

（三）高中历史教材中海洋教育内容较为分散

由于统编版高中历史教材采用通史体例，注重历史发展的脉络与完整性，因而内容十分繁杂，某一课内容中会涉及一个甚至多个王朝数百年的政治、经济、文化、社会生活等内容。通史体例的学习能够适当降低历史学科的抽象程度，直观展现历史面貌，进而有助于学生准确把握历史脉络，便于对历史的整体理解与掌握。然而在针对某一特定历史主题进行专门学习时，如果完全按照教材的顺序授课便显得力不能及了。纵观统编版必修两册教材，以"海洋史"为主题，可以发现教材中的海洋教育内容分散在各单元与课之中，较为分散，具体体现在三个方面：其一，同一单元内部课与课之间海洋教育内容存在分布不均，比如在《中外历史纲要》（上册）第8课中涉及唐朝中外的海洋文化交流，而第5、第6、第7课中所涉及的海洋教育内容则稍显不足。其二，单元与单元之间海洋教育内容分布不均，比如纲要上册第四单元内容涉及"郑和下西洋""郑成功收复台湾""清朝疆域"以及"明清时期海外贸易带来农业、手工业和商业的变化"。而第六单元辛亥革命与台湾当局则较少涉及海洋教育内容。其三，纲要上下两册的海洋教育内容也有差异。上册海洋史内容包含39个主要知识点，共4912字，下册海洋史内容包

---

① 中华人民共和国教育部制定：《普通高中历史课程标准（2017年版2020年修订）》，人民教育出版社2020年版，第1页。

含 29 个知识点，字数达到 7174 字①。除此之外，下册涉及海洋的相关图片有 39 张，高于上册的 32 张。这一差异可以反映出海洋教育似乎在下册具有更高的地位。

总而言之，教材分散的海洋史内容，没有形成完整的逻辑体系，这就给教师在教学实践中开展海洋教育提出了一定难度，因而不利于海洋教育的实施，不利于高中生海洋意识的培养。要解决这一问题就离不开对教材海洋教育内容的整合，《新课程标准》中也提到了"对课程内容的整合，引导学生深入学习"②。因此，要实现海洋教育目标，将分散在教材中的海洋教育内容按照某一特定主题加以归类整合，能够克服海洋教育内容较为分散的问题。

（四）高中生对海洋在历史中地位与作用的认识较为不足

自石器时代以来，中国沿海区域就有了海洋社会的存在，有了海洋族群的流动，有了早期的海洋科学认知，有了海疆海防意识③，可以说中国是世界上最早认识和利用海洋的国家。我国古代就有"舟楫为舆马，巨海化夷庚"和"观于海者难为水，游于圣人之门者难为言"的海洋意识。当前我国拥有广阔的海洋国土面积，维护海洋权益关乎国家安全与利益。然而，现阶段国人尤其是高中生对海洋的地位与作用的认识明显不足，2014 年中国青年报社开展了"中国青年海洋意识调查"，结果显示：我国青年海洋意识薄弱，近三分之二的被调查者只知道中国国土面积为 960 万平方千米，但对 300 多万平方千米的海疆根本没有意识④。2017 年，《国民海洋意识发展指数（MAI）研究报告》显示中国国民海洋意识发展指数为

---

① 王添翃：《高中历史教材海洋史内容的教学研究》，硕士学位论文，杭州师范大学，2022 年，第 19 页。

② 中华人民共和国教育部制定：《普通高中历史课程标准（2017 年版 2020 年修订）》，人民教育出版社 2020 年版，第 17 页。

③ 曲金良主编，陈智勇本卷主编：《中国海洋文化史长编（先秦秦汉卷）》，中国海洋大学出版社 2008 年版，第 1 页。

④ 向楠：《觉醒吧，中国青年海洋意识》，《中国青年报》2014 年 7 月 29 日第 3 版。

63.71分，属于较低水平①。究其根源，有历史与现实两方面的原因。历史方面，由于我国陆地面积广阔，资源丰富，以陆地为生形成的农耕文明能够满足人们日常生产生活的需要，因而逐渐形成了重陆轻海的传统思想。同时，纵观中国古代历史，中央王朝的主要威胁大多来自周边民族对陆地区域的占领，而来自海洋的威胁很少。在这种现实情况下，中央政府自然也就忽视了对海洋的开发与管理。虽然我国也曾有通往世界的"海上丝绸之路"与"郑和下西洋"的盛举，但是囿于传统思想的束缚，国人对海洋的认识仍没有达到应有的高度。现实方面，虽然在新中国成立后尤其是改革开放以来，国家意识到海洋的重要战略地位并出台了相关政策来提升国民的海洋意识，但是其力度与达到的效果远远不够。此外，在教育方面海洋教育主要集中于地理与生物学科，更多地侧重海洋资源、海洋生态的学习，对其他方面如海洋权益、海洋文化等内容有所缺失。

进入新时代以来，国家从战略层面提出"建设海洋强国"，对维护国家海洋安全与利益作出了长远规划，这就要求我们一定要重视青年海洋意识培养，形成与国家海洋战略相匹配的青年海洋意识。随着新教材陆续投入使用，与旧教材相比，新教材采用通史体例，在学习中增添了有关海洋的教学内容。教学原则中也提到了"加强法治意识、国家安全、民族团结、生态文明和海洋权益各方面的教育"②。从历史教科书到历史课程标准都关注到了对高中生海洋意识的培养，不仅说明通过历史教学实施海洋教育是一种可行的方式，而且还说明对高中生实施海洋教育，进而提高高中生的海洋意识已经刻不容缓。

---

① 国民海洋意识发展指数课题组：《国民海洋意识发展指数报告（2017）》，海洋出版社2019年版，第2页。

② 中华人民共和国教育部制定：《普通高中历史课程标准（2017年版2020年修订）》，人民教育出版社2020年版，第48页。

二 可行性分析

（一）国家相关海洋政策的支持

随着1994年《联合国海洋法公约》的生效，海洋问题受到了越来越多国家的关注，很多国家制定并发展了本国的海洋发展战略，海洋教育也因此得到重视。我国的海洋发展战略稳步推进，形成了《中国海洋21世纪议程》《国家海洋事业发展规划》以及《中国海洋发展报告》等。

进入21世纪，国务院在2003年颁发《全国海洋经济发展规划纲要》中首次提出建设海洋强国的奋斗目标，海洋教育也因此获得了更多的关注，得到国家与社会的肯定，我国的海洋教育政策也不断涌现。这些政策中包括国家层面的《国家海洋事业发展规划纲要》，省市层面的《山东省中长期教育改革和发展规划纲要》等。在面向基础教育的海洋教育政策中，我国一方面重视加强海洋基础知识的普及，如在2008年颁布的《国家海洋事业发展规划纲要》提到"把普及海洋知识纳入国民教育体系，在中小学开展海洋基础知识教育"。另一方面重视建设以海洋教育为特色的中小学校。2016年，教育部提出"海洋教育进学校"，要求将学科课程教学与海洋意识培养相结合，其中包括历史学科[1]。在国家及地方海洋教育政策的支持下，我国海洋教育取得了突出成就，一些学者认为海洋教育应立足学科，包括政治、经济、文化、艺术、劳动技术等方面的海洋教育，还有一些学者关注区域实践探索，提出基础教育阶段的海洋教育内容体系。比如，舟山市普陀区教育局的徐朝挺提出，该区教育局自2011年在全国范围内率先提出现代海洋教育内容概念，构建内容丰富、有骨架有血肉的区域性现代海洋教育体系（主要针对中

---

[1] 魏冬明:《试析高中历史教学中海洋意识教育》，《中学历史教学参考》2023年第4期，第34页。

小学教育阶段），包括"五大模块"涉及"二十个专题"①。山东省青岛市第三十九中学（中国海洋大学附属中学）以海洋为载体，激发学生兴趣，提升学生实践能力与创新精神，让学生热爱海洋、树立海洋意识，走出一条独具特色的海洋教育之路。随着我国对海洋教育的重视不断加深，有关推动海洋教育发展的政策也会不断丰富完善，我国海洋教育发展前景广阔。

（二）统编版历史教材内含丰富的海洋史资源

统编版高中历史必修教材《中外历史纲要》按照通史体例进行编排，上下两册内容分别为中国史与世界史。教材在新版普通高中历史课程标准提倡海洋权益教育的指导下，将大量海洋史史料以各种形式融入教材正文以及课文辅助系统中，融入历史课程学习，教材体系宏大，海洋教育内容较多②。

总体来说，海洋史内容丰富体现在以下两个方面：其一，海洋史内容贯穿整个必修教材，无论是纲要上册的中国史还是纲要下册的世界史都可以发现海洋史的相关内容。这充分说明海洋在人类历史中所扮演的重要作用。其二，两本必修教材的海洋史内容各有侧重。中国史部分主要侧重中国古代的海洋探索与开发以及近现代的海洋危机与海洋实力提升，具体来说内容大多涉及海权、海防，侧重于海洋政治方面。世界史部分内容具有多元化特点，体现了海洋是促进人类从分散走向整体的重要因素，具体内容更多地体现在海洋政治、海洋经济与海洋文化的各个方面，笔者将在下文对整个必修教材的海洋史内容进行分析与梳理。

（三）主题教学具有整合教学内容的优势

新教材采用通史体例，较为系统地展现中外历史的发展脉络，因此不可避免地造成内容十分繁杂，进而导致出现教学设计碎片化

---

① 柯文涛、汪宜萍：《中国海洋教育研究：内容与思考》，《航海教育研究》2022年第4期，第37页。

② 田梦杰：《统编版高中历史必修教材海洋教育内容研究》，硕士学位论文，曲阜师范大学，2021年，第7页。

的问题，这是新教材使用中的一个难点。在课堂教学中如果按照传统的教学方式开展教学，教师讲授教材中所涉及的所有知识，同时要求学生掌握全部内容，这显然是不符合现实教学需要的。

在历史教学中开展主题教学便是解决这一难点的有效方式。在主题教学中，教师选取能够统领教学内容的"主题"，使之贯穿整个教学过程，化繁为简，将繁杂的历史知识有逻辑地串联起来，实现新教材的有效利用。由此可知，在教学时间有限、教学内容较多，两者不易协调的背景下，教师可以依据具体教学内容开展主题教学，将繁杂零散的内容，围绕事先设定的教学主题重新整合，借助多样教学手段或方式有效完成相应教学内容[1]。比如在"两宋的政治与军事"一课的教学中，刘运佳以"两宋祖宗家法"作为本课主题，从祖宗家法之立、祖宗家法之弊、祖宗家法之变三个方面将教材内容整合，最后升华主题，吸取宋代墨守成规的教训，告诫我们要不懈创新、与时俱进[2]。在"隋唐盛世到五代十国"中，可以将"民族交融"作为主题，选取合适的史料，突出时空变化整合教学内容开展主题教学。

除此之外，得益于主题教学整合教学内容的优势，开展主题教学能够培养学生对知识的整合与迁移能力，这也适应了高考主题化的命题趋势。随着新高考改革，近年来各地的高考命题都趋向于对"主题"的考查，不仅有横向的中外对比，也有纵向的不同时期的对比。如2018年的全国卷Ⅰ的41题的主题为"基层管理"，考查宋到明清、清末以及改革开放后的基层管理变革。2020年的全国卷Ⅰ的41题的主题为"中德关系"，考察50—70年代中国对外关系的变化，这些题目给予了考生很大的发挥空间，考验着考生的知识整合与迁移能力。因此，针对高考命题中出现的趋势，教师必须重视起

---

[1] 王必闩：《高中历史主题教学基本范式探索》，《中学历史教学参考》2023年第6期，第27页。

[2] 刘运佳：《高中历史学科主题式教学的策略——以"两宋的政治和军事"教学为例》，《辽宁教育》2021年第19期。

(四) 高中生认知发展水平适合海洋教育主题学习

皮亚杰的认知发展理论能够帮助教师正确认识高中生的认知发展特点，历史教师只有充分了解高中生认知发展的特点，遵循其认知发展规律采取恰当的教学方法与手段才能促进高中生认知水平的发展与历史教学的顺利开展。在历史教学中运用主题教学是符合高中生认知发展特点的，具体体现在：

首先，皮亚杰认为人类的认知发展是建立在已有的认知结构的基础之上的，高中生也不例外。有鉴于此，历史教师应认识到高中生认识发展水平的有限性，采取恰当的教学方法，提高学生学习的主动性，发挥学生学习的主体性。而主题教学强调"学生为主体""整合教学内容贯穿主题"，关注到了对学生参与课堂主动性，在教学过程中有丰富的学生活动如"问题探究""小组讨论""情境创设"等环节，能够充分调动学生参与课堂学习的主体性。

其次，皮亚杰认为人的认知发展可分为感知运动阶段、前运算阶段、具体运算阶段和形式运算阶段四个阶段[1]。高中生的认知处于形式运算阶段，他们的认知水平已经接近成人水平，不依赖于具体的可感知的事物[2]。具体到历史学科中，高中生对历史的认知水平有所提高，如果在教学中不适应高中生的这种转变会不利于高中生思维能力的发展。而且高中生对世界已经有了自己的认识与观点，希望教师能够把他们当大人来看待。在主题教学中，学生可以发挥能动性积极思考相关问题，并在教师的引导下，形成对主题的认识，最终提升逻辑思维能力，适应发展需要。

最后，皮亚杰认为人类的认知发展是在已有图式和环境相互作

---

[1] 于珺：《皮亚杰认识发生论评述》，硕士学位论文，吉林大学，2014年，第4页。
[2] 孙苏珺：《认知发展理论在中学历史教学中的应用》，《文教资料》2019年第18期，第194页。

用的基础之上产生的。教师在主题教学中，可以基于学生现阶段的知识发展水平，从课堂导入、知识学习等方面开展教学。比如在教学过程中运用情境创设法创设出真实情境、场景与问题，引导学生积极参与课堂、用心探究历史知识，从而实现更好的教学效果。

第三节 高中历史统编版必修教材海洋教育内容梳理与分析

高中历史统编版必修教材通过正文以及辅助系统呈现了丰富的海洋教育内容，体现了海洋教育在历史教学中的重要地位。通过系统梳理统编版高中历史必修教材中的海洋教育内容，以及认识该内容对实施海洋教育的重要作用，有助于教师熟练把握教材，更好地在中学历史教学中实施海洋教育。

一 高中历史统编版必修教材海洋教育内容梳理

统编版必修教材中海洋史内容全面丰富，其内容主要包括海洋政治史、海洋经济史和海洋文化史三部分。

海洋政治就是指一定历史时期，国家或国家间围绕特定的海洋利益，依托海洋权力及其形成的规则来规定或界定自身海洋权利，实现自身海洋利益的各种活动和关系的总和[1]，国家的海洋战略与政策、海洋法律、海洋国土维护等都属于海洋政治的范畴。通过海洋政治史的学习，能够培养学生对海洋主权的重视，有助于家国情怀素养的形成。

海洋经济是指开发利用海洋的各类产业及相关经济活动的总和。基于统编版高中历史必修教材来看，海洋经济主要涉及海洋商路的开辟、海洋经贸的发展等利用海洋开展的经济活动。

---

[1] 罗勇：《海洋政治视角下的南海问题研究》，硕士学位论文，西南大学，2016年，第9页。

海洋文化主要包括海洋科学技术的产生发展以及与海洋相关的文化交流互鉴。指南针、造船技术等海洋科技进步，带来了海洋贸易的蓬勃发展，加强了不同地区之间的联系，推动了各地区的文化交流日益频繁。

通过对海洋教育内容进行分类整合，能够帮助学生系统认识海洋史内容，提升海洋在学生心目中的地位，实现《新课标》中加强海洋权益的要求，最终有助于历史学科核心素养的落实。笔者现将《中外历史纲要》上下两册的海洋教育内容分类梳理如下：

表5-1　《中外历史纲要（上）》中海洋教育内容梳理[①]

教材章节	相关教材内容	海洋教育内容	内容分类
第1课"中华文明起源与早期文明国家"	图片：中国旧石器时代重要人类遗址分布图与中国新石器时代文化遗存分布图	1. 海洋在早期人类文明产生发展中的作用	海洋文化
第2课"诸侯纷争与变法运动"	史料阅读：对战国时期齐国首都临淄的记载。历史地图：战国形势图	1. 海洋所带来的"渔盐之利"推动了国家经济发展与实力增强	海洋经济
第5课"三国两晋南北朝的政权更迭与民族交融"	历史地图：三国鼎立形势图（262年）与东晋十六国形势图。正文：东晋与南朝时南方造船等行业有明显进步	1. 两幅图片对台湾为夷洲与南海为涨海的标注，体现海洋国土维护。2. 造船业的发展带来海外贸易进步，推动南方地区的开发与经济发展	海洋政治 海洋经济
第6课"从隋唐盛世到五代十国"	历史地图：唐朝前期疆域、边疆各族分布图（669年）和五代十国形势图	1. 两幅图片对台湾为流求与南海为涨海的标注，体现海洋国土维护	海洋政治

---

① 教育部组织编写：《中外历史纲要（上）》，人民教育出版社2019年版。

续表

教材章节	相关教材内容	海洋教育内容	内容分类
第8课"三国至隋唐的文化"	正文：鉴真东渡、空海求学、唐都城长安为国际大都会、新罗与日本来唐朝开展交流、港口城市有海外商人定居。 历史地图：唐朝对外主要交通路线示意图。 图片：唐招提寺	1. 海洋促进人员往来与文化交流与传播同时也带来了海洋贸易的发展	海洋文化 海洋经济
第9课"两宋的政治和军事"	地图：辽、北宋、西夏形势图（1111年）与金、南宋、西夏形势图	1. 图片中对台湾为流求的标注以及南海千里长沙、万里海塘的标注，体现海洋国土维护	海洋政治
第10课"辽夏金元的统治"	历史地图：元朝形势图（1330年）。 正文：元朝设置澎湖巡检司，隶属福建，以经略台湾。 学习拓展：元朝时意大利旅行家马可·波罗来华	1. 图中对台湾为琉球的标注以及南海万里石塘的标注，体现海洋国土维护。 2. 澎湖巡检司的设置是中央政府首次在台湾正式设立的行政机构。 3. 马可·波罗从海路来华，促进了中外文化交流	海洋政治 海洋政治 海洋文化
第11课"辽宋夏金元的经济与社会"	正文：两宋时期海外贸易非常繁荣，外贸税收成为宋元两朝国库的重要来源。主要外贸港口有广州、泉州、明州等。 历史地图：元朝运河、海运路线图	1. 海外贸易的繁荣促进了两宋以及元朝国家财政的增长。 2. 元朝开辟长途海运航线，将江南的粮食运往北方，缩短了航程，减少了经济支出	海洋经济
第12课"辽宋夏金元的文化"	正文：宋代用人工磁化的方法造出的指南针，广泛应用于航海	指南针的应用促进了海上航行，推动了海外贸易的发展，并且传到西方后，也为新航路开辟作出了贡献	海洋经济 海洋文化

第五章 高中历史"海洋教育主题教学"研究   227

续表

教材章节	相关教材内容	海洋教育内容	内容分类
第13课"从明朝建立到清军入关"	正文：郑和下西洋，戚继光抗倭，葡萄牙攫取在澳门的居住权，西班牙与荷兰占据台湾。 历史地图：郑和航海路线图与明朝形势图（1433年）。 学习聚焦：明朝前期的郑和下西洋是世界航海史上的壮举。倭寇和西方殖民者成为海防的新问题。 思考点：应当如何看待明朝统治者"下西洋"政策的变化？ 史料阅读：《万历野获编》 历史地图：明朝形势图（1433年）	1. 郑和下西洋提升了中外文化交流。 2. 作为我国固有领土的澳门、台湾被殖民者侵占体现国家海洋国土安全受到损害。 3. 明朝形势图中对海洋国土台湾为小琉球与南海万里石塘、石星海塘以及万里长沙的标注体现我国很早发现并开发相关岛屿与海域。 4. "下西洋"停止后，中国的海上控制力便逐渐下降，以至于后来的倭寇问题、西方殖民者东来的问题以及《万历野获编》对葡萄牙海军的记载均反映出中国海防力量衰退	海洋文化 海洋政治 海洋政治 海洋政治
第14课"清前中期的鼎盛与危机"	正文：1662年，郑成功驱逐荷兰殖民者，成功收复台湾。1683年，清朝统一台湾，1684年，清朝在台湾设府，隶属福建省。 正文：清朝疆域中介绍到东临太平洋，东南到台湾及其附属岛屿，包括钓鱼岛、赤尾屿等，南至南海诸岛。 历史地图：清朝疆域图（1820年）。 正文：面对西方要求开放通商口岸与扩大贸易的要求，清政府采取"闭关锁国"与海禁政策，海洋贸易受到严重影响。 问题探究：介绍乾隆、嘉庆时期，对待西方使团的态度	1. 对台湾的收复与管理体现了对海洋国土的维护。 2. 对我国海洋疆域的介绍以及通过地图进行标注，有助于增强学生对维护海洋国土的认识。 3. 清政府闭关锁国政策失去了与世界交流的渠道，反映了清朝的海洋贸易政策走向封闭	海洋政治 海洋政治 海洋经济

续表

教材章节	相关教材内容	海洋教育内容	内容分类
第15课"明至清中叶的经济与文化"	正文：随着新航路的开辟，一些新的农作物品种输入中国。历史地图：清朝前期玉米、甘薯推广种植图。正文：美洲等地的白银通过海外贸易大量流入，促进了长途和大额贸易的发展。	1. 明朝后期随着海外贸易的发展，其他地区的农作物物种得到传播，种植面积得到扩大。玉米、番薯等高产作物的种植提高了粮食产量，促进了清朝人口的迅速增长	海洋经济
第16课"两次鸦片战争"	导入：英国为扭转贸易逆差向中国走私大量鸦片。正文：英国沿中国海岸线进行侵略活动，发动鸦片战争。第二次鸦片战争中英法联军从海上继续入侵中国。图片：中国水师与英国海军在穿鼻洋面激战的画面。问题探究：中美《五口贸易章程：海关税则》	1. 开展海上走私贸易活动，严重危害了清政府的经济安全。2. 列强通过海洋对中国实施侵略活动，危害了国家的海洋主权。签订不平等条约开放通商口岸，不利于维护国家的海洋国土安全与海洋经济利益	海洋经济海洋政治海洋经济
第17课"国家出路的探索与列强侵略的加剧"	正文：洋务运动中以"求富"为口号创办轮船招商局，并建成以北洋舰队为代表的新式海军。历史地图：中日甲午战争形势图与19世纪末帝国主义列强在华划分势力范围示意图。正文：甲午中日战争中中日两国海军在爆发海战，最终中国战败，签订《马	1. 创办轮船招商局打破了列强对中国海洋航运业的垄断，维护中国的海洋经济利益。2. 创办新式海军有助于海洋国防的建设。甲午中日战争的失败与签订条约后对海洋国土的割让，以及列强对中国沿海地区瓜分，反映我国海防力量的不足	海洋经济海洋政治海洋政治

续表

教材章节	相关教材内容	海洋教育内容	内容分类
第17课"国家出路的探索与列强侵略的加剧"	关条约》，割让辽东半岛、台湾全岛及所有附属各岛屿、澎湖列岛给日本，并开放通商口岸。战后，列强争相在中国沿海地区划分势力范围，掀起瓜分中国的狂潮。 学思之窗：《复陈购买外洋船炮折》	3. 学思之窗中的史料反映出两次鸦片战争的失败，洋务派主张向西方学习，而购置船炮器械便是向西方学习的重要内容，体现国家海洋实力是富国强兵的重要内容	海洋经济 海洋政治 海洋政治
"全民族浴血奋战与抗日战争的胜利"	正文：1943年11月《开罗宣言》规定日本所窃取的中国领土，例如东北地区、台湾及其附属岛屿、澎湖群岛等，归还中华民族。抗战胜利后，台湾正式回到祖国的怀抱	1. 台湾及其附属岛屿回到祖国怀抱有效维护了我国海洋国土的完整，维护了国家的海洋主权	海洋政治
第26课"中华人民共和国成立和向社会主义过渡"	史料阅读：抗美援朝战争的胜利证明西方侵略者几百年来在海岸上架起几尊大炮就可以霸占一个国家的时代一去不复返了	1. 新中国成立后，维护了国家的海洋安全与海洋主权	海洋政治
第28课"中国特色社会主义道路的开辟与发展"	正文：改革开放中，我国在沿海城市中设立经济特区，逐渐形成从沿海到沿江，从沿边到内地的全方位对外开放新格局。 正文：1979年《告台湾同胞书》、1992年海合会与海基会达成"九二共识"、1993年"汪辜会谈"、2003年颁布《反分裂国家法》、2015年两岸领导人会面，翻开两岸关系历史性一页	1. 在沿海设立经济特区更便于吸引外资，发展经济。 2. 两岸关系和平发展	海洋经济 海洋政治

教材章节	相关教材内容	海洋教育内容	内容分类
第29课"改革开放以来的巨大成就"	正文：划设东海防空识别区，执行钓鱼岛维权斗争、南海常态化巡航，有效进行海上维权、反恐维稳、抢险救灾、国际维和、亚丁湾护航、人道主义救援等重大任务。 历史纵横："一带一路"。 图片：2018年4月12日，习近平在南海检阅海上编队	1. 新时代我国采取一系列举措，坚决维护国家海洋权益	海洋政治

表5-2　《中外历史纲要（下）》中海洋教育内容梳理①

教材章节	相关教材内容	海洋教育内容	内容分类
第2课"古代世界的帝国与文明交流"	正文：古希腊人凭借着自己的组织能力、航海技术和武器，向地中海和周边地区殖民，在沿海地区建立了众多城邦国家。 历史地图：古希腊人在黑海和地中海地区的殖民示意图、2世纪初的罗马帝国、罗马帝国与汉朝交往的主要路线示意图	1. 古希腊人通过殖民、征服手段，进行海上扩张，建立城邦国家以及古罗马人将地中海变成罗马帝国的内湖，创造了辉煌灿烂的海洋文明。 2. 汉朝与罗马帝国的交往体现两个海上贸易的繁荣，海洋经济蓬勃发展	海洋文化 海洋经济

① 教育部组织编写：《中外历史纲要（下）》，人民教育出版社2019年版。

续表

教材章节	相关教材内容	海洋教育内容	内容分类
第4课"中古时期的亚洲"	正文：阿拉伯帝国经济繁荣，手工业与商业得到很大发展，阿拉伯商人在东到东亚、西到西欧、南至非洲的广大地区开展陆上与海上贸易。 图片：《阿拉伯人商业活动示意图》 学思之窗：《阿拉伯通史》中对巴格达城海上贸易商品的记载	1. 阿拉伯帝国作为当时海上贸易的中枢与重要枢纽，结合图片与相关史料，可以体现当时阿拉伯帝国海洋经济的兴盛	海洋经济
"古代非洲与美洲"	正文：随着环印度洋贸易的发展，东非沿海的一些国家海上贸易有所发展。 历史纵横：介绍古代中国人由商船游历非洲的记录	1. 东非沿海对外贸易发展，与其他国家交往频繁	海洋经济
"全球航路的开辟"	导入：航海图的作用。 正文：新航路开辟的动因与条件、主要路线与其他路线。 图片：13世纪末14世纪初的新型航海图、明朝的罗盘、14世纪的星盘、麦哲伦船队中的"维多利亚号"与"马修号"复原船。 历史地图：新航路开辟示意图与其他航路的开辟示意图。 问题探究：探究郑和下西洋与新航路的开辟。 思考点：全球物种大交换对人类历史发展带来怎样的影响	1. 欧洲人对海洋贸易所获得的商品的强烈追求、通过海洋传播基督教、造船技术进步以及新航路后海洋贸易在全球的发展。 2. 新型航海图、星盘、罗盘以及航海船只反映当时航海技术的进步。 3. 探究中西航海活动差异	海洋经济 海洋文化

续表

教材章节	相关教材内容	海洋教育内容	内容分类
第7课"全球联系的初步建立与世界的演变"	导入：新航路开辟，人类跨越大陆和海洋建立起全球性联系。 正文：新航路开辟带来人口迁移与物种交流、促进了商品的全球流动并拉开了欧洲海外扩张的序幕。 图片：15世纪与16世纪的世界地图、马尼拉大帆船。 历史地区：三角贸易示意图。 问题探究：新航路开辟和早期殖民扩张对西欧资本主义原始积累产生了怎样的作用？	1. 新航路开辟促进世界人口与物种的大交流的影响。 2. "三角贸易"与世界海洋贸易网络。 3. 早期殖民扩张行为带来了多重影响	海洋经济 海洋经济 海洋政治 海洋经济 海洋文化
"资本主义世界殖民体系的形成"	教材主要介绍西方资本主义国家对拉丁美洲、非洲与亚洲的殖民活动，最终形成世界殖民体系	1. 殖民国家对被殖民地国家海洋主权的侵犯。 2. 西方殖民者通过一系列殖民手段加强对被殖民国家的经济掠夺。 3. 海洋对世界殖民体系建立中发挥的作用	海洋政治 海洋经济 海洋政治
"第一次世界大战与战后国际秩序"	正文：1916年，英德爆发日德兰海战，德国未能突破英国海上封锁。 图片：《第一次世界大战欧洲战场的西线、东线和南线》 正文：凡尔赛华盛顿体系中对美、英、日等国海军军备的限制	1. 日德兰海战英德对海权的争夺与一战后对各国海军军备的限制所体现的海洋控制能力高低对国家实力强弱的影响	海洋政治

续表

教材章节	相关教材内容	海洋教育内容	内容分类
第二次世界大战与战后国际秩序的形成	图片：《第二次世界大战期间的亚太战场示意图》 正文：雅尔塔体系规定日本窃取于中国的领土，如东北地区、台湾及其附属岛屿、澎湖列岛等归还中国	1. 图片体现提升海防力量对维护中国的海洋主权与整个亚太局势的重要性。 2. 台湾等领土回归体现海洋国土与海洋主权得到维护	海洋政治 海洋政治
"和平发展合作共赢的时代潮流"	正文：人类面临的问题中涉及海洋权益的争夺日趋激烈。 正文：中国提出建设"21世纪海上丝绸之路"和"丝绸之路经济带"的合作倡议	1. 海洋权益争夺日趋激烈。 2. 中国为推动世界经济发展，充分利用海洋，提出了"中国主张"	海洋政治 海洋经济

二 高中历史统编版必修教材海洋教育内容分析

高中历史统编版必修教材主要以纲要的形式对中国史和世界史的内容展开学习，其中有不少涉及海洋的内容，如宋元时期的海外贸易、郑和下西洋以及全球航路的开辟等相关内容。如果深挖统编版必修教材的内容，我们会发现几乎每课都或多或少地提及海洋。因此，通过对这些海洋教育内容的深入挖掘，可以帮助教师在课堂上有效开展海洋教育。

（一）《中外历史纲要》上册海洋教育内容

本教材的编写者徐蓝认为教科书中关于海洋史知识的编排主要是注重历史渊源及加强学生的海洋权益意识[1]，通过对整本教材内容的梳理可以发现海洋史内容的编排形式。《中外历史纲要》上册为中

---

[1] 徐蓝：《历史核心素养下统领下统编高中历史教科书的编写》，《课程·教材·教法》2019年第9期，第39页。

国史部分，包括中国古代史、中国近代史和中国现代史三部分内容。中国古代史涉及海洋史内容可概括为中国古代对海洋的探索与开发。中国近代史涉及海洋史内容可概括为中国近代的海洋危机，而海洋危机则具体体现为我国海洋权益的丧失。中国现代史涉及海洋史内容可概括为新时期国家海洋建设与开发的迅速发展。

漫漫历史长河，海洋从未成为人类的禁地，中华文明是多元文明，它以农耕文明为主，也包容游牧文明和海洋文明，海洋文明是中华文明的源头之一和组成部分[①]。中华民族的先民们早在石器时代就已经有了对海洋的开发与利用，海洋在中华民族起源中发挥着重要作用。在第1课"中华文明的起源与早期国家"中，教材展示了"中国新石器时代文化遗存分布图"，图例中标注了新石器时代主要文化遗存，通过引导学生结合图例观察图片中位于沿海地区的河姆渡文化遗存，教师讲解河姆渡遗址中挖掘出了船桨以及大量河口与海洋生物骨骸等珍贵文物，从而展示出河姆渡文化中独具特色的海洋因素。

第2课"诸侯纷争与变法运动"对春秋战国时期的经济发展和政治变动、民族交融与华夏认同、思想文化的繁荣发展等内容展开论述。在"史料阅读"中教材通过出示《史记·苏秦列传》中的一段史料，介绍了齐国都城临淄的繁荣景象。教师向学生讲解齐国依靠三面环海的自然条件，因地制宜发展海洋经济，加之齐国统治者对发展海洋经济的重视，从而使得齐国的国力有所提高。教师在课堂授课中运用这段史料，不仅可以提高学生的史料实证能力，更有助于学生理解海洋对国家经济发展的重要作用，认识到我国悠久的海洋开发与利用历史，培养学生的海洋经济意识。

第5课"三国两晋南北朝的政权更迭与民族交融"与第6课"从隋唐盛世到五代十国"教材出示了三幅历史地图："三国鼎立形势图（262年）""东晋十六国形势图""唐朝前期疆域和边疆各族

---

① 苏智良主编：《海洋文明研究（第一辑）》，中西书局2016年版，第1页。

分布图（669年）"，三幅地图中均有对台湾岛为夷洲与南海为涨海的标注。分析历史地图能够帮助学生从中提取有效信息，用以解释历史现象，总结历史规律，提高学生学习能力和中学历史课堂的有效性[1]。教师在教学中应当有意识地引导学生观察历史地图，帮助学生认识到这一时期我国已经对台湾及南海有了一定的交流与开发，同时联系现实，使学生认识到台湾以及南海自古以来就是我国的固有领土，从而培养学生的海洋国土意识，有助于维护国家的海洋权益。

第8课"三国至隋唐的文化"在"中外文化交流"子目中，教材同样以历史地图的形式展示了"唐朝对外主要交通路线示意图"。教师在讲解这一内容时应引导学生结合历史地图下方小字注释、图例与古今地名对比，帮助学生清晰地认识到唐朝海运能力的发达与经济文化的高度繁荣，促进学生时空观念的培养。在教材正文部分介绍了唐朝高僧鉴真为传授佛法，不畏艰险，六渡大洋最终到达日本，推动了中国与日本以及周边国家的文化交流，同时图片"唐招提寺"则正是中日文化交流的结果。通过对这一子目的讲解，不仅帮助学生学习鉴真面对海洋不畏艰辛的精神，同时认识到唐朝国力的强盛与开放包容的文化自信，增强学生的民族自豪感，更重要的是使学生认识到海洋在各国文化交流中所起的纽带作用。

第10课"辽夏金元的统治"子目"从蒙古崛起到元朝统一"中，教材在正文中介绍了元朝设置澎湖巡检司，行使行政管理职能管理台湾。这是中央政府首次在台湾设立管理机构并行使治权，标志着台湾是中国固有领土与主权象征，这一内容体现海洋国土意识的培养。教师还可以补充元朝对南海地区开发的内容：首先是元世祖在1279年派郭守敬进行"四海测验"中曾到达过南海的黄岩岛，其次是1293年史弼曾率领元朝军队到达南海，最后是元朝朱思本的

---

[1] 赵倩：《借历史地图育核心素养——以"地图上的红色故事"为例》，《中学历史教学参考》2022年第11期，第30页。

《广舆图》明确将千里长沙、万里石塘列入中国领土。这些史实足以佐证南海自古以来就是中国领土的事实，通过这些内容的学习能够达到培养学生海权意识的目标。

宋元时期可以说是中国开发利用海洋的高峰时期。第 11 课"辽宋夏金元的经济与社会"子目"商业和城市的繁荣"中，在正文部分介绍了由于海上丝绸之路的发展，宋元时期海外贸易非常繁荣，中国的丝织品、瓷器等物品借助海外贸易远销许多国家与地区，其他国家的香料、珠宝等商品通过海路也进入中国，外贸税收成为国家财政的重要来源。海外贸易的繁荣推动了广州、泉州、明州等港口城市的发展。通过相关内容的学习帮助学生认识到宋朝开展海洋贸易维护了国家海洋经济权益。除此之外，在实际教学中，教师应当补充道：在宋代海上贸易繁荣的背景下，为了维护海上权益，宋代还开始建设训练水军。与此同时宋代的市舶司职能的扩大，"关注华商沿海贸易，执行海禁与缉防私贩，监督与管理蕃坊等"①，说明宋朝政府通过市舶机构系统管理海外贸易与缉私事宜，有利于维护国家海洋经济权益，培养学生海权意识。

第 12 课"辽宋夏金元的文化"子目"科技"中，教材在正文中提到"用人工磁化的方法造出指南针，广泛应用于航海"，教师在讲解时，不仅需要帮助学生认识中国古代科技的发达，还需要使学生认识指南针在后来新航路开辟中的作用。正是由于新航路开辟，世界才得以通过海洋真正联系在一起。

第 13 课"从明朝建立到清军入关"子目"海上交通与沿海形势"中，教材首先在学习聚焦中概括了本目的基本内容，本目主要叙述了三则明朝与海洋相关的史事，包括郑和下西洋、东南沿海的倭患以及西方殖民者的入侵。教材在正文部分阐述了郑和七下西洋访问亚非 30 多个国家与地区是当时世界航海史上的壮举，能帮助学

---

① 张付文：《基于高中历史课程标准的考试命题初探——以"中国海洋权益和海防问题"试题设计为例》，《中学历史教学参考》2020 年第 8 期，第 24 页。

生感悟明朝强大的海洋实力，体会中国和平开发海洋，利用海洋开展各国友好交流的主基调，使学生形成和平友好的国际视野。同时教师可以帮助学生了解《郑和航海图》明确标注了南海诸岛的位置，体现郑和下西洋对我国南海权益的维护。然而郑和下西洋更重要的是宣扬大明国威，每次的航海活动需要国家财政的大力支持，给国家财政带来了较大负担，加之统治者缺乏利用海洋，维护国家海洋权益的意识，最终并没有使航海活动继续下去，中国的航海活动从此便销声匿迹。在讲述这一部分时，教师可以引导学生对比新航路开辟后，西方国家以争夺海权开展海洋贸易为目的，积极开拓通商航线，最终实现了国家实力的巨大提升，开启了以海洋为纽带的互联全球的历史时代。中西对比更加凸显重视海权维护海权的重要性。此外，教材在正文部分还讲述了东南沿海的倭患严重与明朝中后期西班牙、葡萄牙对我国海洋国土的侵略。戚继光率领戚家军重创了东南沿海的倭寇势力，维护了中国的海洋安全。这一时期，由于新航路开辟，欧洲殖民者的活动范围已经到达中国沿海地区，他们侵略中国台湾部分地区，严重危害了中国的海洋国土安全。教师应当使学生认识到无论是东南沿海倭患还是西方殖民者的入侵本质上反映的是明朝海权意识的匮乏从而导致海洋安全受到威胁。

第14课"清朝前中期的鼎盛与危机"子目"疆域的奠定"正文部分介绍了郑成功驱逐荷兰统治者成功收复台湾而后清朝在台湾设府隶属福建省。证明了台湾自古以来就是中国领土神圣不可分割的一部分，教师可结合时事引导学生应同当前台湾岛内的"台独"势力作斗争，维护国家统一与领土完整。在"清朝疆域图（1820年）"中，教师应结合教材对清朝疆域的描述，使学生知道南海诸岛、台湾及其包括钓鱼岛在内的附属岛屿是中国领土的一部分，培养学生海洋国土意识与海权意识。除此之外，在"统治危机初显"子目中教材提到清朝中后期我国沿海地区已经有西方列强活动，而清朝统治者却对世界大势浑然不知推行"闭关锁国"政策，结合"问题探究"中史料对乾隆、嘉庆对英国希望同中国扩大贸易、增开通商口岸请求的回复记载，分析清朝"闭关锁国"的原因以及对后来的影响，帮助学生认识维护国家海洋权益的重要性。

第 15 课"明至清中叶的经济与文化"子目"社会经济的发展与局限"中，教材展示图片：清朝前期玉米、甘薯推广种植图。新航路开辟后，一些新的农作物通过海洋通道输入中国，这些高产农作物不仅提高了粮食产量，而且对明清时期人口的急剧增长发挥了重要的作用。教材在正文部分还提到美洲等地的白银通过海外贸易的形式被大量输入中国，正因为如此才促进了明清时期商业发展的新表现，这些都是海洋贸易带来的重要影响。

步入近代，中国面临"数千年未有之大变局"。变局的出现既非偶然，也非突然。可以发现，近代以来列强对中国的侵略大多是从海上而来，这与中国长期实行"海禁"与"闭关锁国"政策不无关系。中国主动隔绝于海洋，也就主动放弃了与世界交流接轨的机会，从而最终酿成了近代悲剧的发生。

第 16 课"两次鸦片战争"子目"19 世纪中期的世界与中国"中，教材展示"1840 年前的中国和世界形势图"，学生在教师引导下，结合图例进行观察，从图中可以看出，西方殖民国家通过海洋已经完成了对世界绝大部分地区的殖民统治，都将矛头指向了中国，为后来列强从海上入侵中国埋下伏笔。"两次鸦片战争"子目中，教师展示图片"中国水师与英国海军在穿鼻洋面上激战的画面"说明当时中国海洋控制能力弱，无法有效维护国家海洋权益。对两次鸦片战争中西方列强从海上入侵的整个过程教师可以通过历史动画来展示，重点分析战败签订的不平等条约中"协定关税"与"开放通商口岸"等内容的背后所隐含的国家海洋权益的丧失。清政府由于缺乏海权意识，进而造成对海防的忽视，是两次鸦片战争失败的重要原因。因此教师可以围绕"海防与两次鸦片战争"为主题，探讨忽视海防的原因、忽视海防的后果以及忽视海防的反思三个部分开展主题教学，最终帮助学生认识到清政府忽视海防的背后体现的是海权意识的缺乏，以此培养学生的海权意识。

第17课"国家出路的探索与列强侵华的加剧"子目"洋务运动"中提到洋务派为了"自强"创办了包括福州船政局在内的一批军事工业,还创办了培养军事人才的学校,建成以北洋舰队为代表的新式海军。这说明当时的洋务派已经意识到维护国家主权独立完整离不开对国家海洋权益的重视。洋务派为了"求富"创办了包括轮船招商局在内的民用企业,学生在教师引导下知道创办轮船招商局的目的就在于与西方列强争夺我国航海运输的利益,认识到洋务派对维护国家海洋经济权益的重视。在"边疆危机与甲午中日战争"子目中,面对东南海疆与西北陆疆的危机,朝廷展开了以李鸿章和左宗棠为代表的"海防与陆防之争",结果是确立了海防与陆防并重的国家战略。1885年清政府在台湾建省,有效维护国家海洋国土安全。教材展示图片"甲午中日战争形势图",图中具体描绘了清军与日军的进军路线与主要战役,正文部分提到战后李鸿章的"避战保船"令,最终使得北洋海军失去制海权,甲午战争最终失败。教材"思考点"提出问题:你能说说中国在甲午中日战争中失败的结局吗?结合历史地图,学生在教师引导下认识到海军的失败,在于国家的海防能力缺失,其根本在于不重视海权,最终才导致了甲午战后民族危机加深,认识到海权对国家命运的深远影响。最后教师可以展示近年来中国人民解放军海军的相关图像,帮助学生认识到我国海军的发展成就,增强学生不忘历史,热爱海军的意识。在"瓜分中国狂潮"子目中,教材展示"19世纪末帝国主义列强在华划分势力范围示意图",教师引导学生观察,由于我国海防能力的缺失,我国沿海大部分地区都已经成为列强的势力范围,同时沿海地区出现列强的租借地,台湾岛也被日本侵占,我国的海洋国土受到严重侵害,提升学生的海防意识与维护国家海洋领土意识。

第24课"全民族浴血奋战和抗日战争的胜利"子目"东方主战场"中,正文中提到中美英《开罗宣言》规定了日本所窃取的中国领土,例如东北地区、台湾及其附属岛屿、澎湖群岛等归还台湾当局。学生在教师引导下认识到经过中国人民的浴血奋战,我国最终收回了失去的海洋国土，维护了国家海洋主权。此外，教材中的插图"美国志愿援华航空队——飞虎队"，教师指出在抗日战争全面爆发后，东南沿海的港口尽数被日军占领，使得我国引进先进战机之路被断绝，在此情境下，宋美龄耗费巨额薪水聘请美国飞行员来中国作战。教师还可继续拓展引出"驼峰航线"的相关史实，同样由于东南沿海港口被日军封锁，大量援华物资无法运抵中国，中美两国只好从西南地区开辟新的援华物资运输线。通过以上内容，帮助学生深刻体会抗日战争的艰苦并认识到海洋权益的丢失对国家命运的深刻影响。

近代以来，中国人从"睁眼看世界"到"师夷长技以制夷"，从洋务运动到维新变法，始终不断地寻求国家富强之路，也不断地推动这个古老的东方大国从内陆重新走向海洋。新中国成立70多年以来，我国的海洋事业取得了世人瞩目的成就。

第26课"中华人民共和国成立和向社会主义的过渡"子目"人民政权的巩固"中，正文部分提到朝鲜战争爆发后，美国派遣第7舰队侵入台湾海峡，不仅侵犯了中国的海洋主权还阻挠中国的统一大业。教师引导学生要坚决维护我国的海洋主权，并结合时事，使学生认识到我国的东海与南海领海主权不容侵犯。此外，教材"史料阅读"部分出示了彭德怀在《关于中国人民志愿军抗美援朝工作的报告》："（抗美援朝战争的胜利）雄辩地证明，西方侵略者几百年来只要在东方一个海岸上架起几尊大炮就可以霸占一个国家的时代一去不复返了。"说明新中国成立后，有效维护了国家的海洋权益与主权。

第28课"中国特色社会主义道路的开辟与发展"，教材正文部分提到1980年中央决定在深圳、珠海、汕头、厦门设立经济特区，吸引利用外资，学习国外先进技术和经验，后来逐渐形成从沿海到沿江，从沿边到内地的对外开放格局。教师在授课中应帮助学生理解沿海地区具备发达的交通条件的城市有更好吸引外资、学习先进技术的先天优势，使学生认识到改革开放中我国充分利用海洋的经济优势。发展海洋经济，维护海洋经济权益。

第29课"改革开放以来的巨大成就"子目"综合国力不断提升"中，正文部分提到我国国防和军事改革取得历史性突破，为了维护国家海洋权益，划设东海防空识别区，执行钓鱼岛维权护航，开展南海常态化巡航，并展示"2018年4月12日，习近平在南海检阅海上编队"的图片，使学生感受到我国海军力量的强大与维护我国东海、南海的海洋安全与主权的重要性，激发学生强烈的爱国情感。教材还提到我国有效开展海上维权、反恐维稳、抢险救灾、国际维和、亚丁湾护航、人道主义救援等重大任务并积极推动"21世纪海上丝绸之路建设"，体现我国维护地区海洋安全、和平开发利用海洋的主基调。

（二）《中外历史纲要》下册海洋教育内容

世界史内容主要叙述古代文明的产生与发展，在经过中古曲折发展后，迎来新航路的开辟，人类历史由此走向整体，开启全球化时代的历程。随后，资本主义迅速发展，当资本主义文明出现危机时，社会主义在苏联建立，世界出现两大阵营对立局面，冷战结束后世界朝着多极化和全球化方向不断前进。在人类文明产生、发展并不断走向整体的过程中，海洋始终发挥着重要作用。总体来说，世界史中的海洋教育内容可以归纳为古代世界海洋文明的区域交流，近代海洋全球化与资本主义世界市场，现代海洋命运共同体[1]。

第2课"古代世界的帝国与文明交流"子目"古代文明的拓展"中讲到古希腊人凭借自己的组织能力、航海技术和武器，向地中海和黑海周边地区殖民，在周边沿海地区建立了重量众多的城邦国家。同时，教材展示"古希腊人在地中海和黑海地区的殖民示意图"，帮助学生认识到靠近海洋的自然环境，使得古希腊人的海洋控制力逐渐增强，为希腊向周边地区殖民提供了支撑，也为希腊文明的产生

---

[1] 张智：《高中历史课程海洋史教学现状研究》，硕士学位论文，信阳师范学院，2022年，第25页。

发展发挥了重要作用。"文明的交流"子目在"汉朝与罗马帝国交往的主要路线示意图"中以蓝色线条标注了连接东方与西方的海上商路,在"问题探究"中教材出示了《后汉书·西域传》中的一段记载"与安息、天竺交市与海中,利有十倍",帮助学生直观认识海洋在国家商贸往来中的作用。

第 4 课"中古时期的亚洲"子目"阿拉伯帝国"中,"学思之窗"出示了《阿拉伯通史》的相关材料。该材料内容征引了中国船只运往货物前往巴格达的记载,介绍巴格达城繁荣的市场景象。教师可以结合教材上方出示的"阿拉伯人商业活动示意图"的图片,帮助学生感悟得益于海洋贸易巴格达城才拥有如此的城市繁荣景象,体会到海洋贸易的发展有助于国家经济实力的提高,进而增强学生的海洋经济意识,进而培养学生维护国际海洋经济权益的意识。

第 5 课"古代非洲与美洲"子目"古代非洲文明"中介绍道,由于环印度洋贸易的发展,东非沿海地区一些国家对外贸易发达。教师引导学生认识到以海洋为载体的对外贸易在推动国家经济发展中的重要作用,培养学生的海洋经济意识。

第三单元《走向整体的世界》可以说是本教材涉及海洋教育内容最丰富的单元,其所下辖的两课内容包括第 6 课"全球航路的开辟"与第 7 课"全球联系的初步建立与世界格局的演变"都围绕"新航路开辟"这一专题展开。课标对本课的要求为"通过了解新航路开辟所引发的全球性流动、人类认识世界的视野和能力的改变,以及对世界各区域文明的不同影响,理解新航路开辟是人类历史从分散走向整体过程的重要节点"[①]。教师在授课时应将两课内容进行有机整合,围绕探讨新航路开辟的动因、过程与世界影响展开教学活动。

新航路的开辟并非偶然,其背后有着深刻的原因。教材在正文

[①] 中华人民共和国教育部制定:《普通高中历史课程标准(2017 年版 2020 年修订)》,人民教育出版社 2020 年版,第 16 页。

中对新航路开辟的原因中提及由于奥斯曼帝国的兴起,阻断了欧洲从亚洲进口各种生活必需品的商路,西欧商人迫切需要开辟新的通往东方的航路。关于此原因,教师可以引导学生认识到海洋在人类经济贸易往来中的作用,培养学生的海洋经济意识。传播基督教也是欧洲人出海远航的重要原因,可见海洋也是人类文化交流传播的媒介。此外,15世纪人类在航海技术、造船水平与地理知识的进步也为远洋航行提供了可能。西班牙、葡萄牙中央集权的专制政府对航海活动的支持为新航路的开辟提供了保障,教师可通过对比明清时期的海禁政策,引导学生认识到国家政策关乎国家对海洋的开发利用。

开辟全球航路的过程是本专题必须涉及的内容,但是由于初中对这些内容已经进行了比较详细的叙述,因此这些内容不是本专题教学的难点,概述即可[①]。教师可以引导学生结合教材中的两幅地图"新航路开辟示意图"与"其他航路的开辟示意图"帮助学生直观感受新航路的具体路线,培养学生的时空观念,加强对该内容的掌握。

新航路开辟的影响,首先拓展了人类的视野,使人们认识世界的能力不断提高。其次,新航路的开辟促进了全球范围内的物种交流,改变了世界的自然环境与人文地理格局。再次,新航路的开辟使欧洲的贸易中心转移到大西洋沿岸,大西洋和太平洋贸易兴起,全球流通商品增多,不同程度上改变着包括中国在内的世界各国的社会变化。最后,全球通过海洋建立联系还促进了国际劳动分工的出现,这种分工不仅促进欧洲国家经济的发展,还推动了欧洲社会结构的变动。"美洲的发现、绕过非洲的航行,给新兴的资产阶级开辟了新天地。东印度和中国的市场,美洲的殖民化、对殖民地的贸易、交换手段和一般商品的增加,使商业、航海业和工业空前高涨,

---

[①] 徐蓝、朱汉国主编:《普通高中历史课程标准(2017年版2020年修订)解读》,高等教育出版社2020年版,第97页。

因而使正在崩溃的封建社会内部的革命因素迅速发展",欧洲资产阶级登上历史舞台①。总而言之,世界各地借助海洋由分散逐步走向整体。

教材的辅助系统同样也是开展海洋教育的重要部分。以第7课"全球联系的初步建立与世界格局的演变"为例,在"历史纵横"栏目中,教材介绍了由于东西方贸易,玉米与番薯传入中国,增加了明清时期中国的粮食产量也促进了人口的增加。并结合"思考点"中的问题:全球范围内的物种交换对人类历史发展进程产生了怎样的影响?教师在课堂上可以围绕此问题,引导学生进行小组讨论,帮助学生认识新航路开辟促进了全球物种交换的同时,也认识到中国也从新航路的开辟中受益。在学习完本单元内容后,教师还可依据第6课的问题探究,要求学生探索为何中国在郑和下西洋之后未能继续进行航海活动的原因与影响。中西对比更能凸显海洋的重要性。

新航路开辟后,欧洲国家逐渐走向对外殖民扩张的道路,殖民扩张为西欧资本主义发展提供了广阔的原料供应地、海洋市场与投资场所,西欧通过剥削掠夺等方式积累大量财富。第12课"资本主义世界殖民体系的形成"介绍了西欧殖民扩张的过程,16世纪,西班牙、葡萄牙瓜分拉丁美洲的大部分地区并占据着亚洲与非洲的海陆交通要道。17世纪荷兰成为"海上马车夫"控制了世界的海上贸易。随后,英法迅速崛起,加速了海外扩张的步伐,最终英国获胜。英国在海洋争霸中逐步确立了优势地位,为其殖民扩张以及殖民地的贸易铺平了道理,进而成为在海权支撑下的"日不落帝国"②。到19世纪末20世纪初,世界上绝大部分的地区与人口已经被西方资本主义列强所控制,资本主义世界殖民体系最终形成。本课内容虽

---

① 《马克思恩格斯文集(第2卷)》,人民出版社2009年版,第32页。
② 苏小东:《甲午战争前后东亚海权与海防的较量及其影响》,《安徽史学》2015年第4期,第72—78页。

以殖民体系的建立为主要内容，但不难发现，西方列强正是借助于在海洋上的优势才得以将殖民扩张的触角伸往全球的每一个角落。教材71页的"列强在亚洲的殖民地和势力范围（19世纪末20世纪初）"一图中可以发现亚洲的沿海地区与重要的交通枢纽地带都成为列强的势力范围。在全球范围内争夺海洋和陆地，成为帝国主义国家的共同目标[1]。

海洋不仅孕育了灿烂的人类文明，海洋也是人类征求财富、荣誉的场所，对海洋控制的强弱更是关乎国家实力高低。教材在第14课"第一次世界大战与战后国际秩序"子目"第一次世界大战"中提到，英德在日德兰海域进行海战，德国未能突破英国的海上封锁。教师结合教材中出示的历史地图，帮助学生认识到现代战争中取得制海权对赢得战争胜利起着关键性的作用。除此之外，海军力量的发展在国家间海洋权益的争夺中也有不可替代的作用，在本课的"一战后的国际秩序"子目中提到，一战后所建立的国际秩序——凡尔赛华盛顿体系对限制美国、英国、日本等国海军军备做出了规定。可以看出，随着人类对海洋的开发利用越来越大，海洋不仅在经济文化交流中的作用愈发突出，更在政治层面尤其是国家实力较量中占据着重要地位。第二次世界大战中的太平洋战役更能凸显这一观点。在第17课"第二次世界大战与战后国际秩序的形成"中，教材以"第二次世界大战期间的亚太战场示意图"直观地展示了太平洋战争的概况。教师可以将两次世界大战的海洋战争整合，从而帮助学生更好地体会到海洋在国家实力较量中的地位。

随着冷战格局的结束，世界朝着多极化方向发展，和平与发展成为世界的主流。在经济方面，世界各国经济依存度提高，经济全球化出现新高潮。国际贸易中各国的货物往来多半是通过远洋运输来实现的，由此可见，海洋在当今世界国家经济发展中的作用越来

---

[1] 刘玉坤：《高中历史教学中开展海洋教育研究——以人海关系为视角》，硕士学位论文，曲阜师范大学，2022年，第23页。

越大。中国作为世界和平的建设者、全球发展的贡献者和国际秩序的维护者，为解决人类面临的共同问题，提供了自己的方案①。第23课"和平发展合作共赢的时代潮流"中提到，中国提出建设"丝绸之路经济带"和"21世纪海上丝绸之路"，教师引导学生认识到中国在推动世界海洋经济发展中所贡献的中国智慧。

海洋孕育了生活、联通了世界、促进了发展。《中外历史纲要》上、下两册，分别以中国和全球为视角，展现了海洋在人类文明的产生、发展以及全球联系的加强中所起的积极作用。通过对教材中有关海洋内容的分析，能够为教师在教学中有针对性地实施海洋教育提供指导与借鉴。

第四节 高中历史海洋教育主题教学设计步骤

高水平的课堂离不开教师课前对整个教学过程高水平的设计。教师只有通过教学设计才能对精准把握整个教学过程，在教学中做到游刃有余。笔者在借鉴前人对主题教学过程设计的基础上，结合本人教学经验与海洋史内容的自身特点，提出了海洋教育主题教学过程设计。

一 综合分析，凝练海洋教学主题

要确保主题教学能够真正在高中历史课堂中得到实施，就必须在教学活动开始之前明确教学主题。可以说，教学主题是有效实施主题教学的依据，是整个教学活动的中心和灵魂。凝练出恰当的教学主题对实现教学目标有着事半功倍的作用，反之如果对教学主题的凝练不到位会事与愿违不利于教学目标的达成。具体来看，一个恰当的教学主题应当基于以下四个方面的整体分析得出：

---

① 徐蓝、朱汉国主编：《普通高中历史课程标准（2017年版2020年修订）解读》，高等教育出版社2020年版，第107页。

(一) 立足课程标准对海洋权益教育的要求

课程标准是国家对基础教育历史课程提出的基本规范与统一要求，是组织教学活动的依据①。课程标准在实现立德树人这一中国特色社会主义教育事业的根本任务中发挥了重要的作用。教师在确定教学主题时必须认真研读课程标准，领会课程要求，紧扣课标与指导意见，在此基础上反复斟酌，最终确定教学主题。如果教师对课程标准的认识与把握不到位，可能会造成确定的教学主题与教学目标发生偏离，最终导致整个教学设计过程无法实行。《新课程标准》中提出要加强海洋权益方面的教育，在日常教学中，教师可以围绕"海权"这一主题选取恰当的内容开展海洋主题教学。除此之外，《新课程标准》中展现了一些活动教学的案例，如"20世纪80年代以来社区居民生活变迁""寻资本主义制度确立的思想文化渊源"等，尤其是"世界视野下的中国航海活动与海上贸易"直接与海洋教育相关联，教师可以对这些案例的设计与语言表述进行学习借鉴，为主题教学的设计提供参考。

(二) 依托教材中海洋教育相关内容

在新课程背景下，教学虽然提倡使用多种教学资源与教学工具，教材已经不再是唯一的教学资源，但是教材作为教师开展教学的主要依据，学生学习的主要知识来源，仍然具有不可替代的优势地位。除此之外，统编版高中历史教材确立了教材的政治方向与价值取向，体现出了国家的意识形态，传递着国家记忆与民族精神②，由此可见教师对教材内容的深刻把握影响着人才培养的质量。主题教学中的主题必须是对教学内容的高度凝练与概括，来源于教材又高于教材，这就要求教师在研读教材时除了要对教材内容本身进行细致分析外，

---

① 于友西、赵亚夫主编：《中学历史教学法（第4版）》，高等教育出版社2017年版，第49页。
② 叶小兵：《钻研新教材，用好新教材——统编高中历史必修教材使用的若干建议》，《历史教学》2020年第15期，第3页。

更要思考各教材内容之间的关系，把握其中的内在联系，发现其背后所蕴含的学科逻辑。同时，在实施主题教学过程中教师对教材内容的整合与重构也是在基于对主题的理解与把握的基础上进行的。因此，对教材内容的深刻把握是教师能否凝练出恰当教学主题的关键。

(三) 分析学生对海洋内容知识的掌握情况

学生是历史课堂的主体，教师在确定教学主题时应充分考虑到学生的实际情况，从学生实际出发。教师应当从以下几个方面了解学生情况：第一，学生已有的知识储备与结构。建构主义认为，学生并非空着脑袋进入教室的，在日常生活以及以往学习过程中，学生已经形成了相对丰富的背景知识，如果教师在确定教学主题时没有考虑学生已有的知识经验便不利于知识的建构。第二，学生的学习能力与层次。《新课程标准》对学生历史学科核心素养水平有明确的划分标准[①]，不同的水平划分代表学生所具备的不同能力水平，教师需要对学生所达到的不同水平进行了解与把握，包括班级与班级间学生的水平差异，也包括学生个体之间的差异。第三，学生学习中所面临的困难。"最近发展区"理论认为，学生有两种发展水平，一种是现有水平，即单独活动能解决问题的水平，另一种是学生可能的发展水平，即学生在教师或他人的帮助下所能达到的解决问题的水平。教学主题的确定应着眼于学生的最近发展区，分析哪些知识可能在学生学习中造成困难，哪些知识是学习的知识盲区，这样才能在确定教学主题时做到有的放矢，选取符合学生实际的主题。具体来说，在开展海洋主题教学时教师应认识到高一年级的学生经过初中各学科尤其是地理和历史科目的学习，对海洋的认知已经有一定的基础，但是还没有形成系统的海洋观念。因此，教师在开展海洋主题教学时应当在学生已有的海洋知识储备的基础上进行，涉

---

① 中华人民共和国教育部制定：《普通高中历史课程标准（2017年版2020年修订）》，人民教育出版社2020年版，第70页。

及一些专业化的海洋概念等内容时，教师应当予以解释，帮助学生理解。需要说明的是，沿海地区的学校由于地理位置上的优势，学生对海洋的认识会比内陆的学生丰富，在开展教学时教师应当认识到这一点，具体问题具体分析制定教学主题。

总而言之，实施主题教学就是为了更好地引导学生的历史学习，促进每个学生的发展。因此，教师只有在充分了解学情的基础上才能得出恰当的主题，保证主题教学的顺利实施。

（四）契合现实维护海洋权益情景

英国历史学家 E. H. 卡尔认为："历史是历史学家与历史事实之间连续不断的、互为作用的过程，就是现在与过去之间永无休止的对话。"[1] 历史与现实两者不可割裂，历史是现实的根源，而现实又是历史的继续。《新课程标准》在每一项课程目标中都也提到了现实的重要性："能够运用唯物史观运用于历史的学习探究中，并将唯物史观作为认识和解决现实问题的指导思想""在认识现实社会时，能将认识的对象置于具体的时空条件下考察""能够以实证精神对待历史与现实问题""能够客观评判现实社会生活中的问题"以及"认识中华民族的历史价值与现实意义"。历史教学的目的不仅仅是为了获得书本知识，更重要的是要服务现实。教师应当寻找历史与现实的联系，可以将当下时事热点与学习内容结合，加强历史与现实的联系，激发学生的学习兴趣，便于学生理解历史，以史为鉴，形成教学主题开展教学。比如在学习唐朝的海外经贸与文化交流时，教师引入当前我国的"一带一路"建设，古今联系，更加深化"海洋经贸"的主题。

二 基于海洋教育主题，确立教学目标

教学目标是课堂教学的灵魂，是教师根据多方面的情况制定的，对整个课堂教学的实施起导向作用。具体来说，历史主题教学中，

---

[1] ［英］E. H. 卡尔著，陈恒译：《历史是什么？》，商务印书馆2007年版，第115页。

教学目标应当基于所确定的主题，在准确把握课标要求、整体把握教学内容的基础上得出。此外，教学目标的确立也应当注重学生历史学科核心素养的培养与提高。例如，笔者以《中外历史纲要》（上）中国古代史部分（第一单元至第四单元）中的历代形势图或疆域图为研究对象，对教材内容进行整合重构，探讨中国古代海洋国土范围的变化，将教学主题拟定为"中国古代海洋疆域版图及变化"。基于此，笔者设计了本课的教学目标：立足时空观念，通过观察各时期疆域图，了解中国海洋疆域在不同时期的具体范围与变化过程。认识我国统一多民族封建国家在维护国家疆域中的作用。知道南海诸岛、台湾及其包括钓鱼岛在内的附属岛屿是中国版图的一部分，培养学生维护国家海洋权益意识，落实家国情怀与时空观念历史学科核心素养。

三　围绕海洋主题，展开教学设计

（一）搭建整体海洋知识结构

知识结构是对教材内容的提炼与升华，是整个课堂的支架。教材知识结构应当是对教学主题的细化。教师在开展主题教学前，首先搭建好整体的知识结构，使得教材内容条理清晰，不仅有助于教师理清教学内容，同时也促进学生结合主题对知识进行理解与吸收。例如，针对纲要上第13课"海上交通与沿海形势"开展主题教学时，该子目内容包括郑和下西洋、东南沿海的倭患与戚继光抗倭以及西方殖民者的东来三部分。笔者发现这三则史事均涉及国家海洋权益的维护，郑和的远洋航行维护了我国南海的海洋主权，彰显了当时我国的海洋实力，而倭寇与西方殖民者对我国沿海地带的骚扰与入侵则体现当时我国海洋权益维护能力的衰退。因此，可以将该子目内容的主题确立为"明朝时期海洋权益的变化"，而知识结构可以分为"海洋权益的维护：郑和下西洋""海洋权益的被动防守：东南倭患与戚继光抗倭""海洋权益的进一步丧失：西方殖民者东来"。这样设定知识结构使得该一子目内容紧紧围绕所确定的主题展开，既呼应了主题又涵盖了教学内容，便于主题教学的顺利开展。

（二）创设历史情景

主题教学应当注重教材内容与历史情境的结合。《新课程标准》中提到教师要注意通过历史情境的设计，让学生体验当时人们所处的历史背景，感受当时所面临的社会问题①。在主题教学中，教师可以借助各种历史资料或提出各种问题营造历史情境，使学生在历史情境中通过运用自己储备的历史知识加深对历史的认识与理解。比如，在讲解"甲午中日战争"时，围绕"海权"开展主题教学。在讲解战争经过时，笔者播放电影《一八九四·甲午大海战》中展现黄海海战与威海卫战役的画面：黄海海战的失败，使北洋海军丧失了制海权，最终威海卫军港被日军摧毁，北洋海军覆灭。学生观看视频仿佛身临其境，深刻感受到制海权对现代战争的重要性，结合甲午战争失败后的影响，使学生更加认识到海权关乎国家的兴衰，培养学生的海权意识。

（三）甄选海洋史相关史料

我们研究历史的唯一桥梁就是史料，历史学科核心素养中也注重对学生史料实证能力的培养。教师在主题教学过程中围绕主题甄选相关史料，学生在教师引导下阅读、理解、分析、论证史料，不仅深化教学主题，更对提高学生的历史思维大有裨益。此外，教师应当注意所选择的史料应当契合学生知识水平与理解能力，防止出现学生阅读史料过于困难的情况。同时还要注意史料的数量与字数也应当适中，对史料的学习只是课堂的一部分，避免这一部分的学习占用课堂大量时间，导致课堂进度无法正常完成。例如同样围绕"海权"为教学主题讲授"甲午中日战争"时，教师可以引用以下史料培养学生海权意识。

---

① 中华人民共和国教育部：《普通高中历史课程标准（2017年版2020年修订）》，人民教育出版社2020年版，第17页。

材料一：无论平时还是战时，对海权的运用便是海军战略。

——马汉：《海军战略》

材料二：历代备边，多在西北。今则东南海疆万余里，各国通商传教来往自如，麋集京师及各省腹地阳托和好之名，阴怀吞噬之计。一国生事，数国构煽实为数千年未有之变局！轮船电报之速，瞬息万里；军器机事之精，工力百倍。炮弹所到，无坚不摧，水陆限制，又实为数千年未有之强敌！居今日而欲整顿海防，舍变法与用人，别无下手之方。

——李鸿章：《筹议海防折》

材料三：是战胜负之分，决于舰炮之灵顿。未战之先，"定""镇"两舰曾请购配克鹿卜快炮十二尊，以备制敌。部议以孝钦太后祝嘏（慈溪祝寿）用款多，力有不逮而未果。

——池仲祐：《海军纪实》

战争爆发后，清朝政府并不曾切实统筹全局，南洋、福建、广东三支南方舰队之于北洋战事如隔岸观火，拒不增援。

——郭世佑：《家务中国战败琐议》

材料四：明治天皇多次组织大臣筹款，并且亲自带头从自己的"内库"中拨出三十万日元作为海防补助费用使用，使众大臣感动不已。

——刘薇：《甲午中日战争中日双方力量及损失对比》

问题1：材料2体现李鸿章对海防持怎样的态度？

问题2：对比材料3与材料4，思考甲午中日战争中国战败的原因。

问题1主要考查学生对史料的阅读与理解能力，学生阅读史料认识到当时李鸿章对海军的重视，全力筹建海军，维护海防。问题2主要考查学生基于多则史料阅读基础上的理解与解释能力。材料3与材料4本质上反映的是中日两国对海防的认识程度上的差异。甲午战争中的北洋舰队不可谓"兵不强马不壮",以邓世昌为代表的广大爱国官兵不可谓作战不英勇,中日两国对海权的认识和利用程度高低,从根本上决定了这场战争最终的胜负结局①。

(四) 巧设围绕海洋教育主题的问题链

教学是教师的教与学生的学共同进行的双向活动。课堂不是教师个人的独角戏,好的课堂应当是教师与学生相互配合,共同实现教学目标。真正的历史教学,应当是调动学生的积极性,在解决学习问题的过程中逐渐加深学生对历史的理解,在说明学生对学习问题的看法中具备解释历史的能力。在充分分析教学内容的基础上,教师向学生提出相关问题引导学生积极思考,在师生围绕问题的探究过程中完成知识的构建,避免了填鸭式的知识学习,促进了学生历史学科核心素养的发展。需要注意的一点是所要探究的问题应具有典型性,并且基本上应来自历史教学的重点或难点内容;其难度既要适合学生已有的水平,又必须经过一番努力才有可能得以解决,由此激发学生积极投入发现和探索问题的学习欲望②。例如,重庆市北新巴蜀中学校的刘小芳老师在讲授"全球航路的开辟"一课时,将教学内容分为四部分:第一部分让学生了解新航路开辟前世界相对孤立的发展;第二部分探究新航路开辟的直接原因与根本原因,帮助学生认识到推动人类共同体形成的根本原因是资本主义经济萌芽的出现与发展;第三部分引导学生从多角度归纳总结新航路开辟的影响,使学生认识到新航路开辟使人类历史由分散走向整体,推动人类共同体的形成;第四部分探究"人类共同体"和"人类命运共同体"的异同,思考实现"人类命运共同体"的路径。基于此,本课共有以下问题"什么是人类共同体?""16 世纪前的世界有哪些鸿沟?""什么叫新航路?""是什么驱动着他们去开辟新航路?""新

---

① 陈辉、葛赛:《海权视角下甲午战争的教学设计——以〈甲午中日战争与瓜分中国狂潮〉一课为例》,《历史教学》2019 年第 11 期,第 36 页。

② 于友西、赵亚夫主编:《中学历史教学法(第 4 版)》,高等教育出版社 2022 年版,第 121 页。

航路的开辟是必然还是偶然?""新航路的开辟与人类共同体有何联系?""进入新时代,我们应当如何建设当今世界?"① 这些问题将教材内容串联起来,问题设置层层递进,有助于学生历史学科核心素养的培养。

无论实施哪种教学方法,一定程度上都离不开问题的提出与解决,主题教学也不例外。教师只有在分析教学内容的基础上,以问题为引领展开教学,才能真正实现主题教学的目标。

(五) 升华海洋教育主题

历史教学应当促进学生的个性发展、全面发展,以立德树人为根本教育目的。教师可以联系现实,发挥主题教学的现实意义,引导学生将历史与现实相结合,培养学生正确的价值观,从而升华主题。例如通过以"15、16 世纪的中西航海活动"为主题开展教学,使学生认识到 16 世纪航海时代的中西历史变革。中国在郑和之后逐渐退出海洋,实施海禁政策,而西方并没有停下海洋探索的步伐,随着西方航海活动的深入,全球联系逐步建立起来,世界历史开启了新的时代。教师引导学生思考海禁政策对中国的影响,进而联系现实,当今我们绝不能再走海禁政策的老路,当然也不能像西方那样开展殖民活动获得经济利益,那么我们如何利用海洋才能实现既不侵犯别国又能推动经济发展呢?教师进而联系我国的"一带一路"建设,使学生认识到我国为和平开发与利用海洋,推动世界各国共同发展作出了中国贡献,从而激发与培养学生的家国情怀,最终本课的主题得到升华。

四 开展海洋主题教学实践

教师在完成整个主题教学的设计后,便可以进入具体的实施阶段。真正有效的教学实践应当基于教师的教学设计展开,同时应当

---

① 刘小芳:《新高考改革背景下的高中历史教学设计——以统编版〈全球航路的开辟〉为例》,《中学历史教学参考》2021 年第 3 期,第 62 页。

考虑到教学过程中可能发生的各种情况灵活应对,这考验着教师对历史课堂教学的技与艺。在教学实践中,课堂的导入环节应当简短并且富有吸引力,能使学生快速进入课堂状态。教师的语言要清晰、洪亮、顿挫有力。教师的板书设计要突出重点富有逻辑。同时还应当时刻观察学生的课堂反应,判断学生是否跟随课堂脚步,围绕"主题"展开学习与思考,通过提问等方式调动学生积极性。教师还需从宏观上把握整堂课的教学安排,比如哪些内容需要学生在课前预习中完成导入学案掌握;哪些内容需要在课堂上结合教师出示材料,在教师引导下思考探究得出。在探究的过程中相关史料的选择,问题的设置等都需要教师的深入思考与合理安排;在课堂结束时选择如何做好课堂小结以保障既能够概括本课内容又能够升华主题启发学生思考。除此之外,各种突发事件的处理也考验着教师的能力,关乎着整堂课的教学效果。总而言之,教学实践不仅考验教师对整个知识体系的掌握,更考验教师对整个课堂的把控能力,教师应当依据课堂中的各种情况灵活调整教学。

五 进行海洋主题教学反思

一般来说,教学反思是教师对开展的教学活动进行深入持续的思考,进而发现教学过程中出现的问题,并寻求多种方法解决问题从而更好指导教学的过程。在实施主题教学后,教师应当基于教学实践的状况开展系统反思与总结,分析是否完成主题教学的目标、学生在主题教学中是否有收获、所确定的"主题"是否完全恰当以及整个课堂中哪些地方存在改进的空间。不仅如此,教学反思的意义不仅仅体现在对上一堂课出现问题的总结,还体现在通过反思进而指导教师在今后教学过程中如何更好地实现教学目标,也就是教学开始前的反思。当然,在教学实施的过程中也离不开教学反思。例如,课堂中发现学生对某一知识点的理解存在欠缺,教师可以在不影响课堂节奏的情况下,随机应变解决这一问题。可以看出,教学反思体现在教学过程的方方面面。总体来说,反思存在的问题大多集中在教学过程的安排、学情的把握上。教师需认真把握重点与难点，有关重难点的解决可采用小组合作探究等方式解决，史料的选择要有针对性，记忆量大的内容也可以结合地图、视频等辅助学生记忆。只有善于反思才能更快进步，教师要经常反思教学设计、过程、训练，创造历史教学的生长点，获得教学的主动权[①]。

第五节 以"维护海权"为主题的海洋教育教学案例呈现

为了更好地阐述如何在高中历史海洋教育中开展主题教学，笔者通过对上文实施海洋教育主题教学的必要性、可行性以及如何开展海洋主题教育过程设计等内容的分析在并结合自身教学实践经验，以《中外历史纲要》上册第16课"两次鸦片战争"为例，选取"海权"为切入点开展海洋主题教学。

一 教学分析与主题确定

（一）课程标准分析

认识列强侵华对中国社会的影响，概述晚清时期中国人民反抗外来侵略的斗争事迹，理解其性质和意义；认识社会各阶级为挽救危局所做的努力及存在的局限性[②]。

（二）教材内容分析

从单元视角来看，本课隶属于《中外历史纲要》上册第五单元"晚清时期的内忧外患与救亡图存"，主要叙述了自1840年鸦片战争一直到清朝灭亡这一时期的历史发展进程。中华民族危机日益加重，同时中国人民为反抗侵略与封建统治、争取民族独立，开展各种救

[①] 朴英新：《运用教学反思创生历史教学成长点》，《中学历史教学参考》2017年第14期，第37页。

[②] 中华人民共和国教育部制定：《普通高中历史课程标准（2017年版2020年修订）》，人民教育出版社2020年版，第14页。

亡图存的斗争。

从本课"两次鸦片战争"的具体内容来看，本课介绍了鸦片战争前的中国与世界局势、两次鸦片战争的内容以及先进中国人开眼看世界的内容。第一部分主要在于揭示鸦片战争前的世界形势。自新航路开辟以来，资本主义生产力逐渐发展，列强通过海上优势在世界建立殖民地，各主要殖民主义国家此时都把侵略扩张的矛头指向中国。英国作为当时的世界霸主，其发动鸦片战争侵略中国便是历史必然。而清政府奉行闭关锁国政策，对世界形势的变化浑然不知，面对英国的侵略毫无应对之策。因此对中国来说，鸦片战争的失败也是历史必然。第二个部分讲述了两次鸦片战争的爆发、过程与结果，重点叙述战争的结果与签订不平等条约后对中国社会产生的影响，中国的主权与领土完整遭到严重侵犯，西方列强与中华民族的矛盾迅速激化，中国逐渐沦为半殖民地半封建社会。第三部分主要阐述面对两次鸦片战争惨败的现实，先进中国人对实现国家富强的探索。

（三）学情分析

本课的授课对象为笔者所在地区一中的高一年级学生，知识基础较为扎实。经过初中阶段历史的学习，学生的史料阅读、历史解释等能力有了一定的发展但还需进一步提高。基于本课内容来说，学生对两次鸦片战争的相关史实已经有较为全面的了解，如果教师单纯讲述教材内容很难激发学生的学习兴趣。因此，需要寻求创新，找到一个新的切入点，从不同的视角展开教学。除此之外，学生对各个史实之间存在的历史逻辑的认识缺乏深度与广度。这就要求在高中阶段讲授本课时，应适当地补充文字与图片史料，创设相关历史情景，开展小组合作探究等学习方式，帮助学生认识到国家落后就要挨打的必然性，激发学生为国家富强、民族复兴而奋斗的情感，树立正确的价值观，落实"家国情怀"历史核心素养。

（四）确定教学主题

本课的重点为鸦片战争前的世界形势、《南京条约》《北京条约》的不平等性质、中国社会性质的变化。难点为鸦片战争的性质。

通过对教材内容的分析可以看到,鸦片战争前的世界形势一方面为西方列强通过海上殖民扩张建立起世界霸权,即通过重视海洋实现了对世界各地的殖民侵略。另一方面为清政府闭关锁国,在"重陆轻海"的传统观念影响下,包括海洋实力在内的各方面都落后于西方。英国通过海上的坚船利炮轰开了中国的大门,后来签订的一系列不平等条约严重损害了包括海洋权益在内中国的各种权益,中国社会性质发生变化,开始沦为半殖民地半封建社会。纵观两次鸦片战争的过程可以看到,英国由于占据海洋上的优势,在战争中始终占据上风,而清政府一开始就放弃制海权,坚守陆地,最终在英国强大的实力面前战败。因此,笔者考虑是否可以围绕"海权"这一主题开展教学。

此外,考虑到高一年级的学生经过初中地理、历史的学习,对国家的"海洋利益""海洋权益"等概念有了一定的认识,学生能够在教师的引导下认识到对国家海洋利益、海洋权益的维护及重视海权的表现。同时新课程标准中也提到了加强海洋权益方面的教育。基于以上几个方面,笔者最终将本课的主题确立为"以海权看两次鸦片战争"。

(五)教学目标

(1)通过对鸦片战争前中英两国的对比,学生能够理解鸦片战争爆发的根源并认识战争的性质。

(2)运用史料,创设情景,学生能够正确理解鸦片战争失败的原因、不平等条约的签订与影响,在史料的基础上认识到海权对维护国家主权安全的重要性。

(3)从全球发展视角认识先进中国人开眼看世界的重要,从家国情怀角度培养学生对国家、民族的使命感与社会责任感,立志为国家海洋事业发展做贡献,以实现中华民族伟大复兴为己任。

二 教学过程

(一)导入新课

教师提问:当今的中国国土面积有多大?

第五章 高中历史"海洋教育主题教学"研究　　259

学生回答：960 万平方千米。

教师出示以下两幅地图：

材料一：

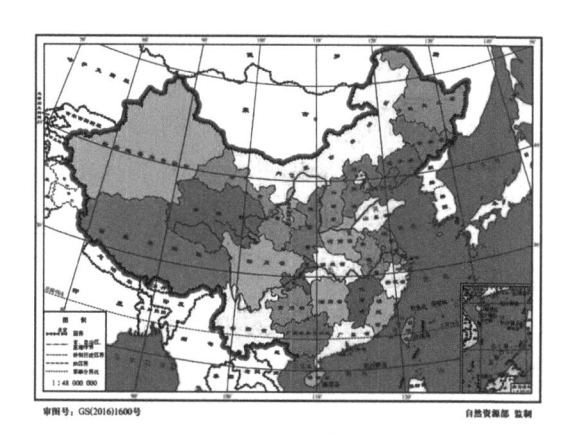

图 5-1　中国地图（横版）

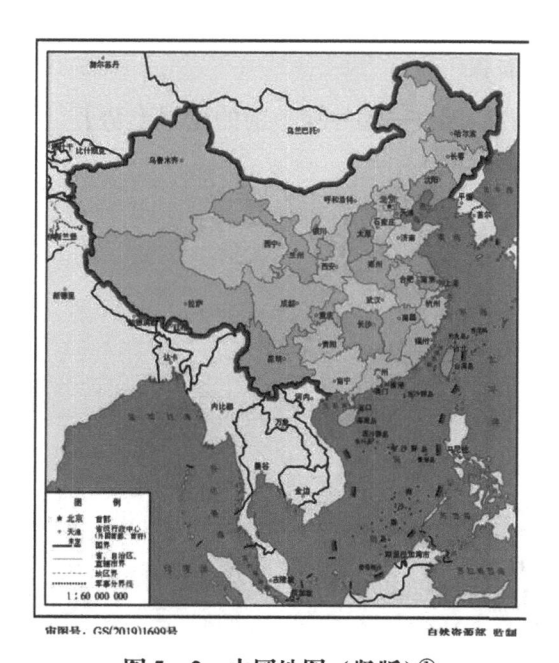

图 5-2　中国地图（竖版）①

---

① 标准地图服务系统 http://www.bzdt.ch.mnr.gov.cn/。

教师提问：通过对比两幅中国地图，同学们发现两者的最大不同在于何处？

学生回答：第一幅地图将南海的比例缩小放到地图右下角，第二幅地图按照相同比例对南海进行呈现。

教师讲授：我国是一个海陆兼备的国家，不仅拥有960万平方千米的陆地面积，还有300多万平方千米的海洋国土面积。在历史上，由于我们没有认识到海洋的重要，忽视了对我国海洋权益的维护，给我们留下了惨痛的教训。今天，让我们以"海权"为视角来回望180多年前的那场惨痛战争。

（设计意图：选取两幅不同版本的中国地图，通过对比使学生认识到我国广袤的海洋国土面积，凸显海洋知识，有助于在教学过程中引出"海权"这一主题。同时，所提出的问题难度较低，绝大多数学生都能回答，能够降低学习难度，使学生紧跟课堂脚步。最后通过教师讲授渲染沉重气氛，进而围绕"海权"开展新课讲授。）

（二）讲授新课

【忽视海权的原因——鸦片战争前的世界形势】

材料二：

图5-3 中国水师与英国海军在穿鼻洋面上激战的画面

第五章 高中历史"海洋教育主题教学"研究　　261

图 5-4　英国海军"复仇神号"战舰

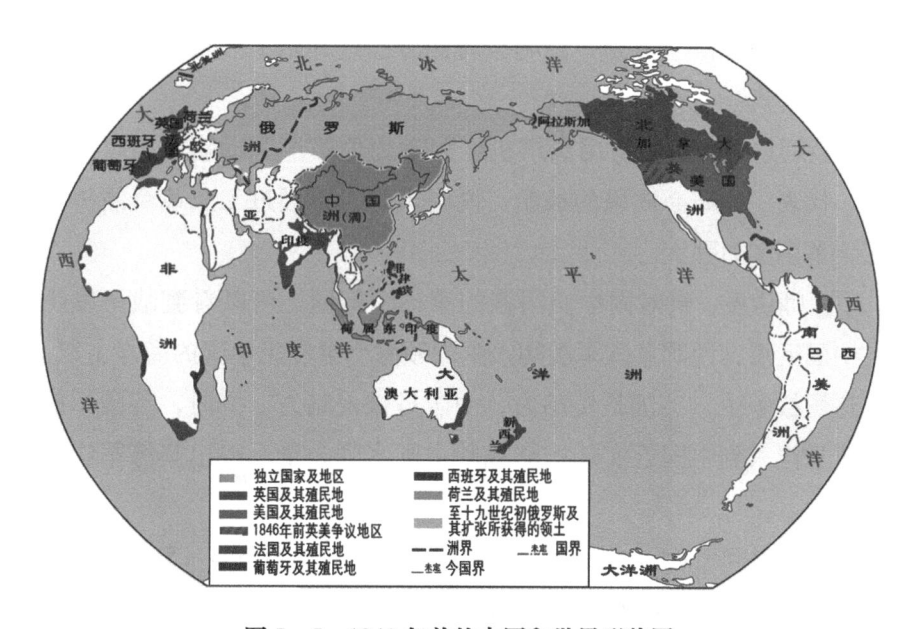

图 5-5　1840 年前的中国和世界形势图

教师提问：（出示图 5-3）同学们从图 5-3 的图片中发现了哪些信息？

学生 1：图片中间的中国军舰被英国战舰击中发生爆炸。

学生 2：从图片的背景中可以看到陆地，结合对图片注释中的"穿鼻洋面"可以判断出战争发生地在中国近海处。

教师讲授：针对同学们回答的第一个问题，从图 5-3 我们可以看到，图片的右边远远地有一艘军舰向中国军舰发射炮弹造成中国军舰发生爆炸。那么这艘英国战舰是一艘怎样的船呢？（教师此时出示图5-4）这艘英国军舰叫做"复仇神"号，从图5-4中我们可以看到这艘战舰除了有风帆之外，还有高高的烟囱冒着浓浓黑烟。这说明这艘战舰不仅依靠风力驱动，更重要的是已经使用蒸汽机作为动力。

教师提问：提到蒸汽机，同学们能想到哪些初中学过的知识？这些知识反映了什么历史事件的发生？

学生回答：1765年瓦特改良蒸汽机。1807年，美国人富尔顿研制蒸汽汽船获得了成功，说明当时西方已经开始工业革命，进入了工业化时代。

教师总结：这艘使用蒸汽机作为动力的蒸汽驱动船是当时最先进、代表工业革命成果的战船。说明当时西方通过工业革命经济发达，军事实力强大。

教师讲授：针对同学们回答的第二个问题。可以看到战争发生在中国近海，说明英国军舰闯入中国领海严重侵犯中国的海洋主权。在这场战争中，英国是侵略方，中国是被侵略方。同时，英国军舰远渡重洋来到中国近海却能够战胜中国水师力量反映出其海军实力的强大。

教师提问：（此时出示图5-5）请同学们结合图5-5以及并阅读教材第19页正文第一段内容思考当时的英国是在怎样的背景下实力逐渐发展壮大的，并将表格第2列内容补充完整。

	西方	中国
政治		
经济		
文化		
军事		

学生回答：政治上西方列强建立了先进资本主义制度。经济上通过工业革命生产力迅速发展，商品经济发达。文化上近代科技发展。军事上军事实力雄厚，尤以海军实力为甚。

教师讲解：英国、法国先后于1640年至1789年发生资产阶级革命，后来资本主义制度逐渐在世界上确立。欧洲主要资本主义国家在建立资本主义制度后开始积极对外扩张，为建立起对世界的殖民统治与掠夺，各资本主义国家极其重视本国海洋权益的维护，建立起了强大的海上力量，他们控制着世界各主要航道。得益于此，各主要资本主义国家依靠海上力量在亚洲、非洲、美洲建立据点进行殖民掠夺，进行资本的原始积累。而在鸦片战争前夕，除了中国之外，世界绝大部分区域都沦为殖民地，于是西方列强便把侵略的矛头指向中国。

（设计意图：充分利用教材所给图片，发掘图片信息，真正落实"用教材教"的理念，教师通过一系列提问，能培养学生观察图片提取信息的能力。此外，围绕图片展开的内容也与海洋相关，契合主题。）

材料三：

乾隆二十二年（1757年），清高宗下令关闭江海关、浙海关，指定外国商船只能在粤海关——广州一地通商，并对丝绸、茶叶等传统商品的出口加以限制，对中国商船的出洋贸易，也规定了许多禁令。

——樊树志《国史概要》

教师提问：材料三体现清政府采取的哪一项政策？

学生回答：海禁政策。

教师讲授：自1683年收复台湾后，清朝的海上力量建设便停滞不前，水师战斗力逐渐下降。后来随着闭关锁国与海禁政策的实施，清朝仍不重视海上力量建设，认为海洋是天然的屏障，没有控制海洋、利用海洋、发展海洋的思想，本质上是对海权的忽视。

教师提问：面对西方列强建立海上霸权开展殖民扩张的形势，结合教材第一子目正文第二段内容，将表格第 3 列补充完整，并据此分析中国能否抵挡西方的殖民侵略。

学生回答并最终将表格补充完整。

	西方	中国
政治	先进资本主义制度	封建制度腐朽落后
经济	工业革命后，商品经济发达	闭关锁国小农经济发展
文化	近代科技发达	科技落后
军事	军事实力雄厚，船坚炮利	军事实力弱，海上力量荒废

教师总结：从鸦片战争前的中西对比，可以看出中国与西方列强在许多方面都有很大差距。以"海权"为视角来说，西方自地理大发现以来航海活动日益频繁，对海洋便极其重视。后来随着殖民扩张的进行，海洋的重要性更加凸显，各国之间争夺海洋霸权，重视对海洋的控制。19 世纪的英国依靠实力强大的海军成为"日不落帝国"，与清军相比英国海军无论是军舰、火炮等技术层面还是其人员构成、战术素养等方面都处于优势地位。而中国受传统"重陆轻海"的影响，实施海禁政策，没有控制、开发与利用海洋的意识，导致对海权的忽视。当一个海洋大国从海上来到中国想要打开中国的大门倾销工业品时，悲剧的发生便不可避免。

（设计意图：从两国海军展开对中西方差异的探究，视角新颖，能激发学生学习兴趣。同时引导学生阅读教材完成表格，能充分利用教材并锻炼学生阅读材料提取信息的能力。）

【忽视海权的后果——两次鸦片战争】

教师讲解：为了扭转中英贸易中中国的出超地位，英国通过向中国走私鸦片寻求贸易的平衡。鸦片走私量的剧增，不仅摧残了国人的身体与精神健康、导致政治腐败，军队战斗力下降，更造成大量白银外流,威胁清政府财政。在这种背景下,道光帝派林则徐去广东主持禁烟。从1839年6月3日开始,林则徐在虎门集中销毁鸦片两万多箱,总价值115万两白银。虎门销烟维护了中华民族的尊严与利益,显示出了中华民族反抗外来侵略的决心。当虎门销烟的消息传到英国,英国以此为借口向中国发动了鸦片战争。

材料四:

(林则徐给道光皇帝的奏折中写道)"盖夷船所持专在外洋空旷之处,其船尚可调转自如,若使竟进口内,真是游鱼釜底,立可就擒拿"。

——《会办夷务片》道光十九年八月十七日

(道光帝曾要求各沿海督府)"断不准在海洋上与之接仗。盖该夷所长在船炮,至舍舟登陆,则一无所能,正不妨偃旗息鼓,诱之登岸,督率弁兵,奋击痛剿,使聚而歼之,乃为上策"。

——《谕军机大臣》道光二十年八月初四日

教师提问:从材料四的两则材料中可以看到清政府在鸦片战争中采取的什么策略应对英军?

学生回答:退守陆地,放弃海洋,企图在陆地上消灭英军。

教师讲解:林则徐与道光皇帝都认为,英军的长处在于海上,应当避其锋芒,在陆地上战胜英军。这一策略可以概括为"放弃海洋,保卫河口,以守为战,以逸待劳,诱敌深入,聚而歼之"[1]。

(设计意图:材料四选取一手史料进行例证,能客观真实反映历史,可信性高,并且能锻炼学生历史解释能力。)

教师追问:那么在这种策略的指导下,清军是否在陆地上战胜英军?

---

[1] 王宏斌:《晚清海防:思想与制度研究》,商务印书馆2005年版,第12页。

材料五：

图 5-6　英军占领广州期间到乡下劫掠的情形

教师讲授：从材料五的图片中可以看出，4 名来自复仇神号的英军士兵在广州的乡下劫掠，说明清军在陆地上并没有抵挡住英军的海上进攻，英国的侵略力量已经从海上深入陆地。

（设计意图：充分利用教材内容，并与第一子目的"复仇神号"相关内容呼应，使课堂内容富有逻辑，避免片段化。）

教师提问：结合刚才所学，请同学们思考我们应当如何看待清政府退守陆地，放弃海洋的政策？

学生 1：清政府放弃海洋，退守陆地说明清政府认识到了英军的船坚炮利，看到了自身的优势，强调岸防的重要性，应当说这种策略是合情合理的。

学生 2：刚刚这位同学的看法是正确的，但是也要看到清政府的策略同样是建立在对英军缺乏足够的认识与高估自身实力的基础上作出的。清政府低估了英军的陆上作战能力，单纯地认为在陆地就能战胜英军。

教师对两组的回答给予肯定并拓展总结：清政府"退海守陆"

的作战策略本质上是在传统"重陆轻海"观念影响下，忽视海洋防御力量与海洋作战能力的体现。在战争一开始就退守陆地，放弃具有战略性意义的制海权的控制，完全丧失了战略主动权。英军掌握主动可以在任何作战时间与地点展开攻击，而清军的"退海守陆"最终变成了"坐以待毙"，最终酿成鸦片战争惨败的结局。可以说，清政府海权观念的缺失是造成战争失败的重要因素。清政府被迫签订一系列不平等条约，如中英《南京条约》与《虎门条约》，中美《望厦条约》以及中法《黄埔条约》，这些条约破坏了中国的主权与领土完整，中国开始逐步沦为半殖民地半封建社会。

教师讲解：鸦片战争中清政府秉持传统的海防观念，只重陆地，忽视制海权的控制，具有内向性、保守性的特点。在面对当时的海洋强国的进攻时显得不堪一击。而且令人遗憾的是，鸦片战争并没有让清政府意识到自身的不足进而作出改变。1856年，西方列强为进一步打开中国市场，发动第二次鸦片战争，英法联军沿东南海面一路向北到达天津与北京并火烧圆明园，中国又一次战败，被迫签订了《天津条约》《北京条约》等不平等条约，丧失了更多主权。

教师讲授：两次鸦片战争签订的一系列不平等条约给中国带来了巨大的危害，而不平等条约的内容如表格所示：

	不平等条约	主要内容
鸦片战争	《南京条约》 《虎门条约》 《望厦条约》 《黄埔条约》	割香港岛、赔款2100万银元、五口通商、协定关税、领事裁判权、片面最惠国待遇、兵船港口贸易巡查等。
第二次鸦片战争	《天津条约》 《北京条约》	十口通商、赔款、内河航行、鸦片以"洋药"名义纳税进口、割九龙司地方一区给英国。
	《瑷珲条约》	割占中国东北100余万平方公里领土。

【合作探究】：探究不平等条约的危害

一组：割香港岛

英国	巴麦尊：插入中国领土的一个"楔子""良港"
清朝	琦善："弹丸之地" 耆英：荒岛、孤峙海中、贫穷 道光皇帝：有伤国体、暂行赏借

二组：协定关税

英国	英商进出口货物缴纳的税款，中国需与英国商定；"均宜秉公议定则例，由部颁发晓示，以便英商按例交纳"
清朝	"可省除争执""新的税则比旧日的自主关税略高所以洋洋得意，以为是外交成功"。

三组：领事裁判权

英国	"其英人如何科罪，由英国议定章程、法律发给管事官照办。"
清朝	"杜绝衅端，永远息争""不过是让夷人管夷人最方便、最省事的办法。"

教师提问：请同学们阅读中英两国对三组条款的态度，小组讨论分析其中的差异。这样的差异说明了什么问题？这一条款给中国带来的危害是什么？讨论时间3分钟。

一组代表：英国人非常重视香港岛的战略地位，来中国贸易的商船可以在此停靠，以此打开中国市场，并成为侵占中国的据点。而清朝的官员认为香港岛是弹丸之地，没有价值。道光皇帝认为将香港岛割给英国有失国体，于是将香港岛暂时赏赐借给英国。这一差异说明建立海上霸权的英国积极重视香港岛的地位，通过控制香港岛进而能够控制中国沿海地带。清朝则完全没有认识到香港岛的价值，没有转变"天朝上国"观念。这一条款损害了严重中国的海洋领土主权。

二组代表：英国认为通过协定关税建立了公平的贸易体系。而清朝仅仅看到关税相比之前有了提高便以为是外交成功。这一差异说明清朝将税率的高低看的比税率是否自主更重，没有维护国家关税主权的意识。这一条款损害了中国的关税自主权，是对中国海洋经济权益的践踏。

三组代表：领事裁判权使英国人在华不受中国法律的管辖。清朝简单地将此认为能够避免"杜绝争端""方便省事"，认为英国仍是蛮夷之国。这一差距说明清朝还没有近代法律观念。这一条款损害了中国的司法主权，不利于中国社会治安的稳定。

教师完善补充：英国在签订条约中极其重视国家利益的维护，争取获得更多在华利益，而清朝只是看中是否"损害国体"，维护所谓的"国家面子"。清朝仍以传统的观念看问题，没有现代国家观念。从上述对三则条款的讨论中可以看到，不平等条约的签订严重损害了中国的独立、主权与领土完整。从其他条约内容中仍然可以体现，比如："兵船港口贸易巡查"表面上是打着巡查贸易的借口，实际上是对中国领海主权的一种蔑视，侵害了中国的领海主权。通商口岸的增加也说明西方通过武力从海上打开了向中国侵略的突破口，这些都是严重损害中国主权独立与领土完整的体现。

教师总结：1840年以来，世界各主要资本主义强国以各种方式与清政府签订不平等条约，破坏了中国的独立主权和领土完整，改变了中国的社会性质。需要注意的是，海洋权益也是国家主权的一部分，在两次鸦片战争中，中国的海洋权益首先遭到侵略者的践踏。清政府对海权的忽视使得在战争初期就放弃了制海权，导致一直处于被动状态致使战争最后失败。战后所签订的不平等条约中也涉及许多损害中国海洋权益的内容，西方列强不断以沿海地区为突破口，凭借强大的海上力量，以不平等条约为依据，不断蚕食我国海洋权益,侵犯我国主权。可以说,清政府对海权的忽视,给中国带来了巨大的损害。

(设计意图:创设问题情景,通过小组合作讨论的形式,调动学生思考积极性。同时考虑到学生在初中历史学习中已经掌握两次鸦片战争的基本史实,因此笔者将重点放到分析清政府忽视海权对战争结果造成的影响以及分析不平等条约的签订严重损害了包括海洋权益在内的国家主权,最终凸显清政府忽视海权带来的严重后果,与教学主题呼应。)

【拓展思考】探讨鸦片战争的性质

材料六:

天朝物产丰盈,无所不有,原不借外夷货物以通有无。

——《清高宗实录》卷1435 乾隆五十八年八月己卯

真正让英国人伤脑筋的,是中国人生产的茶叶,丝绸和瓷。这些商品一旦出现在欧洲市场便价格不菲。英国人想用他们生产的铁壶铁锅、钢刀钢叉交换中国生产的昂贵奢侈品,但中国人却将他们拒之门外……无论是英国政府、东印度公司,还有从事对华贸易的商人都难以忍受这种(贸易逆差)局面,他们决定采取一切手段找到解决该问题的途径……从1800年至1840年,数以万计的中国人对鸦片成瘾,由于鸦片走私的白银高达6亿两,中英贸易的平衡向不利于中国的一端倾斜。

——英国历史教科书《Minds and machines,1750—1900》

材料七:

英国殖民势力来华,于1498年,达·伽马打开东方航路和英国政府,印度有最直接的关系。前者使这件事成为可能,后者则为日后英国的对华侵略提供了可靠的基地……即使没有当时已经变得十分突出的鸦片问题,英国为了实现其300年来与中国通商,占领中国市场的夙愿,早晚是要对中国发动侵略战争,这是历史的必然。

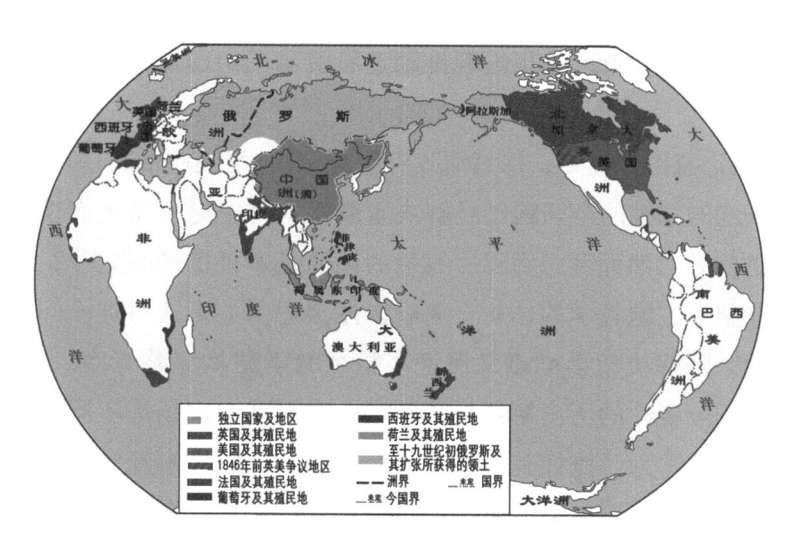

图 5-7　1840 年前的中国和世界形势图

教师提问：阅读材料六与材料七可以看出两则材料分别体现出学者对鸦片战争采取何种认识？

学生 1：材料六认为英国发动鸦片战争是因为英国与中国的通商受阻，英国为了维护自身利益，实现向中国销售产品的目的而爆发的通商战争。

学生 2：材料七可以看出工业革命使英国成为资本主义世界头号强国，日益增长的生产需求使英国等西方列强急需向外扩张寻求原料产地和商品倾销市场。1840 年前后列强已经开始瓜分世界，英国为了寻求新的市场，作为与英国的殖民地印度相邻的中国便成了新的殖民地目标。由此说明，英国发动鸦片战争是必然的。

教师总结：材料六第二段文字选自英国历史教科书，可以看到英国在对鸦片战争的表述中刻意强调了英中贸易的冲突是战争爆发的根源。材料七通过分析当时英国资本主义的发展状况与世界形势得出英国为瓜分世界，获得原料产地并扩大商品销售市场，从而侵略中国。因此可以得出，英国企图以贸易冲突淡化其侵略行为，把鸦片战争说成通商战争。实际上，鸦片战争是英国为维护非法走私贸易而发动的战争，是用炮舰推动走私贸易向中国发动的一场侵略战争。

（设计意图：其一，探讨清政府忽视海权对战争结果的影响和不平等条约的危害两个问题已经解决了教学主题中对"忽视海权的后果"的学习。然而考虑到鸦片战争的性质是本课的难点之一，为了不影响整个主题教学的结构，笔者以拓展思考的形式对这一问题展开讲授，既解决教学难点又保证了整个教学结构完整有序。其二：人们对同一事件的历史解释会因不同人的时代、立场等不同而有较大差异，英国为了掩饰其侵略本质企图以贸易问题解释鸦片战争发生的原因，然而事实是英国一开始就是为了掠夺中国的土地与市场，并不是为了与中国开展正常的贸易。因此，通过对不同史料的分析，培养学生能够辨别史料作者的意图，透过现象看本质，使学生从多个角度、全面地形成对问题正确、科学、理性的认识，锻炼学生的史料实证与历史解释能力。）

【忽视海权的反思——开眼看世界】

教师讲授：鸦片战争中清王朝的惨败，给当时的先进知识分子带来巨大的冲击。在当时，有那么几位有识之士，率先睁开眼睛，关注世界（教师出示图5-8）他们是林则徐、魏源、徐继畬和姚莹。他们留下了一批关注世界历史、地理的著作，这些书籍中都提到了对海洋的重视，其中尤以魏源的《海国图志》最为出名。魏源的核心思想为"师夷长技以制夷"，魏源对海权的认识体现在他的《筹海篇》中，具体来说体现在其一，魏源认为学习西方不仅表现在学习西方的坚船利炮，更在于学习西方的统兵之法。其二，在海上作战方面，魏源认为要"内守既固，乃御外攻"，即不仅重视防守，更要主动进攻，御敌于海上。面对强大的敌人如果专守内河，将海洋拱手让人不进行海战是不能取胜的。其三，魏源主张建设一支强大的海军（此三点内容在课堂上予以展示）。在总结鸦片战争失败的教训时，魏源从敌我主客形势和有无舰船的不同情况进行分析，魏源认为在有舰船的情况下如果风潮不顺则我舰藏于内港,风潮皆顺我舰展开进攻可获胜。有舰船可切断敌人供给可获胜。有舰船待敌人登岸后趁敌舰守备空虚,与陆兵夹击可获胜。有舰船则敌舰不敢分散侵扰我沿海,而我与邻省之舰夹击可获胜。如无舰船则不可获胜。其四,魏源还重视民间造船业与航海技术的发展。正因如此,戚其章先生在《魏源的海防论和朴素海权思想》中认为,魏源的某些思想如创设新式海军、发展工业与航运、倡导海洋风气、转移国民观念等虽不像马汉(美国杰出的军事理论家,世界海权理论的创始人,海权论的主要代表人物)那样构成完整的体系,但用历史的观点看,这一思想具有超前的先进性,是一种朴素的海权观[①]。

| 林则徐:开眼看世界第一人 | 魏源《海国图志》 | 徐继畲《瀛寰志略》 | 姚莹《康輶纪行》 |

图 5-8

材料八:

和议之后,都门仍复恬喜,大有雨过忘雷之意。海疆之事,转吼触讳,绝口不提,即茶坊酒肆之中亦大书"免谈时事"四字,俨有诗书偶语之禁。

——中国史学会《鸦片战争》(第五册)

教师提问:当先进知识分子开始反思呼吁人们关注海疆,这些

---

① 戚其章:《魏源的海防论和朴素的海防思想》,《求索》1996年第2期,第116页。

呐喊仅仅引起了部分士人的觉醒与反思。那么，更多的国人表现又如何呢？请同学们阅读材料八回答这一问题。

学生回答：鸦片战争造成的危害并没有给国人很大的触动，反而安然无恙，似乎一切又恢复正常好像从来没有发生过一样。

教师总结：鸦片战争将中国从天朝上国的迷梦中惊醒，然而随着战争结束，硝烟散去，人们又昏昏睡去。先进知识分子的呐喊并没有引起民众的重视，也没有得到统治者与官员的支持，他们重视海疆的呼吁终究没有落到实处最终成为空谈。鸦片战争结束十四年后，英法联军侵略势力从沿海深入内陆，第二次鸦片战争中国依旧惨败，签订不平等条约丧失国家主权，天朝上国的美梦逐渐被打回现实。

（设计意图：充分发掘教材内容，并进行适当的补充，教材在"开眼看世界"这一子目中简略介绍了林则徐、魏源等人的著作。笔者着重分析魏源的海洋思想，从而实现紧扣"海权"这一主题的同时，又完成教学任务）

主题升华：鸦片战争的失败令我们扼腕叹息，清政府终究吃下了忽视海权的恶果。中华文明是多元文明，它以农耕文明为主，也包容游牧文明和海洋文明，海洋文明是中华文明的源头之一和组成部分[1]，历史上，中国曾在世界海洋舞台上大放异彩，宋元时期发达的海洋经济、郑和的远洋航行无不体现着中国是个善于同海洋打交道的国家。只是后来中国逐渐闭关锁国，囿于大陆，放弃海权，才有了鸦片战争以及后来的一系列失败。回望历史，启迪当下。当今世界已经进入海洋时代，世界范围内的海权斗争已经展开，海权的内涵也不仅仅包括林则徐、魏源所提出的控制海洋、抵御外侮方面。海洋本身就是一个硕大的天然宝库，现代海权已经演变为对海洋本身的争夺，其手段不仅是军事的，还包括经济、法律、科技等手段。因此，作为新时代的青年，我们要摒弃传统大陆观的影响，勇于迎

---

[1] 苏智良主编：《海洋文明研究（第一辑）》，中西书局2016年版，第1页。

接时代挑战，振奋民族精神，将视野从960万平方千米的陆地国土拓宽至整个海洋，树立起维护国家海洋利益的海权观念，为将我国建设为一个繁荣富强的海权大国而作出自己的贡献，防止历史悲剧重演。

（设计意图：首尾呼应，通过本课学习帮助学生树立起海权观念，为建设海权大国作贡献，落实对学生家国情怀核心素养的培养。）

（三）板书设计

以"海权"看两次鸦片战争

一、忽视海权的原因——鸦片战争前的世界形势

二、忽视海权的后果——两次鸦片战争

三、忽视海权的反思——开眼看世界

（四）当堂练习

1. 史料记载，1839年9月发生的穿鼻海战，英军并无人员伤亡，而清兵死亡15人，中国方面的9艘战舰几乎被损毁，而林则徐报告皇帝"收军之后，获夷帽二十一项查夷人捞起尸首就近掩埋者，已有十七具受伤者，尤不胜计。"这种现象反映出（D）

　　A. 中国人的愚昧落后

　　B. 战争失败的必然性

　　C. 清军指挥失误

　　D. 中英两军存在较大军事差距

2. 1841年，清政府对英军的厦门防御战的清军共计5680人，但驻守当地的福建水师提标4300余人中，参战者却不足2000人。这说明（C）

　　A. 鸦片战争的规模逐渐扩大

　　B. 中英双方军事力量悬殊

　　C. 晚清政府的海防意识淡薄

　　D. 清政府坚守天朝大国的心态

三 教学反思

本节课以"海权"主题展开对两次鸦片战争的学习,旨在帮助学生认识到海权意识的缺失对两次鸦片战争失败的影响,进而达到海洋教育与主题教学的深度融合,实现培养学生历史学科核心素养的目的。然而在教学实践的过程中笔者也发现了一些不足之处:在史料的使用上,依据史料提出的问题缺乏层次,没有考虑到不同认知基础的学生之间的差异。在教学方法上,主要以讲授法为主,学生自主探究的环节相对较少,不利于学生主动性的发挥。教学内容安排与问题设计环节较为浅显,缺乏一定的深度。针对上述问题,笔者将在以后的教学实践中不断打磨,积累经验,弥补不足,更好地实现高中历史海洋教育中主题教学的应用。

第六章　高中历史教学中海洋意识培养研究

党中央高度重视海洋强国建设，要求要始终坚持陆海统筹的基本原则，稳步推进海洋强国建设的各项工作。在全面实现中华民族伟大复兴的宏观历史视角下，海洋强国建设具有极其重要的现实意义，不仅是国家富强的重要路径，还是民族复兴的战略任务。历史进程反复昭示我们，海洋是高质量发展战略要地，与国防、经济、全球化事业的发展等诸多领域息息相关。近年来，《全国海洋经济发展"十四五"规划》《"十四五"海洋生态环境保护规划》《水运"十四五"发展规划》等政策文件，为海洋强国建设指明方向。发达的海洋经济是建设海洋强国的重要支撑，海洋科技的创新是建设海洋强国的根本动力，可持续的海洋生态环境是人类生存的保障。近十年是海洋科技快速发展的十年，海洋生产总值成倍增长，传统海洋企业向质量和效益型企业转变，海洋新兴产业正在快速发展，海洋强国的建设成绩斐然。但在新形势下，维护海洋权益，仍面临着诸多挑战，想要实现海洋大国到海洋强国的跨越，任重道远。

要想建设海洋强国，必须首先建设好一支"劈风斩浪"的海洋战略科技队伍。近几年，我国全职海洋科技人员超过20万人，人员数量为世界第一，但亟须解决的问题是缺少战略性海洋人才。战略性海洋人才指具有民族意识，研究方向首先考虑国家未来发展，具有文史兼通的知识积淀，具有创新思维的科技人才。目前我国海洋意识教育的实施主要面向高等教育，使国人对海洋缺乏全面、深刻的认识。因而，要通过深入的历史教育，在强化高中生海洋意识的同时，引导其树立正确海洋观，这也是当代历史教育必须承担的重要任务。《中外历史纲要》是面向全体高中生的全国通用教材，因此，笔者立足高中历史必修教材，对高中生的海洋意识培养内容、方式和策略进行深入研究，从而为一线历史教师开展海洋意识教育提供帮助。

第一节 海洋意识的内涵及发展概况

本节主要分为两部分，第一部分解释海洋意识的内涵，第二部分梳理海洋意识的发展过程，分析不同时期人们的海洋意识特点。现如今，世界各国都将自己的未来发展瞄向了深海领域，经过海洋崇拜、海洋交通、海洋经济等方面的意识高潮，21世纪人类对海洋的看法迎来了属于这个时代的高潮，即海洋科技化及人海和谐相处。

一 海洋意识的内涵

随着科技的发展，海洋教育目前已成为世界性教育问题，各国都在加强对海洋意识教育方面的研究，相关研究成果日益丰富。但是海洋意识涉及内容广泛，具有较高的综合性，因此海洋意识概念的界定尚未形成广泛共识。饶咬成提出，作为一种客观存在物，海洋会反映于人类的头脑之中，从而使人类形成关于海洋的各种认知，这种认知的集合，被称为海洋意识[1]。何兆雄认为，海洋意识指的是人和海洋共存的过程中，在海洋视角下审视自身生存与发展所产生的认识[2]。魏冬明在海洋科学视角下界定了海洋意识的概念，即人类对于海洋特性以及客观规律的观点的总和，这种观点具有明显的科

---

[1] 饶咬成：《中国的海洋意识与海权现状——纪念郑和下西洋600周年》，《郧阳师范高等专科学校学报》2005年第5期。

[2] 何兆雄：《试论海洋意识》，《学术论坛》1998年第2期，第73—76页。

学性倾向，强调通过地理学、地质学、生物学等学科载体进行海洋意识教育[1]。饶咬成与何兆熊对海洋意识的分析侧重于对人海关系的探索，即海洋意识是海洋在人脑中的产生的认知总和，具有明显的人文性特征。而魏冬明重在从科学角度去分析海洋科学对人类海洋意识的影响，在科学主义视角下对海洋意识概念的界定具有客观性，而在人文主义视角下对海洋意识概念的界定则具有主观性。笔者认为，海洋意识是指人类对海洋的认识、关注、利用和保护意识。它包括了个人和社会对于海洋资源、海洋生态系统、海洋文化、海洋历史和海洋经济的理解和重视程度。海洋意识会随着社会的发展不断变化，文化教育是其传播的唯一途径。要想建设海洋强国，必须从提高国民海洋意识入手，高中历史教学必修课程面向全体高中生正是最佳选择。

二 海洋意识的发展过程

人类对海洋的看法和态度在不同的历史时期有着显著的转变。在早期人类历史上，海洋被视为一个未知和神秘的地方。人们对海洋的了解有限，往往将它们与神话、传说和超自然力量联系在一起。海洋被认为是神灵的居所，或是危险和不可预测的领域。赫西俄德告诫弟弟，出海必须选择恰当的机会，而机会往往需要长时间等待且会稍纵即逝；出海是否成功取决于运气，而运气则来自神明护佑。由此可见，古希腊人为了生存而选择航海，是迫不得已的无奈之举，并由此而形成对神明的崇拜和依赖，凸显了古希腊人对于海洋不确定性的畏惧。"海难是不可避免的"说法在诗人的话语中广为流传，在航海过程中，神明拥有着支配地位，是海洋的掌控者，在人类长期的航海历史中，逐渐演变出三个主要的神明，分别是波塞冬、宙斯和南风之神。在中国的历史文化中，同样拥有关于海洋的记载。

---

[1] 魏冬明：《高中历史教学中海权意识的培养研究》，硕士学位论文，牡丹江师范学院，2022年。

《史记·秦始皇本纪》云：方士徐市等入海求神药，数岁不得，费多，恐谴，乃诈曰："蓬莱药可得，然常为大鲛鱼所苦，故不得至，愿请善射与俱，见则以连弩射之。"① 可见早期人类对海洋的看法具有神秘主义的特征，蕴含着一种对未知的恐惧。

虽然早期人类对海洋知之甚少，但人类从未停止对海洋的探索。15世纪末，随着航海技术的进步，人们开始将海洋视为商业和探险的机会，海洋不再是阻隔，而是大陆板块间的纽带，这是人类海洋意识的一大转变。大航海时代的到来促使人们勇敢地探索海洋，并寻求新的贸易路线和资源。通过远洋航行，人们开辟了新的贸易网络，建立了国家间的商业联系。海洋交通的发展，让人们逐渐认识到海洋对国家的军事战略重要性。海上力量的竞争成为各国之间争夺海洋霸权的焦点，舰队的建设和海军力量的发展成为国家安全的重要组成部分。最先吃到大航海红利的是以葡萄牙、西班牙、荷兰为首的海洋型国家，就像张帆认为，纵观整个西方世界的发展历史可以发现，每一个时代的引领者都是海洋国家，因此，西方国家非常重视海洋战略，并将其作为国家战略的重中之重。西方国家都基于自身地理位置和未来的利益诉求，推动海洋战略的转型，通过精准把握转型的逻辑规律，而加速实现海洋战略目标。整体而言，海洋战略研究是国家宏观战略的重要课题，而随着研究的不断深入，各国对于海洋认知的广度和深度在不断扩展，为其制定海洋战略提供了有效支撑②。

人口的增长和工业化进程使人类对海洋资源的需求也日益增长。海洋资源的分配以及海域面积的划分等问题，将世界推至海洋立法阶段。1945年《杜鲁门公告》提出将陆地领土延伸到海洋的大陆架纳入本国管辖范围后，各国纷纷跟进划定自己的大陆架，还因此产

---

① 张大可：《史记全本新注》，三秦出版社1990年版，第129页。
② 张帆：《对大航海时代西方国家海洋战略的一点思考》，付景川主编：《珠江论丛》2018年第3辑，社会科学文献出版社2018年版，第159—182页。

生了不少争议。于是1958年第一次联合国海洋会议通过了《大陆架公约》。1982年，联合国正式颁布《联合国海洋公约》，明确界定了各类重要概念，例如临海、大陆架、专属经济区、公海等。但公约是国际多种势力相互妥协的产物，因此很难对复杂的海权纠纷作出明确彻底地解决，当事国家的实力对比和权衡利弊，才是选择纠纷解决方式的决定性因素。

近年来，渔业、石油和天然气开采、海底矿产等活动对海洋生态系统造成了严重的破坏，引发了世界对海洋生态环境保护的关注和讨论。人们越来越重视海洋的保护与利用，强调可持续发展和保护。国际社会也在推动海洋保护和可持续发展相关规则构建，制定了一系列保护海洋的政策和行动计划。

从早期的神秘未知到商业探险，再到军事战略，以及对海洋资源的过度利用和开发，最终促使人类采取海洋的可持续发展和保护措施，这个转变反映了人类认识的进步性。通过对海洋的不断深入了解，人类开始追求人海和谐的相处模式。

第二节 高中生海洋意识现状调查

没有调查就没有发言权。要实现在高中历史教学中培养高中生的海洋意识，应了解当前高中生海洋意识发展概况，针对调查出的问题，有的放矢，有针对性地加以解决，才能真正在历史教学中培养高中生的海洋意识。

一 高中生海洋意识现状问卷调查设计

（一）调查目的

近年来，建设海洋强国的呼声越来越高。中外海洋的兴衰史，是一本生动而又现实的教科书，历史告诉我们，向海而兴、背海而衰是世界强国发展历史上的必由之路。此次海洋意识调查，主要是为了更加全面且客观地掌握高中生在海洋知识方面的认知现状，了解高中生对从事海洋相关职业的兴趣。笔者在教学旁听的基础上，结合个案访谈，初步了解了海洋意识教育过程中的不足之处，更加深入地掌握海洋意识教育现状，并结合海洋意识教育实际提出针对性的策略和方法，以便依托于历史课堂教学，增强高中生的海洋意识，促进海洋教育的高质量发展。

（二）调查对象与方式

本次调查选择的学校为盐城市阜宁县第一高级中学和盐城市阜宁县沟东中学，这两所学校是盐城市四星级中学，在其高中部选择高二2000人作书面调查问卷。高二学生已经学习完历史、生物、政治、地理的必修部分，而本书所研究的海洋意识的培养正是面向刚刚学完必修历史教材的高中生。战略性海洋人才需要文理皆通这一点，也要求在高中生分科之前完成初步的海洋意识教育。本次调查采取不记名形式，并在调查问卷之前写明注意事项，并告知调查对象问卷调查不会对其造成负面影响，以确保问卷调查结果的真实可靠。

考虑到问卷调查的局限性，难以将所有相关问题考虑在内。因此，笔者还通过随机抽取的方式，选择5名一线教师作为访谈对象，通过一对一访谈，更加深入地了解历史教师对于海洋意识教育的观点和看法，更深入地把握海洋意识教育存在的问题。

（三）调查内容

问卷调查设置了20道题目，均为选择题，设计内容涵盖了学生对知识的掌握程度、知识获取途径、学生个人态度以及对海洋实证问题的了解情况等。为更便捷地开展调研，本书将海洋知识划分成课内、课外和职业三个方面。为掌握真实的情况笔者在和校内导师深度沟通的基础上，结合中学历史教师提供的意见，设计了5个访谈问题，涵盖了自身海洋意识、教学态度以及教学设计过程三个维度，从而确保了调查结论的有效性。

二 高中生海洋意识现状问卷调查结果分析

（一）学生问卷调查情况分析

表 6-1

题目	正确人数	准确率
1. 我国的"蓝色国土"面积是（　）平方千米？	1024	51.2%
2. 我国（　）将指南针应用于航海活动？	1596	79.8%
3. 明朝时郑和七次下西洋，最远到达（　）？	928	46.4%
4. 中日之间关于钓鱼岛的主权争端始于（　）条约的签订？	1728	86.4%
5.《联合国海洋法公约》于（　）年生效？	1504	75.2%
6. 我国的第一大岛是（　）？	544	27.2%
7. 专属经济区指的是从领海基线算起，多少海里以内的海域？	1528	76.4%
8. 你知道"领海"是领海基线以外多少海里以内的海域吗？	1460	73%
9. 中国近代第一家专业造船厂是（　）？	860	43%
10. 钓鱼岛属于我国（　）领海？	1076	53.8%
11. 你知道海权论和海权论的鼻祖阿尔弗雷德·赛耶·马汉吗？	484	24.2%

根据调查问卷 1 至 11 题的准确率得出，高中生关于历史学科的基础海洋基础知识掌握较好，但在第一题我国的"蓝色国土"面积问题和第五题《联合国海洋公约》等的相关地理学科中海洋基础知识的掌握不够扎实。高中的分科学习使海洋知识分散在各个学科，由于各学科所属的学科特性不一，使得学生在掌握相关内容时出现偏差。

表 6-2

题目	正确人数	准确率
12. 我国南海超过80%的岛礁被菲律宾、越南等东南亚国家大量侵占，这种现状你了解吗？	1024	51.2%
13. 中越"海洋石油—981"号钻井平台对峙事件你是否知道？	1596	79.8%
14. 海洋是资源的宝库。据你所知，海洋中拥有哪些资源？	928	46.4%

南海遍布大小各类岛屿，包括东沙、西沙、中沙以及南沙群岛，这些岛礁自古以来就是中国的领土，南沙群岛拥有优美的风景以及丰富的资源，是人类的宝库。南沙群岛地处越南和菲律宾之间，战略位置十分重要，对我国来说，南海不仅是我国海上石油和贸易的生命线，在军事上也有着独一无二的战略地位。根据调查问卷12至14题的准确率，我们可以了解高中生对南海局势的关注度，显然高中生对海洋时政信息知之甚少，可见南海问题的认识普及，需要学校与社会的重视。

表6-3

题目	
15. 海洋与国家命运紧密相关。对此你认同吗？	认同95%
16. 你是否愿意将来从事与海洋有关的工作？	愿意68%
17. 你了解的海洋知识科主要是从哪门学科中学习到？	历史74% 其他26%
18. 你觉得中学生有必要增强海洋意识、掌握海洋知识吗？	有必要76%

近年来，国家海洋行政部门通过开展"世界海洋日"等活动增强全民海洋意识，为发展海洋事业、建设海洋强国凝聚强大的精神力量。根据15至18题调查结果可知，大多数高中生认为海洋发展与国家发展有着密切的联系，并表示愿意投身海洋事业，为海洋强国事业添砖加瓦。

表6-4

活动	非常愿意	比较愿意	不太愿意	非常不愿意
开设海洋拓展课教学	1356	597	39	8
组建与海洋相关的社团	949	896	124	31
学校请相关专业人士开设专题讲座	1118	696	152	34
组织参观海洋方面的场馆（如航海馆等）	1455	400	140	5

续表

活动	非常愿意	比较愿意	不太愿意	非常不愿意
学生开展丰富多彩的小课题研究	1557	328	79	36
学校图书馆购买海洋方面的书籍、杂志	1737	259	4	0
开展实地考察,如出海,或到海滩	1816	165	15	4

问卷调查的最后,对校内海洋意识教育的活动措施进行了欢迎度调研,组织参观海洋方面的场馆以及实地考察,购买海洋方面的书籍最吸引人兴趣。海洋意识的培养有赖于学校和社会的共同努力,鼓励中学生参与到海洋知识问答,参与海洋企业文化将是培养中学生海洋意识的重要渠道。

(二)教师访谈内容分析

表 6-5

题目	
1. 您认为海洋意识培养在高中生的学习生活中重要吗?	100%
2. 您平时关注海洋知识方面的内容吗?	75%
3. 您会在历史教学中渗透海洋意识吗?	25%
4. 您对中外海洋兴衰史有研究吗?	25%

根据访谈记录,我们可以深入了解一线教师对海洋意识教育的看法,以及实施过程中所遭遇的困难。一线历史教师认为海洋意识培养在高中生的教育中扮演着举足轻重的地位。不少教师也关注着国家近年来海洋强国的战略发展,但在平时的历史课堂上很少渗透海洋意识教育。主要原因有三,其一,高中历史课程尤其是以中外历史纲要为教材的高一年级,课时紧任务重。其二,中外历史纲要中关于海洋知识的模块相对较分散,并不便于进行系统的海洋意识培养。其三,由于海洋教育并不是一个单独的学科,所以有些高中历史教师自身的海洋意识素养亟待提高。海洋意识培养在高中历史

教学中普及的道路曲折,从课程设置,师资力量等方面都有很大提升空间。

访谈的最后,所有老师都对"海洋强国"战略发表了自己的意见,五位老师都一致地提出,"海洋强国"是完成中华民族伟大复兴的必经之路。海洋意识既是决定一个国家和民族向海洋发展的内在动力,也是构成国家和民族海洋政策、海洋战略的内在支撑[1]。海洋强国应当从提高国民海洋意识抓起,从学校教育抓起。

(三) 对问卷调查结果的思考

根据问卷调查情况和教师访谈记录分析,我们了解到现阶段的高中生海洋意识教育存在着诸多问题。导致这些问题的原因有很多,这里笔者做出三个方面的分析,首先是课程设置问题,由于高中的课程的高中生的学习特点是分科学习,海洋知识被拆分在各个学科中,这就需要历史学科的教师具有整体性思维。摆在教师面前的不是一个分裂的学生,作为一线教师,我们应当从整体去思考、规划学生的学习策略。要想使《中外历史纲要》在高中海洋意识教育培养中发挥最好的作用,我们应当了解同时期的其他学科在海洋知识的教授上有哪些内容,才能给学生完整的、和谐的海洋意识教育。再根据中外历史纲要中几个典型的海洋知识关键课时做具体的案例分析,通过梳理人类与海洋的关系史,得出人类海洋意识的转变,以及应该怎样正确认识海洋、利用海洋,实现伟大的海洋强国复兴梦。

其次,中华民族的传统思想也是导致海洋意识不被重视的重要原因之一,中国自古就是个以陆为主,重视"塞防"而忽视"海防"的国家[2]。我国是典型的农耕文明,地大物博,物产丰富,自古便形成了自给自足的小农经济。历朝历代的统治者不断加强皇权,

---

[1] 冯梁:《论21世纪中华民族海洋意识的深刻内涵与地位作用》,《世界经济与政治论坛》2009年第1期,第71—79页。

[2] 顾兴斌、张杨:《论中国的海洋意识与和平崛起》,《南昌大学学报(人文社会科学版)》2009年第2期,第15—21页。

抑制商贾，"重农抑商"的思想也因此成为中国封建社会的经济思想。历史上，我国的安全威胁基本上都来自北方游牧民族，主要是农耕文明与游牧文明的碰撞，因此，不管是政府还是民间，都极其重视内陆边防，忽视海洋的重要性，形成了"重陆轻海"的思想。21世纪的今天，经历过百年屈辱史的中国早已经不是那个有海无防的弱国，我们应该向学生传播正确的与时俱进的海洋观念。21世纪是海洋的世纪，正视海洋的战略性地位，积极发展海洋事业，是当今中国的紧急任务。

最后，整体国民海洋基础知识薄弱，海洋观念淡薄，这归根到底在于社会方面对海洋知识的传播力度不够。要想解决这个问题，首先需要加强对公众的教育和意识培养。目前，大多数人对海洋的了解仅仅停留在表面层面，缺乏对海洋资源和生态系统的深入了解。因此，政府、学校和各种机构应该共同努力，加强海洋意识教育，包括开展宣传活动、举办讲座和展览，并将海洋相关知识纳入教育课程中，提高公众对海洋的认知。其次，媒体在传播海洋意识方面应承担更大的责任。媒体是信息传播的重要渠道，可以通过报道海洋保护、海洋生态研究等相关新闻，引起公众的关注和兴趣。同时，媒体还可以通过纪录片、电视节目等形式，生动地展示海洋的美丽和重要性，激发公众的保护意识。因此，媒体应该积极推动海洋意识的宣传工作，成为公众了解海洋问题的重要渠道。此外，非政府组织和社会团体也可以发挥重要作用。许多非政府组织致力于海洋保护和可持续利用工作，他们可以通过举办活动、发布宣传资料等方式，加强公众对海洋意识的培养和宣传。同时，社会团体可以组织志愿者参与海洋清洁行动、海洋生态保护活动等，直接让公众参与其中，提高对海洋问题的关注度。最后，政府应该加大对海洋保护和海洋意识的支持力度。政府可以制定更加严格的法律和政策，以保护海洋环境和资源，并鼓励企业和个人积极参与海洋保护和海洋科学研究。同时，政府还可以投入更多的资源，支持海洋研究和科普项目，提升公众对海洋意识的认知水平。

综上所述，加强对海洋意识的宣传，需要政府、媒体、非政府组织和社会团体等多方合作。只有通过共同努力，才能提高公众对海洋问题的关注度，促进海洋意识的全面普及。

第三节 《中外历史纲要》中海洋意识教育内容分析

《中外历史纲要》是海洋意识教育的主要教材，包含很多关于海洋的人文知识，是高中生必修教材。本章通过对《中外历史纲要》中海洋意识教育内容梳理，从我国和世界两个角度分析人类海洋意识的转变。从内容梳理和分析的情况中发掘内容特点，为一线教师进行海洋意识教育教学提供帮助。

一 《中外历史纲要》上册海洋意识教育内容梳理

（一）欣欣向荣的海洋探索

表6-6

章节	海洋知识内容
第1课"中华文明的起源与早期国家"	商朝势力影响范围
第2课"诸侯纷争与变法运动"	齐国都城的繁荣
第3课"秦统一多民族封建国家的建立"	秦朝的疆域四至
第4课"西汉与东汉——统一对民族封建国家的巩固"	西汉的边疆治理
第5课"三国两晋南北朝的政权更迭与民族融合"	"夷洲""涨海"出现；造船业明显进步
第6课"从隋唐盛世到五代十国"	唐朝对琉球的控制
第8课"三国至隋唐的文化"	鉴真东渡；新罗、日本派遣使节和留学生；西亚商人经海陆来华定居
第10课"辽夏金元的统治"	元朝的疆域；澎湖巡检司设立；马可·波罗来华记

续表

章节	海洋知识内容
第11课"辽夏金元的经济与社会"	瓷器大量出口海外；海外贸易繁荣；外贸港口兴起；海运航线开辟
第12课"辽夏金元的文化"	指南针、罗盘

自古以来，中华民族就对海洋并不陌生，海洋捕捞以及采集相关的劳动自古有之。战国时期，沿海诸国大多以"渔盐之利，舟楫之便"而富甲一方[1]。在秦汉之后，随着我国船舶制造技术的不断发展，近海捕捞产业规模不断扩大，在海上航行方面也有所突破。在宋元时期，我国的造船业达到顶峰，远超过其他国家，拥有全球最好的航海技术，对海外的了解非常全面且丰富，政府重视民间海外贸易，并形成了早期的外贸港口，极大促进了中国丝绸、瓷器、茶叶等产品的出口，即便和16世纪前期的欧洲海外活动相比，宋元时期的海上活动也毫不逊色[2]。但是在进入明清之后，政府采取海禁政策，海外贸易也戛然而止，海洋发展机遇被彻底扼杀，在一定程度上导致中华文明落后于世界文明进程。

（二）两次错失海洋发展机遇

表6-7

第13课"从明朝建立到清军入关"	郑和下西洋；海禁政策；欧洲殖民者东来
第14课"清朝前中期的鼎盛与危机"	郑成功收复台湾；清朝疆域；西方列强要求扩大对华贸易；海禁政策
第15课"明至清中叶的经济和文化"	新农作物的输入；白银流入；传教士传教

---

[1] 孙立新、赵光强：《中国海洋观的历史变迁》，《理论学刊》2012年第1期，第92—96页。

[2] 庄国土：《论中国海洋史上的两次发展机遇与丧失的原因》，《南洋问题研究》2006年第1期，第1—9+46页。

在明朝前期，明朝政府实施的海外政策包括两个核心，一方面是朝贡制度，另一方面则是海禁政策。朝贡制度有两个目标，一是制造万邦来朝的盛况，二是政府为了获取海洋贸易的利益而垄断对外经济联系，是一种基于垄断利益的考量。海禁政策之所以实施，是为了更好地实现封建统治，实现对广大臣民的严格监控，防止沿海居民和海外人员勾结作乱。政府全面实施海禁政策，加大对海上游民和贸易者的打击力度，即便是郑和下西洋这种具有历史意义的海上航行活动，本质上也是为了实施海禁政策，打击海上贸易。受海禁政策的影响，中国海商在东亚以及印度洋海域几乎绝迹，中国海洋发展机遇也因此被扼杀。

明朝中后期，随着东南沿海形势稳定，明政府放松了对私人海外贸易的限制。1567年，明朝隆庆元年，隆庆帝宣布解除海禁，调整海外贸易政策，允许民间私人进行海外贸易。郑芝龙（郑成功之父）集团应运崛起，再次为中国海洋发展提供了机遇，中国海商拥有了独自的军事力量，为开展海外贸易提供了巨大安全保障，特别是打败了荷兰殖民者，将其驱逐于东亚水域，极大振奋了国人信心，显示了国人在海洋方面的强大实力。郑芝龙集团的成功，是中国第二次融入世界、发展海洋事业的机会。但是，随着明朝的衰落和灭亡，清政府为了巩固新生的政权，再次开始实施海禁政策，并通过各种手段加大对郑氏集团的打击力度，限制大陆和郑氏集团进行通商贸易。在康熙时期，经过数十年的对抗之后，郑氏集团土崩瓦解，随着清廷收复台湾岛，清朝逐渐开放海禁，但是源自内陆的清政府缺乏海洋航海技术以及海洋经济发展方面的意识，对沿海地区的船只进出商贸往来控制依然十分严格。而欧洲殖民者已经完全控制了印度洋，并对东亚水域虎视眈眈，这就导致清政府的海禁政策愈发严峻，中国的第二次海洋发展机遇也到此终结。

（三）近代有海无防的屈辱

表 6-8

第 16 课 "两次鸦片战争"	西方殖民主义东来；鸦片贸易；海战经过
第 17 课 "国家出路的探索与列强侵略的加剧"	福州船政局；组建北洋舰队；中日甲午战争；瓜分狂潮
第 18 课 "挽救民族危亡的战斗"	八国联军侵华；辛丑条约签订
第 24 课 "全民族浴血奋战与抗日战争的胜利"	东方主战场；《开罗宣言》
第 26 课 "中华人民共和国成立和向社会主义的过渡"	抗美援朝

1840 年，鸦片战争正式爆发，中国陷入半殖民地半封建社会，英国殖民者远渡重洋来到中国，用枪炮打开了中国大门，中国正式进入了丧权辱国的近代史。两次鸦片战争让中国的士大夫们深刻意识到有海无防的现状，意识到中国要抵抗侵略，就必须师夷长技以制夷，要大力发展民族工业，组建共聚战斗力的新式海军，要高度重视航运发展，在社会层面上倡导海洋风气，要推动移风易俗，转变国民思想，结束闭关锁国，要打开海洋门户[①]。但甲午中日战争的失败暴露了清政府海洋防卫力量的薄弱性，同时也凸显了海防战略方针的失误以及制度漏洞，也充分显示了解决海防问题的根本在于推翻腐朽的封建统治。近百年的屈辱历史让中国人民深刻意识到，守卫领土主权，必须建立起强大的海上屏障，必须有海洋边防意识。

---

① 孙立新、赵光强：《中国海洋观的历史变迁》，《理论学刊》2012 年第 1 期，第 92—96 页。

（四）改革开放向洋而生

表 6-9

第28课"中国特色社会主义道路的开辟与发展"	改革开放；一国两制；
第29课"改革开放以来的巨大成就"	"蛟龙号"载人深潜器；钓鱼岛维权斗争；南海常态化战斗巡航；共建"一带一路"

新中国成立之后，标志着中国人民真正站起来，任人蹂躏宰割的历史不复存在，中华民族的历史进入新的篇章。党中央高度重视海防建设，并成立了现代化海军，同时，积极推动海洋事业发展，大力建设海洋工业。但是不可否认，新中国成立的早期，我国百废待兴，工业基础薄弱，加之西方进行无所不用其极的政治打压和经济封锁，对我国安全造成严重威胁，毛泽东在这种情况下提出了海防前线的战略，海洋在这一时期主要承担了巩固国防的作用，其巨大价值依然没有得到充分挖掘。

在全面实施改革开放战略之后，海洋事业进入全新发展阶段，我国将经济建设作为工作中心，对外贸易快速发展，积极参与到全球化进程，在全球的影响力不断扩大。但与此同时，国内外形势发生深刻变化，海洋作为全球化的重要基础之一，成为全球博弈的重中之重。重要的海洋航道以及海洋资源都成为各国抢占的对象，在此时期，由于我国海军力量相对薄弱，导致中国部分海域岛礁被周边国家侵占，海洋国土被部分国家分割，海洋资源也持续流失，特别是以美国为首的西方国家强势介入，导致我国海洋形势日趋严峻。

随着苏联解体和东欧剧变，美苏冷战正式结束，国际形势开始好转，全球向多极化方向发展。但是随着联合国通过了《联合国海洋法公约》，各个国家试图通过该公约攫取更多的海洋利益，新的

"蓝色圈地"运动在各种各样的名目下快速兴起①。围绕海洋资源和海洋领土所产生的一系列纷争正在成为新的国际矛盾起爆点，中国作为海洋大国，海洋安全环境持续恶化。江泽民同志继承毛泽东思想和邓小平理论的理论精髓，在战略高度下审视中国海洋安全，并提出了中国特色社会主义新海洋观。第一，强有力地维护海洋主权，绝不容其他国家侵犯。在我国拥有主权的海域内，所有事物属于中国海洋内政，不容其他任何国家和势力干涉，海洋主权事关国家与民族根本利益，绝不能向任何势力屈服。第二，经济发展是解决海洋问题的关键所在。要始终坚持科技是第一生产力的根本思想导向，加强科技创新，夯实国防工业，以经济发展带动国防发展，为海洋安全问题的根本解决提供全方位保障。第三，经济建设和国防建设两手都要抓、两手都要硬，要促进经济和国防的协同发展，以经济发展支持国防建设，要全面推动海军的现代化转型，不断强化国防力量，为保障海洋安全奠定坚实基础。第四，要综合利用各种方式方法，坚持和平解决问题的态度，有理有节有据进行协商谈判，化解海洋争端。

和平与稳定是经济发展的首要前提条件，要致力于维护和平稳定大局，要通过和平谈判的方式解决争端和矛盾，要倡导搁置争议求同存异的理念，为经济建设创造良好外部条件。其次，利用国际法以及相关的海洋法律解决海洋争端，采取先易后难、分区解决的整体思路，逐步化解我国面临的海洋安全问题。

在全球化的背景下，海洋在全球发展中的重要性更加凸显，21世纪依然是海洋世纪，中国社会主义现代化必须制定海洋战略，要面向海洋，走海洋强国之路。在我国海洋安全问题日益严峻的当下，仅仅利用军事力量或者单一手段不可能从根本上解决海洋安全问题，也不利于海洋的利用和开发，只有多措并举，通过经济、政治、外

---

① 邓文金：《改革开放时期中国海洋观的演变——以中共第二、第三代领导集体为中心的考察》，《党史研究与教学》2009年第1期，第71—79页。

交以及军事等各种手段的综合使用,形成立体化海洋战略,才能推动我国海洋事业的高质量发展。海洋文化是中华传统文化的重要组成部分,自古以来形成了我国独特的海洋观,在新时代的海洋事业中,既要从传统文化中挖掘思想保障,还要在战略层面上科学认识海洋,增强中华民族正确的海洋观,以博大的胸怀融入世界、拥抱世界,以海洋事业的发展助力民族复兴。

二 《中外历史纲要》下册海洋意识教育内容梳理

(一) 西方海洋文明的起源

表6-10

章节	海洋知识内容
第1课"文明的产生与早期发展"	古代希腊文明
第2课"古代世界的帝国与文明的交流"	古希腊人移民扩张;马其顿帝国扩张;汉朝与罗马帝国的海上丝绸之路
第4课"中古时期的亚洲"	阿拉伯人的商业活动;奥斯曼土耳其的兴起;日本大化改新
第5课"古代非洲与美洲"	东非沿海地区的活动;游历非洲的古代中国人

古希腊文明是早期古代文明中独特的依托海洋诞生的文明,受希腊文明的影响,西欧的历史在很大程度上都是以海洋为中心展开的[1]。西欧国家不适合开展农业生产,海洋成了民族生存的基础,西方人在和海洋长期的斗争中形成了独特的基于海洋文化的社会形态和海洋意识,形成了独特的地中海文明。古希腊人通过商业贸易、海洋掠夺等海洋活动向周围传播地中海特有的海洋文明,地中海特有的海洋文明富于善于冒险、勇于开拓精神。西方人将海洋当作黄金,征服海洋的雄心不断膨胀,通过海上殖民、掠夺支撑其文明的

---

[1] 李阳:《从中西方海洋意象的对比研究中西方文明的异同》,《青春岁月》2021年第6期,第24—25页。

发达。

西方海洋文明与阿拉伯人的西亚文明以及古老的埃及文明有着迥然不同的性格,在希腊文明之后,罗马帝国在地中海地区建立了强大的政治和军事组织,进一步将希腊文明传播到亚欧非三大陆。西方民族对利益的追逐,对贸易的需求是其海洋意识发展的根本动力,在重利主义的催促下,西方民族不断深入海洋。

(二) 西方海洋文明的发展

表 6-11

第 6 课"全球航路的开辟"	新航路的开辟
第 7 课"全球联系的初步建立与世界格局的演变"	人口迁移与物种交换;商品的世界性流动;早期殖民扩张;欧洲商业革命;价格革命
第 10 课"影响世界的工业革命"	世界市场逐渐形成;工业革命造成环境污染
第 12 课"资本主义世界殖民体系的形成"	世界殖民体系形成
第 14 课"第一次世界大战与战后国际秩序"	美西战争、日德兰海战
第 17 课"第二次世界大战与战后国际秩序的形成"	太平洋战争;诺曼底登陆;雅尔塔体系

在西方历史文献中,关于海洋的故事比比皆是,而新航路的开辟,让西方海洋文化从地中海区域冲破出来。由于坚船利炮最早出现在西方国家,西方国家凭借武力优势而向全球进军,海上霸主往往成为全球的主导者,大航海时代的来临意味着全球进入近代史,是西方国家之间在激烈的海外殖民掠夺竞争"运动"中形成了靠海上武力打拼、争霸世界的发展模式,形成了"西方海洋文明"[1]。航

---

[1] 曲金良:《中国"海洋强国"战略的文化建构》,学习出版社 2021 年版,第 235 页。

海活动和海洋贸易是地中海文明形成和发展的主要途径，同时以海洋文化为背景，西方国家通过新航路的开辟将源自海洋的地中海的自由奔放、优胜劣汰的思想带到世界各地。然而，西方文明倡导的自由主义精神，本质上是一种自私自利的文化，其实质是以自我为中心。形成这种思想的原因是西方岛国在海洋文化形态中具有极强的竞争性、攻击性，特别是在文艺复兴之后，自由主义创造了更加宽松的环境，人的创造性也得以激发，为技术革命奠定了基础。16世纪到20世纪，西方人带着舰船大炮喊着解放私有的口号，大肆横掠整个世界，将西方海洋文化传遍各地。

（三）现代海洋文明的趋势

表 6-12

第19课"资本主义国家的新变化"	海洋科学技术的迅猛发展；
第23课"和平发展合作共赢的时代潮流"	可持续发展；和平与发展；海洋权益和资源争夺；人类命运共同体；"一带一路"倡议

随着时代的不断发展，由西方主导的全球格局问题频发，西方文化强势论也受到广泛质疑，多元化发展、科学发展等新理念正在被各个国家认可。我国自古以来崇尚和而不同的文化思想，倡导和平发展之路，这和绝大部分国家的诉求高度相符，得到大量国家的认同。21世纪，海洋不仅是国家经济的重要组成部分，还是资源的宝库，海洋是地球上最重要的生态系统之一，保护海洋对世界的生存和发展具有至关重要的作用，发展海洋可持续发展战略，和谐共生正是当今世界海洋文明发展的主旋律。

三 《中外历史纲要》中海洋意识教育内容特点

（一）海洋意识分布零散

《中外历史纲要》是综合性的历史教材，它涵盖了中国和外国历史的各个时期，海洋意识教育内容在书中比例不高，内容较分散。例如在上册第一单元第 4 课"西汉与东汉——统一多民族封建国家的巩固"中，只提到"西汉对东南沿海和少数民族地区的治理，也比以前更加有效"。而在下册第 2 课"古代世界的帝国与文明的交流"中，提到"早在波斯帝国时期，中国的丝绸已到达地中海东岸"，并配图汉朝与罗马帝国交往的主要路线示意图。可见海洋意识教育内容分布零散。《中外历史纲要》上册第 1 至 10 课的海洋意识主要集中于课本地图以及课后探索，第 11 课"辽夏金元的经济与社会"中提到，宋元时期的海外贸易十分活跃，财政收入的很大一部分来自外贸税，瓷器、丝织品、茶叶等被源源不断地销往国外，而珠宝香料也被运往中国，并形成一批具有影响力的港口城市，例如明州、泉州等，体现的正是海洋经济意识的教育内容。第 12 课"指南针的发明"，体现了海洋科技意识，第 13 课"郑和下西洋"体现了海洋文化意识，第 17 课"甲午中日战争"体现了海洋权益意识。《中外历史纲要》下册第 1 至 5 课中，关于海洋文明的仅有希腊文明，以及地中海沿岸的交流情况。第 6 课"全球航路的开辟"体现了海洋交通意识，可见纲要中海洋意识丰富，却分布零散，依赖一线历史教师的引导与拓展。

（二）海洋意识内容精简

《纲要》的上册的编写是按照时间顺序进行，系统介绍各个时期中国的发展，每个时期的历史都包含很多方面，留给海洋意识教育的空间有限。例如《纲要》上册第 8 课"三国至隋唐的文化"，仅以"唐后期，西亚商人在泉州以及广州等定居下来"。来表述当时唐朝海路的兴盛。如果不加重视与解读，就会造成海洋意识衔接脱节，隋唐时期上接两汉的海上丝绸之路，下启宋元海运事业的高峰，是海洋意识教育的重要一环，教材内容却十分精简，需要一线教师在课程中加以解读。

再比如《纲要》下册第 2 课"古代世界的帝国与文明的交流"中，古希腊人代表着海洋文明扩张，在其产生的早期便以殖民的形式扩大自己的影响力，教材中表述为"古希腊人以移民方式扩大影响。他们凭借自己的组织能力、航海技术和武器，向地中海和黑海周边地区殖民。在 200 年左右的时间里，他们在东起黑海东岸、西到西班牙的广大地区建立了数量众多的城邦国家"。短短数句包含了海洋文明的特点，古希腊人殖民的原因、影响，正是西方海洋文化的关键所在。海洋意识内容的精简，对一线教师深挖教材，梳理知识结构的能力有很高的要求。

（三）海洋意识贯穿始终

根据上述图表内容的分析，我们可以看到海洋意识内容始终贯穿在《中外历史纲要》全册之中。上册 29 课时中，有 18 课涉及海洋教育，42 个知识点，下册 23 课时中，有 12 课涉及海洋教育，31 个知识点。在篇幅上，上下册书的侧重点各不相同。上册书中 42 个知识点，32 个分布于唐朝至清朝这一时期，可见这一时期中国的海洋意识内容是重点。下册书中 31 个知识点分布于新航路开辟后的 20 个，可见世界史上新航路开辟后的内容可能更加重要一些。在不同时期所体现的海洋意识的侧重点也不相同，例如唐宋时期侧重于海洋经济意识，近代海战侧重于海洋国防意识，现代科技发展侧重海洋可持续发展意识。说明人们的海洋意识随着社会的发展在不断变化。

综上所述，中华民族海洋意识的强弱取决于大一统的中央集权政府的眼光，从秦汉海上丝绸之路的开辟，到宋元时期海外贸易的兴盛，再到明清时期的海禁政策，中华民族海洋意识的发展始终受封建君主的影响。而西方的海洋意识起源于其环海而生的地形，使西方人在和海洋长期的斗争中形成了独特的基于海洋文化的社会形态和海洋意识，形成了独特的地中海文明。其中，重利主义是西方民族探索海洋的不竭动力。在中西方文明坦诚相见的 21 世纪，两个世界的海洋观在国际交流中磨合，可持续发展的海洋战略，友好和平地开发海洋资源，尊重各国海洋主权是世界人民的共识。

海洋史是人类历史的重要组成部分，海洋意识教育是高中历史教学中必不可少的任务。根据高中教材《中外历史纲要》中海洋意识教育内容的特点，一线教师应当拓展课程资源，理清授课脉络，才能有效培养中学生海洋意识。

第四节　高中历史课堂海洋意识培养原则与策略

高中历史课堂海洋意识培养的重要意义在于拓宽学生视野、提升对海洋问题的敏感度、培养爱国主义情怀和现代国民意识、丰富和完善中学历史教学内容以及为海洋强国战略提供人才支持等多个方面。我们应该高度重视高中历史课堂中的海洋意识培养工作，为学生的全面发展和国家的未来发展奠定坚实的基础。

一　高中历史课堂海洋意识培养原则

（一）科学性原则

科学性原则要求教师在进行海洋意识教学的过程中，基于科学理论，采用科学的教学手段，让学生理解海洋意识形成过程和规律，从而能科学准确运用海洋历史知识解决问题，树立科学的海洋意识。首先，尊重史实，确保海洋意识培养的内容真实可靠，引导学生正确认识历史，培养学生的历史责任感。其次，逻辑严密，历史事件的发生和发展是具有内在逻辑的，教师通过人类海洋意识发展过程中的内在逻辑，帮助学生理清海洋意识发展的过程，理解海洋意识发展的内在规律，培养学生的逻辑思维能力。海洋意识是一个庞大的概念，因此，教师应当引导学生从不同的角度，多元吸收海洋意识相关内容，从多个方面看待事物。

（二）整体性原则

整体性原则要求教师将高中历史教学中的海洋意识培养与其他学科进行跨学科的融合，如地理学科中的大陆架划分、生物学科中的海洋生态系统、化学学科中的海洋资源分类等。通过这种方式，可以塑造学生全面的海洋意识，并理解不同学科之间的关联性。同时，培养学生运用多学科知识解决海洋问题的能力。整体性原则不仅体现在知识的整体性上，也体现在情感上。通过海洋意识内容的学习，激发学生对海洋科技领域的兴趣，引导学生树立为国家海洋事业添砖加瓦的情感态度，培养学生独特的创新思维。

（三）发展性原则

发展性原则要求教师的教学方法和进度要适应学生现有认知水平，研究学生的认知障碍，通过启发诱导的方式，激发学生的学习兴趣。海洋意识教育的内容错综复杂，但海洋意识发展的连续性和必然性又决定了历史知识存在一定的内在逻辑。历史海洋意识教育的教学内容应当循序渐进，帮助学生了解海洋意识的发展过程和内在联系，使学生有序地、系统地掌握历史知识，树立正确的海洋意识。通过海洋知识竞赛等活动，激发学生学习海洋知识的热情，拓宽学生对海洋知识的了解。

二 高中历史课堂海洋意识培养策略

（一）丰富海洋意识教学资源

海洋意识的内涵至今在学术界中没有明确的定义，但海洋意识包含多个方面内容是毋庸置疑的，现阶段高中历史教学中受到课时安排以及教材内容的限制，往往将海洋意识教学零碎化，使学生无法建立完整的海洋意识。如今海洋事业的发展前景十分广阔，历史学科对于帮助学生理解海洋强国建设、培养海洋意识发挥着不可替代的作用。因此激发学生学习海洋知识的兴趣，引导孩子对海洋职业有正确的认知是海洋意识教学的重要使命。所以高中教师必须立足海洋强国大背景下，将海洋历史内容进行充分筛选和整合，融入跨学科教育，帮助学生全面地了解海洋的多个方面。密切联系国家海洋发展战略，将海洋意识教学体系化、精细化，建立适合高中生的海洋意识教学体系。

（二）构建海洋意识教育体系

问卷调查发现，大部分学生的海洋知识来自校内教科书，仅仅是从课堂上吸收而来。海洋教育的资源是多种多样的，教师应当拓展多角度、多方面的教学资源，帮助学生更好地掌握海洋意识教育内容。海洋教育馆和博物馆是最常见的教学资源，展示海洋生物、海洋环境和海洋知识，提供实物展示。应当充分利用海洋教育媒体资源，例如海洋生物的纪录片、海洋科技的动画片、海洋环境的虚拟游戏等，让学生在愉悦中继续学习。海洋教育文献和书籍是海洋意识教育的另一重要教学资源，从期刊、报纸和教材中，学生能够深入了解海洋科学、海洋生态和海洋保护知识。

（三）提升教师海洋意识素养

学高为师，身正为范。要想交给学生一碗水，老师必须要有一桶水。教师是学生的引导者，教师自身的海洋意识素养对学生有很大的影响。想要培养学生全面的海洋意识，教师自身是关键，首先，教师自身应摒弃"重陆轻海"的传统观念，积极丰富海洋素养，海洋经济、海洋科技、海洋文化和海洋历史等内容都是教师学习的重点。

其次，进修培训和专家讲座是帮助教师系统化提升自身专业知识的有效方法之一。当教授过程中出现专业壁垒，可以向学校申请组织专门的培训活动，或者邀请相关领域的专家或从业人员举办讲座。此外，还可以通过图书、期刊、视频资料等海洋教育资源学习更新海洋知识。教师应积极参加海洋相关知识进修培训和优质课与公开课观摩，同其他教师进行海洋意识教学的交流学习，在这个过程中吸收经验并反思教学，在相互探讨中日益精进，提升自身海洋意识。

学校方面应当支持鼓励教师参与海洋意识教育的科研项目，通过科研来提高自身的海洋意识素养和教学能力。组建校内的海洋教研组，为教师提供交流和合作的平台。定期举办教研活动，分享教学方法和资源，一起探讨如何提高学生的海洋意识。通过海洋教研组编写与海洋意识相关的教材和教学资源，帮助教师更好地传授海洋相关的知识。

只有提升教师海洋文化水平，提高教师海洋意识教学素养，才能够建设一支符合国家战略发展要求、具有强硬专业素质的教师队伍。高中历史课堂只有在专业化教师的带动下，才能营造出海洋强国的文化氛围，传递全面科学的海洋知识，打造重点突出的课堂环境，进而加强学生对于海洋知识学习的重视程度，促进学生学习海洋知识的积极性，培养学生全面的海洋意识。

第五节 《中外历史纲要》中海洋意识培养案例分析

通过调查明确了当前历史教学中高中生海洋意识发展的概况，同时在系统分析海洋教育内容与培养高中生海洋意识的策略后，笔者认为有必要对如何培养高中生海洋意识进行案例分析研究。开展案例分析有利于更加直观地明了如何在实际教学中培养高中生海洋意识，以下笔者介绍渗透式与专题式两种海洋意识的培养案例。

一 渗透式海洋意识培养

（一）从"三国至隋唐的中外文化交流"加强海洋文化意识培养

【教材内容分析】

本课教学内容选取《中外历史纲要上册》第 8 课第四子目，本课内容主要包括以佛教研讨为主要形式的中外文化交流，以使节、商人、留学生为主要形式的中外文化交流。本课中包含了大量海洋文化意识，唐朝通过海洋向东亚的新罗、日本进行文化传播，西亚的商人也通过海路被吸引到广州、泉城定居，为后面宋元时期的沿海贸易的发展打下基础。

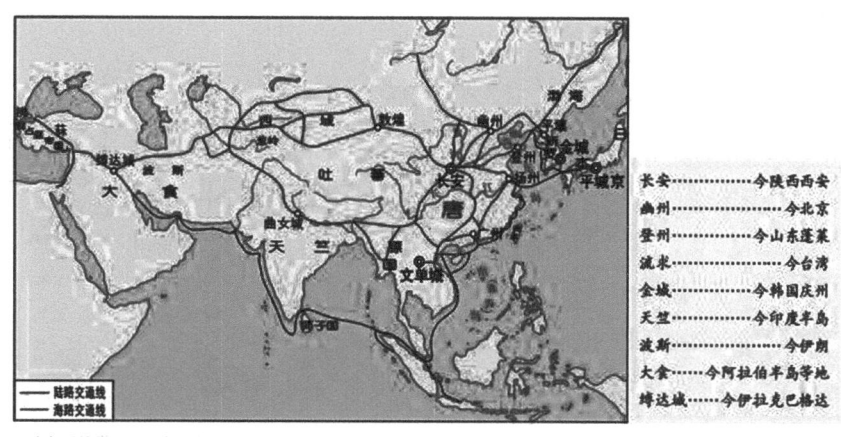

▲ 唐朝对外主要交通路线示意图

唐朝对外交通发达，与域外的经济文化联系频繁。陆路方面，从长安出发，向东可以到达朝鲜，向西经丝绸之路通往今天的印度、伊朗、阿拉伯以至欧洲和非洲。海路方面，从登州、扬州出发，可以到达朝鲜、日本；从广州出发，经马来半岛、印度，可以到达波斯湾。

图 6-1

【教学目标】

通过史料分析，了解隋唐时期的中外文化交流情况，知道唐朝在文化交流中的桥梁。通过新罗、日本向唐朝派遣使节和留学生，了解唐朝通过海洋向周边国家输送文化的特点。理解西亚商人在沿海城市定居，对后续海洋经济发展的影响。了解隋唐时期的海洋文化。

【教学重难点】

重点：三国至隋唐时期中外文化交流的内容和影响。

难点：三国至隋唐时期中外文化交流的特点、原因。

【教学材料】

导入：玄奘与鉴真东渡路线图

从东汉后期到北朝，陆续有中亚、印度的高僧来华，将大批佛经翻译成汉文。中国的佛教发展也影响到周边国家，唐朝高僧鉴真六次东渡，历尽艰辛最终到达日本，传授佛法。

1. 以佛教研讨为主要形式的中外文化交流

教师引导学生梳理课本内容，从世界对唐朝的影响，再到唐朝

图 6-2

对世界的影响角度分析。通过中国同印度之间的交流和鉴真东渡的史实,得出中国在世界文化传播中的桥梁作用。

2. 以使节、商人、留学生为主要形式的中外文化交流

阅读下面的材料,并结合课本回答下列问题。

材料一:中华文明曾经是各个国家学习的对象,为学习中华文明而派遣使者,随之而来的还有诸多留学生,中华文明中的制度、思想、文学、生活方式等对周边国家产生深远影响,例如日本、越南、朝鲜等国的文化根基都是中华文明,汉字表征成为东亚文化的重要标志[1]。

——袁行霈等主编《中华文明史》第三卷

---

[1] 袁行霈、严文明、张传玺:《中华文明史》(第三卷),北京大学出版社2006年版,第4页。

材料二：

李唐起自西陲，历事周隋，不唯政制多袭前代之旧，一切文物亦复不闻华夷，兼收并蓄。第七世纪以降之长安，几乎为一国际的都会，各种人民，各种宗教，无不可于长安得之……异族入居长安者多，于是长安胡化盛极一时，此种胡化大率为西域风之好尚：服饰、饮食、宫室、乐舞、绘画，竞事纷繁；其极社会各方面，隐约皆有所化，好之者盖不仅帝王及一二贵戚达官已也①。

——向达《唐代长安与西域文明》

（1）概括三国至隋唐的中外文化交流的主要形式。

答：以使节、商人、留学生为主要形式。

（2）三国至隋唐的中外文化交流的特点。

答：多元共生，兼收并蓄；风格多样，全面繁荣；领先世界，影响深远。

（3）东亚文化圈形成的原因。

答：繁荣的社会经济基础；良好宽松的政治环境；文化的繁荣；通达的水陆交通。

3. 唐朝海上丝绸之路的发展

结合课本唐朝对外主要交通路线示意图，阅读下面的材料，概括唐朝丝绸之路的特点。

材料一：

在唐朝时期，开始兴起海上丝绸之路，广州、宁波等地成为海上丝绸之路的起点，包括丝绸、瓷器等在内的商品被销往其他国家，而宝石、香料则被源源不断地运入中国。由于中国东南沿海地区平原面积较小，多山多丘陵，内部交通不便利，

---

① 向达：《唐代长安与西域文明》，中国书籍出版社2022年版，第36页。

海上贸易成为很多地方的经济来源①。

——摘编自李庆新《海上丝绸之路》

答：以东南沿海港口为起点；贸易范围较广；出口货物以手工业品为主，进口以原料、贵重奢侈品为主。

【设计意图】

通过这一子目的学习，加强同学们海洋文化意识的培养，认识到我国的文化底蕴是包容开放，兼收并蓄，领先世界的。在这一海洋文化意识之下，形成了受中华文明影响，具有中华文化特征的区域性文化体系，波及东亚乃至更远的范围。与《纲要》下册中古希腊在地中海区域殖民活动形成对比，让学生理解中国文化背景下的海洋文化意识。本节还分析了唐朝海上丝绸之路的发展，以及沿海港口城市的兴起，为宋元时期的沿海贸易高潮打下基础。

(二) 从"从明朝海上交通与沿海形势"加强海洋国防意识培养

【教材内容分析】

本课选自《中外历史纲要》上册第13课第二子目，本课内容主要包括郑和下西洋的时间、路线、目的、过程以及影响；戚继光抗倭的背景、经过以及影响；明朝海禁政策的影响；西方殖民者东来。本课包含了大量的海洋国防意识，基于明朝中央专制统治的加强，明初实行严厉的海禁政策，导致中国海洋发展错失良机结束了宋元时期中国开放的局面。"郑和下西洋"的远洋航行仅仅是明朝朝贡体系的外延，也是明朝专制加强的体现。朝贡制度的主要目的是"耀兵异域，示中国富强"。政府直接掌控对外经济联系，独占海贸之利。明朝中后期，随着新航路的开辟，欧洲殖民者在中国沿海的活动日益频繁。葡萄牙、荷兰、西班牙分别侵占了我国东南沿海领土，海洋危机四伏。

---

① 李庆新：《历史视野下的广东与海上丝绸之路》，《新经济》2014年第16期，第6页。

【教学目标】

通过研读史料和合作探究，理解明朝加强皇权带来的影响，认识郑和下西洋的实质；理解明朝海禁政策的原因和影响；了解明朝的海防危机，树立学生海防意识。

【教学重难点】

重点：郑和下西洋和戚继光抗倭

难点：郑和下西洋的实质和明朝海禁政策的影响

【教学材料】

导入：

"古边防而无海防，海之有防自明始。"[①]

——《广东通志》

我国在沿海设防可追溯到很早，但明以前，大多是为了对付本国的敌对势力或国内其他民族，并且有地域局限，没有形成完整的防御体系。因此，真正形成海洋防御体系，是在明代。明代是我国古代海防的建设时期，在海防史上有着重要的地位，海防的发展主要取决于统治阶级的海洋观念和海防思想。那么为何明代的海防会有如此发展呢？

1. 郑和下西洋

根据所给材料，结合课本内容概括郑和下西洋的时间，路线，目的。

材料一：

明朝永乐年间，郑和率27000余人，带领200余艘船只的船队，7次下西洋，时间维度超过28年。他创造了世界航海史上的新纪录，到达了亚洲、非洲三十多个国家、地区，航线之长、航程之

---

① 曾呈奎等主编：《中国海洋志》，大象出版社2003年版，第895页。

远、持续时间之久,在当时世界上无人可以与之比肩。①

——摘编自樊树志《国史十六讲》

材料二:

从中国汉代张骞出使西域完成"凿空之旅",到明代郑和七下西洋留下千古佳话……这些开拓事业之所以名垂青史,使用的不是战马和长矛,而是驼队和善意;依靠的不是坚船和利炮,而是宝船和友谊。

——习近平"一带一路"高峰论坛开幕式主旨演讲

15世纪前期,明成祖派遣宦官郑和远航海外。郑和先后七次率领船队出海,访问了亚非30多个国家和地区,最远到达非洲东海岸和红海沿岸。其目的主要是"耀兵异域,示中国富强"②。

研读下列史料,说一说郑和下西洋的性质。

材料三:

永乐帝有一宏伟计划,即将南亚与东南亚诸国都纳入朝贡的体系之中。不管其动机到底为何,他曾于1405年至1433年7次遣使出海远征。(延伸到洪熙宣德年间)这样大规模的航海活动是人类历史上的破天荒头一次,比葡萄牙人早一个世纪到达印度洋地区③。

——摘编自费正清《中国:传统与变迁》

材料四:

明成祖一方面大规模进行朝贡贸易,一方面尽全力打击海上私商贸易和中国海上游民。相比朱元璋,明成祖在打击海上贸易方面更是无所不用其极,继位之初即颁布"一遵洪武事

---

① 樊树志:《国史十六讲》,中华书局2006年版,第227页。
② 毛佩琦:《郑和的使命:天下共享太平之福》,《中国远洋航务公告》2005年第7期,第45—48页。
③ [美]费正清:《中国:传统与变迁》,世界知识出版社2002年版,第275页。

例"。永乐二年（1404），又下令"禁民间海船，原有海船者悉改为平头船，所在有司防其出入"①。

——庄国土：《论郑和下西洋对中国海外开拓事业的破坏——兼论朝贡制度的虚假性》

郑和下西洋主要包括两个目的，政治目的是建立天朝上国的朝贡体系，通过用数倍价值的回赐品要求海外国家定期朝贡，用经济换取天朝上国的政治地位。经济目的是通过发展官方贸易，来满足统治阶级对异域珍宝的需求。随着明成祖的死去，郑和失去了强有力的支持，再加上远洋航行人力物力耗费巨大，明朝财政无法支撑，郑和死后，明朝的远航活动也宣告结束。从材料四可知，明初一方面大规模进行朝贡贸易，另一方面全力打击海上私商贸易，实行严厉的"海禁政策"，明朝初期实施海禁政策的目的是巩固自身统治，也为后世带来了深远的影响。

2. 戚继光抗倭

元朝末年，日本国内局势混乱，战争使日本国内留下了一大批不稳定因素，破产的武士、农民，他们组成海盗集团对我国东部沿海骚扰，被称为"倭寇"。"倭寇"对中国沿海的侵扰严重威胁了明朝政治权威，明朝一方面持续推动海禁政策的实施，要求"片板不许入海"，同时对海外诸国来朝设立市舶提举司，并为朝贡贸易提供制度支持。请同学们阅读下列材料，结合教材和课前收集的史料，分析海禁政策的影响。

材料一：

宁波"争贡"事件，给明朝内部主张严厉实行海禁政策的官僚找到了一个口实："祸起市舶"——祸根是由朝贡贸易引起的。

---

① 庄国土：《论郑和下西洋对中国海外开拓事业的破坏——兼论朝贡制度的虚假性》，《厦门大学学报》（哲学社会科学版）2005年第3期，第70—77页。

礼部没有权衡利弊得失，便贸然关闭宁波的市舶司，停止了日本的朝贡贸易。官方渠道被停止，中日交易不复存在，从而加剧了海上走私①。

——摘编自樊树志《国史十六讲》

材料二：

随着朝廷加大对走私贸易的镇压力度，走私商人为了利益选择铤而走险，成为海寇，通过武装对抗开展贸易，利用劫掠沿海获取钱财，并和日本海上浪人和海上勾结，对抗朝廷的高压政策②。

——摘编自庄国土《论中国海洋史上的两次发展机遇与丧失的原因》

明廷"片板不得下海"的海禁政策的实行，非但没有清除倭患，反而使得沿海人民生计困难。贸易通道的关闭，使得官市不开，私市不止，进而引发了"商转而为盗"的走私狂潮，最终导致了嘉靖年间的"倭寇"大暴发。到了明朝后期嘉靖和隆庆年间，倭寇问题才得以解决，实现"海波之平"。根据材料说一说，明代倭寇得以解决的原因有哪些？

材料三：

正当倭患长期不得平定的时候，明朝军队中出了个抗倭名将戚继光。他和另外一些抗倭将领精心组织抗倭斗争，在广大军民的支持下，终于将猖獗的倭寇彻底平定③。

——南炳文、汤纲：《明史》

---

① 樊树志：《国史十六讲》，中华书局 2006 年版，第 235 页。
② 庄国土：《论中国海洋史上的两次发展机遇与丧失的原因》，《南洋问题研究》2006 年第 1 期，第 10 页。
③ 楚天舒：《明朝断代史方面的开创之作——南炳文、汤纲〈明史〉下册评价》，《中国史研究动态》1992 年第 9 期，第 3 页。

材料四：

随着平倭战争的胜利，开放海禁便成为最高当局的唯一选择。嘉靖四十五年明世宗去世，考虑到海上贸易对财政的支持作用，后来继位的皇帝和大臣更倾向采用更加开放的政策，随着开放海地海上贸易实现快速发展，私人海上贸易带来巨大的收益，而海禁政策下的倭患也随之消失[1]。

——摘编自樊树志《国史概要》

戚继光和俞大猷等人的抗倭军事行动沉重地打击了倭寇，是正义的海疆防御之战。但是倭寇的根源在于海禁政策，随着海禁的开放，民间的海上贸易合法化，清除了原本是私商的"倭寇"，倭患也随之消失，明朝海外贸易得到迅猛发展。大批国内商人涌向海外，在那里开辟崭新的事业。但是随着新航路的开辟，此时的东南亚海域上到处充斥着全副武装的西洋人。

3. 欧洲殖民者的侵略

材料一：

嘉靖三十六年，葡萄牙人借口停泊，并以租金许诺，"求于近处泊船"，经澳门守澳官王绰代为申请，海道副使汪柏同意，葡萄牙正式入居澳门，澳门正式沦为西方国家的殖民地[2]。

——摘编自彭勇《明史》

---

[1] 孙其兰：《樊树志〈国史概要（第三版）〉纠谬》，《泰山学院学报》2011年第2期，第3页。
[2] 彭勇：《从"都司"含义的演变看明代卫所制与营兵制的并行与交错——以从"都司领班"到"领班都司"的转变为线索》，《明史研究论丛》第十三辑，中国广播影视出版社2014年版，第14页。

材料二：

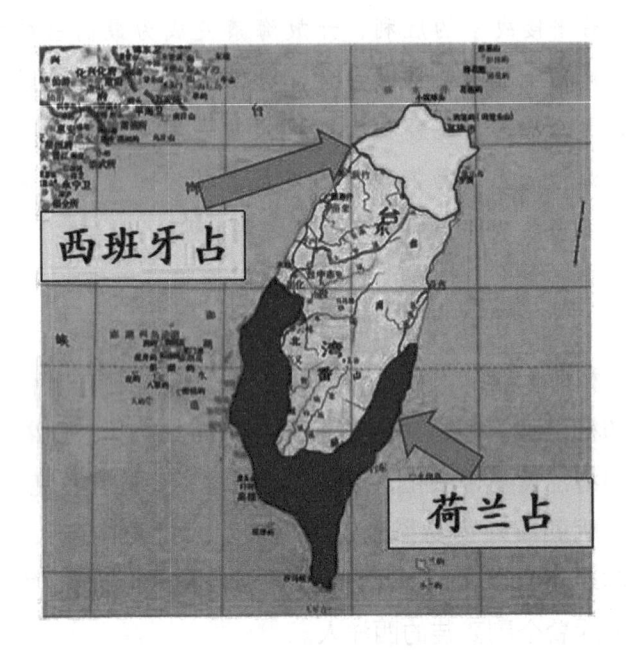

图 6-3

材料三：

随着开放海禁，沿海商民开始重返海洋，但是欧洲殖民者已经完全控制了印度洋，国内海商集团为了开展海上贸易而成立了武装集团，甚至成为反抗朝廷的重要武装力量。在17世纪早期，明朝廷为了抵抗后金力量的袭扰，无暇南顾沿海地区，沿海武商集团在此期间快速发展，明朝廷则采取了互相牵制的策略，招抚了郑芝龙海商集团，用于对抗其他反抗力量以及海盗。郑之龙集团于1963年击退了荷兰舰队，郑芝龙集团控制了台湾一带①。

——摘编自庄国土《论中国海洋史上的两次发展机遇与丧失的原因》

---

① 庄国土：《论中国海洋史上的两次发展机遇与丧失的原因》，《南洋问题研究》2006年第1期，第10页。

明朝中后期，朝廷放松了海禁政策，东南沿海商民再次大规模涌向印度洋，但是此时的东南亚海域早已不是郑和下西洋时的情形，西方殖民者在中国沿海的活动日益频繁。在这样的背景之下，一系列海商武装集团崛起，他们通过武装形式捍卫自己的航线和海商贸易。但是，清朝统治者为了应对海商集团，开始实施更为极端的海禁政策，这归根结底在于明清政府极端的封建专制性，直到鸦片战争，清政府的封闭大门被英国用坚船利炮打开，中国被动地进入对外开放阶段。

【设计意图】

中国海防的系统化设置始于明朝，明朝处于新航路开辟的特殊时期，明政府的海洋发展观对现代海防意识有深刻的启示。本课深入挖掘课本教材，将海防意识融入课程，帮助学生理清明朝海洋发展史，理解宋元时期的欣欣向荣的海洋贸易在明朝受到诸多挑战。引导学生重视海防建设以及海洋贸易，掌握"向海而生、背海而衰"的历史发展规律。

（三）从"全球联系的初步建立与世界格局的演变"加强海洋交通意识培养

【教材分析】

本课选自《中外历史纲要》下册第7课，新航路的开辟，加速了世界建立全球性联系。本课内容主要分为人口迁移与物种交换、商品的世界性流动以及早期殖民扩张。在这种新的碰撞与交融中，世界的格局发生改变。

【教学目标】

加强学生海洋交通意识的培养，理解新航路开辟在人类发展历史上的重要意义，更深层次地理解开辟新航路在客观上为联系世界所奠定的基础，辩证地看待西方殖民扩张主义对全球的影响，树立正确的海洋交通意识。

【教学重难点】

重点：人口迁移物种交换的主要表现；欧洲海外殖民扩张；欧

洲贸易中心的迁移。

难点：新航路开辟对不同文明的影响；新航路的开辟为西方殖民主义传播提供条件。

【教学材料】

导入：随着新航路的开辟，世界发生了哪些变化？

15世纪的世界地图　　　16世纪的世界地图

图 6-4

1. 人口迁移与物种交换

阅读下列史料，结合课本内容，完成表格，并思考海洋在其中扮演什么样的角色？

材料一：

如今，居住在美洲大陆的是多数的白种人与明显少数的黑种人、印第安人与白人的混血儿以及黑白混血儿。①。

——摘编自斯塔夫里阿诺斯《全球通史》

---

① [美] 斯塔夫里阿诺斯：《全球通史：1500年以后的世界》，上海社会科学院出版社1992年版，第216页。

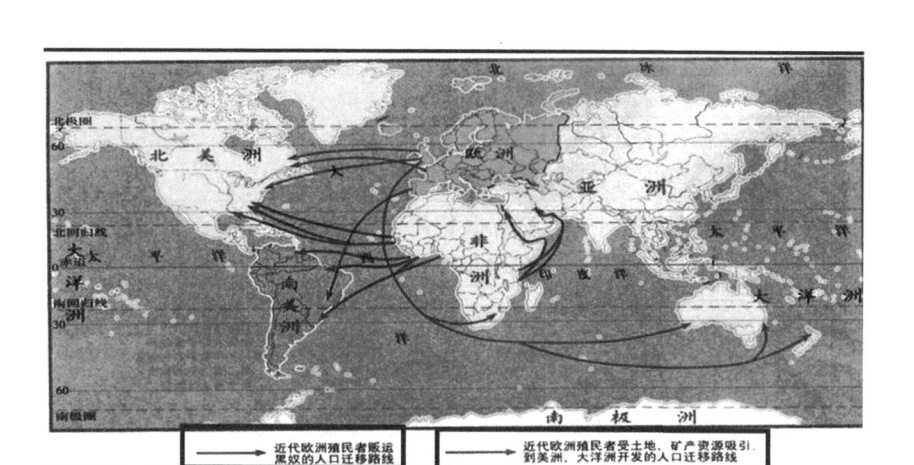

图 6-5

材料二：其中有些（美洲）作物是欧洲、亚洲和非洲农民以前所知作物的极其有价值的补充。例如，美洲作物玉米迅速传播到中国西南部、非洲和欧洲东南部。……吸收美洲农作物，增加了当时食物供应，通常导致人口相应增长①。

——威廉·麦克尼尔《麦克尼尔全球史》

表 6-13　　　　　　　　　人口迁徙

原因	推动全球各地之间的往来交流
表现	美洲成为族群混合程度很高的地区； 大洋洲以及亚洲也存在种群混合
影响	改变世界人种分布格局

---

① ［美］约翰·R. 麦克尼尔、威廉·H. 麦克尼尔：《麦克尼尔全球史》，王晋新、宋保军等译，北京大学出版社 2017 年版，第 623 页。

表6-14　　　　　　　　　　动植物的大交流

原因	动植物随着人口的迁移而产生大交流
表现	欧亚大陆的家畜家禽、农作物以及水果等被引入美洲大陆；美洲大陆的可可、玉米、南瓜等农作物也走向世界
影响	有利于实现粮食生产，使得人类饮食结构更加丰富，为人口增长奠定了基础，同时也促进了经济发展，但也导致各种疾病更容易传播等

表6-15　　　　　　　　　　疾病的传播

原因	人与动植物在全球范围内的大规模流动，造成某个地区的疾病向其他地区转移，促进疾病的全球传播。
表现	例如存在于欧洲大陆的天花、流感、麻疹等疾病进入美洲大陆。
影响	原住民被大量残杀，原有社会结构逐渐解体，欧洲人在美洲大陆占据主导地位

2. 商品的世界性流动

随着开辟了新航路，极大促进了全球贸易，各个国家依托于海洋展开贸易联系。海洋作为新航路开辟后最重要的交通途径，为世界带来新的变化，结合课本教材和历史地图，完成下面的表格。

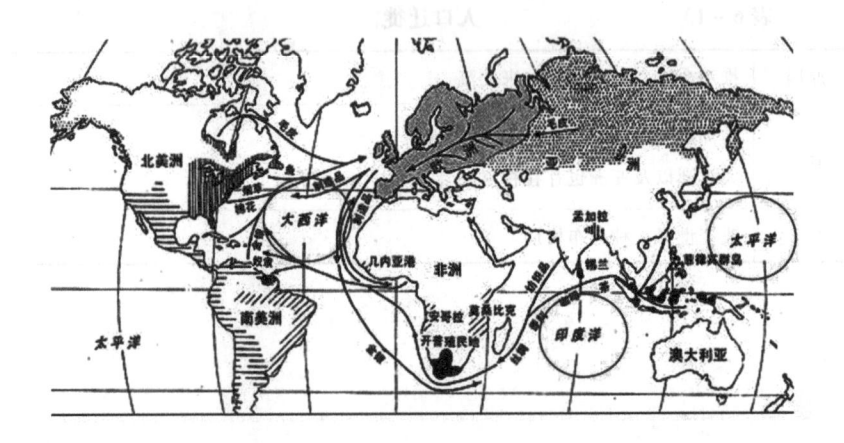

图6-6

（1）印度洋贸易：欧洲人控制了印度洋所有航道，并且逐渐占据优势。西方人通过掌握主要的海洋贸易对东方国家进行掠夺，从而完成资本积累，为东方国家带来灾难。

（2）大西洋贸易：大西洋贸易的繁荣证明了扩大贸易市场对于经济发展的重要性，并展露出优胜劣汰的贸易规则。被海洋连贯起来的欧洲、非洲、美洲都被拉进新的贸易体系中。

表6-16

	出发地与目的地	商品
出程	欧洲—非洲	纺织品、枪支、手工制品
中程	非洲—美洲	黑奴
归程	美洲—欧洲	贵金属、蔗糖、烟草
影响	为西欧国家带来大量财富，加速了资本的原始积累。 使非洲遭遇巨大灾难，丧失了大量人口，社会发展进程被打断。 推动美洲种植园经济兴起，金银外流，印第安人遭遇屠杀	

（3）太平洋贸易

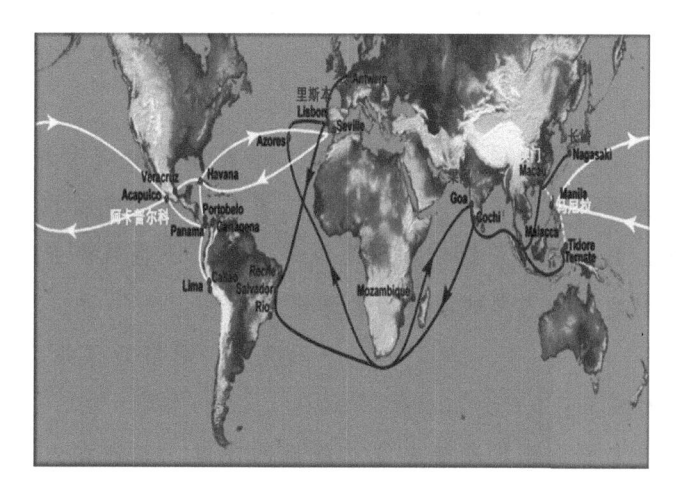

图6-7

表 6-17　　　　　　　　　　太平洋交易

主导国	贸易路线与贸易商品
葡萄牙 以澳门为中转站的海上贸易网	（中国）生丝、瓷器等→澳门→印度果阿→（欧洲）白银→中国
	（中国）生丝→澳门→（日本）白银→中国
西班牙 "马尼拉大帆船"	（中国）生丝、丝绸、棉布和瓷器等→马尼拉→（墨西哥）白银→马尼拉→中国

3. 早期殖民扩张

教皇子午线是西方列强瓜分世界、划分势力范围的开始。根据材料，结合课本内容说一说早期殖民扩张对美、非、亚、欧洲的影响。

材料一：

随着殖民者在美洲大陆发现的黄金，土著居民们被赶尽杀绝，或者被奴役于黄金矿中，东印度遭到了掠夺，而非洲成为捕获黑奴的娱乐场。这一切虽然残忍血腥，但却标志着资本主义生产时代的来临，是资本主义最原始的积累[1]。

——马克思《资本论》

材料二：

对资产阶级而言，发现美洲大陆意味着发现全新的世界，随着美洲大陆的殖民化，欧洲殖民者们开辟了中国和东印度的市场，商品交易不断增加，无论是工业，还是航海业都高速发展，封建社会内部的革命因素迅速发展[2]。

——马克思、恩格斯《共产党宣言》

材料三：

奴隶贸易给非洲带来空前绝后的灾难。非洲在政治上失去

---

[1] 《马克思恩格斯全集》，人民出版社 1953 年版，第 819 页。
[2] 《马克思恩格斯选集》，人民出版社 1972 年版，第 252 页。

独立，在经济上畸形发展。导致非洲人口锐减，生产力严重下降。奴隶贸易还在精神上给非洲人造成了创伤①。

——摘编自高照明《奴隶贸易对非洲和欧美的影响》

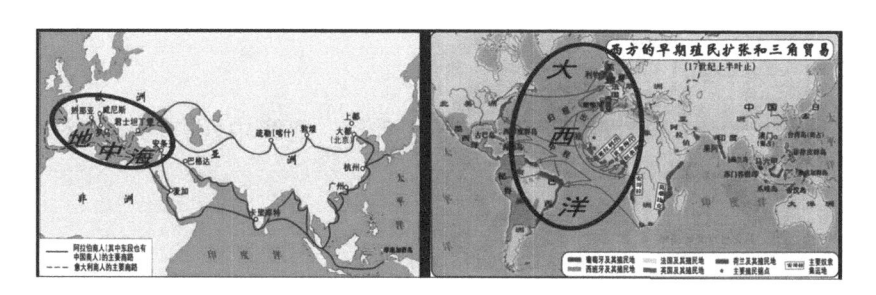

图 6-8

早期殖民主义的影响：

（1）对美洲和非洲：多元文明发展进程被打断，原住民被屠杀或者奴役。

（2）对亚洲：古老帝国受到冲击。

（3）对欧洲：

①引爆商业革命以及价格革命，商品类型快速增长，证券交易所开始成立，贸易中心发生转移，西欧成为全球中心。

②货币开始贬值，物价随之上涨，封建领主地位下降，商业资产阶级快速兴起，封建制度逐渐瓦解，资本主义则蓬勃发展。

【设计意图】

通过在全球视角下审视格局演变，深挖新航路开辟是世界历史上的重要节点。新航路的开辟将世界连成一个整体，在这个过程中，海洋变成重要的交通渠道。通过本课的学习，让学生意识到海洋的交通作用，并深入思考西方列强如何通过海洋的交通功能影响世界

---

① 高照明：《奴隶贸易对非洲和欧美的影响》，《山西师大学报》（社会科学版）1995年第4期，第4页。

的格局，反思中西方海洋文化的异同，感悟人类历史的多元性、共容性，认同人类命运共同体的理念。

二 专题式海洋意识培养

（一）东西方海洋意识差异

【教学目标】

通过对比不同时期中西方的海洋活动，理解中西方海洋意识的不同。

【教学重难点】

重点：中西方的海洋活动；海洋活动的本质是海洋意识的不同

难点：探究不同海洋活动背后的实质

【教学过程】

导入：

15世纪初世界航海史上有两大壮举，一次是中国的郑和下西洋，另一次是欧洲航海家哥伦布的新航路开辟。今天就让我们一起跟随这两位伟大的东西方航海家去探寻海洋的秘密。

请同学们根据所学知识完成下面的表格

表6-18

项目	郑和下西洋	新航路开辟
目的	宣扬国威，建立朝贡贸易	寻找财富，打破商路封锁，传播宗教
交往方式	和平交往，平等互利	殖民掠夺，武力征服
性质	封建制度下的政治活动	资本主义的海外殖民
影响	促进了东南亚的繁荣和稳定，增强了明朝的影响力。增加国力负担，后续航海事业发展衰落。	促进资本主义发展，世界市场初现雏形，掀起了殖民热潮，对亚非美等地区人民造成严重伤害。

同样是海洋发展时代，为什么中西方的海洋意识却如此不同呢？这恐怕与这两位航海家所代表的东西方文化密切相关。中华民族是

黄河流域的农耕文明,而西方以地中海沿岸为主要居住地的欧洲民族则主要受到古希腊海洋文明的影响。这两种文明自诞生之日起,便有完全不一样的两个面孔。以"农耕文化"为主体的中华文明更强调巩固陆地政权,忽视了海外发展。以"海洋文化"主体的希腊文明因为其特殊的地理环境,决定了海上贸易是其生存之本,对海上贸易更加重视。阅读下列材料,说一说,中西方海洋意识的不同。

材料一:

古希腊人根据航线需要选择港湾,并以港湾为基地建设殖民城市,和母邦进行密切的贸易往来,东地中海贸易蓬勃发展[1]。

——摘编自马莲菁《从古希腊文学作品看古希腊人与海洋的关系》

材料二:

中国依托于海洋贸易开辟了海上丝绸之路,推动了文化交流和沟通,但是西方在开辟新航线之后,则开启了殖民掠夺。地中海文明作为最典型的海洋文化形态,在长期和海洋斗争中形成的侵略性、竞争性的民族性格,追求冒险和开拓[2]。

——摘编自李阳《从中西方海洋意象的对比研究中西方文明的异同》

从材料中我们可以看出,新航路开辟后殖民主义狂潮并不是时代的偶然性,早在海洋文明诞生之时,它所蕴含的海洋掠夺、探险的精神就根植其中。而中国自古以来开始建设以农耕文明为依托的海上丝绸之路,唐朝时统治者致力于外交发展,对新罗日本产生了重要影响,促进东亚文化圈的形成。到了宋朝,私人海外贸易进一

---

[1] 马莲菁:《从古希腊文学作品看古希腊人与海洋的关系》,《淮南师范学院学报》2009年第6期,第3页。

[2] 李阳:《从中西方海洋意象的对比研究中西方文明的异同》,《青春岁月》2021年第6期,第24—25页。

步发展，政府设立市舶司进行体制管理。在元代，泉州成为中国最大的港口，中国造船技术在明代初年达到顶峰，并领先其他国家，郑和七下西洋，更是航海史上的奇迹。但中华民族始终受限于农耕文明特有的政权专制制度，在强大的君主专制制度下，对海洋的探索也戛然而止，取而代之的是严厉的海禁政策，使中国错过海洋发展的关键期。反观西方殖民者，将古希腊文明中对海洋贸易、海洋殖民政策通过新航路的开辟传播到世界各地，对世界格局产生了重要影响。

（二）人类海洋意识变迁

【教学目标】

通过分析不同时期的人类海洋观念的主流思想，掌握人海关系的发展变化。树立正确的现代海洋意识。

【教学重难点】

重点：不同时期人类海洋观念的不同

难点：21世纪公民应该具备的海洋观

【教学过程】

导入：

中国曾有过两次海洋意识觉醒的机会，一是新航路开辟；二是海权论的提出，但是受限于各方面因素，我国错失了两次历史机遇，最终导致中华文明由领先世界文明进程到落后于世界文明进程[1]。

——摘编自赵宗金、沈学乾《海洋意识的变迁及其建构研究——基于建构主义的分析视角》

人类从诞生之日起就与海洋打交道，但由于各种因素的限制，

---

[1] 赵宗金、沈学乾:《海洋意识的变迁及其建构研究——基于建构主义的分析视角》,《中国海洋社会学研究》2014年第1期，第11页。

对海洋的认识和利用都处于初级阶段，但是随着新航路的开辟，人类开始更加全面地审视海洋，对海洋的重要性形成更深刻的理解。材料中提到两次海洋意识的觉醒和发展，分别指的是什么？

图 6–9

两次海洋意识的觉醒和发展，分别指的是 15 世纪新航路的开辟和 19 世纪末马汉提出的《海权论》。新航路的开辟将原本孤立的世界连成一个整体，在这期间海洋经济意识，海洋交通意识，海洋文化意识取得巨大的发展。人类对海洋的认识越来越深刻。到 19 世纪末 20 世纪初，美国学者马汉提出了海权理论，并认为海洋是一个国家繁荣的基础，海洋航线是商业利益的重要来源，保障海洋航线的畅通，确保海洋权益，就必须拥有强大的海上军事力量，同时还要建设大量的港口和商船，该学者还重点阐述了海洋在军事安全方面的作用，强调海洋有利于国土免于战争，控制制海权决定了战争胜利。海权论对世界各国海洋意识的提升起了重要作用。各国纷纷加强海军装备，为自己的海洋权益而努力，也由此引发起一系列的斗争。随着近现代科技的发展，海洋资源、海洋经济越来越受到人们的重视。为了界定各国在利用世界海洋方面的权利和责任，《海洋公约法》应运诞生。《联合国海洋公约》的颁布标志着一次世界性海洋分割，赋予海洋现代政治的内涵。

鸦片战争后，中国海权逐步丧失，中国的海洋意识犹如石沉大海，中国海军的发展历程也是曲折崎岖，由于明清朝采取闭关锁国的国策，导致我国出现有海无防的局面。清朝末年，清政府为了维持风雨飘摇的统治，在维新派的推动下开始建设新式水师，但是却在甲午海战中遭遇惨败，暴露出制度性的根本问题。民国时期，政府在海军建设方面的投入极少。直到新中国成立以后，我国海军建设才进入新阶段。毛泽东强调建设强大海军是保卫漫长海岸线的重要基础；邓小平指出，要推动海军现代化建设；江泽民也强调在战略层面上认识海洋。经过长时间的发展和建设，中国海军实现长足发展，中国在海洋建设方面取得了相当的成就。

现代海洋意识内涵主要包括现代海洋国土观，现代海洋经济观，现代海洋政治观，现代海洋科技观，现代海洋生态观。人们转变了只知"黄色领土"不知"蓝色领土"的观念，转变了传统的领土之外即是公海的观念，除领海主权外，沿海国还拥有毗连区、专属经济区和大陆架的管辖权。人们通过现代科学技术深入挖掘海洋经济效益，探测石油、天然气等宝贵资源，监控生态海洋养殖产业，随着海洋科学技术的进步，世界以经济为中心的斗争，正在向海洋倾斜。世界各国通过公约等形式，在海洋权益划分领域达成共识。海洋覆盖地球表面的百分之七十一，海洋是地球环境的净化器，在海洋开发的同时，我们应当立足海洋的可持续发展，做到人海和谐。

【设计意图】

通过梳理不同时期人类的海洋意识，强化学生的海洋发展意识。本课分别从资本主义时代的"鱼盐之利，舟楫之利"，新航路开辟的海洋交通意识、近代海洋权益意识以及现代的海洋意识表现人类海洋意识的变化过程。

附录一 关于中学生海洋意识现状的调查

亲爱的同学：

你好！

为了了解中学生海洋意识情况，因此组织了此次问卷调查，问卷调查采用非记名的方式，不会对你造成任何负面影响，您在填写过程中无需参考别人意见，请您根据自己的真实想法和实际情况，如实填写即可，所有信息将为您保密。

非常感谢你的参与！

表1　　　　　　　　　学生问卷内容

班级		性别		年龄	

1. 我国的"蓝色国土"面积是（　　）平方千米？
   A. 1200万　　　　　　　　B. 300万
   C. 960万　　　　　　　　 D. 不清楚

2. 我国（　　）将指南针应用于航海活动？
   A. 北宋　　　　　　　　　B. 南宋
   C. 元　　　　　　　　　　D. 明

3. 明朝时郑和七次下西洋，最远到达（　　）？
   A. 埃及　　　　　　　　　B. 好望角
   C. 红海沿岸和非洲东海岸　D. 印度

4. 中日之间关于钓鱼岛的主权争端始于（　　）条约的签订？
   A.《开罗宣言》　　　　　 B.《辛丑条约》
   C.《马关条约》　　　　　 D.《波茨坦公告》

5.《联合国海洋法公约》于（　　）年生效？
   A. 1994　　　　　　　　　B. 1958

C. 1984　　　　　　　　　　D. 1976

6. 我国的第一大岛是（　　）？

　　A. 崇明岛　　　　　　　　B. 台湾岛

　　C. 海南岛　　　　　　　　D. 黄岩岛

7. 专属经济区是指领海基线起算，不应超过多少海里的海域？

　　A. 12 海里　　　　　　　　B. 200 海里

　　C. 300 海里　　　　　　　D. 150 海里

8. 你知道"领海"是领海基线以外多少海里以内的海域吗？

　　A. 12 海里　　　　　　　　B. 24 海里

　　C. 300 海里　　　　　　　D. 150 海里

9. 中国近代第一家专业造船厂是（　　）？

　　A. 马尾造船厂　　　　　　B. 江南造船厂

　　C. 外高桥造船厂　　　　　D. 大连造船厂

10. 钓鱼岛属于我国（　　）领海？

　　A. 渤海　　　　　　　　　B. 东海

　　C. 黄海　　　　　　　　　D. 南海

11. 你知道海权论和海权论的鼻祖阿尔弗雷德·赛耶·马汉吗？（　　）

　　A. 知道　　　　　　　　　B. 不知道

12. 我国南海 80% 以上的岛礁被菲律宾和越南等东南亚国家侵占，您之前是否知道这些现状？

　　A. 知道　　　　　　　　　B. 不知道

13. 中越"海洋石油—981"号钻井平台对峙事件您是否知道？

　　A. 知道　　　　　　　　　B. 不知道

14. 你知道海洋蕴藏着哪些资源吗？

　　A. 石油、天然气　　　　　B. 可燃冰

　　C. 锰结核　　　　　　　　D. 渔业资源

　　E. 其他

15. 海洋与国家命运紧密相关。对此你认同吗？

A. 非常认同 　　　　　　B. 比较认同

C. 不太认同

16. 你是否愿意将来从事与海洋有关的工作？

A. 愿意 　　　　　　　　B. 不太愿意

C. 不愿意

17. 你掌握的海洋知识主要是通过哪门学科获得？

A. 语文 　　　　　　　　B. 数学

C. 英语 　　　　　　　　D. 物理

E. 生物 　　　　　　　　F. 政治

G. 地理 　　　　　　　　H. 历史

18. 你认为中学生学习海洋知识、增强海洋观念有必要吗？

A. 有必要 　　　　　　　B. 没有必要

19. 您认为以下哪一个组织在海洋知识推广普及以及海洋意识教育方面，应发挥更大的作用。

A. 学校 　　　　　　　　B. 政府

C. 媒体 　　　　　　　　D. 家庭

活动	A	B	C	D
开设海洋拓展课教学	非常愿意	比较愿意	不太愿意	非常不愿意
组建与海洋相关的社团	非常愿意	比较愿意	不太愿意	非常不愿意
学校请相关专业人士开设专题讲座	非常愿意	比较愿意	不太愿意	非常不愿意
组织参观海洋方面的场馆（如航海馆等）	非常愿意	比较愿意	不太愿意	非常不愿意
学生开展丰富多彩的小课题研究	非常愿意	比较愿意	不太愿意	非常不愿意
学校图书馆购买海洋方面的书籍、杂志	非常赞同	比较赞同	不太赞同	非常不赞同
开展实地考察，如出海，或到海滩	非常愿意	比较愿意	不太愿意	非常不愿意

20. 如果学校支持组织以下几种海洋活动，你愿意支持或者参与这些活动吗？

附录二　教师访谈内容

1. 您认为海洋意识培养在高中生的学习生活中重要吗?
2. 您平时关注海洋知识方面的内容吗?
3. 您会在历史教学中渗透海洋意识吗?
4. 您对中外海洋兴衰史有研究吗?
5. 您对"海洋强国"战略有什么看法?

第七章　海洋文化融入高中历史教学的策略研究

　　建设海洋强国是当下国家重要的战略决策。随着海洋战略地位的凸显，各国在海洋上的矛盾与摩擦日益激烈。国家之间的竞争实质上是文化软实力的争夺[①]。习近平总书记曾指出"文化是一个国家、一个民族的灵魂。文化兴则国运兴，文化强民族强"。海洋文化作为中华文化的重要组成部分，必将为加快建设海洋强国提供强有力的支撑。青少年作为实现中华民族伟大复兴的生力军，国家海洋战略的实施务必建立在国民尤其是青少年对海洋文化的认知基础上。基于地域环境的差异，中西方海洋文化也呈现出不同的发展模式。长期以来，西方被看作是海洋文化的象征，而中国始终被认为是传统的陆上大国，海洋文化则成为中华文化的点缀与补充。为贯彻落实海洋强国战略，促进青少年形成全面正确的海洋文化价值观，海洋文化教育至关重要。

　　自统编版高中历史教材推广使用后，有关统编版海洋教育内容的研究迅速开展。多数学者通过不同角度对教材中海洋教育内容进行划分，如海洋政治、海洋经济、海洋文化等，海洋文化被单纯局限于精神领域，无法反映出海洋文化的本质与价值。统编版教材针对海洋文化内容存在一定的局限性，例如海洋文化内容呈现碎片性

[①] 夏立平：《中国特色海洋文化建设与软实力提升》，《人民论坛·学术前沿》2022年第17期，第78页。

特点，缺乏系统性与连贯性，海洋文化所赋予的精神内涵被忽视。正如杨国桢先生所言："在中国历史文本和教科书里，中国古代社会仍是农耕世界和游牧世界的二元结构"[1]，这不利于学生汲取海洋文化的优秀精神特质，无法建立对海洋文化的完整认知。

笔者在搜集相关文献时发现，目前针对海洋文化教育教学的研究多集中于高等教育阶段及沿海高校，中小学海洋文化教育水平并未得到有效提升。内陆地区由于地理环境的差异，海洋文化教育比沿海地区更为欠缺。不仅如此，现行海洋教育实践过程更偏重于海洋自然科学，忽视海洋文化渗透[2]。历史学科蕴藏着丰富的海洋文化历史资源，应综合文化的物质、制度和精神内涵，探索海洋文化融入历史教学的新路径，培养学生正确的海洋文化价值观。

第一节　海洋文化概念界定

开展研究之前，对研究对象进行概念界定是基础性工作。本文主要涉及海洋文化这一核心概念，在此对海洋文化及其分类进行界定说明。

一　海洋文化的概念界定

"海洋文化"这一概念于人文社会科学界与自然科学界都可见到，但长期以来"海洋文化"一词并未被具体界定。最早将"海洋文化"作为一种文化的模式提出并与"大陆文化"进行区分的是黑格尔。他在《历史哲学》中提道："中国、印度、巴比伦……占有耕地的人民闭关自守，并没有分享海洋所赋予的文明；西方文明是蓝色的海洋文化，而东方文明是土黄色的内陆文化……"[3] 由此，其

---

[1] 杨国桢：《海洋世纪与海洋史》，《文明》2008年第5期，第8页。
[2] 马仁锋、龚千千、林秋伶等：《国民素养视角海洋文化的知识体系及其教育实施策略》，《航海教育研究》2022年第39期，第9页。
[3] 徐凌：《中国传统海洋文化哲思》，《中国民族》2005年第5期，第26页。

认为海洋文化是西方文明的标志,代表着进步、开放与自由,而对中国文化进行"原罪性批判",认为其为固守落后的农耕文化。晚清时期,梁启超似乎亦受到黑格尔的影响,并开始重视文化意识对海洋发展的重要性。他在《地理与文明》一文中感叹:"海也者,能发人进取之雄心者也。陆居者以怀土之故,而种种之系累生焉。试一观海,忽觉超然万累之表,而行为思想,皆得无限自由。"[①] 梁启超极力标榜海洋所带来的文明特性,以此启发民智,意图提高国人对海洋文化的重视程度。

20世纪90年代起,有关海洋文化的论断此起彼伏。1995年6月,广东炎黄文化研究会首次举行"海洋文化笔会",并编写了《岭峤春秋——海洋文化论集》,诸多学者以自身理解对"海洋文化"一词进行了不同角度的概括定义。李天平认为:"海洋文化,其实也是地域文化,主要指中国东南沿海一带的别具特色的文化。同时,也包括台、港、澳地区以及海外众多华人区的文化。"[②] 此观点受制于空间地理位置,将海洋文化仅仅局限于沿海地带的一种地域文化,且当时持有此观点的学者不在少数。另有徐杰舜指出:"人类社会历史实践过程中受海洋的影响所创造的物质财富和精神财富的总和就是海洋文化。"[③] 该观点冲破了地域观念,站在人海关系的视角重新审视海洋文化,认为其是人海交流互动的结果,并指明其包含的物质和精神层面的内容。

与此同时,随着国人对海洋文化的关注程度逐渐提高,对海洋文化学的体系建构也初具规模。其中对海洋文化比较概括化和一般化的界定如杨国桢,他指出:"海洋文化是海洋成为人类活动舞台,海洋自然力转化为人类生产力因素以后,逐渐形成和发展的文化,

---

[①] 梁启超:《梁启超全集第四卷》,北京出版社1999年版,第944页。
[②] 李天平:《海洋文化的当代现象思考》,载广东炎黄文化研究会编《岭峤春秋——海洋文化论集》,广东人民出版社1997年版,第39页。
[③] 徐杰舜:《海洋文化理论构架散论》,载广东炎黄文化研究会编《岭峤春秋——海洋文化论集》,广东人民出版社1997年版,第63页。

或称为海洋人文类型。海洋文化作为一种人文类型，是和陆域的各种人文类型相对应的。"① 该观点坚持一个基本的前提，即不同发展模式的海洋文化并没有优劣之分，海洋文化与陆地文化并非截然对立的关系，而是人类从陆地走向海洋时对海洋产生的兼容互动的文化适应。曲金良第一次更为具体地对海洋文化的概念、特征、分类、应用与发展前景进行了系统性的论述。他对海洋文化提出了一个参考性的定义，即："海洋文化，就是和海洋有关的文化；就是源于海洋而生成的文化，也即人类对于海洋本身的认识、利用和因有海洋而创造出的精神的、行为的、社会的和物质的文明生活的内涵。"②从该定义延伸来看，首先，海洋文化定义中的"人类"不只为滨海人群，凡与海洋及海洋资源环境产生关联的群体皆可称之为海洋文化的创造主体。其次，海洋文化表现形态多种多样，既包括物质因素也包括非物质因素，既有实践价值属性，又包含精神人文属性，具体表现为人类对海洋的认识、观念、思想、意识、心态，以及由此而生成的生活方式，包括经济结构、法规制度、衣食住行、民间习俗和语言文学艺术等形态。最后，从海洋文化的本质来看，海洋文化在本质上是人类对海洋的所产生的实践产物，对海洋文化的本质的理解一定要建立在人海和谐的基础之上，从文化的视角来审视与思考人类与海洋的双向互动关系。

综合已有所论，海洋文化本身具有涉海性、互动性、开放性等特征，对海洋文化概念的界定同时体现着历史性、综合性、发展性的特点，需从创造主体、表现形式、人海关系等角度进行综合考察。由此笔者认为海洋文化的核心内容就是人类在与海洋的交流互动中直接或间接所创造的物质、精神、行为和社会财富的总和。

---

① 杨国桢：《论海洋人文社会科学的概念磨合》，《厦门大学学报》（哲学社会科学版）2000年第1期，第99页。
② 曲金良主编：《海洋文化概论》，青岛海洋大学出版社1999年版，第8页。

二 海洋文化的分类

依照上述对海洋文化的概念定义，在此需要对海洋文化进行分类说明。诸多学者对海洋文化的内在结构进行了不同标准的分类。曲金良将海洋文化分为四个层面：一是物质层面，一切与海洋有关的物质经济生活模式；二是精神层面，一切与海洋有关的心理与意识形态；三是社会层面，一切因时因地制宜的社会制度、人居群落组织形式、生产方式与风俗习惯；四是行为层面，一切受海洋大环境制约与影响的生产活动、言语与行为方式[①]。吴继陆认为：海洋文化包括海洋物质文化、海洋制度文化和海洋观念文化这相对独立而又联系紧密的三个层面，海洋制度取决于海洋物质文化和海洋观念文化的发展水平，制度文化应当作为一个独立的层次纳入海洋文化研究[②]。哈尔滨工程大学乔琳认为海洋文化是个复杂的文化系统，包括海洋物质文化系统、海洋制度文化系统、海洋观念文化系统（海洋意识）[③]。综上，笔者在前人的基础之上，对海洋文化的内涵结构进行分类，并借此对高中历史统编教材进行整合分析。

海洋文化第一层面为海洋物质（器物）文化，主要指人类认识与利用海洋过程中所产生的有形产品，是可以被直接感知的，民族地域性特色较弱，属于浅层次的文化。在与海洋相关的社会实践活动中加入人类技能形成的海洋产品或海洋科学技术成果，具体体现在生产、贸易、技术创造等领域。例如殷墟遗址所出土的鲸鱼骨与海贝等海产品，不仅成为沿海居民与中原进行交往的物质媒介，同时也反映了中国早期海洋文化的曙光[④]。除此之外，西方通过借助航

---

① 曲金良主编：《海洋文化概论》，青岛海洋大学出版社1999年版，第8页。
② 吴继陆：《论海洋文化研究的内容、定位及视角》，《宁夏社会科学》2008年第4期，第127页。
③ 乔琳：《刍议复杂系统下我国海洋文化系统的构建》，《商业经济》2009年第8期，第9页。
④ 周笑笑：《历史和国际视野下的中国海洋文化自信建构》，《文化创新比较研究》2022年第17期，第175页。

海造船技术开辟了新航路，并掀起殖民争夺的浪潮。

　　第二层面为海洋制度文化，主要指人类在开发与利用海洋的过程中，为了协调人与海洋或人与人在海洋利益方面的关系所形成的种种制度。其虽没有像海洋物质文化一样存在具体的可观察物，但又不是抽象地难以感知。不同国家或民族因地理环境的差异而产生不同类型的海洋制度文化，由此民族地域性较强，属于中层次的文化。它包括与海洋相关的贸易制度、政治制度、疆域制度、交通制度、军事制度等等，一切与海洋相关的风俗、惯例、禁忌、典章规范等都可纳入其范畴。例如中国早在西周时期的齐国便有了与渔盐相关的海洋政策。"通商工之业，便鱼盐之利"便是将工商业的发展与渔盐利益并重，从海洋经济利益出发推动齐国成为"春秋五霸"之首[1]。西方自古重视海洋制度文化的建设，通过海商法、海洋环境保护法、航海法规等诸多成文条例，为开发利用海洋营造规范环境。

　　第三层面为海洋精神（观念）文化，主要指人类在开发与利用海洋过程中形成的对海洋的心理感知与价值观念，并衍生为海神信仰、海洋艺术、海洋习俗、海洋审美、海洋宗教等，其核心内容便是海洋价值观的传达。与以上两种层面相对比，海洋精神（观念）文化的民族性、主体性、稳定性最强，是源于海洋的人类基于长时期的海洋实践活动中所产生的最深层的海洋文化价值观。例如妈祖文化作为中华优秀传统文化的组成部分，在发挥其在探索海峡两岸融合发展新路中具有得天独厚、不可替代的作用，也将为增进两岸民众心灵相通，促进两岸乡亲相知相亲作出更重要的贡献[2]。而在西方文学中，人们将海洋意象化，赋予其精神内涵，表达其对海洋不同的感情体验。

　　将海洋文化分为以上三个层面，三者之间既相互独立又紧密联

---

[1] 杨新亮：《海王之国：先秦齐国海洋文明考论》，硕士学位论文，中国海洋大学，2013年，第29页。

[2] 修菁：《传承千年妈祖文化　点亮两岸融合发展新路——第八届世界妈祖文化论坛综述》，《人民政协报》2023年11月25日第6版。

系。而将海洋文化进行分类，并不意味着将其割裂开来，而是进一步厘清，从而在高中历史教学过程中更有指向性地选取教学内容，在学生头脑中构建以海洋文化为主题的知识框架。

第二节 海洋文化融入高中历史教学的价值

随着"蓝色浪潮"的到来，对海洋的过度开发以追求经济效益的同时，海洋资源环境也遭到了严重破坏，人海关系日趋紧张，海洋经济的持续性也难以为继。在此情况下，人类通过文化来审视人与海洋发展的辩证关系，海洋文化在海洋发展与竞争中的地位与作用日益突出。自改革开放以来，我国对海洋的重视程度逐步加深。海洋文化是建设海洋强国的重要内驱力，中国海洋文化是中华文化的重要组成部分，海洋文化对于推动培育海洋人才、实现中华民族伟大复兴有着重要意义。

历史学科基于其文化渗透的独特性，对于渗透海洋文化知识、弘扬海洋文化精神的作用不言而喻。普通高中历史课程标准（2017年版）增设"海洋权益教育"相关内容，致力于加强高中生对中国海洋权益的认识，培养其海洋维权意识。而维护海洋权益，关键之一在于理解海洋文化历史，构建与之相对应的海洋文化话语体系[1]。除此，历史教师应以"五大核心素养"为目标，引导学生形成正确的历史观、人生观、价值观。海洋文化融入历史教学的过程中同样贯穿着"五大核心素养"的要求，两者之间存在紧密联系。教师将海洋文化融入历史教学活动始终，使学生高效、系统地学习海洋文化知识，进而落实核心素养的培育，培育学生正确的海洋文化价值观。

---

[1] 季翊、冯浩达：《中国海洋文化话语体系构建：内涵、框架与路径》，《中国海洋大学学报》（社会科学版）2022年第4期，第40页。

一 海洋文化与高中历史教学的关联性分析

海洋文化与高中历史教学蕴含着教育与文化相互依存、相互制约的契合关系。有效地把握两者之间的关系，既有助于探索新时代条件下将海洋文化融入高中历史教学的新路径，建构海洋文化历史学科网络。也有助于以历史教学的途径深化学生对海洋文化历史发展规律的认识，培养学生海洋文化素养，为建设海洋强国提供储备人才。

（一）海洋文化是高中历史教学的重要内容

首先，《普通高中历史课程标准（2017年版2020年修订）》是指导高中历史教学的重要文件。一，从修订工作的基本原则来看，新课标明确提出"海洋权益"的教育原则，反映了国家对中学生海洋权益意识的重视。而海洋文化承载着一个地区、一个民族的海洋历史印记，有着深厚的历史底蕴，且有许多海洋文化印记已被列入国家级和世界级文化遗产名录中。因此，理解海洋文化历史对于维护国家领土完整和维护海洋合法权益有着重要意义。二，从学科核心素养与课程目标来看，高中历史教学要让学生充满人文情怀与关注现实问题，还要了解并认同

中华优秀传统文化，认识中华文明的历史价值和现实意义[1]。这要求学生在历史教学中对中华传统文化及中华文明形成全面正确的认识，继而尊重并热爱中华传统文化，培育民族认同感与文化自信。海洋文化是中华传统文化的重要组成部分，随着以中国海洋文化为主导的"汉字文化圈"在世界范围内的影响力不断扩大，中国海洋文化的独特价值与底蕴也焕发出强大的凝聚力与感召力。因此，海洋文化融入历史教学是使学生对中华传统文化形成正确认识，树立文化自觉与自信的必然选择。

---

[1] 中华人民共和国教育部制定：《普通历史课程标准（2017年版2020年修订）》，人民教育出版社2020年版，第5—7页。

其次，历史教科书是高中历史教学活动中最基本的教学用书，是历史教学内容的重要载体。顺应国家海洋强国战略的实施，统编版高中历史教科书分布着丰富的海洋文化教育资源，体现了国家对海洋的重视程度不断加深。高中历史教学依托的统编版新教材打破了以往政治、经济、文化的专题史教学的形式，采用通史体例，以时间为序，人海之间的文化贯穿其中。海洋文化内容在历史教科书中以显性或隐形的方式呈现，需要历史教师在充分挖掘教材信息的基础上进行有效拓展，从而丰富历史教学内容，开阔学生视野。

（二）高中历史教学是进行海洋文化教育的重要渠道

首先，从历史学科性质来看，历史学是人类文化的重要组成部分，包含了许多关于人类文明遗产的内容，并充分肯定了历史学在弘扬和传承人类文明、提高公民文化素质等方面所起的重要作用[1]。高中历史学科同样承载着历史学的教育功能，使学生能够在唯物史观的指导下，掌握人类社会历史发展的一般规律，认识到文化在历史发展中的重要作用并对中华优秀传统文化形成更为深刻的理解，而这与海洋文化的育人功能不谋而合。卢锟认为："海洋文化教育培养学生对于海洋的正确认知、态度和价值观，通过增强海洋意识、海洋信仰、艺术涵养和美感素养，建立人与海洋的正确相处之道。"[2] 长期以来，中国海洋文化源远流长的发展历史总是被有意或无意地掩埋与遮盖，与一直以海洋文化著称的西方文明相比，落后的农耕文明常受到无端的指责与批判。高中历史学科具有极强的人文性，能够透过每一份沉甸甸的历史故事实现最根本的育人功能。因此，在高中历史教学中进行海洋文化教育是历史学科本身的责任与使命，能够进一步发挥历史学在文化传承与立德树人方面的作用。

其次，从高中生认知发展特点来看，根据著名教育心理学家皮

---

[1] 中华人民共和国教育部制定：《普通历史课程标准（2017年版2020年修订）》，人民教育出版社2020年版，第1页。

[2] 卢锟：《海洋文化教育融入涉海专业人才培养的思考》，《创意设计源》2018年第3期，第74页。

亚杰的认知发展理论，中学生尤其是高中生群体多处于形式运算阶段的完成状态①。与初中生相比，高中生的形象思维能力与逻辑思维能力在此时期有了新的发展，对海洋文化背后所传承的精神与教育意义有着更深刻的领会。高中历史教学中进行海洋文化教育适应了学生认知发展的阶段特征，使学生在把握人海发展规律的基础上深入探寻海洋文化的正确价值取向，从内心深处形成人海和谐的理念。

二 海洋文化融入高中历史教学的应用价值

海洋文化内容丰富、内涵精深、形式多样，对教师发展、学生提高及国家发展具有重要的意义与价值。从教育层面来讲，教育活动是教育者与受教育者双向互动的过程。教师作为教育活动的组织者，如何有针对性地选取教学方法，并设计出具体可行的课堂教学活动，是将海洋文化有效落实到历史课堂的关键。在此过程中，教师对海洋文化课堂有效实践的同时也丰富了高中历史教学形式及教学素材，提升了教师本身的教学能力与海洋文化知识水平。而海洋文化融入高中历史教学最基础、最本质、最必然的作用即提升学生的海洋文化素养。学生通过高效的海洋文化历史课不仅提升了学习兴趣，也满足了海洋文化育人的要求。从国家层面来讲，世界各国围绕海洋的争夺，实质上都是文化软实力的竞争，海洋文化作为软实力的核心，必然对国家海洋事业发展产生持久影响。长期以来，在西方海洋文化的强势裹挟下，中国海洋文化的独有光辉陷入了被埋没的危机。海洋文化融入历史教学对于弘扬中国海洋文化精神，推动建设海洋文化强国具有重要意义。

（一）丰富高中历史教学形式及教学素材

相较于海洋自然科学知识，海洋文化内容是感性与抽象的。如何透过涉海事件去感悟背后的海洋文化精神，这需要教育者在充分

---

① 于友西、赵亚夫主编：《中学历史教学法（第4版）》，高等教育出版社2017年版，第79页。

考虑学生学习兴趣的前提下,充分挖掘海洋文化素材,创新教学方法,将海洋文化知识以喜闻乐见的方式呈现给学生。因此在海洋文化融入的过程中,教师的自身水平与学科素养在实践锻炼中得以提升,高中历史教学形式也得到优化与丰富。

同时,海洋文化为历史教学提供了丰富的教学素材,能够创设历史情境,辅助教师进行教学活动。海洋文化包括人类涉海过程中所创造的物质、制度和精神财富的总和,在一定程度上反映了当时社会的发展情况,能够在一定程度上为历史教学提供史料支撑。历史本身具有不可再现性,海洋文化教学素材不同于传统文字的枯燥与乏味,能够使历史"再现"更具有直观性与趣味性,最大程度地调动学生学习的热情。

(二)提升学生海洋文化素养

海洋文化素养主要由海洋文化知识、海洋文化意识和海洋文化心理特征等构成[1]。海洋文化融入高中历史教学的过程亦符合"知、情、意、行"逐步上升的心理活动规律。它不仅仅将海洋文化知识简单传授给学生,更要求学生通过相关知识的学习,将知识转化为理性的海洋文化意识,指导今后的实践活动。海洋文化内容丰富,蕴含着深刻的人文精神,是人类涉海实践的文明成果。将海洋文化通过多种途径传授给学生,不仅有助于加深他们对海洋文化的认识,养成勇于探索的开拓精神,不断充实自己的文化内蕴,更有助于使学生拥有更为广阔的国际视野,尊重与理解世界海洋文化的多样性,进而强化民族认同感,升华爱国主义情怀。

(三)弘扬中国海洋文化精神

历史上,中华先民早在远古时期就泛舟扬帆,蹈海踏浪。尽管海洋生产方式并未成为当时生活的主流形态,但先进的海洋文化与陆地文化一同构成了中华民族的灿烂文明。然而在西方海洋文化的

---

[1] 叶云飞:《试论海洋类高校学生海洋文化素养的培育》,《浙江海洋学院学报》(人文科学版)2006年第4期,第96页。

"辉煌映衬"下，中国海洋文化的独特光辉渐渐埋没。近代以来，经过百年探索，"海上中国"已然崛起。中国海洋文化通过中国式、东方式的发展道路淬炼出和平互惠、协和万邦的精神底蕴，并在历史上通过海洋对其相邻的东亚和东南亚产生了强烈的文化吸引力和影响力，形成了长期存在的"东方汉文化圈"①。中国海洋事业的发展，需要弘扬中国海洋文化精神的历史传统，向全世界展示泱泱大国独具人文特性的海洋文化形象。海洋文化融入历史教学对于提高海洋文化在教育中的战略地位，传承和创新中国海洋文化，构建新时代中国海洋文化体系具有重要意义。在新时代条件下，海洋文化融入历史教学致力于从历史发展的角度促进中国海洋文化在国内与国际两个舞台的传播。既增强学生内心对中国海洋文化的认同感与归属感，也使国际社会加深对中国海洋文化的理解，使中国海洋文化博采中西，在世界多元海洋文明中绽放独有光芒。

（四）推动建设海洋文化强国

建设海洋强国，实现"一带一路"美好愿景，必须建设基于当代中国社会发展的海洋文化②。从"海洋强国"战略的提出到"21世纪海上丝绸之路"倡议的发起，再到构建"海洋命运共同体"理念，海洋文化自始至终都发挥着文化软实力的作用并服务于海洋文化强国建设的需要。新时代世界海洋秩序的建立不能依靠武力和军事，不能依靠政治博弈，也不能依靠经济霸权，而是用文化和文明引领世界③。学校教育顺应国家海洋战略需求，将海洋文化与各个学科的特性相衔接并具体落实。历史学科依托史实更好地与现实相契合，从而培养学生以史鉴今，面向未来，为推动建设海洋文化强国

---

① 洪刚、洪晓楠：《中国海洋文化的内在逻辑与发展取向》，《太平洋学报》2017年第8期，第66页。

② 苏文菁：《建设中国海洋文化基因库》，《复兴中国传统海洋文化（中国海洋报）》2017年6月21日。

③ 洪刚：《文化自觉视域下的中国海洋文化发展研究》，硕士学位论文，大连理工大学，2019年，第92页。

储备人才。

第三节 高中历史统编版教科书中海洋文化内容和特点

高中历史统编版教科书《中外历史纲要》包括选择性必修教材，都是在国家意志指导下，既符合时代发展需要又满足高中历史教学实际的历史教材。与旧教材相比，统编版新教材蕴含更为丰富的海洋文化内容，体现了国家对海洋的重视程度在不断加深。依据海洋文化的内涵定义对高中历史统编版教科书中的海洋文化内容进行整合与分析，有助于教师加深对教材中相关内容的理解与把握，从而在学生头脑中构建系统的海洋文化知识体系。

一 海洋文化内容梳理

教科书是历史教学必不可少的工具，周晓光认为教科书的作用是至关重要的，是认可其他的教辅材料无法替代的。[1] 因此，笔者首先依据前文对海洋文化的概念定义将教材中海洋文化的具体内容分为海洋物质文化、海洋制度文化及海洋精神文化三层，使教师更有指向性地选取海洋文化教学内容，设计教学活动。

（一）《中外历史纲要》上册海洋文化内容的整合

《中外历史纲要》上册即中国通史，从中国的角度出发，以"统一多民族封建国家"为主线，叙述中国历朝历代兴衰过程与中国社会发展规律。教材十分注重加强国防和海洋权益教育，以史实为依据，讲述了新疆、西藏、台湾及附属岛屿、钓鱼岛、南海诸岛等作为我国领土不可分割的一部分的历史渊源，以及中国近代史时期国

---

[1] 周晓光主编：《历史教学论》，安徽人民出版社2007年版，第62页。

家领土损失的教训①。除此之外,教材注重体现和弘扬中华民族的优秀传统文化,使学生通过教科书的学习,认识中国历史与文化的发展脉络,树立传承中华民族优秀传统文化的信念②。中国海洋文化是中华民族优秀传统文化的重要组成部分。对教材中中国海洋文化内容的梳理同样有助于学生掌握中华民族优秀传统文化的丰富内涵。

表7-1　　　《中外历史纲要》上册海洋文化内容整合

类别	课目	内容	展现形式
海洋物质文化	第8课"三国至隋唐的文化"	唐对外交通路线示意图	正文内容 历史地图
	第11课"辽宋夏金元的经济与社会"	元朝海运航线	历史地图
	第12课"辽宋夏金元的文化"	指南针用于航海、罗盘	正文内容 历史图片
	第15课"明至清中叶的经济与文化"	《坤舆万国全图》	历史图片
	第13课"从明朝建立到清军入关"	郑和下西洋航海路线	历史地图
	第17课"国家出路的探索与列强侵略的加剧"	洋务派购置船炮器械	正文部分 学思之窗
	第29课"改革开放以来的巨大成就"	"奋斗者号"全海深载人潜水器	正文部分

---

① 张海鹏:《统编高中历史教科书的学科体系和学术体系——适应和掌握统编高中历史教材〈中外历史纲要〉(上)的意见》,《课程·教材·教法》2019年第9期,第26页。

② 张海鹏:《统编高中历史教科书的学科体系和学术体系——适应和掌握统编高中历史教材〈中外历史纲要〉(上)的意见》,《课程·教材·教法》2019年第9期,第25页。

续表

类别	课目	内容	展现形式
海洋制度文化	第1课"中华文明的起源与早期国家"	商朝的政治势力与文化影响范围	正文部分
	第3课"秦统一多民族封建国家的建立"	秦朝的疆域、秦的暴政	正文内容 历史地图
	第4课"西汉与东汉——统一多民族封建国家的巩固"	西汉对东南沿海的治理	正文内容 历史地图
	第5课"三国两晋南北朝的政权更迭与民族交融"	吴国对台湾地区的治理	历史地图
	第10课"辽夏金元的统治"	元朝经略台湾	正文内容 历史地图
	第11课"辽宋夏金元的经济与社会"	瓷器出口海外、海外贸易兴盛	正文内容 历史图片
	第13课"从明朝建立到清军入关"	郑和下西洋、戚继光抗倭、明朝对台湾的举措	正文内容 历史地图 历史图片 史料阅读
	第14课"清朝前中期的鼎盛与危机"	郑成功收复台湾与清朝设府、清朝疆域、对外贸易与闭关锁国政策	正文部分 历史图片 历史地图 问题探究
	第15课"明至清中叶的经济与文化"	美洲白银流入、西学东渐	正文部分 历史地图 学习拓展
	第16课"两次鸦片战争"	鸦片走私、两次鸦片战争进程	本课导入 正文部分 历史图片 历史地图 历史纵横
	第17课"国家出路的探索与列强侵略的加剧"	洋务派购置船炮器械与创办新式海军、中法战争、甲午中日战争、《马关条约》、瓜分中国狂潮	正文部分 学思之窗 历史地图

续表

类别	课目	内容	展现形式
海洋制度文化	第18课"挽救民族危亡的斗争"	八国联军海上入侵	历史地图
	第24课"全民族浴血奋战与抗日战争的胜利"	海外华侨支援抗战、太平洋战争、《开罗宣言》	正文部分
	第26课"中华人民共和国成立和向社会主义的过渡"	美国第七舰队侵入台湾海峡	正文部分
	第28课"中国特色社会主义道路的开辟与发展"	经济特区与沿海开放城市、"一国两制"与祖国统一大业	正文部分 历史图片
	第29课"改革开放以来的巨大成就"	海防与海军发展、"一带一路"	正文部分 历史图片 历史纵横
海洋精神文化	第8课"三国至隋唐的文化"	法显西行、鉴真东渡、空海求法、遣唐使来华、商人于港口城市定居	正文部分
	第13课"从明朝建立到清军入关"	郑和下西洋的海上精神	正文部分 学习聚焦 思考点 历史地图
	第15课"明至清中叶的经济与文化"	西学东渐对海洋意识的启蒙	正文部分 学习拓展
	第29课"改革开放以来的巨大成就"	"一带一路"的精神价值	正文部分 历史纵横

（二）《中外历史纲要》下册海洋文化内容的整合

《中外历史纲要》下册即世界通史，从世界的角度出发，关注中外历史发生的重大事件，力图揭示世界历史发展的基本规律。主编晏绍祥教授指出《中外历史纲要》下册在课程体系的编写上注意破除"西方中心论"，力图揭示世界历史从古代的多中心，到近代的单一中心，再到现代和当今的多中心的发展进程[1]。西方海洋文化在古

---

[1] 晏绍祥：《统编高中历史教材〈中外历史纲要（下）〉的总体构架及主要线索》，《课程·教材·教法》2020年第6期，第16页。

代、近代、现代也表现出不同的发展特征,展现了其侵略与扩张的"战神"文化特征。对《中外历史纲要》下册进行海洋文化内容整合,使学生站在全球视角,思考海洋在人类文明发展进程中的重要作用。

对《中外历史纲要》下册海洋文化内容的整合同样以海洋物质、制度、精神文化三个层次进行划分,但需值得注意的是,三者之间并非完全孤立与割裂,而是相辅相成、彼此影响。比如《全球航路的开辟》一课既提到了航路开辟的物质条件,又提到了海外殖民扩张与殖民地建设,同时也体现了西方海洋文化的开拓性与扩张性的精神属性,是海洋物质、制度、精神文化的有机统一。

表7-2 《中外历史纲要》下册海洋文化内容整合

类别	课目	内容	展现形式
海洋物质文化	第2课"古代世界的帝国与文明的交流"	汉朝与罗马之间海上丝路航线	历史地图
	第6课"全球航路的开辟"	新航路开辟的物质条件(包括航海图、指南针、星盘、"马修号"复原船等)、新航路开辟航线	本课导入正文部分学习聚焦历史图片历史地图
	第19课"资本主义国家的新变化"	海洋技术	正文部分
海洋制度文化	第1课"文明的产生与早期发展"	古代希腊城邦民主政治	正文部分
	第2课"古代世界的帝国与文明的交流"	古希腊人海外殖民、马其顿亚历山大帝国海外扩张、古代罗马海外扩张、汉朝与罗马之间的海上丝路	正文部分历史地图学思之窗史料阅读问题探究

续表

类别	课目	内容	展现形式
海洋制度文化	第4课"中古时期的亚洲"	阿拉伯商人海上贸易、奥斯曼帝国海外扩张、日本与新罗效仿中国改革、日朝战争	正文部分 历史地图 问题探究
	第5课"古代非洲与美洲"	东非沿海国家、中国与非洲的交往	正文部分 历史图片 历史纵横 问题探究
	第6课"全球航路的开辟"	新航路开辟的制度动因与制度影响	正文部分 思考点 探究与拓展 学习拓展
	第7课"全球联系的初步建立与世界格局的演变"	全球联系的初步建立、早期殖民扩张	正文部分 本课导入 历史图片 学习聚焦 思考点 历史地图 史料阅读 历史纵横 学思之窗 问题探究 学习拓展
	第10课"影响世界的工业革命"	工业革命的背景	正文部分
	第12课"资本主义世界殖民体系的形成"	西方列强瓜分世界、世界殖民体系形成	正文部分 学思之窗
	第14课"第一次世界大战与战后国际秩序"	美西海战、日德兰海战、凡尔赛—华盛顿体系	正文部分 本课导入 历史图片 学习拓展

续表

类别	课目	内容	展现形式
海洋制度文化	第16课"亚非拉民族民主运动的高涨"	甘地取海水制盐	正文部分
	第17课"第二次世界大战与战后国家秩序的形成"	法西斯侵略过程、二战的全球化阶段、雅尔塔体系、战后美国掌握制海权	正文部分 历史地图
	第21课"世界殖民体系的瓦解与新兴国家的发展"	世界殖民体系的崩溃、韩国的发展	正文部分
	第23课"和平发展合作共赢的历史潮流"	海洋权益与极地争夺、"一带一路"	正文部分 历史图片
海洋精神文化	第1课"文明的产生与早期发展"	古代希腊海洋文明的精神特征	正文部分
	第2课"古代世界的帝国与文明的交流"	汉朝与罗马之间的海上丝路	正文部分 历史图片 问题探究
	第5课"古代非洲与美洲"	东非沿海国家、中国与非洲的交往	正文部分 历史图片 历史纵横 问题探究
	第6课"全球航路的开辟"	新航路开辟的精神价值	正文部分 思考点 探究与拓展 学习拓展
	第23课"和平发展合作共赢的历史潮流"	"一带一路"的精神价值	正文部分 历史图片

（三）选择性必修海洋文化内容的整合

选择性必修教材共3册，采用专题史编排形式，力图展示中外历史发生的重要事件。选择性必修课程是必修课程"中外历史纲要"的递进与拓展。前者进一步运用历史唯物主义观点，从国家制度与社会治理、经济与社会生活、文化交流与传播三个主要领域，将其内容置于具体的空间结构与时间序列坐标轴上,综合展现了人类历史演进的变迁过程和所创造的文明成果①。现将选择性必修教材海洋文化内容整合如下:

表7-3　　　　　　选择性必修教材海洋文化内容整合

类别	册别	课目	内容	展现形式
海洋物质文化	《经济与社会生活》	第6课"现代科技进步与人类社会发展"	海洋技术(包括美国深潜器、中国无缆水下深潜机器人、"奋斗者号"载人潜水器等)	正文部分 历史图片
	《经济与社会生活》	第7课"古代的商业贸易"	"南海一号"沉船、海上丝绸之路航线港口	正文部分 历史图片
	《经济与社会生活》	第12课"水路交通的变迁"	海洋探索中的造船工艺与航海技术、中国海上航线的探索及全球航线的开辟	正文部分 学习聚焦 史料阅读 历史图片 历史地图
	《经济与社会生活》	第12课"水路交通的变迁"	港珠澳大桥、航海雷达与海事卫星通信系统、英法海底隧道、"东风号"远洋货轮	正文部分 本课导入 历史图片
	《文化交流与传播》	第9课"古代的商路、贸易与文化交流"	"海上丝绸之路"开辟的物质条件、航线与沿海口岸	正文部分 学习聚焦 历史图片 学习拓展

---

① 李军:《认识视角、叙事结构与教育价值——关于高中历史选择性必修课程教学的几个问题》,《课程·教材·教法》2020年第9期,第88页。

续表

类别	册别	课目	内容	展现形式
海洋物质文化	《文化交流与传播》	第11课"古代战争与地域文化的演变"	《马可·波罗行记》对欧洲航海、探险活动的影响	正文部分
海洋制度文化	《国家制度与社会治理》	第11课"中国古代的民族关系与对外交往"	中国古代的对外交往	正文部分 史料阅读 历史图片 学思之窗
	《国家制度与社会治理》	第14课"当代中国的外交"	"一带一路"建设	正文部分 本课导入 历史图片
	《经济与社会生活》	第2课"新航路开辟后的食物物种交流"	食物物种全球性交流的影响	正文部分 本课导入 历史图片 学习聚焦 学思之窗
	《经济与社会生活》	第7课"古代的商业贸易"	海上丝绸之路与中国海外贸易管理	正文部分 历史图片
	《经济与社会生活》	第8课"世界市场与商业贸易"	世界市场的形成、近代商业贸易的变化	正文部分 本课导入 历史图片 学习聚焦 历史纵横 问题探究
	《文化交流与传播》	第5课"南亚、东亚与美洲的文化"	古代朝鲜与日本文化深受中华文化的影响、大洋洲文化	正文部分 学习聚焦 历史纵横
	《文化交流与传播》	第7课"近代殖民活动和人口的跨地域转移"	殖民扩张与英国殖民活动、中国东南沿海"下南洋"	正文部分 历史纵横 学习拓展
	《文化交流与传播》	第10课"近代以来的世界贸易与文化交流的拓展"	全球贸易网的形成、商品流动与文化交流国际化	正文部分 历史地图

续表

类别	册别	课目	内容	展现形式
海洋精神文化	《国家制度与社会治理》	第11课"中国古代的民族关系与对外交往"	中国古代的对外交往	正文部分 史料阅读 历史图片 学思之窗
	《国家制度与社会治理》	第14课"当代中国的外交"	"一带一路"建设	正文部分 本课导入 历史图片
	《经济与社会生活》	第7课"古代的商业贸易"	海上丝绸之路精神	正文部分 历史图片
	《文化交流与传播》	第2课"中华文化的世界意义"	中华文化对世界的影响	正文部分 学思之窗 历史纵横 历史图片 史料阅读
	《文化交流与传播》	第5课"南亚、东亚与美洲的文化"	古代朝鲜与日本文化深受中华文化的影响、大洋洲文化	正文部分 学习聚焦 历史纵横
	《文化交流与传播》	第8课"现代社会的移民与多元文化"	新加坡多元文化精神	正文部分
	《文化交流与传播》	第9课"古代的商路、贸易与文化交流"	"海上丝绸之路"的精神价值	正文部分 学习聚焦 历史图片 学习拓展
	《文化交流与传播》	第10课"近代以来的世界贸易与文化交流的拓展"	"饮茶风俗""服饰文化"的国际化传播	正文部分 历史地图

二 海洋文化内容呈现特点分析

统编版历史教科书是依据新课标的精神和要求编写，教材内容不仅仅是课程标准内容的展开与铺列，更是国家课程意志的凸显，充分体现与落实高中历史课堂的育人价值。统编版历史教科书包括必修与选修部分，在课程结构与内容框架上采取了不尽相同的编写体例。必修部分采取"通史+专题"形式，从中国与世界历史两个角度使学生直观地认识历史发展的大趋势。选修部分按照"专题+时序"的编写形式，并采取中外混编形式，使学生多层次、多角度理解历史发展的重大事件。虽然新教材并未将海洋文化作为专题形式进行统一编排，但是通过整合归纳仍可发现丰富的海洋文化内容，同时也具有以下特征：

（一）海洋文化内容丰富，展现形式多样

《中外历史纲要》上册共29课，其中有关海洋文化内容的共19课。《中外历史纲要》下册共23课，其中有关海洋文化内容的共14课，均超过半数。选择性必修部分有关海洋文化知识内容共15课，是对必修教材相关内容进行补充与延续。有关海洋文化的知识内容涉及范围广泛，例如在海洋物质文化层面，在《中外历史纲要》上册第12课《辽宋夏金元的文化》中，讲解了指南针、罗盘等技术应用于航海，大大提升了出海航行的工具水平。随着海洋活动的不断发展，先进的海洋技术层出不穷，统编版教科书中均有所涉及。海洋制度文化是统编版教科书海洋文化内容的叙述重点，主要包括以国家为中心而衍生的海洋政治制度、海洋贸易制度、海洋军事制度、海洋管理制度等，具体体现于海洋疆域制度与管理、官方主持下的海洋贸易与海上活动等方面的知识。海洋精神文化与教材表面内容很难被学生感知，需要教师挖掘相关知识并予以充分讲解。例如以"海上丝绸之路"为典型代表，自古以来，中国先民通过海上丝绸之路打开了与外来区域的经贸文化交流渠道，中国的造纸印刷技术、典章文化制度传播到海外，进一步促进海上友好和平往来。当前，中国仍将构筑"海上丝绸之路"的美好愿景，将"中国梦"融入世界各国共同发展的"人类命运共同体"中。从这可以看出，中国海洋文化自古以来就洋溢着天下一体的和平精神，这是中国海洋文化独有的海洋文化价值观。教师可通过梳理"海上丝绸之路"的发展历程以及列举历代中国海上使节与外来国家所缔结的友好情谊等，使学生深刻体会中国海洋文化所体现的和谐包容、四海一家的人海和谐观。

除此之外，海洋文化内容在教材中的展现形式亦是多种多样的。从表7-1、表7-2可发现，除正文部分以外，辅助栏目均涉及海洋文化内容。首先，正文部分以大字呈现，是教材重点的核心体现。通过表格分析可以发现，海洋文化内容几乎都以正文形式或多或少地出现，反映了历史课程对这方面内容的重视。其次，图片系统包括历史地图与历史图片，是除正文部分以外占据比重较大的栏目。图片系统不仅能够弥补文字的不足与苍白，其本身也蕴含着丰富的历史内容，能够增加历史的真实性，激发学生学习热情。在海洋文化融入历史教学的过程中，历史地图有着独特价值。高中历史学科以培养和提高学生历史核心素养为目标，其中之一便是时空观念，历史地图正是培养时空观念的有效工具。例如在"唐朝对外主要交通路线示意图"中不仅明确了唐朝与周边国家的空间联系，地图之外另有古今地点对照，强化学生时空观念。历史图片多为文物照片，包含着极高的史料价值。例如在《中外历史纲要》下册第6课中出示了"13世纪末14世纪初的新型航海图""14世纪的星盘""明朝的罗盘"等历史图片，使学生直观形象地感受技术的进步为远洋航行奠定了基础。再次，正文部分与辅助栏目相互补充，相互呼应。例如在"全球航路的开辟"一课中，通过航海图作为本课导入，激发学生学习兴趣。学习聚焦写到"15世纪末，西欧人具备了向远洋进发的动力和技术条件"等，是对正文海洋文化内容的精炼与概括。"学思之窗"提供了新航路开辟时西班牙国王和麦哲伦订立关于发现香料群岛协定的相关史料，并提出问题，引导学生将课文、材料、问题相互结合，锻炼历史思维能力。其他栏目诸如"史料阅读""历史纵横""探究与拓展"等所体现的海洋文化内容，皆是配合正文部分，作为正文内容的补充与延续。两者之间并未相互孤立，而是相得益彰，加深学生对教材内容的理解。

(二) 海洋文化内容分散且隐匿，中外海洋文化内容比重差距较大

由于统编教材采取"纲要"形式，是中外历史大事件的简要概述，由此决定了海洋文化内容并非均匀分布在每一单元每一课中，而是不同单元、单元内数节课、《中外历史纲要》（上）（下）所占篇幅均有所不同。例如在西汉建立之前，教材中涉及的海洋文化内容较为缺乏，无法体现出早期中国海洋文化的灿烂曙光。而到中国隋唐时期，海洋文化内容几乎集中于《中外历史纲要》上册第8课"三国至隋唐的文化"中"中外文化交流"一目。在中国宋元时期，海洋文化内容集中体现于《中外历史纲要》上册第11课"辽宋夏金元的经济与社会"中"商业和城市的繁荣"一目。明清时期，海洋文化内容重点叙述"郑和下西洋"的航海成就，其他科目仅以图片形式或正文只言片语简要带过，易引起学生忽视。而到新中国成立后，海洋文化所占篇幅大大降低，仅有3课体现新中国成立后的海洋事业恢复成就，且叙述内容较为精简。除此之外，部分海洋文化知识依附于其他历史知识出现，具有"隐匿性"的特点，如《中外历史纲要》上册第2课中描述了战国时期齐国都城临淄的繁荣景象，使学生了解春秋战国时期经济发展的表现，但忽视了齐国利用海洋大力发展经济、强大国力的重要史实。因此，教师需要及时点拨，使隐形的海洋文化知识显性化，加深海洋文化的渗透程度。

与《中外历史纲要》上册相对比，《中外历史纲要》下册海洋文化内容所占篇幅大大上升，而在选择性必修部分，亦是世界海洋文化内容多于中国海洋文化内容。这或许可以说明，在世界历史发展过程中，海洋的重要性更加突出，以世界的角度叙述海洋文化知识则相对完整。

(三) 忽视海洋文化价值观，海洋文化发展主线模糊

海洋文化价值观是对海洋文化价值底蕴与文化功能的整体关照，

居于海洋文化的最深层,深刻并持久地发挥着重要的作用[1]。统编版历史教材仅仅局限于对海洋文化史实的叙述,并未体现海洋文化历史事件所蕴含的精神价值。而中国海洋文化发展历程虽有着世界海洋文化发展的共性,但与西方海洋文化相对比,却存在着不同价值观的传达。西方海洋文化是一种战神文化[2]。从15世纪以来西方世界的发展道路来看,西方海洋价值观所体现的是"刀与火"的霸权色彩,具有明显的侵略与扩张精神传统,并影响了此后世界海洋发展以海洋贸易与海洋军事为特征的利益争夺。相比之下,中国海洋文化的发展并没有建立在侵犯他国利益的基础之上,而是建立在和谐共生、友好交流、互惠共赢的价值目标的基础之上。无论是"郑和下西洋"抑或是"海上丝绸之路",中国海洋发展彰显的是泱泱大国的亲诚惠容的价值观念,而这也应当是中国现当代所要坚持的具有中国特色的海洋文化价值观。

历史学属于人文学科中的一门学科,历史教育的最终目标就是弘扬人文精神[3]。海洋文化融入高中历史教学应依托历史学科的特性,引导学生在人类与海洋的相互作用中理解海洋所赋予人类的精神与价值,确立人海和谐观。人类与海洋的相互作用既包括人类对于海洋的理解与认识,也包括海洋赋予人类的精神底蕴或制约性。统编版教材更多强调的是人类作为征服对象对海洋所进行的认识与利用活动,缺乏海洋文化所赋予的精神内涵。历史学科的人文性更要求在基于历史实践活动的基础上,思考当代海洋文化的现实价值取向,以应对世界海洋化浪潮的涌动。

统编版教材中涉及海洋文化内容具有碎片化的特点,教材中不

---

[1] 洪刚:《文化自觉视域下的中国海洋文化发展研究》,硕士学位论文,大连理工大学,2019年,第47页。

[2] 吴建华:《谈中外海洋文化的共性、个性与局限性》,《浙江海洋学院学报》(人文科学版)2003年第20卷第1期,第16页。

[3] 姬秉新、李稚勇、赵亚夫主编:《理解与实践高中历史新课程:与高中历史教师的对话》,高等教育出版社2005年版,第35页。

同时期海洋文化内容并非面面俱到，易造成海洋文化发展历史的连续性被学生所忽视。但历史这门学科所记内容极为庞杂，教材的编写亦是针对某一时期的重点事件进行详细阐述，由此海洋文化内容的碎片化不可避免。在此情况下，教师在讲解海洋文化内容时，无法有效衔接海洋文化发展的不同阶段特点，便无法准确提取正确海洋文化价值观的核心内涵。因此教师在讲解海洋文化内容时，需梳理人类对于海洋价值的阶段性认识规律，以中西海洋文化发展历程为主线，对中西海洋文化所传达的精神内涵进行合理区分，从而更好配合历史整体教学。

第四节 海洋文化融入高中历史教学现状调查分析

为客观了解海洋文化融入高中历史教学的实际情况，笔者分别在山东省青岛市 A 校与山东省泰安市 B 校学生进行了随机分层抽样。同时，对两所高中不同教龄的一线历史教师进行访谈，以此了解当前高中历史课堂中海洋文化教学的现状与存在问题，并为下文应对措施提供依据。

一 海洋文化融入高中历史教学的现状调查

（一）调查情况说明

1. 调查目的

为了更好地掌握海洋文化在高中历史教学中的运用情况，探寻两者之间的融合方式，笔者通过学生问卷调查及教师访谈了解学生与教师对海洋文化的认知程度及海洋文化融入高中历史教学存在的困境，从而针对这些因素提出行之有效的解决策略。

2. 调查对象

笔者兼顾沿海与内陆城市，选取山东省青岛市 A 高中与山东省泰安市 B 高中两所学校进行调查。在高一与高二年级各抽取 5 个班级进行抽样问卷，调查问卷回收的基本情况见表7-4，调查对象的基本情况见表7-5。

表7-4　　　　　　　　调查问卷回收情况统计表

调查对象	发放问卷总数	回收数量	有效问卷	有效问卷百分比
青岛市A高中	200	191	188	94%
泰安市B高中	200	196	192	95%

表7-5　　　　　　　　问卷调查对象基本情况统计表

年级	人数	男	女	沿海	内陆
高一	186	84	102	87	99
高二	194	93	101	93	101

针对问卷调查难以涉及且需深入探讨的问题，笔者选择了走访调研的方式，对两所高中的一线历史教师进行一对一的访谈提问，访谈对象的基本情况见表7-6。

表7-6　　　　　　　　问卷调查对象基本情况统计表

	学历	任教年级	教龄	职称
A老师	本科	高三	26	高级教师
B老师	本科	高二	11	中级教师
C老师	研究生	高一	2	初级教师
D老师	本科	高二	9	中级教师
E老师	本科	高二	24	高级教师
F老师	研究生	高一	1	初级教师
G老师	研究生	高三	14	中级教师

（二）学生接受海洋文化融入高中历史教学的现状分析

问卷调查通过四部分对当前高中生接受海洋文化融入高中历史

教学进行调查分析，并对比沿海与内陆两个地区学校差异，结果如下：

1. 高中生对海洋文化的基本认知

表7-7　　　高中生对海洋文化基本认知的调查统计表

题目	选项	百分比
1. 在此之前，您是否了解海洋文化？	A. 了解且感兴趣	28.9%
	B. 了解但不感兴趣	23.7%
	C. 不了解但感兴趣	45.1%
	D. 不了解也不感兴趣	2.3%
2. 下列属于海洋文化的是？	A. 海船	5.1%
	B. 与海洋有关的神话	31.9%
	C. 海洋科学	5%
	D. 航海	5.6%
	E. 以上全选	52.4%
3. 我国东南沿海一带民间信仰中保佑航海安全的海神主要是谁？	A. 龙王	4.9%
	B. 郑成功	2.1%
	C. 妈祖	89.4%
	D. 释迦牟尼	3.6%
4. 发现好望角的航海家是谁？	A. 哥伦布	27.4%
	B. 达伽马	14.1%
	C. 迪亚士	49.6%
	D. 麦哲伦	8.9%
5. 我国历史上从何时起指南针应用于航海？	A. 秦朝	10.4%
	B. 汉朝	23.3%
	C. 北宋	46.8%
	D. 元朝	19.5%

第一题涉及学生对于海洋文化一词的了解与喜爱程度，有近一半的学生对海洋文化知识知之甚少，而有70%的学生乐于探究海洋文化，仅有2%的学生对海洋文化呈漠视的态度。第二题涉及学生对于海洋文化一词的概念认知，仅有52.4%的学生能准确选出。第三

题考查中国的海神信仰，有近90%的学生能够正确选出。第四、五题均选自高中历史教材，题目难度并不高，但出乎意料的是准确率却不容乐观，将近一半的学生未能选出正确答案。

调查发现，总体而言，高中生对海洋文化的基本认知较为欠缺，学生对海洋的认识多局限于书本知识，甚至部分出自教材的海洋文化题目也有相当学生没有掌握，学生的海洋文化知识储备有待进一步提高。

与此同时，不同学段海洋文化的认知情况也存在显著差异，调查结果如图7-1所示。

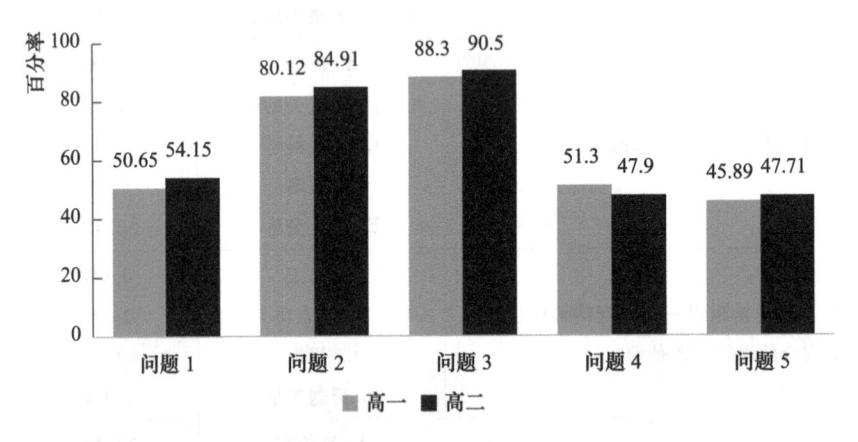

图7-1 学生海洋文化基础知识准确率统计图

调查结果显示，高二学段海洋文化基础知识的答题准确率总体高于高一学段。仅有第四题"发现好望角的航海家是谁"，高一学段准确率高于高二。这可能是由于本题出自《中外历史纲要》下册，高一学生正处于学习时期，对知识的记忆情况比高二年级更为牢固。

调查结果说明：随着学段的上升，学生对海洋文化基础知识的掌握也渐次丰富。通过高中历史课程的学习，对于帮助学生增长海洋文化知识水平具有很大的帮助。

2. 高中生对海洋文化的认可度和学习途径的调查

问卷第6—7题旨在了解学生对海洋文化的认可度，调查结果如图7-2、图7-3所示。

6.您觉得在高中历史学习进程中,海洋文化内容所占比重如何?

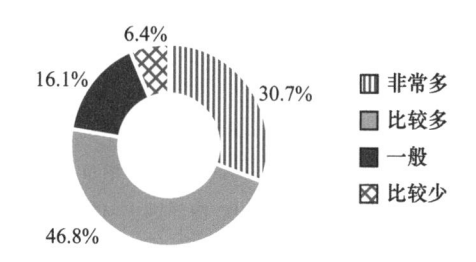

- 非常多 30.7%
- 比较多 46.8%
- 一般 16.1%
- 比较少 6.4%

图 7-2 学生对海洋文化内容所占比重的统计图

7.您认为将海洋文化融入历史学习中,会增加您对历史的学习兴趣吗?

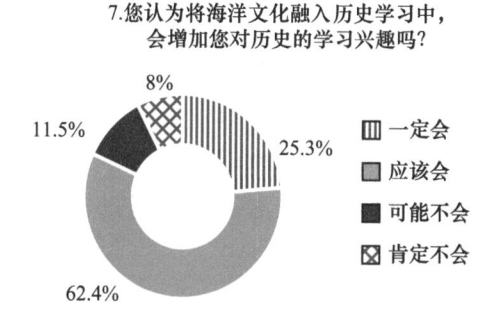

- 一定会 25.3%
- 应该会 62.4%
- 可能不会 11.5%
- 肯定不会 8%

图 7-3 学生对海洋文化融入历史学习的态度统计图

调查显示,将近八成的学生认为海洋文化内容在高中历史学习进程中占有一定的分量,约有 80% 的学生认为将海洋文化融入历史学习中去,能够激发他们的学习热情与求知欲,进而提高学生对历史的掌握程度。

调查结果说明:学生对海洋文化的重要性较为认可,在高中历史教学中适时地融入海洋文化内容,有助于培养学生的学习兴趣,因此将海洋文化融入高中历史教学是符合学生兴趣与发展需要的。

为了解哪种海洋文化更能引起学生对历史的探究热情,笔者在问卷第 8 题以多选题的形式列举了 8 种常见的海洋文化,调查结果如表 7-8 所示。

表 7-8　　　　　学生感兴趣的海洋文化类型统计图

问题	选项	百分比
8. 您最想了解、学习哪一类的海洋文化？（限选三项）	A. 海洋民俗生活	30.7%
	B. 航海与海路文化交流	20.3%
	C. 海港与港市文化	17.2%
	D. 海洋国土与海洋制度	14.7%
	E. 海洋信仰	36.3%
	F. 海洋文学艺术	29.7%
	G. 海洋科学活动	16.8%
	H. 海洋经济活动	16.1%

调查显示，海洋信仰、海洋民俗生活及海洋文学艺术被大多数学生放在感兴趣的前三位。一般来说，与学生日常生活相关的海洋文化类型更为学生所熟悉，极易激起学生的学习热情与求知欲，如海洋信仰与海洋民俗生活等。而海洋经济活动、海洋国土与海洋制度因一些主客观原因，选择比例较低。

调查结果从侧面反映出，海洋精神文化更易调动学生学习历史的积极性与主动性，而海洋制度文化在学生心中的比重还有提高的空间，需要教师采取灵活措施，加深学生对海洋制度文化的重视程度与接受兴趣。

问卷第 9 题旨在了解学生学习海洋文化知识的途径渠道，调查结果见表 7-9 所示。

表 7-9　　　　　高中生获取海洋文化知识途径统计表

题目	选项	百分比
9. 您现有的海洋文化知识主要从哪些途径获得？	A. 电视新闻	8.9%
	B. 手机网络	38.9%
	C. 课堂教学	29.7%
	D. 课外书籍、报纸	12.1%
	E. 学校活动	10.4%

调查发现，学生学习海洋文化知识的途径是多种多样的，而手机网络与课堂教学是主要的学习渠道。手机网络占比38.9%，比重最大，可见数字化时代对学生的学习方式产生了显著的影响。除此之外，少部分学生通过电视新闻、课外书籍报纸以及学校活动进行获取知识。

其中在第9题的调查中发现，沿海学生与内陆学生获取海洋文化知识的途径也存在较大差异，调查结果如表7-10所示。

表7-10 沿海与内陆学生获取海洋文化知识途径对比统计表

题目	选项	百分比 沿海	百分比 内陆
9. 您现有的海洋文化知识主要从哪些途径获得？	A. 电视新闻	4.4%	13.4%
	B. 手机网络	33.2%	44.6%
	C. 课堂教学	31.6%	27.8%
	D. 课外书籍、报纸	14.1%	10.1%
	E. 学校活动	16.7%	4.1%

通过对比可以发现，沿海地区学生以参加学校活动的方式占16.7%，而内陆学生仅占4.1%，一个很大的原因在于沿海地区的学校依托沿海环境的优势，举办的学校活动也多与海洋特色文化相关。生于大海边，长于大海边的沿海高中生对海洋文化的感性认识比内陆学生更为丰富。内陆学生对海洋文化的了解与认知只能偏重于外来形式进行熏陶，由此造成电视新闻、手机网络等途径的比重皆高于沿海学生。除此之外，沿海地区学校会依据临海优势编制海洋文化校本教材，并在课程上对学生予以讲解，使得沿海学生学习海洋文化的动力与态度比内陆学生积极，因此课堂教学、课外书籍与报纸等途径亦高于内陆学生。

问卷第10题为多选题，旨在了解学生对海洋文化学习途径的意愿，调查结果如表7-11所示。

表 7-11　　学生获取海洋文化知识的途径意愿统计表

问题	选项	百分比
10. 您愿意通过何种方式进行海洋文化知识的学习？	A. 历史课堂	39.4%
	B. 网络、电视、报纸等大众媒体	83.2%
	C. 博物馆、海洋馆等公共设施	89.9%
	D. 班级或校园活动	82.2%
	E. 其他	13.5%
	F. 哪种方式都不愿尝试	1.1%

调查结果发现，单一的历史课堂教学难以满足学生对海洋文化知识的学习需求，学生更乐意通过大众媒体、公众设施及校园活动等途径进行海洋文化知识的学习。除此之外，学生对历史课堂这一途径的热情较低，反映了历史课堂传授海洋文化知识的方式与途径需考虑趣味性与灵活性，激起学生的学习热情。因此要保障海洋文化在高中历史教学的实施，满足学生多样化的需求，除了在历史课堂中进行海洋文化教学之外，课外丰富的海洋文化活动也是十分有必要的。

3. 历史教师对海洋文化的教学情况

问卷第 11—12 题针对历史教学在日常授课中对海洋文化内容的传授情况所进行的调查，调查结果如图 7-4、图 7-5 所示。

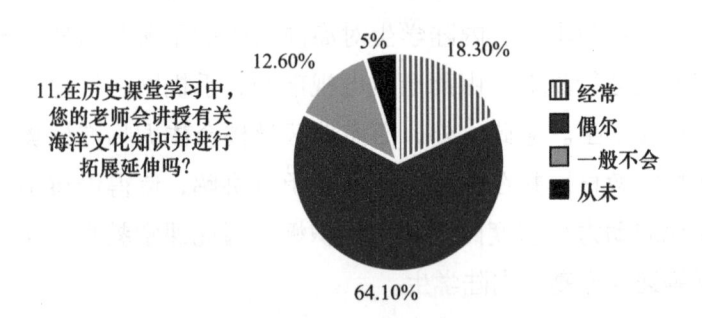

图 7-4　历史教师在日常授课中传授海洋文化知识统计图

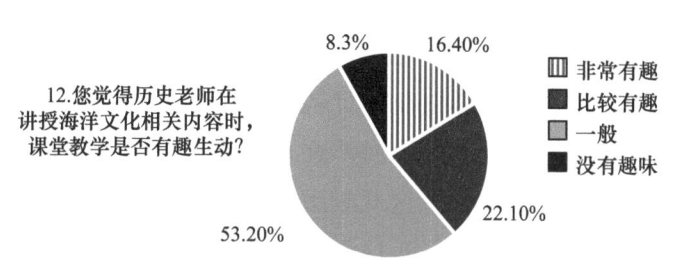

图 7 – 5　历史教师传授海洋文化内容的课堂教学情况统计图

调查结果显示，大部分教师会针对海洋文化内容进行讲授，但其中经常讲授的教师仅占 18.3%，可见历史教师在历史教学中渗透海洋文化知识的程度并不深。同时，只有三分之一的学生认为历史教师课堂讲授生动有趣，说明历史教师在融入方式上仍有待进一步改进。

4. 高中生对当代海洋文化价值观的认识与理解情况的调查

问卷第 13—15 题旨在综合考查高中生对中国海洋文化的认识与认可程度，调查结果如表 7 – 12 所示。

表 7 – 12　高中生对中国海洋文化的认识与认可程度统计表

题目	选项	百分比
13. 您更愿意接受中国海洋文化还是西方海洋文化？	A. 中国海洋文化	14.8%
	B. 西方海洋文化	16.9%
	C. 两者取长补短	66.2%
	D. 两者都不能接受	2.1%
14. 您认为中国是否具备海洋文化传统？	A. 十分具备	45.7%
	B. 不太具备	38.1%
	C. 不具备	9.9%
	D. 不了解，不关心	6.3%
15. 以下哪些是中国海洋文化精神的体现？（多选题）	A. 爱国主义	44.3%
	B. 自高自大，自私自利	1.2%
	C. 开拓进取	16.7%
	D. 崇尚科技、精益求精	29.4%
	E. 侵略扩张	1.6%
	F. 和平合作	74.8%

第 13 题调查结果显示,在对待中西海洋文化的态度上,三分之二的学生认可将中西海洋文化的优势取长补短,用包容的心态促进文化的交流。但是在面对中西海洋文化二选其一时,西方海洋文化比例略高于中国海洋文化。这从侧面反映出,高中生对中国海洋文化的认可度仍有待加深。在第 14 题中,有将近一半的学生认为中国不太具备甚至不具备海洋文化传统,说明高中生受制于陆域文化及农耕文化的桎梏,对中国海洋文化缺乏清晰的认识。从问卷第 15 题发现,在大多数高中生的认知中,中国海洋文化精神自古以来就洋溢着和平合作的色彩,而开拓进取及崇尚科技、精益求精仅占 16.7% 及 29.4%,这说明学生对中国海洋文化发展历史了解不够透彻,无法找出相应示例论证此精神的来源。

问卷第 16—18 题旨在综合考查高中生对现实海洋问题的态度及国际海域争端所持看法,深层次体现了高中生对海洋文化的价值判断,调查结果如表 7 - 13 所示。

表 7 - 13　　高中生对现实海洋问题的态度及国家海域争端所持看法统计表

题目	选项	百分比
16. 日本为节约成本将核污水排海,显示了典型的资本主义弊端,即金钱利益至上,危害人类的共同利益,您是否认同?	A. 完全认同	87.2%
	B. 基本认同	7.1%
	C. 不关心	3.3%
	D. 不认同	2.4%
17. 在处理海域争端时,您认可下列何种方式?	A. 不惜一切代价,维护我国海洋权益	79.3%
	B. 搁置争议,共同开发	15.2%
	C. 放弃	3.1%
	D. 不关心,无所谓	2.4%
18. 您对"海洋命运共同体"理念了解吗?	A. 非常了解	16.3%
	B. 比较了解	30.1%
	C. 不了解	44.8%
	D. 没听说过	8.8%

在第 16 题的调查中，几乎所有学生反对日本核污水排海等危害人类共同利益的行为，反映出学生对现实海洋问题较为关注。第 17 题的调查结果说明，大部分学生认为在处理我国海域争端问题时应积极采取措施，维护我国的海洋权益，仅有极少部分学生对海洋问题漠不关心。第 18 题中的"海洋命运共同体"是中国应对全球海洋治理提出的重要理念，体现了中国海洋文化多元互惠、合作共赢的精神体现，但有近半数的学生表示不了解甚至未听说过，因此历史教师应在讲授海洋文化知识的过程中应适当拓展中国应对全球海洋问题时的精神与智慧，使学生树立对中国海洋文化的自觉与自信，加强民族认同感。

（三）教师开展海洋文化融入高中历史教学的现状分析

针对一线历史教师在教学中对学生海洋文化教学实施现状，笔者利用实习及课余时间对高一至高三的历史教师进行访谈，具体访谈结果如下：

1. 教师对海洋文化的基本认知

①概念认知

当被问到第一题"您了解海洋文化这一概念吗？"，通过对七位历史教师的访谈发现，不同教龄、不同地区的历史教师对海洋文化这一概念的认知存在较大差异。总体来看，成熟历史教师教学经验丰富，其对海洋文化的理解与钻研程度比年轻教师更深一层。而沿海学校的历史教师由于学校海洋文化特色浓郁，学校会组织教师参加海洋文化教育培训，因而具有对海洋文化的深层认知与理解。其中 B 老师表示："听说过，我自己平时也会关注一些海洋时事新闻。不同国家面对海洋争端时所采取的态度其实或多或少都与各国的海洋文化有关，我认为自古以来中国海洋文化的精神就是和平友好、博大宽容。"G 教师表示："青岛就是一座十分具有海洋文化特色的城市，我们所在的学校也会经常举办一些讲座或者研学活动向学生普及一些海洋文化知识。"而一些处于内陆学校的年轻教师则对海洋文化仅仅有所耳闻，并未十分了解。由此可见，历史教师对海洋文化这一概念的认知受到多种因素的影响。

②重要性认知

通过访谈发现，历史教师们一致肯定海洋文化融入高中历史教学的重要意义，认为海洋文化融入历史教学不仅有利于培养学生的历史核心素养，也有助于教师自身专业素养的提升。再问到第二题"您认为在高中历史教学中进行海洋文化教育有必要吗？"时，A老师说道："十分有必要，目前国际海洋形势不容乐观，在这种形势下需要大力推进海洋文化走进历史课堂，从意识形态领域增强中学生的海洋文化意识。"C教师指出："有必要，一直以来，提到海洋文化我们首先想到的是西方利用海洋发达的历史，我们头脑中一直留存的是闭关锁国与海禁政策，这是不对的。中国也有着十分辉煌的海洋文化印记，我们需要通过历史这门课程去挖掘与弘扬。"除此之外的历史教师从不同角度均对此问题表达了自己的看法，因此，历史教师应坚持不懈地探寻历史教学中蕴含的海洋文化价值，并将其与社会生活经验相结合，使学生真正理解海洋文化在新时代的价值内涵。

2. 教师对教材中海洋文化内容的认知

通过对七位历史教师的访谈发现，多数历史教师认可教材中海洋文化内容，认为其贴合史实，并具有一定的教育意义。但是也有部分教师认为教材中国分布的海洋文化内容过于浅层化，内容设置少而分散，需要教师进行深层挖掘。在问到第三题"您如何看待高中历史统编版教材中的海洋文化内容？"时，B教师这样说道："我认为高中历史统编版教材作为国家制定的统一教材，其有关海洋文化内容是十分精简但层次分明，并且观点明确，符合唯物主义历史观。"但也有教师呈不同看法，比如C教师提到："我认为教材中涉及的海洋文化知识点太过于松散，使得学生掌握知识不够系统，教师的认识也不够深刻。"D教师讲道："我认为教材中的知识还需要教师进一步进行整合归纳，虽说高中历史是综合的历史，不全都是海洋知识，但是既然课标已经新增了海洋权益的相关内容，我们就应该加以重视。"F 教师提到："课本中海洋文化知识所占总课时的比重较小，不是学习的重点，提到海洋文化我更多先想到是新航路开辟、殖民扩张等西方海洋文化史。"由此可见，一部分教师提出了统编版教材中海洋文化内容编排的问题，认为其所占篇幅较少且分散，在这一内容的讲授过程中更需要教师提前梳理线索与发展脉络。也有一部分教师没有全面认知教材中的海洋文化知识，仅仅关注到西方海洋文化，这同时也说明教材的编排存在中外海洋文化比重差距过大的问题。

3. 海洋文化教学实践情况

①历史课堂中的实施现状

通过访谈发现，海洋文化融入历史课堂的情况不容乐观，部分教师将海洋文化知识视为非重点，略讲甚至不讲海洋文化方面的知识。不同教龄的教师在讲授海洋文化知识时亦存在显著差异。成熟教师视野开阔，涉猎知识广泛，在讲解相关知识时也会引证海洋时事启迪学生思考。年轻教师更多关注"教学"阶段，对海洋文化落实课堂有所弱化。在问到"您在教学中是否会有意识地讲授海洋文化知识？"时，B 教师如是说道："我一般会根据课标要求只讲解教材中涉及的海洋文化知识点，我认为高中生的学习精力有限，教学中延伸太多内容会加重学生的负担。如果是重难点我会强调一下，如果不是，就会只让学生课下了解即可。"F 教师说道："统编版教材一课内容太多，分配时间有难度，在教学中我会先考虑课标与时间问题，如果时间允许，我会拓展一些海洋文化知识，如果任务太多，我就不会提及。"可见，教师将海洋文化融入历史教学的过程受到年龄、课标、教学时长、学生负担等多种因素的影响，年轻教师往往很难对教材内容进行拓展与深化，海洋文化教学仅仅停留在对教材知识的讲解上。

②教学方式的选择

在问及"在历史教学中融入海洋文化时您通常是采用哪些教学方式进行的？"时，多数历史教师采取的是传统式教学，直接讲解。

这种教学方式虽然使学生的积极性有所欠缺,但是能够在较短的时间内实现知识的传播,比较符合高中生的学习现状。也有个别教师表示,学生在学习过程中更喜爱问题探究、专题学习、小组合作等发挥主观积极性的半开放式的教学方式,但并未找到合适的教学素材及教学时机进行这方面的尝试。

当被问及"除历史课堂之外,您认为从哪些方面着手更有助于增强学生的海洋文化意识?"时,大部分教师认为在互联网飞速发展的今天,提升学生的海洋文化意识不能仅仅局限于书本或者课堂教学,更应该让学生走出去。例如A教师说道:"我认为娱乐学习的效果往往比课堂学习更能调动学生的主动性,建议举办一些活动,比如参观青岛海军博物馆,或者利用'中国海洋文化节'为主题来举办一些普及海洋文化知识的活动。"部分教师从学生的角度出发,认为学生是教育过程的主体,从学生本身入手是最根本的。例如教师D说道:"我认为提升学生的兴趣与注意力最好的办法就是让学生参与到其中去,比如在班级里举办一些海洋文化专题讨论活动海洋文化辩论赛,让学生自己当辩手,争相发言,在活动中增长见识。"也有部分教师从教师的角度出发,教师本身必须具有丰富的海洋文化知识储备,才能更好地运用到教学中,反馈给学生更丰厚的海洋文化知识。

4. 教师传授海洋文化内容时的困难

通过同七位历史教师的访谈发现,历史教师普遍认为将海洋文化融入历史教学存在着许多困难与矛盾。A教师说道:"哪些素材可以作为海洋文化的教学素材?如何处理这些教学素材?如何扎根教材又超越教材,从深层面对学生进行正确海洋文化价值观的教育与熏陶?"B教师说道:"我认为目前高中生的学习压力是一个重担,基础知识的历史教学已经耗费不少的精力,再进行更多的海洋文化传授,学生恐怕不能接受。"教师C提到:"当前的教学课时有限且海洋文化的知识在教学中所占比重较低,使得学生对这方面的重视程度不够。"教师D说道:"教材中的海洋文化知识太过零碎,如何以一个合适的线索将海洋文化知识串联是一个比较棘手的问题。"可见，较多历史教师对海洋文化的教学方式存在疑惑，在教材内容的整合与处理方式方面有待进一步优化，教学素材的选择也有诸多矛盾。

二　海洋文化融入高中历史教学中存在问题及原因分析

当前，海洋文化存在难以融入高中历史教学中的问题，造成这一现象的原因也是多方面的。以下笔者将从学生、教师以及学校三个层面系统分析原因所在。

（一）学生层面

1. 缺乏学习海洋文化的主动性

通过学生调查发现，尽管多数学生对海洋文化存在学习热情，但并不会积极主动地去交流与探讨，尤其是对中国海洋文化缺乏清晰的认知，这主要原因是学生对海洋文化仅仅停留在兴趣层面，并未付诸行动。而沿海与内陆学生在海洋文化的学习途径中也存在较大差异，侧面反映了学生的学习途径存在局限性，海洋文化教学模式重知轻行，缺乏对学生实践能力的培养。受到"应试教育"的影响，学生接受海洋文化知识的过程往往局限于教室这一封闭的空间环境，这影响了学生学习海洋文化的积极性与主动性。

2. 海洋文化知识储备较为薄弱

通过学生调查可知，高中生对海洋文化的知识储备较为欠缺，大部分了解来自历史教材中学习到的海洋文化知识，这是由多方面因素所造成的：首先，在高考模式的影响下，学生一年四季都在为考试而学习，很少有自己的空余时间去扩充海洋文化的知识面。其次，部分教师也受到应试教育的影响，仅仅讲授教材中可能考到的海洋文化内容，且传授层面往往较为浅显且频率较低，很难针对海洋文化进行全面细致的讲解。最后，部分学校由于地域差异及资金设备等情况，无法有效组织实践活动以拓展学生对海洋文化的知识面。

(二) 教师层面

1. 教师自身海洋文化素养有待提高

通过学生调查及教师访谈可发现，部分教师很少会在历史教学中专门进行海洋文化的讲授，对教材中海洋文化的重视程度不够，教学内容固定且浅显。随着国家海洋强国战略的不断推进，海洋文化在高考试题中的比重不断上升，教师很大程度上以考试频率来衡量海洋文化知识的选择。教师对海洋文化的关注程度不高，因此在选择海洋文化素材和教学方式存在困难。在历史课堂实践时，教师更多是单方面地进行海洋文化部分知识的简单讲解，并未触及海洋文化背后所传达的精神内涵，通过学生机械记忆的方式来达到考试效果，这与国家所提倡的素质教育背道而驰。

2. 教学手段较为单一

通过学生对教师的课堂反馈及教师访谈可发现，大部分历史教师仅仅采取单一的讲授法对学生进行海洋文化知识的灌输。尽管讲授法上手快、传递效率较高，但长此以往，学生永远是知识的被动接受者，精力很难长期集中，学习效果也不会理想。不仅如此，教师往往只针对单课海洋文化的部分内容进行讲授，很难使学生达到潜移默化的教育效果。学生对海洋文化的知识讲授仅仅停留在教材的表面信息，未能深入探知海洋文化背后传达的精神价值，并与现实生活相关联，学生学习海洋文化的动力与效率受到抑制。

(三) 学校层面

首先，部分学校受到高考模式的影响，以升学率至上，未能营造良好的海洋文化学习氛围。其次，受到地域差异的影响，沿海学校基于独特的沿海优势，海洋文化活动举办较为丰富，一定程度上拓宽了学生对海洋文化的知识面。而内陆学校因地域与资金限制，相关的海洋文化活动较少，学生接受海洋文化的熏陶仅仅局限于课堂教学，学生难以在亲身体验中获得海洋文化的感性认知。最后，由于高中生的学习压力较大，繁重的学业使得学生无法抽身参加相关的海洋文化活动。海洋文化在人类与海洋的社会实践中产生，学生通过丰富多彩的海洋文化活动，全身心置于历史情境中感悟海洋文化的精神价值，才会在内心深处形成对民族文化的自豪感与认同感。

第五节 海洋文化融入高中历史教学的步骤策略

通过前面对高中历史教学中海洋文化教学现状的探讨，发现在高中历史学科中融入海洋文化的教学实践仍存在诸多问题。针对当前海洋文化教学现状所暴露出的问题以及高中历史统编版教科书中海洋文化内容呈现的特点与不足，提出"拓库""梳理""融入"三个环环相扣、紧密联系的步骤措施，以为教师开展海洋文化教学提供建议。

一 拓库：搜集海洋文化教学资源

针对教师访谈中部分教师对海洋文化认知不清晰，因此在如何把握海洋文化教学素材方面存在困难。同时，统编版教科书中海洋文化内容占比较少，如果仅基于教科书则教学资源过于单薄，因此需要课外教学资源予以辅助，拓展海洋文化教学资源库。课外教学资源包括海洋文化校本课程、高考历史试题及互联网资源等，具有广泛性与整合性，适用于全国范围内的历史课堂。课外教学资源与教科书相互配合，从而丰富海洋文化教学素材，有利于教师构建完整的海洋文化教学资源网络。

（一）校本课程资源

依托海洋文化的历史校本课程资源主要以海洋文化为研究载体，充分利用当地的海洋文化历史资源，以课堂学习、研究性学习、开设选修课的形式增进学生对海洋文化的认识，从而培养学生海洋文化意识，激发热爱家乡、热爱祖国的自豪感。

以山东省为例，青岛市各学校纷纷利用海洋地域特色，开发海洋文化校本课程。例如胶南市实验中学开发设计了《胶南常见海产品识别》《胶南近海养殖探究》等海洋文化课程，使学生在认识本地区海洋历史文化的过程中同时了解胶南市的海洋产业及发展历史[①]。除此，日照市实验学校以日照海洋特色为主题，将海洋文化精神融入历史教育、道德教育之中，使海洋文化课程成为系统化、专门化的校本课程。该学校通过编写《蓝色畅想》海洋文化校本教材，强调学生认识家乡的海洋文化，增强对海洋重要性的理解[②]。

海洋文化校本课程的实施与历史课堂教学是一个交互、同步进行的过程。教师将校本课程资源融合进高中历史教学中，需要以历史教科书海洋文化内容为切入点，通过校本教材拓展课本内容，使历史知识具体化，最终实现历史为现实服务的目的。

（二）高考历史试题资源

高考作为高中历史教学的重要组成部分，海洋文化内容在高考试题中的比重不断加大。教师可将海洋文化高考试题作为培养学生海洋文化意识的辅助性材料，在渗透海洋文化知识的过程中锻炼历史解题技巧，提升对高考试题的熟悉程度。

涉及海洋文化的高考试题资源融入高中历史教学的形式是多种多样的。由于高考历史试题本身具有科学性，可以作为直接史料用于新课讲授的各个环节。同时，在课堂巩固环节，海洋文化高考试题可以作为练习题，帮助学生重视海洋文化在高考试题中出现的可能性。笔者对近年来涉及的海洋文化试题进行总结如下：

表7-14　　　高考涉及海洋文化知识的历史试题汇总

题号	题型	涉及海洋文化知识点	对应教科书章节
2013年全国Ⅰ卷第40题	主观材料题	中国古代、近代对海洋的利用特点及其变化	《中外历史纲要》上册第11课中的第二子目（商业和城市的繁荣）；第17课中的第二子目（洋务运动）

---

① 张惠：《中学历史乡土校本课程开发研究》，硕士学位论文，山东师范大学，2016年，第26页。

② 李婷婷：《中学历史教学中的海洋意识培养研究》，硕士学位论文，山东师范大学，2018年，第26页。

续表

题号	题型	涉及海洋文化知识点	对应教科书章节
2014年全国Ⅰ卷第27题	选择题	清初，海洋贸易对中国白银流向的影响	《中外历史纲要》上册第14课中的第三子目（统治危机的初显）
2015年全国Ⅰ卷第26题	选择题	宋代妈祖海上信仰所反映的东南沿海社会经济的发展	《中外历史纲要》上册第11课中的第二子目（商业和城市的繁荣）
2016年全国Ⅱ卷第41题	观点论证题	以玄奘和鉴真为切入点考察古代中外文化交流	《中外历史纲要》上册第8课中的第四子目（中外文化交流）
2017年全国Ⅱ卷第28题	选择题	福州船政局造船费用变化的时代原因	
2017年全国Ⅲ卷第40题	主观材料题	荷兰侵占中国台湾，郑成功收复台湾，维护中国海洋权益	《中外历史纲要》上册第14课中的第二子目（疆域的稳定）
2018年全国Ⅰ卷第27题	选择题	郑和下西洋带回的外来物品推动传统观念更新。	《中外历史纲要》上册第13课中的第二子目（海上交通与沿海形势）
2019年全国Ⅱ卷第41题	主观材料题	清朝中期、晚期、新中国成立初期海洋贸易政策的变化	《中外历史纲要》上册第14课中的第二子目（统治危机的初显）；第16课中的第二子目（两次鸦片战争）第26课中的第二子目（人民政权的巩固）
2022年全国Ⅱ卷第33题	选择题	荷兰、英国等国的殖民扩张——黑奴贸易	《中外历史纲要》下册第7课中的第三子目（早期殖民扩张）
2022年全国Ⅱ卷第41题	主观材料题	以大豆种植和传播为切入点考察"一带一路"视域下"人类命运共同体"的构建。	《中外历史纲要》下册第7课中的第二子目（商品的世界性流动）

续表

题号	题型	涉及海洋文化知识点	对应教科书章节
2023年全国甲卷第41题	主观材料题	以《塞尔登的中国地图：重返东方大航海时代》凸显明代对外航海与贸易状况及中国南海的核心地位	明末清初中国对外交流；西方资本主义崛起；早期殖民扩张

（三）互联网资源

在"互联网+"的时代背景下，互联网信息技术既推动了教学组织方式的重大变革，也为教师提供了更为丰富的教育教学资源。教师可根据教材中的海洋文化内容适时利用互联网信息技术选取相关材料，使学生在多类型的历史材料中加深对海洋文化的认识，拓宽对海洋文化的理解水平。

首先，影像音频资料是互联网资源用于历史教学的关键要素。应用于历史教学中的影像音频可分为纪录片和影片两类。教师在选择海洋文化影像音频资料时，既要充分判断资料本身的使用价值，又要考虑高中生的认知水平与接受能力。笔者根据筛选，认为适用于高中生海洋文化知识教学的纪录片材料有：《走向海洋》《蓝海中国》《走向深蓝》《东向大海》《穿越海上丝绸之路》《一带一路》《大国崛起》等。海洋军事文化题材影片类型较为丰富，例如《珍珠港》《1894甲午大海战》《红海行动》等。以电影《八佰》为例，影片开头展示了日舰在黄浦江鸣炮庆祝日军胜利的场景。教师可将其作为课堂导入环节，应用于《中外历史纲要》上册第24课第一子目（正片战争的形成）。教师引导学生感悟淞沪会战时日军海洋军事文化所衍生的海军装备、海军制度、海军作战思想的强大，借此向学生传达海军实力的重要性以及建设中国现代海军的重要意义。

其次，针对多数一线历史教师而言，其对海洋文化概念及其所衍生的海洋文化知识并未有过多了解。在这种情况下，教师需同学生一样，不断与时俱进，利用网络课程资源加强海洋文化知识的学习，并且要求比学生更加深入，以便有效地开展教育工作。

另外，教师在教学过程中也可利用海洋文化公众号或者海洋文化网站等加强海洋文化知识的构建，例如中国网海洋频道、中国海洋在线网、海洋日活动官方网站、海洋出版社网站、海洋文化教育研究中心、中国海洋发展研究中心等。同时也可向学生推荐海洋文化知识类的小游戏APP，如海上丝路、蓝海卫士等。教师也可向学生提供海洋文化历史遗址、纪念馆、历史博物馆的网站或网址，引导学生进行网上浏览。总之，利用互联网信息技术既有助于教师构建完整的海洋文化教学资源，同时也促进了历史教师不断学习、自我发展之路。

二　梳理：明晰中西海洋文化发展主线

教材编写者徐蓝说到在编写教材时注重对内容线索的编排，使得教科书线索清晰、层次分明[①]。从调查与访谈可发现，目前多数历史教师对海洋文化的融入方式存在认知上的误区，忽视了线索主线对于事物发展的串联作用。而现行教材海洋文化内容分布零散且知识片面，难以使学生对海洋文化形成系统化的整体思维。由此，教师应在"拓库"的基础之上，依托于教材，整合相关内容，梳理出中西海洋文化发展的路径线索，使教师在建立主线的情况下进行教学，做好知识之间的衔接，以帮助学生构建全面系统的海洋文化知识体系。与此同时，通过中西海洋文化发展主线的梳理可以更好地认识中西海洋文化发展历程，并从中洞察其各自秉持的海洋文化价值观，为当今海洋文化软实力的提升提供经验启示。

通过对高中历史统编版教材的内容整合与分析，笔者梳理出中

[①]　徐蓝：《统编普通高中历史教科书的新气象》，《基础教育课程》2019年第17期，第69页。

国海洋文化和平发展之路和西方海洋文化全球扩张之路两条线索，以下进行简要分析。

（一）中国海洋文化和平发展之路

按照教材的编排内容可发现中国古代海洋文化注重商贸思想，编排内容侧重于利用海洋进行贸易与民族往来。中国近代海洋文化注重海防思想，编排内容侧重于利用海洋战争加强海防意识。中国现代海洋文化注重国际意识与大国观念，编排内容侧重于服务海洋强国战略与海洋命运共同体理念的贯彻实施。虽然不同时期中国海洋文化面临不同局面，表现出不同的特点。但总体而言，中国一直坚持和谐式、和平式的海洋文化传统模式和发展道路并逐渐在世界海洋舞台上重振辉煌。

1. 古代海洋贸易与民族往来

古代中国通过造船技术及航海技术的发展，海洋贸易不断向纵深发展，并由此促进海上民族的互动与交流。教材中的海洋贸易与民族往来主要围绕"海上丝绸之路"进行书写，使学生认识到中国古代海洋贸易与文化传播对世界发展的重要作用以及海洋兴衰对国家发展的影响。

汉朝所建立的"海上丝绸之路"将古代的海洋经略带入了新的发展阶段，即与世界开始进行交往[1]。唐朝时期，"海上丝绸之路"在国家战略中的地位日益凸显，海上航路的开拓也为鉴真东渡和日本遣唐使等使者往来提供了交通保障。唐朝统治者通过设立市舶司及鼓励文化交流互鉴体现了唐朝海洋文化的开放性和包容性。

宋元时期海洋贸易进入繁盛时期。指南针及造船技术的巨大进步为宋代海洋贸易的兴盛创造了重要条件。宋朝政府通过制定海洋贸易条例及加强海船管理等体现了其对海上利益的重视。此时期以瓷器为代表的手工业产品广销海外，备受欢迎，以广州为代表的外

---

[1] 刘笑阳:《中国海洋强国思想的历史逻辑》，《中国战略报告》2016年第2期，第177页。

贸港口迅速发展，并为国家带来了巨大收益。元朝基本沿袭了宋朝的海洋贸易政策，海外贸易范围有所扩展。同时元朝创见性地设立澎湖巡检司，标志着中国对台湾的正式管辖。

郑和下西洋迎来了中国古代海洋贸易的顶峰，也是世界航海史上极其辉煌的一页。这一壮举既沟通了中国与亚非国家的贸易与文化联系，又体现了中国海洋文化中的和平思想。明清时期的海禁政策抑制了中国古代海洋贸易与民族往来的发展，同时也预示着海上丝绸之路的衰败。中国与西方在海洋经略的选择上背道而驰，从而为近代海权丧失与民族的衰落埋下伏笔。

2. 近代海权与海防建设

近代中国被侵略的历史从海上发起，鸦片战争开启了中国充满耻辱与抗争的历史进程。中国的思想家与政治家认识到了西方列强凭借海上力量超越东方的事实，进而萌发了"开眼看世界"的海权与海防建设思想。教科书主要通过以下几方面进行近代海权与海防建设的书写：

纵观近代中国与西方列强的军事战争，大部分是通过海洋进行的。英国通过海洋走私鸦片贸易使独立的中国逐渐沦为列强欺辱的对象，中国的海洋主权开始丧失。甲午中日海战使得北洋水师全军覆没，中国的制海权拱手让与日本，西方列强自此掀起了瓜分中国的狂潮。这些与海洋相关的侵略战争使得中国的海洋事业全面萧条，中国海防与海权受到极大破坏。

通过一系列被侵略战争的相继失败，清政府与西方列强签订的条约进一步使中国的海洋主权逐步丧失。《南京条约》中清政府割香港岛给英国，《马关条约》将辽东半岛、台湾岛及其附属岛屿以及澎湖列岛近10万平方千米的土地割让给日本，同时，西方列强在沿海港口设立租界并攫取中国海关大权，中国海权与海防受到极大破坏。

中国近代在海上饱受侵略与威胁，国人逐渐从海洋的漠视中苏醒，近代海防与海权建设随之开展。魏源在《海国图志》之《筹海篇》中主张由拥有强大海军而掌握海权，期望中国通过发展海洋文明从而成为一个能够足以"制夷"的"海国"[①]。洋务派为抵御列强入侵，大力发展海防与海军建设，船政学堂、福州船政局、轮船招商局等机构纷纷设立，并为中国带来了近代历史上最强大的海军。海军衙门的设立促进了国家海洋机制的构建，海洋制度文化不断发展，中国的海洋事业即将开启新的篇章。

3. 现代海洋强国建设

新中国成立后，在中国共产党的坚强领导下，我国不断实现海权独立自主、向海图强、依海富国，海洋强国之路不断推进。

在海洋经济建设方面，中国先后在沿海城市和地区实施对外开放，形成了点线面的对外开放新格局，真正意义上实现了中国面向海洋的完全开放，体现了国家对海洋经济的重视。在海洋科技方面，中国"奋斗者号"全海深载人潜水器等海洋科技的发明创造为中国加快建设海洋强国建立技术支持。在海防与海军建设方面，中国通过划设东海防空识别区，执行钓鱼岛维权斗争、南海常态化战斗巡航等内容，明确了坚决维护东海与南海的海上安全与主权独立。教材提供了习近平在南海检阅海上编队的图片，使学生更为直观地感受新时代我国海军发展所汇聚的磅礴力量，感受党和国家建设海洋强国的坚定信念。

在国际上，中国遵循和平发展理念，利用海洋全方位开展对外外交，为世界发展做出中国贡献。中国利用"21世纪海上丝绸之路"积极同沿线国家发展海上合作，共创经济繁荣。同时中国有效进行海上维权、反恐维稳、抢险救灾、国际维和、亚丁湾护航、人道主义救援等重大任务，努力构建海洋命运共同体，彰显大国担当。

从教材中对中国海洋文化发展主线的梳理可知，自古以来，中国海洋文化发展道路始终秉持和平的精神基调，以中国智慧促进世界和平发展，努力开拓出海洋命运共同体的新境界和新高度。

---

① 李强华：《基于近代海洋意识觉醒视角的魏源"海国"理念探究》，《上海海洋大学学报》2012年第5期，第917—922页。

(二) 西方海洋文化全球扩张之路

根据教材的编排可发现，西方海洋文化在古代部分强调的是世界海洋文明的区域化与多元化发展。近代新航路开辟后，西方国家"冲出地中海"，开始利用海洋进行四处侵略、殖民的罪恶历史[①]。现代以来，海洋仍成为西方帝国主义国家争夺霸权的"利益工具"，而中国适时提出了"海洋命运共同体"的理念，期待依靠中国智慧开启一个包容共生、和谐共平的新海洋时代。

1. 古代世界海洋文明的区域化与多元化扩展

古代世界由于生产力的局限，世界文明往往在某一范围内扩展。世界依靠海洋文明发源的国家往往通过两种方式进行文明的扩展，一是武力征服，二是和平交往。教科书主要通过这两种方式来叙述早期世界海洋文明的扩展历程。

依靠海洋进行武力征服的国家主要有古希腊、罗马及奥斯曼帝国。以海洋文明著称的古希腊人基于三面环海的地理位置，依靠组织能力、航海技术与武器，向地中海和黑海周边地区殖民或移民。古代罗马在征服地中海的过程中积极发展商品贸易，促进了文化的交流与繁荣。阿拉伯帝国由盛转衰后，奥斯曼帝国逐渐兴起，并跨过黑海海峡不断向欧洲进军，最终建立起地跨亚非欧三洲的大帝国。这些国家通过武力征服以扩展文明的同时，促进了区域间经济与文化的交流，并显露出西方海洋文化的侵略性特征。

西方国家与东方的商品贸易主要以和平交往的形式展开。随着海上通道的不断开拓，罗马帝国通过丝绸之路与汉朝进行商品贸易，并促进了双方经贸与文化交流。阿拉伯帝国鼎盛时期，海上贸易遍及东亚、西欧及非洲的广大地区，东西方文化在交流中不断融合发展。

2. 近代海洋全球化与资本主义市场的形成

新航路开辟后，海洋全球实现了历史意义上的联通。海洋全球

[①] 曲金良：《西方海洋文明千年兴衰历史考察》，《人民论坛·学术前沿》2012年第6期，第61页。

化的建立，引发人口、物种及商品的全球性交流，这都为西欧资本主义世界市场的形成积累了资本。

首先，新航路的开辟使区域贸易向全球贸易拓展，资本主义市场的雏形出现。与新航路开辟相伴而来的是殖民扩张和资本掠夺，促进了殖民国家资本主义的发展。其次，工业革命催生了海洋交通工具的革新进步，汽船等的出现为殖民侵略提供了便利。非、拉地区成为原料产地和工业品销售市场，资本主义世界市场基本形成。最后，第二次工业革命中，海洋科技与海洋交通技术的发展更为快速，航海雷达及大型远洋货轮的出现加速了侵略国家对海外殖民地的掠夺。主要资本主义国家纷纷向垄断资本主义过渡，列强掀起了瓜分世界的狂潮，资本主义世界市场最终形成。在此过程中，西方海洋文化的侵略色彩不断加深，并逐渐引发一系列的海洋争夺与民族危机。

3. 现代海洋命运共同体

现代以来，西方海洋文化的霸权主义与强权色彩仍然存在，一战与二战的爆发是西方国家坚持侵略与扩张模式所造成的结果。随着世界多极化的不断发展，西方海洋文化的侵略扩张性最终会被和平合作所取代，中国"海洋命运共同体"的理念将推动全球海洋治理走向和平化发展。

现代以来，海洋权益和极地资源争夺日趋激烈，国际海洋法律的制定为维护海洋权益提供基础的制度保障，同时也体现出全球海洋治理的规范化发展。

随着第三次科技革命的到来，海洋科技不断向纵深发展。海洋科技的不断进步不仅提升了海洋资源的开发与利用效率，同时也为构建海洋命运共同体提供技术支持。

一战与二战进一步证明了领土征服与侵略扩张的发展模式必将盛极而衰，不可持续，和平主义、多边主义与合作主义才是战后的主流发展模式。海洋应为促进世界和谐、世界各国携手合作的桥梁，而不应是争夺霸权的"利益工具"。中国"海洋命运共同体"理念受到世界范围内的认可与响应，表明世界各国对海洋霸权思想的摒弃，期望建立公正合理的国际海洋新秩序。

从教材中对西方海洋文化发展主线可知，早期世界海洋文化呈多元化发展，但西方海洋文化已经显露侵略式，海盗式的发展模式。近代西方海洋文化在资本主义发展及世界市场形成过程中征服了世界，却在政治和文化上留下了民族国家纠纷的世界性难题。现代以来，海洋仍成为西方帝国主义国家争夺霸权的"利益工具"，但中国的"海洋命运共同体"理念逐渐被世界各国所认可，中国海洋文化的和平互惠、兼容并包的精神特质将成为世界海洋和平发展的坚强力量。

三　融入：海洋文化贯穿历史教学

海洋文化的融入环节与上文的"拓库"及"梳理"是有效衔接的。教师通过拓宽海洋文化资源库及梳理中西海洋文化发展主线后，自然对海洋文化融入历史教学的路径方式有了更深一层地获悉。笔者以前文对海洋文化融入高中历史教学的问题为依据，并结合实习经历，采取散点式融入、主题式融入、补充式融入以及沉浸式融入四个环节加强海洋文化与高中历史教学的有效结合。

（一）散点式融入：推进海洋文化渗透过程

通过前文对教材的分析可知，部分海洋文化知识具有"隐匿性"的特点。高中生的认知水平与经验有限，难以准确捕捉到隐藏在普通历史文字下的海洋文化知识，需要教师及时点拨，使隐形的海洋文化知识显性化。同时通过访谈发现，大部分历史教师将海洋文化教育与历史教学相分离，只讲述教材中规定的海洋文化知识，在讲授其他历史知识时，一般不会进行海洋文化教育。因此，历史教师应该采取"散点式融入"方式，将海洋文化知识融入其他历史知识的教学，把握"隐匿性"的教育时机，以便在有限的课堂时间内将海洋文化潜移默化地渗透给学生，而这也是"渗透式教学"的体现。

高中历史教学以历史课堂教学为主阵地，要使海洋文化真正落到实处，就必须将海洋文化融入于历史教学的始终，即在课堂导入、新课讲授、课堂巩固等环节都充分利用海洋文化资源，使海洋文化教学成为高中历史教学的常态化，从而对学生产生潜移默化的教育效果。

1. 海洋文化与课堂导入

课堂导入环节关系到课堂教学的整体氛围与节奏，一个精彩的导入，既能使学生兴趣盎然，又能激起学生强烈的求知欲望，让课堂教学收到良好的预设效果[①]。海洋文化素材具有生动性、历史性及形象性等特点，在高中历史教学中利用海洋文化资源进行课堂导入，既能激发学生的学习热情，又能加深学生对于海洋文化的印象。

①海洋物质文化导入课堂教学

【案例1】以河姆渡海洋物质文化遗址导入《中外历史纲要（上）》第一课《中华文明的起源与早期国家》。

多媒体展示两幅图片：

图7-6　石锛 　　　　　　图7-7　木桨

教师：这是河姆渡文化遗址出土的石锛和木桨，大家根据它们的名字与形状，猜猜看这两个物品的用途是什么呢？

学生（预设回答）：木桨是用来划船的。

教师：木匠的出现说明当时的河姆渡人已经有了制船工艺，而

---

① 谢春莉：《解构标题　导入新课——新课标人教版高中历史导入方法》，《课程教育研究》2015年第9期，第47页。

第一则图片中的石锛亦是新石器时期河姆渡人"刳木为舟"、专用于独木舟制造的先进生产工具。我们虽无法判断它们是否用于航海，但是这些河姆渡文化遗址却出现在浙江沿海、舟山群岛、台湾、日本群岛乃至遥远的太平洋岛屿，这说明什么？

学生（预设回答）：中国河姆渡文化通过航海传播到其他地区。

教师：传统观点中认为中华文化起源于黄河流域的大陆文化，然后向周围拓展，从河姆渡文化遗址中我们可以看出中国海洋文化的早期曙光，海洋文化与大陆文化共存于中华文化体系之中。那么中华文明究竟是如何起源的？又具有什么特点呢？今天我们一起来学习第一课《中华文明的起源与早期国家》。

片段教学设计意图：这一案例通过对河姆渡海洋物质文化遗存的用途分析，揭示中国传统文明中也有海洋文化的印记。河姆渡海洋物质文化遗存的选择能够让学生在理论联系实际的考古分析中对中华文化的组成产生更清晰的认知。更为重要的是，河姆渡文化通过航海活动传播到其他民族及地区，侧面反映了中华文化对周边民族的辐射力与影响力，在历史教学中能够以此进行家国情怀的教育。

②海洋制度文化导入课堂教学

【案例2】以"一件浙东海货走私贸易案"导入《中外历史纲要（上）》第14课《清朝前中期的鼎盛与危机》。

多媒体展示"一件浙东海货走私贸易案"的相关史料：

《刑部等衙门尚书觉罗雅布兰等残题本》载有康熙元年（1662）3月"王吉甫等违禁下海、私贩洋货案会审"的案例，情况大体如下：

王吉甫，31岁，绍兴府会稽人，伙同处州、杭州、湖州以及广东、四川等地的32名商贩"不思海禁严禁，冀图置买嗜利"，于1660年从福建走私"海货"，贩运到浙江，在台州被稽查到"洋货百担"。在刑讯中，提审官员深令："海逆未平，海禁森严，屡奉谕旨，片板不容下海。"提到沿海各处各层布防：

严饬申禁,并拨官兵于海口要津昼夜提防,不时盘诘,仍悬赏缉拿,务期奸宄绝迹,以靖内地在案。

海外交易的日本目的地是长期作为中日交流桥头堡的长崎:从"平阳下船过东洋"买卖。输往长崎的货物主要是"(湖)丝""绉纱""轻绸""绫""药材"等。在长崎卖得银两后,购买草药、海产干货、香料、皮革等日本产品。往返平阳—长崎之间的"船主王自成"没有到案①。

教师:从材料中我们可以看出王吉甫犯了什么罪?

学生(预设回答):海上走私贸易。

教师:当时江南地区的海外贸易,中国与哪个国家的贸易往来较为密切?中国主要输出什么产品?

学生(预设回答):中国与日本的贸易往来密切,中国的输出产品主要是发达地区江南传统的丝织品。

教师:我们结合上节课所学的知识,明朝时期为何要实行严格的海禁政策?

学生(预设回答):东南沿海地区倭寇动乱,引发社会问题。

教师:统治者实行严格的海禁政策又是否彻底阻遏了民间海外走私和海上倭寇动乱问题呢?

学生(预设回答):没有。

教师:明朝统治者实行严格的海禁政策,禁止民间贸易虽是为了海上国防与安全考虑,但长期禁绝出海贸易活动又给后来的中国社会带来了哪些危机呢?带着这些问题,我们一起来学习第14课《清朝前中期的鼎盛与危机》。

片段教学设计意图:这一案例以"一件浙东海货走私贸易案"为导入素材,该材料以案件的形式通俗易懂,透露出的简单信息虽

---

① 中国科学院编辑:《明清史料》,丁编第三本,国家图书馆出版社2008年版,第258—259页。

是清初海上走私贸易的一般现象，但也透视出明清时代涉及海上活动的普遍性的特点。由此教师可引导学生在全球视角下思考天朝上国体制下海禁政策给清朝的社会带来的矛盾与危机。通过海洋制度文化的相关史料进行课堂导入，不仅能够使学生在王朝视角下了解海洋制度的发展状况，更为重要的是，还能让学生体会到特定历史时期的社会经济发展特征。

③海洋精神文化导入课堂教学

【案例3】以《和贾至舍人早朝大明宫之作》以及《咏宋代泉州海外交通贸易》两首诗导入《中外历史纲要（上）》第11课《辽宋夏金元的经济与社会》。

多媒体展示唐朝诗人王维《和贾至舍人早朝大明宫之作》以及北宋翰林学士李邴的《咏宋代泉州海外交通贸易》的部分诗句。

材料一："九天阊阖开宫殿，万国衣冠拜冕旒。"
——唐王维《和贾至舍人早朝大明宫之作》

材料二："苍官影里三洲路，涨海声中万国商。"
——北宋李邴《咏宋代泉州海外交通贸易》

教师：以上是不同时期的文学家所作的两首诗，材料一描绘的是唐朝文武百官早朝的场面，大家可以感受到怎样的一种场面或气势呢？

学生（预设回答）：感受到了"万国朝拜"，唐朝天子的权威，政治的威严。

教师：根据材料二，大家又可以感受到什么场面呢？

学生（预设回答）：北宋时期泉州海洋交通贸易发达的盛况。

教师：两句诗中同样都含有"万国"二字，但不同的是什么？

学生（预设回答）：唐朝"万国"朝拜体现的是唐朝对外交往中的政治权威，帝王的荣耀。宋朝更突出"万国"通商的经济贸易繁荣。

教师："苍官影里三洲路，涨海声中万国商"两句诗描绘了东方第一大港泉州帆樯如云、商贾辐辏的繁华商贸景象。与唐朝相比，宋朝的对外关系更加注重经济利益,海上贸易是宋朝经济发展的一个重要组成部分。今天我们就一起感受宋朝"万国通商"的海上盛景,感受这一时期的经济与社会。

片段教学设计意图:这一案例是以海洋文学中的诗歌形式进行课堂导入。自古以来,话语言表,人们常借助于大海抒发心志。随着社会经济与海外贸易的发展,以海洋为题材的文学已大大拓宽了表现的领域,而是更多反映社会状况及人与海洋的关系。教师通过对上述不同朝代的海洋文学作品进行比较分析,使学生感悟宋代以泉州港为代表的海外贸易的繁荣,从"万国"二字发掘唐宋对外关系的不同之处。这样的导入循循善诱,不仅符合学生的认知特征,也较为真实地反映作者所处时代的面貌特征。

2. 海洋文化与新课讲授

新课讲授环节在整节课中所占比重最多,同时也是海洋文化融入历史课堂的关键环节。在高中历史教学中利用海洋文化进行教学,从而使历史教学更符合高中生的认知特点,提高历史教学的有效性。

①海洋物质文化融入新课讲授,创设历史情境

就历史学科而言,所有的历史事件都是在特定的历史情境中发生。高中历史教科书的文字大多以冷静客观的表述方式以引导学生对历史形成正确的认识。然而,过于理性冷静的文字很大程度上割裂了学习内容与历史情境之间的关系,学生在头脑中很难形成具体形象的历史画面。海洋物质文化包罗万象,利用海洋物质文化进行课堂讲授,不仅能够为学生创设具有一定情绪色彩的生动情境,使学生触摸到鲜活的历史画面,也能在真实的历史情境中获取海洋文化知识,感悟历史发展的阶段特征。

【案例4】通过情境教学法及《大国崛起》部分视频资料进行《中外历史纲要》下册第六课《全球航路的开辟》之"全球航路开辟的条件"的学习。

教师:刚才我们通过《哥伦布航海日记》了解到了新航路开辟是在多方面因素的作用下进行活动的产物,然而远洋航行是想去就

第七章 海洋文化融入高中历史教学的策略研究　　387

可以去的吗？当然不是了。假如你是当时的一名航海家，你认为具备什么条件，才可以进行远洋航行？请同学们分组讨论。

（因为本次讨论是在特定的角色情境下展开，因此教师提问时可以说成这位船长你认为你的船队顺利出行需要什么条件？学生回答问题时亦用船长的身份进行回答，以保证情境完成的完整性。）

学生分组作答。

教师利用《大国崛起》的相关视频片段以及历史图片对此问题进行总结梳理。

截取视频片段	解说词	可以得出的条件
14分31秒至15分7秒	他们改进了中国指南针，把只配备一幅四角风帆的传统欧洲海船，改造成配备两幅或三幅大三角帆的多桅快速帆船，正是这些20多米长，60到80吨重的三角帆船最终成就了葡萄牙探险者的雄心；他们还成立了一个由数学家组成的委员会，把数学、天文学的理论应用在航海上，使航海成为一门真正意义上的科学。 图片支持 多桅帆船　　14世纪的星盘 明朝的罗盘　　13C末14C初的新型航海图	1. 指南针、多桅帆船、航海技术等。

续表

截取视频片段	解说词	可以得出的条件
20分25秒至20分58秒	虽然恩里克一生从未亲自出海远航,但"航海家"的称号他当之无愧,因为欧洲航运史上所有伟大发现,都是以他倾一生之力组织实施的航海计划作为起点的。公元1487年7月,恩里克去世27年之后,葡萄牙航海事业的继承者若昂二世国王。	2. 葡萄牙恩里克及若昂二世国王的支持。
26分18秒至26分32秒	雄心勃勃的伊莎贝尔女王用23年的时间缔造了一个统一的西班牙,现在,她开始成为西班牙远洋探险的总赞助人。	3. 西班牙伊莎贝尔女王的支持。

教师总结：各位小船长们对于远航条件都有清晰的认知,老师将大家的回答进行一个总结：

（1）物质条件：大规模船队、物资和资金。

（2）航海技术：普遍安装了中国人发明的罗盘针,确保在大海航行不会迷失方向。

（3）造船技术：已能制造多桅快速帆船,装载量大、吃水深,易操作,适于远洋航行。

（4）地理知识：当时欧洲普遍流行地圆学说；绘图技术提高。

（5）军事装备：海船上安装了火炮,军事威力极大增强,使探险家信心倍增。

教师：讨论后,我们再将新航路开辟的条件进行分类,大家想想可以怎么分？

学生（预设回答）：航海知识经验的发展和航海技术的进步是客观条件,而主观条件需要王室的支持以及航海家们个人的努力。

教师：我们从中可以发现,海洋航行技术（海洋物质文化）的发展推动着人类不断向深海探索。而中国的指南针技术在当时的远洋航行中发挥了重要作用,所以中国的发明对于世界的进步有着不可磨灭的贡献。

片段教学设计意图：这一案例通过历史纪录片《大国崛起》并配以海洋物质文化的历史图片加以补充，从而使历史事件情节化，使学生能够身临其境地感受航海家出海航行所具备的条件。同时教师通过航海家角色扮演形式进行分组讨论，设置情境，既有效地激发了学生探究问题的兴趣与积极性，又使学生代入式地思考特定时空条件下的历史人物，从而进一步理解历史。此外，《大国崛起》中亦包含哥伦布日记手稿（藏于西班牙海军博物馆）和油画《发现好望角》（藏于葡萄牙航海博物馆）等历史遗物，皆为教师讲授《全球航路的开辟》提供丰富的海洋物质文化史料支持。教师从新航路开辟的条件中引导学生了解中国的技术发明对世界进步的重要性，并借此使学生升华家国情怀，感悟文化自信。

②海洋制度文化融入新课讲授，发展历史思维

历史思维指的是一种从全方位考察社会历史问题的思维，它是多角度、多侧面、多层次的整体思维[1]。高中历史教学要求学生发展历史思维，开拓历史视野，即在辩证唯物主义和历史唯物主义基本原理指导下再认或再现历史事实，解释和理解历史现象，把握历史发展进程。海洋制度文化具有鲜明的时代特点，能够反映不同历史时期的社会现象。利用海洋制度文化能够将国家发展变迁与当时的海洋制度相联系，并通过横向与纵向比较，帮助学生建立历史与现实的联系，为现代中国建设海洋强国之路提供政策支持。

【案例5】以三幅形势图进行《中外历史纲要（上）》第10《辽宋夏金元的统治》时中隐含的"中国海域疆界"的学习。

教师：在学习元朝的边疆统治之前，老师先带领大家一起回顾上节课我们学习的知识。

出示《北宋、辽、西夏形势图（1111年）》：

---

[1] 于友西、叶小兵、赵亚夫：《历史学科教育学》，首都师范大学出版社1999年版，第83页。

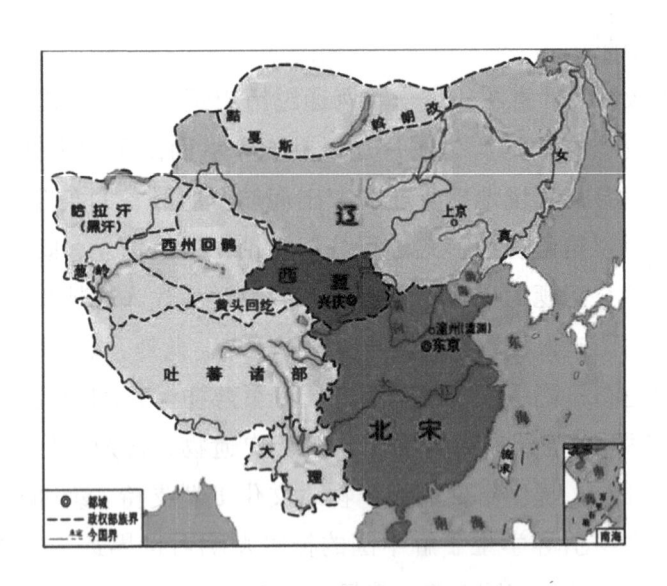

图7-8 北宋、辽、西夏形势图（1111年）①

教师：大家透过这幅形势图，能够发现北宋在当时面临怎样的形势？

学生（预设回答）：北宋没有实现全国统一，边疆形势面临危机，少数民族政权威胁北宋的统治。

教师：北宋曾试图收复燕云地区，均以失败告终。虽在边疆战事上频吃败仗，但北宋在民族关系上采取多元共融的政策，促进了各民族之间的交往与融合。同时北宋积极加强对东海与南海领域的控制与管理，维护了中国的海洋权益。北宋利用山东半岛与辽东半岛之间传统的海上贸易之路，数次派使臣出使金国，从而确立了宋金"海上之盟"的关系。这虽然加速了辽国的灭亡，但同时为金国南侵埋下了祸根。

出示《南宋、西夏对峙图（1142年）》：

教师：大家观察此图，说一说南宋的形势如何？与北宋又有什么异同点？

---

① 教育部组织编写：《中外历史纲要（上）》，人民教育出版社2019年版，第54页。

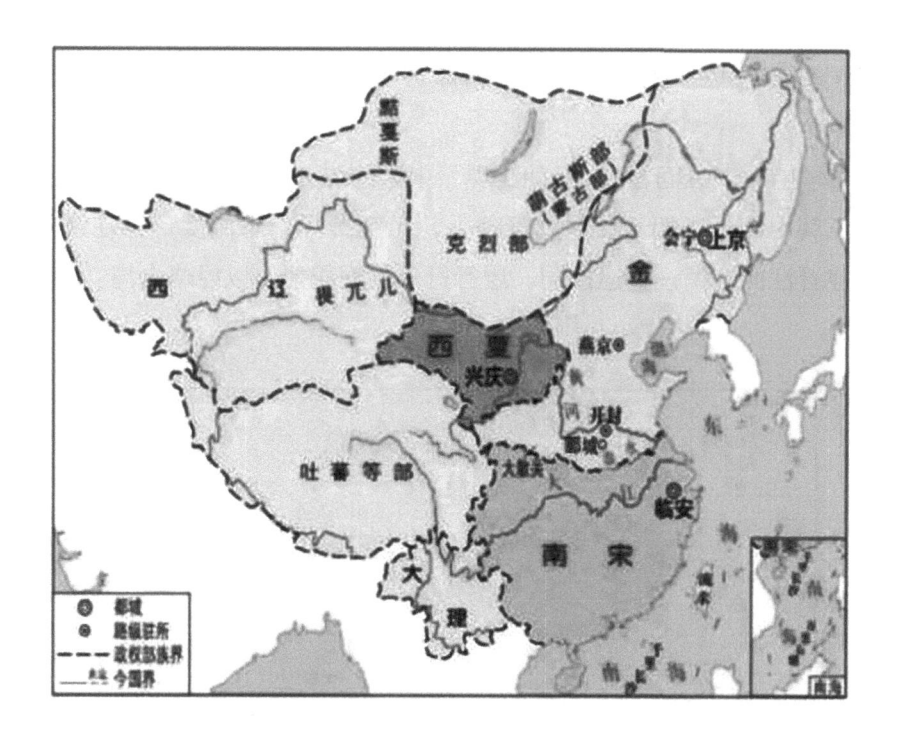

图 7-9 南宋、西夏形势图（1142 年）①

学生（预设回答）：与北宋相同的是：南宋的边疆形势亦不容乐观，同样面临着少数民族政权的威胁，但仍掌握着东海及南海的政治主权。与北宋不同的是：南宋的版图疆域愈发缩小，丧失了秦岭、淮河以北的土地。南宋不再向金称臣，而是"世为侄国"。

教师：北宋灭亡后，南宋偏安一隅，从中央到民间，都在身体力行地倡导并积极践行海外贸易，使南宋海外贸易呈现出一派勃勃生机。虽然海外贸易收入极大充盈了南宋朝廷的宝库，且南宋与金也在战争与和议之间数次往复，但南宋始终未收复北方地区，少数民族政权正在不断崛起，新的大一统中央政权即将在中国建立。

---

① 教育部组织编写：《中外历史纲要（上）》，人民教育出版社 2019 年版，第 56 页。

出示：《元朝形势图（1330年）》：

教师：从此图大家观察元朝形势有什么特征？与两宋有何异同点？

学生（预设回答）：元朝实现了中国的统一，疆域面积在中国历代王朝中最为辽阔。在地方管理上，元朝实行行省制度，并在隶属福建晋江的澎湖设置巡检司，履行行政管理职能，以经略台湾。

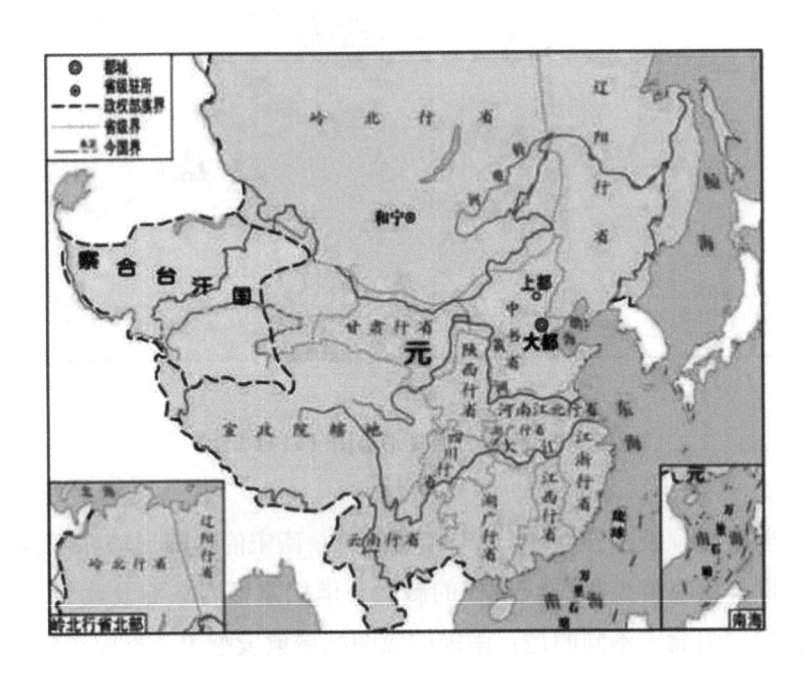

图 7-10 元朝形势图（1330年）①

教师：台湾自古以来就是中国的固有领土。元朝时期澎湖巡检司的设置，是台湾正式成为中国领土不可分割的一部分的标志，这也是中国封建政府在台湾的首次官署设置，意义重大。与此同时，元朝通过政治、经济及军事上一系列的措施管控，加强了对南海地区的权利保障，确保了海上的经济利益。

---

① 教育部组织编写：《中外历史纲要（上）》，人民教育出版社2019年版，第61页。

片段教学设计意图：这一案例通过教材中连续三个形势图为线索，在讲述两宋至元国土面积变化的同时，引导学生观察这一历史阶段中央政府对海洋国土的控制与管辖。历史地图承载着一个国家或政权在地理位置上的动态变化，侧面反映了国家制度与政策的演变。教师以海洋制度文化为视角，强调中国元朝政府对台湾领土主权管理的重要意义，尤其是台湾正式成为中国固有国土的事实，帮助学生在构建时空观念的基础上进一步形成海洋国土与海洋权益意识。

【案例6】以"问题链"形式学习《中外历史纲要（下）》第一课《文明的产生与早期发展》中隐含的古希腊城邦制度、民主政治的海洋文化因素。

问题一：地理环境与文明有何关系？它们之间是决定与被决定的关系吗？

出示史料：

材料一："炎热国家的人民，就像老头子一样怯懦；寒冷国家的人民，则像青年人一样勇敢。热带地区的人民比较容易忍受奴役，而寒带地区的人则更偏爱自由。……土地贫瘠，使人勤朴、俭朴、耐劳、勇敢和适宜于战争；土地所不给予的东西，他们不得不以人力去获得。土地膏腴使人因生活宽裕而柔弱、怠惰、贪生怕死。"

——孟德斯鸠《论法的精神》

材料二："文明的起源不是生物因素或地理环境单独发生作用的结果"，文明是"一种遭遇的结果，"是"交互作用的产物"，是在人类与自然环境的"挑战"和"应战"中诞生的。

——汤因比《历史研究》

（学生预设回答）

教师：地理环境并非地区文明的决定性因素，但文明的产生与兴衰与地理环境有着密切的关联。地理环境为文明的产生提供了不同的可能性，其在不同程度上对人类文明的发展起着促进或制约的作用。正如汤因比认为"文明是在人类与自然环境的'挑战'和'应战'中诞生的"，说明人类本身对客观环境的能动性是文明得以产生与发展的关键因素。

问题二：古希腊地理环境有何特点？它对古希腊城邦制度与民主政治有何影响？

材料五：希腊全境满是千形万态的海湾。这地方普遍的特质便是划分为许多小的区域，同时各区域间的关系和联系又靠大海来沟通。我们在这个地方碰见的是山岭、狭窄的平原、小小的山谷和河流；这里并没有大江巨川，没有开阔的"平原流域"；这里山岭纵横，河流交错，几乎没有一个大面积的整块。

——黑格尔《历史哲学》

材料六：希腊最典型的奴隶制的城邦都是沿着从东到西的主要海路而分布的，这就说明奴隶制的发展同海上来往和商业的发展是有联系的。

——李天祐《古代希腊史》

材料七：希腊多山多岛的自然地理环境，不可能像东方大河流域平原那样可以提供大片肥沃的宜农耕地，但起伏的山坡却适宜栽植葡萄、橄榄，发展园艺业。

——王思德《世界通史·前工业文明与地域性历史1500年以前的世界》

材料八：海上贸易和海上交通的发达使本土诸国的自然经济迅速转为商品货币经济。

——顾准《希腊城邦制度》

（学生预设回答）

教师总结：

（1）古希腊借助临海优势，且位于欧亚非三洲要冲，不断吸收周边文化，使得古希腊文明具有海洋文明鲜明的开放性特征。

（2）古希腊多山少平原，土壤贫瘠，农作物产量低，地中海气候有利于种植葡萄、橄榄，为海外贸易提供了可交换的产品。

（3）古希腊山岭纵横、河流交错易形成小国寡民的城邦特征。

（4）古希腊人口增多，平原狭窄，促使古希腊人海外殖民扩张，从而有利于塑造古希腊开放探索的海洋精神特质。

（5）商品经济与海外贸易的发展促进古希腊城邦内平等观念及自由氛围的形成，从而促进古希腊民主政治与民主观念的形成与发展。

问题三：古代中国也存在商品交换，为什么没有形成民主政治？

学生（预设回答）：中国平原面积广阔，土壤肥沃，农业发达，自给自足，无需利用商品贸易来维持生计；中国疆域面积广阔，统治者要维持政权的统一与稳定，就必须强调国家至上，以集体主义压制个体主义，因此也不能产生希腊式的民主政体。

教师从地形与人口、经济活动、政治制度、文明特征等方面引导学生思考中国古代未形成民主政治的原因。在这过程中，教师要注重培养学生的时空观念，古希腊雅典城邦制度繁荣时期对应的是中国的春秋战国时期，教师要使学生认识到同一时期不同文明区域在地理位置、政治制度、文化习惯上的不同。同时，教师需使学生理解大河文明与海洋文明的区别。大河文明以发展种植农业为主的农耕经济，一般都建立起地区性大国，实行君主专制的政治统治。海洋文明以发展工商业和对外贸易为主的经济，适应这种经济发展要求，通常建立起城邦民主政治。大河文明与海洋文明并无优劣之分，世界文明具有多元性，文明因交流互鉴而日益丰富。

问题四：两河流域和古埃及虽然都具备小国寡民、独立自主的条件，但没有形成类似雅典的城邦民主政治？

> 材料八：一个对政治毫无兴趣的男人，我们不说他是那种"只扫自家门前雪，不管他人瓦上霜"的人，而干脆把他当作废人。

我愿你们天天注视着宏伟的雅典，这会使你们心中逐渐充满对她的热爱。当你们为她那壮丽的景象倾倒时……你们要明白自己的职责并有履行职责的勇敢精神，甚至为她慷慨地献出生命。

——伯利克里

教师：材料中的"男人"和"你们"指的是谁？

学生（预设回答）：指的是雅典城内享有公民权的成年男性公民。

教师：这些人需要具备什么品质？

学生（预设回答）：需要积极参政议政，必须对政治感兴趣。

教师：雅典民主政治的形成并不是地理环境因素单方面促成的结果，雅典民主政治形成的关键因素是公民团体积极地参政议政。

片段教学设计意图：这一案例通过列举史料，以四个问题为引领串联，引导学生思考古希腊城邦制度与民主政治与其所处的地理环境之间的关联。古希腊文明为典型的海洋文明，其制度本身中蕴含海洋文明所特有的开放探索的积极特征。古希腊的财富主要是从海上获得，繁荣的商品经济促进了自由、平等文化的发展，这些为民主政治的发展奠定了良好基础。教材中对古希腊民主政治的起源表述偏重于自然环境因素，学生也易先入为主，将古希腊民主政治的起源简单归因于环境。因此教师需要引导学生全面看待历史问题，通过不同文明区域的比较追根溯源，发展历史思维。

③海洋精神文化融入新课讲授，增强文化自信

中华民族传统的海洋文化是具有鲜明农业特征的"蓝色文化"，它深深地蕴含于中华优秀传统文化之中，它体现着中华民族走向海洋、利用海洋、发展海洋的核心价值理念①。长期以来，中国海洋文

---

① 孙健、张红霞：《新时代建设海洋强国视野下海洋文化自信的生成》2018年第3期，第95页。

化在数千年的发展过程中淬炼出和平共生、互惠包容的价值特质。利用海洋精神文化，挖掘中华优秀传统海洋文化印记，引导学生在历史教学过程中感悟中华海洋文化的内在力量，坚定海洋文化自信与自觉。

【案例7】以妈祖信仰为主线进行《中外历史纲要（上）》第11课《辽宋夏金元的经济与社会》之"宋元时期的经济变化"的学习。

一、瓣香起湄州——妈祖信仰的起源

出示材料：

材料一：

图7-11　福建省地形图

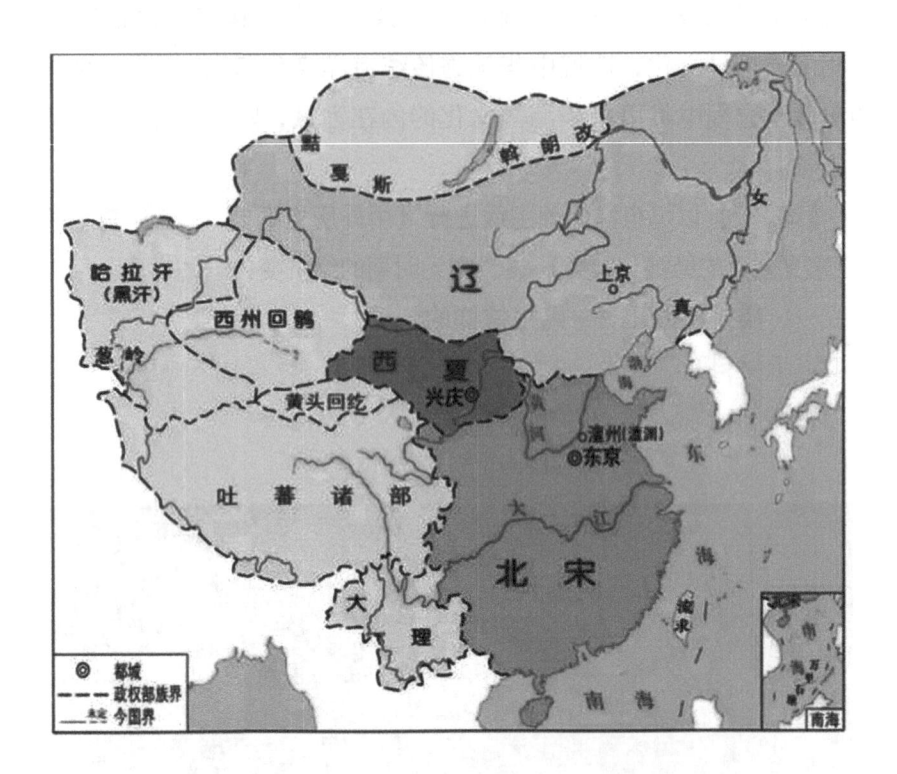

图 7-12　北宋、辽、西夏形势图（1111 年）①

　　材料二：两宋政府在沿海港口置市舶司，颁布世界贸易史上第一部进出口贸易法规《市舶法》，"掌蕃货贸易之事"……海外贸易的收入，在宋代财政上占有重要地位。两宋以来的王朝政权多次因"护海神迹"而将福建地方社会的妈祖信仰纳入国家礼制秩序当中。

　　——摘编自杨正位《丝绸之路的历史功能与当代启示》等

　　材料三：传说妈祖受到观音菩萨的超度而成为女神，有预测大海变化的能力，故而成为福建地区民众心目中的保护神。宋元时期，中国海商数以万计，虽然中小商人最多，但资产数

---

① 教育部组织编写：《中外历史纲要（上）》，2019 年，第 54 页。

十万乃至上百万的海商也层出不穷。据南宋刘克庄文集记载，"海贾归来富不赀，以身殉贸实堪悲。"

——据王文钦《妈祖崇拜与儒释道的融合》等

教师：从以上材料总结妈祖信仰兴起于北宋时期福建地区的背景。

学生根据材料回答（参考答案：福建地区地形山多地少，不易发展农业，且少数民族政权对立阻隔了陆上丝绸之路，福建人民选择出海贸易；政府重视海外贸易以及民间海上贸易的繁荣，经过朝廷和官方的改造与倡导，妈祖信仰成为福建民众心中的保护神；福建地区由于海洋贸易带来了巨大的利润，加之儒家、佛教思想的融合推动了妈祖信仰的传播等）

教师：一定时期的思想文化是这一时期政治经济的反映。妈祖信仰的形成产生于北宋福建特定时空。闽地繁荣的海上贸易推动了妈祖信仰的形成。

教师：结合材料，分析宋代海上贸易活跃的条件？

出示材料：

材料四："水浮陆转，以入京师，外至北戎、西夏，其东南舟行新罗、日本、流求、大食之属，莫不爱好，重利以酬之。故商人贩益广，而乡人种益多。一岁之出，不知几千万亿"

——蔡襄《荔枝谱》

材料五：泉州南宋古船和广东"南海一号"都充分证明了水密隔舱等先进技术被广泛应用于商船。宋代导航技术也获得极大发展，形成了……海上气象、动物、洋流等各种自然现象导航的综合技术，北宋后期又将指南针运用于航海……

——黄纯艳《宋代社会的造船业大观》

材料六：宋政府鼓励海商招徕蕃商来华贸易，"蕃商有愿随船来宋国者，听从便"，对在海外招商做出大贡献的海商，宋政府还会赐予官职，当时整个大宋国的海岸线，北至胶州湾，中经杭州湾和福州、漳州、泉州全三角，南至广州湾，再到琼州海霞，都对外开放，与西洋南洋诸国发展商贸。

——吴钩《宋代海外贸易更具现代气质》

学生根据材料回答（参考答案：宋朝农业和手工业的发展为海外贸易的繁荣提供了基础。除了瓷器和丝绸，中国的陶器、茶、药材也广销海外，成为海外贸易重要的交换媒介；宋朝航海、造船技术进步为海外贸易繁荣提供了技术支持；北宋统治者采取开放的对外贸易政策推动了海外贸易的发展等）

教师：海外贸易的繁荣，使外贸税收成为宋元两朝国库的重要财源，请同学们结合教材65—66页，分析宋元时期商业繁荣的其他表现。

材料七：今朝半醉归草市，指点青帘上酒楼。

——陆游《杂赋》

材料八：

图7-13 榷场

"宋太祖乾德三年四月十三日，诏开封府，令京城夜市自三鼓以来，不得禁止。"

——《宋令要辑加稿》

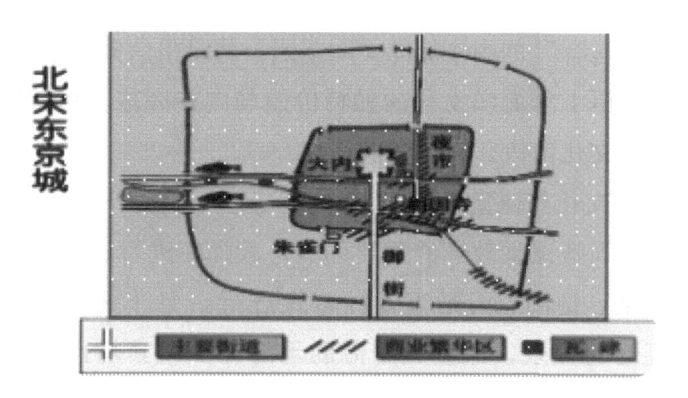

图 7-14 东京城布局图

学生根据教材和材料回答（参考答案：基层市场蓬勃涌现；边境榷场贸易较为活跃；货币发行量大增，纸币出现；城市的兴盛，坊、市界限被打破；海外贸易繁荣等）

教师引导学生结合材料，联系课内外知识，帮助学生加深对宋元海上贸易活跃认识的具体化和形象化。通过文字材料，理解海外贸易繁荣对当时政府的作用及宋元时期经济的新气象。

2. 四海恩波颂莆海——妈祖信仰的海外传播

教师播放央视 CCTV-9 纪录片《天下妈祖》之《过海》相关片段。教师引导学生理解宋元以来海上丝绸之路兴盛以及明代郑和七下西洋，促进了妈祖信仰的传播。同时，教师需理论联系现实，引导学生思考"21 世纪海上丝绸之路"与妈祖信仰的密切联系。建设 21 世纪海上丝绸之路，要善于发挥妈祖文化的引领作用，构建海外华人集体记忆，推动海上丝绸之路沿线文化交流、深度融合、共同发展。

片段教学设计意图：这一案例从海洋精神文化之海神信仰着手，选取了中国东南沿海地区的妈祖信仰为主线串联进行宋元时期经济模块的讲授。从妈祖信仰的发展过程中，学生感受到了宋元的时代面貌，华夏儿女的开拓进取精神，妈祖文化与海上丝路精神交相辉映。妈祖信仰本身蕴含"立德、行善、大爱"的精神内涵及"平安、和谐、包容"的中华海洋文明基因。将妈祖信仰融入历史教学，帮助学生感悟中华海洋文化的独特价值与内在底蕴，从而培育家国情怀，坚定文化自信。

3. 海洋文化与课堂巩固

课堂巩固是课堂教学的重要环节，教师在进行课堂巩固环节时可利用总结、提问、习题等多种方式进行。海洋文化与课堂巩固为双向互动的关系，课堂巩固借助于海洋文化素材而进一步变得生动有趣，同时，海洋文化也能够在课堂巩固环节得到进一步的传播。

①海洋物质文化融入课堂巩固

【案例8】以"南海一号"沉船巩固《中外历史纲要（上）》第11课《辽宋夏金元的经济与社会》中两宋的手工业及商业与城市繁荣的相关知识。

图7-15 南宋沉船"南海一号"的复原图

图 7-16　南宋磁灶窑绿釉印花卉纹折沿菱口碟

教师：我们刚学习了两宋时期在经济与社会上的新气象，接下来，我们根据下列图文信息，说一说从其中可以获得哪些历史信息？

"1987 年，"南海一号"沉船在广东阳江海域发现。专家认为，这是一艘宋代在福建沿海制造的"福船"，这种船舶"底尖上阔，首尖尾宽"的结构有利于提高船舶的抗沉性能，适合于远洋航行。从船头位置和船上所载文物来看，这艘船应该是从福建泉州驶出，赴今新加坡、印度等地和中东地区进行贸易。船内现存的货物以瓷器为主，已发现 13000 余件。经过考古识别，这些外销瓷主要由江西、浙江、福建的民窑生产。其中有一部分具有明显的异域风格，专家推测可能是外国人"来样定做"，如棱角分明的酒壶、喇叭口大碗、首饰盒等等。除了瓷器以外，还发现一万多枚铜钱，时间从汉代到南宋都有。"

——摘自 2020 年北京市海淀区高三上学期期中考试第 24 题[①]

[①] 贾海燕：《高三复习中的结构化思维培养》，《历史教学（上半月刊）》2021 年第 3 期，第 58 页。

学生根据图文信息回答 [参考答案：南宋时期造船技术先进，能够建造大型的远洋商船，促进了远洋航行和对外贸易的开展；宋代海外贸易获得巨大的发展，海上贸易繁荣，主要外贸港口有广州、泉州与明州等；中国古代手工业产品制作精美，瓷器是中外海外贸易的主要物品，外贸产品主要来自民间手工业（民窑）生产，许多产品是依据外商的要求定制的，说明中国手工业的巨大成就；南宋时海上丝绸之路的繁荣，对外贸易发达，贸易范围远达阿拉伯地区，这也有利于不同区域间文化的交流；中国古代经济重心发生了变化，随着经济重心南移，制瓷业中心由北方转移到南方；大量中国钱币的出口，表明中国货币在国外得到普遍接受，中国在世界贸易中具有重要地位等]

教师：同学们根据本节课的学习能够准确地解读材料中所包含的信息。"南海一号"沉船是海上丝绸之路贸易的重要实物资料和珍贵水下文化遗产，承载着海洋文化的物质印记，以实物形式证明了中国海洋文化在两宋时期的繁荣。古代文物是文化遗产的重要组成部分，它们承载着历史的记忆和文化的精髓。我们在日常学习历史的过程中，也应该运用考古资料，尊重历史事实，从各方面全面地考察历史。

片段教学设计意图：此案例透过"南海一号"沉船考查学生对两宋时期经济发展状况的掌握。"南海一号"沉船是海洋物质文化的重要典型代表，鲜明反映了中华海洋文化的开放与繁荣。通过此案例，一方面让学生对两宋时期的经济有了更加深刻的印象，另一方面能够让学生理论联系现实，构架起考古与历史学习之间的联系，拓宽学生的知识视野。

②海洋制度文化融入课堂巩固

【案例9】以表格对比形式巩固《中外历史纲要》上册第13课《从明朝建立到清军入关》中明朝海疆治理上的政策措施。

教师：请同学们根据刚才讲过的知识，回忆明朝如何处理边疆与沿海事务？其结果怎样？完成表格。

出示表格：明朝处理边疆和海疆的政策和结果

区域	对象	政策	结果
内陆边疆	蒙古国		
	藏族		
	东北		
海疆	日本		
	葡萄牙		
	荷兰		

学生完成后如下表：

区域	对象	政策	结果
内陆边疆	蒙古国	战争、修长城、和议、互市	恢复贸易、维持和平
	藏族	册封，设立机构（宣慰司、元帅府等），委任上层	巩固统治
	东北	册封、设立机构（奴儿干都司）	巩固统治
海疆	日本	海禁、战争	放松海禁后，形势逐渐稳定
	葡萄牙	无有力手段	葡萄牙获得澳门居住权
	荷兰	无有力手段	荷兰占据台湾

教师：同样面对威胁，为何明廷对葡萄牙、荷兰没有有力的手段，最后使得其能占领中国的领土？

学生（预设回答）：明朝边防重点在北方，而蒙古国也就成为明朝内陆边疆的主要威胁。

教师：这一方面是蒙古国的强大，削弱了明朝的战斗力。另一方面也是明朝对来自海上的西方殖民者的忽视。而这个表现从实质上说，是受到什么政策的影响？

学生（预设回答）：海禁政策。

教师：从海疆治理上看，明朝通过郑和下西洋等方式建立了以朝贡体系为代表的和平外交，体现了以中国为核心的天朝上国观念，并逐渐形成海禁政策。但与此同时，沿海地区也遇到了日本和欧洲殖民者的入侵。明朝在处理内陆边疆与海疆的政策差异反映了明朝对海上力量的忽视，从而为后面的"不足"埋下伏笔。海禁政策对中国的影响，不仅仅在于对西方的认识不足，也影响了中日关系的发展变化。海禁的实施，导致了沿海倭寇盛行，直至海禁政策的放松，才有所减缓。

片段教学设计意图：这一案例通过表格形式梳理学生对之前所学知识的掌握，并通过问题探究，让学生认识到明朝在处理边疆和沿海事务的政策中的不同之处。学生在对比中感受到了蒙古国成为明朝的最大威胁，并认识此时明朝对西方殖民者的侵略性认识不足，凸显海禁政策的消极影响，从而侧面凸显"面向海洋则兴，放弃海洋则衰"的警示。

③海洋精神文化融入课堂巩固

【案例10】以"妈祖文化"高考题巩固《中外历史纲要（上）》第11课《辽宋夏金元的经济与社会》的知识学习。

教师：通过本节课的学习，我们知道了辽宋夏金元时期在经济与社会上产生的新气象。接下来，我们一起来做一道相关的练习题。

宋代东南沿海地区出现了一些民间崇拜，如后来被视为海上保护神的妈祖、被视为妇幼保护神的临水夫人等，这些崇拜得到朝廷认可，后世影响不断扩大。这反映出（　　）

A. 朝廷不断鼓励海洋开发
B. 女性地位逐渐得到提高
C. 东南沿海经济社会影响力上升
D. 统治思想与民众观念趋向一致

学生根据所学知识做出答案（答案为C）。

教师：宋代经济发达，东南沿海地区航海业发展，妈祖和临水夫人是东南沿海居民为了保护生产，生活和生命财产安全而形成的民间崇拜，并得到朝廷的认可，说明了东南沿海地区经济地位的提升。这是由什么经济现象所导致的呢？

学生（预设回答）：经济重心南移

教师：宋代海上贸易虽然繁盛，但材料中是否体现了朝廷鼓励海洋开发的政策？

学生（预设回答）：没有

教师：宋代儒学不断发展，得到了系统化的表达，将儒学发展达到了一个新高度，称之为？

学生（预设回答）：理学

教师：宋代受理学影响，女性社会地位低下，对女性神话人物的民间崇拜，并不意味着女性地位的提高。朝廷认可东南沿海地区民间崇拜，是维护统治的需要，不能表明其统治思想与民众观念趋向一致，所以本题选择 C 选项。题目中的妈祖文化，同学们有没有了解呢？

学生（自由发言）：有/没有

教师：妈祖在世时屡次舍生忘死，救受困渔民于灾害之中，中国民间在海上航行要先在船舶启航前要先祭妈祖，祈求保佑顺风和安全。妈祖文化作为中国海洋文化的重要组成部分，也是中华优秀传统文化的典型代表。妈祖文化不仅是中国的，也是世界的。全世界妈祖宫庙有 1 万多座，遍布 5 大洲近 50 个国家和地区。传承妈祖文化，是全球热爱和平的人们所共同的责任。

片段教学设计意图：笔者纵观高考文综题的过程中发现"妈祖文化"作为中国海洋精神文化的典型代表受到出卷者的一致厚爱。这道题是 2015 年全国 I 卷第 26 题，考查的知识点非常明确，即考查学生对宋朝商品经济发展的理解。题目中涉及妈祖文化等海上崇拜信仰，一方面能够让学生对宋朝的经济与社会发展有更加深刻的印象，另一方面能够让学生加深对妈祖文化为代表的中国海洋文化的理解，拓展学生的知识，加深学生的民族自豪感与自信心。

（二）主题式融入：提升海洋文化学习效果

根据前文对教材分析可知，海洋文化内容在教材中分布极为分散，不利于学生统筹把握对海洋文化知识的理解，因此，要提高学生海洋文化学习效果，有必要采取"主题式融入"，即将教材不同位置的海洋文化内容有机整合为一个教学主题进行教学。这种海洋文化"主题式"课堂的设计并不是简单的海洋文化知识的累积与堆砌，而需要教师找出教材分散知识之间的"关联点"，将这些知识按照时序或逻辑顺序有机地整合，形成知识链。海洋文化"主题式"课堂的选择性与提高性更强，逻辑链清晰而完整，有助于学生形成系统化的逻辑思维，构建对中西海洋文化价值观的宏观认识。

【案例11】向海而生，梦想惟新——海上丝绸之路的前世与今生

教学目标：

1. 构建中国海上丝绸之路的发展历程和不同阶段的代表，引导学生进行相关阶段下的知识梳理，以更深入地把握每个阶段下的海洋文化交流内涵，培养学生的时空观念、史料实证和历史解释素养。

2. 以新情景为牵引，通过可测化的试题，通过师生合作，加强分析、概括、比较、评价和论证等学科能力。

3. 以海上丝绸之路为载体，通过中外经济和文化交流的典型案例，并与现实相勾连，使学生进一步树立文化自信，并对新时期中国"海洋命运共同体"理念有更深入的理解和认同。同时使学生构建对中国海洋文化的宏观认识，体会中国海洋文化和平共生、和谐包容的价值特质，进一步加深学生对中国海洋文化的自豪感与自信心。

教学内容：

1. 海上丝绸之路开创期：先秦。先秦海洋航线的开辟以及春秋战国时期齐国面向海洋的发展举措。

2. 海上丝绸之路形成期：秦汉。秦朝造船业的发展状况；汉朝海上丝绸之路航线的开通以及东汉时期与罗马帝国的第一次往来。

3. 海上丝绸之路发展期：魏晋。魏晋以广州为起点的沿海航线

的开辟。

4. 海上丝绸之路繁盛期：隋唐。以广州通海夷道为路线的商品贸易状况。

5. 海上丝绸之路鼎盛期：宋元。宋元时期海上丝绸之路发展鼎盛的原因、表现与影响。

6. 海上丝绸之路由盛及衰：明清。明朝郑和下西洋及明朝航线的全球化拓展以及明清海禁政策的实施与影响。

7. 海上丝绸之路的新发展："21世纪海上丝绸之路"的构建实施。

教学实施建议：

1. 在"海上丝绸之路"主题课堂中，为使学生更好地将学习目标转化为驱动任务，激发学生的兴趣与探究能力，可以依托博物馆资源设置教学情境。以"南海一号"古船为主人公，筹办一场"船说"为主题的海上丝绸之路展览馆，以"船说·寻路""船说·连枝""船说·传承"作为展厅的三个主题，引领学生落实海上丝绸之路航线变迁、海上丝绸之路中外交流互鉴以及海上丝绸之路精神价值的知识学习。

2. 教师向学生讲授海上丝绸之路在不同时期的发展传播状况，要以教材中呈现的史料为首要依据，并适当拓展。

3. 由于"主题式"课堂内容丰富，跨越时空宽广，对学生的综合素养水平要求较高。学生的素质参差不齐，在实际的教学过程中部分学生易游离于课堂之外。因此，教师需注意教学内容的层次性与趣味性，力求使每一位学生积极参与到课堂中去，以实现教育效果的最大化。

设计意图：海上丝绸之路在人类文明发展史中具有特殊的地位与作用，它所体现出的"共享，和平，发展"等特质也正是中国海洋文化精神的精髓所在。以海上丝绸之路为主题设计的课堂教学内容丰富，逻辑链完整，有助于构建学生对中国海洋文化的宏观认识，使学生形成系统化的思维习惯，并借此培养学生的海洋文化素养，树立文化自信与自觉。

【案例12】侵略与扩张——西方海洋文化的全球拓展之路

教学目标：

1. 构建西方海洋文化的发展历程，引导学生进行相关阶段的知识梳理。让学生运用唯物史观，分析西方海洋文化发展阶段的不同时代背景因素。

2. 让学生通过阅读史料，概括西方海洋文化侵略扩张性所带来的结果表现，提升史料实证意识。

3. 通过分析中国与西方海洋文化精神特质与差异表现，使学生认识到西方海洋文化虽体现强烈的海权观念，但同时也具有局限性。中国要建设海洋强国之路，就必须继承中国传统海洋文化中的积极因素——和平与自强，以涵养学生的家国情怀。

教学内容：

1. 西方海洋文化的"古希腊罗马时代"：古希腊海洋文化的起源与发展、海洋文化对古希腊、罗马民主政体的影响。

2. 西方海洋文化"冲出地中海的时代"：开辟新航路后西方开始四处侵夺的时代，主要包括海外殖民掠夺、黑奴贸易、欧洲各国为争夺海上霸权的战争以及英国海上霸主地位的崛起。

4. 西方海洋文化的"霸权色彩"在现代世界的延续：20世纪初一战与二战的爆发是西方国家坚持侵略与扩张模式所造成的结果；现代海洋权益和极地资源的争夺。

5. 西方海洋文化的不可持续性（启示）：西方海洋国家的崛起虽体现了强烈的海权观念，但长期以来，西方"强势"的海洋文化主导天下，这也导致了世界范围内的灾难，人类文明在战火中变得满目疮痍。战争不是常态，中华民族天下一家，世界大同的精神境界一直是我们处理对外关系的基本准则。中国海洋文化在和平发展、互惠共荣的精神指引下，曾为世界各国带去了福祉与期盼。在当今海洋竞争全球化发展的世界格局下，西方海洋文化的侵略扩张性最终会被和平合作所取代，而中国海洋文化所传达的"和平共生、四海一家"的人文精神必将更加深入、广泛、多元地推动人类文明发展进程。

教学实施建议：

1. 本节课的授课对象应为高二或高三年级学生，其虽对世界通史有了一定的知识基础，但思维能力与历史认知能力仍有待提高。教师应注意授课内容与教材知识的有效衔接，以史料为依据，构筑学生对西方海洋文化发展与特征的宏观认识。

2. 由于本节课的知识相对抽象，教师应重视互联网资源、影视资源等数字媒体的有效利用，帮助学生在头脑中形成具象的认识。例如百集纪录片《世界历史》第38集《欧洲七年战争》即运用视听语言的生动特性，讲述了欧洲大陆上列强为争夺海洋霸权与海外殖民地而爆发的战争，最终英国成为最大的赢家，迈向日不落帝国的传奇。这些影视资源的有效利用，能够增加教学的趣味，帮助学生形成直观认知。

设计意图：东西方海洋文化之间存在着一定的差异，没有比较就没有进步。对西方海洋文化模式及发展阶段进行梳理，有利于站在全球视角辩证分析西方海上国家崛起的双层意义。学生从西方海洋文化发展历程中既认识到海权的重要性，又体会到其文化模式给世界带来的深重灾难。同时，学生从中西海洋文化的对比分析中感悟中国海洋文化爱好和平、海纳百川的精神特质，使学生形成正确的海洋文化价值观，树立海洋文化自信与自觉。

（三）补充式融入：丰富海洋文化学习路径

传统的历史课堂相较而言是一种传统的且较为封闭的历史教学情境。单纯利用课堂教学以增加学生海洋文化知识的方式难免使学生感到枯燥与乏味。根据上文中对学生学习海洋文化的途径意愿调查可知，除课堂教学之外，课外的专题讲座、知识竞赛、辩论赛、研学旅行等皆可成为海洋文化教育的重要途径，并且学生也乐于通过这些途径进行海洋文化知识的学习。与沿海学校相对比，内陆地区的部分学校囿于地域环境与资金设备，无法有效地组织研学旅行等现场教学活动。因此，在学校范围之内，教师可利用海洋文化专题讲座、知识竞赛及辩论赛等形式进行海洋文化知识的补充。"补充式融入"即通过校内除课堂教学之外的其他途径的教学，深化补充课本中的海洋文化知识，一方面满足学生了解海洋文化的需求与愿望，另一方面调动学生学习海洋文化知识的积极性，巩固学生对已有历史知识的掌握。

1. 海洋文化专题讲座、报告会

一般来讲，海洋文化专题讲座的主题多与重要历史人物及重要事件的纪念日展开，例如2005年中国海洋学会在北京海淀承办的"纪念郑和下西洋600周年海洋文化专题报告会"等[①]。海洋文化专题讲座的举办有利于延伸学生对教材海洋文化内容的理解，开阔学生的视野，使学生进一步了解在特定时期海洋文化的发展与重要意义。

海洋文化专题讲座内容应遵循"科学性""时代性"与"探究性"的有机统一。"科学性"即必须坚持实事求是的原则，勿陷入"国粹主义"的误区。例如我们在讲解中国的"四大发明"时，通常会突出中国古代辉煌的科技成就所带来的世界意义，但是却忽略了欧洲人可以在火药和指南针的基础上进一步发明新型炸药与航海罗盘，并建造坚船利炮，打开中国国门，相反，我们却长久地使用古老火药，甚至用指南针看风水。因此我们对于讲座内容的选择应对史料采取严谨的求实态度，辩证地分析看待，这也与历史学科的"史料实证"素养具有相通之处。"时代性"即开展讲座的内容要紧密联系现实问题，可以针对当前海洋热点问题，适时进行海洋文化知识教育。"探究性原则"即讲座内容应适时引入一些问题，引导学生对问题进行探究式思考，培养学生对问题进行分析、比较与思考的能力。例如，我国东南地区有着绵长的海岸线，面向广阔的海洋，在这种具有发展海洋贸易的地理优势下为何我国古代为什么没有形

---

① 邢智玲：《高中历史教学中海洋教育的探索——以教学组织形式为视角》，硕士学位论文，曲阜师范大学，2019年，第28页。

成开放型的海洋贸易呢？再如，在讲述某一海洋文化历史事件或历史人物时，尽量给学生提供一些多元双向的评价，使学生在困惑中去思考与提问，这同时也有助于学生问题意识的培养。

2. 海洋文化知识竞赛

知识竞赛式活动通过引入竞争机制，以学生喜欢的娱乐方式为手段，以个人或小组为单位，以掌握历史知识为基本目标，致力于调动学生的记忆思维，使学生以积极的态度接受历史知识的学习。

开展海洋文化知识竞赛的关键在于：一，教师要充分了解学生的认知水平与能力差异，精心设计海洋文化知识竞赛题库。试题的选择可以围绕当今海洋文化热点问题，也可围绕教材进行海洋文化知识的巩固复习。二，知识竞赛应强调学生娱乐性地学习，以学生感兴趣的方式呈现知识。例如教师可引入"你说我猜"的竞争机制，将学生分小组进行 PK。三，海洋文化活动知识竞赛面向全班学生，力求使每一位学生积极参与。因此教师要特别关注成绩较差的后进生，创造多种机会使他们积极参加活动，真正实现"一切为了每个学生发展"的教育目标。

下面是一份"探寻历史的记忆——海洋文化知识竞赛"的设计案例。

探寻历史的记忆——海洋文化知识竞赛

一、设计目的：通过设置世界各国家或民族有关海洋物质、制度及精神文化知识竞赛，使学生进一步理解海洋文化，体会海洋文化的多元特性，拉近学生与历史的距离。

二、竞赛流程

（一）竞赛准备

1. 将参赛学生分为若干组，每组成员水平相当，以集体形式参加。

2. 主持人：由学生担任。

3. 评委：由教师及学生担任。

4. 统计：3名学生统计分数。

(二) 竞赛流程

本场比赛共三环节，采取积分制，题目从事先准备的题库中抽签选取。答题要求准确、精炼，抢答题限时一分钟。

1. "初露锋芒"：本环节共有十道题目，屏幕显示题目，主持人每读完一道题目，各组须在10秒内作答，作答完毕同时亮答题板。答对加5分，答错不扣分。

题目范围：海洋文化常识题目。

2. "心有灵犀"：本环节为抢答环节，共十道题目。每组派两名队员相互配合，一人对投影出来的文字进行描述，描述的语言中不得包含名称中的任一个字，另一人背向屏幕根据描述作答，每组限时60秒。答对加5分，答错扣5分。

题目范围：世界各国家或民族有关的海洋物质、制度及精神文化。

3. "尖峰博弈"：各组围绕各民族或国家海洋文化发展做即兴演讲，可以介绍某一国家在特定时期的海洋文化发展特征及概况，也可以借海洋文化发展历史表达对中国建设海洋强国的启示。要求史论结合，观点明确。时间为3分钟，满分为20分。

(三) 竞赛小结

比赛结束后，统计员将统计分数交给评委，由评委公布比赛结果并进行点评。评委针对比赛中出现的典型题目进行分析小结并提出针对性建议。评委为获胜小组颁发奖品进行鼓励。

3. 海洋文化辩论赛

辩论赛实质上是学生分为正反双方围绕某一议题进行而展开一种知识储备式的竞赛。海洋文化辩论赛应注意以下几点问题：

一，海洋文化辩题的设计应具有一定的可辩性与直辩性。举例来说，我们在学习完明朝的海禁政策后，教师可以设计"中国海洋文化是/不是开放进取型的海洋文化类型"作为海洋文化辩论赛活动的辩题。但是如果设置成"中国海洋文化的性质与特点"则成了讨论或谈论的话题，失去了辩论的意义。

二，海洋文化辩论赛的实际开展过程中，教师要充分发挥学生的主体地位，但同时也要做好整个辩论过程的引导工作。在辩论的过程中，教师需深入观察学生的知识掌握情况，了解学生知识的薄弱点在哪些方面，学生对哪方面知识的思维认知不清晰，以便在今后的教学工作及时纠正。

三，海洋文化辩论赛的结果不是一定要分出输赢，辩题的设置并没有对错之分，而是引导学生从历史的多角度辩证地分析去看待问题，涵养历史唯物主义观。

笔者以《中外历史纲要（上）》第17课《国家出路的探索与列强侵略的加剧》为例，设计以下辩论赛活动案例：

活动设计思路：笔者曾在山东省泰安市B高中代课，在讲授17课内容时，提起甲午战争，学生总是首先想到北洋水师全军覆没，似乎这场战争就是败于海上的。也有部分同学提出想法，认为是甲午陆战的全线崩溃导致了甲午战败，直接影响了北洋水师的最后命运。受此启发，笔者将本课的辩论式活动主题设计："甲午战争是/不是在海上战败的？"以加深学生对于甲午战败的原因理解，开拓学生历史思维。

活动设计目的：为加深学生对于海洋军事文化的理解，加强海权观念，教师以"甲午中日战争"辩论主题，引导学生对甲午战败的原因进行综合辩证分析。甲午战争以拥有独立的海上战场为显著特征，海军实力、海军战略与海防问题的严峻性是甲午战败的重要因素。而整个甲午陆战中，清军编制的落后与制度的混乱同样也是甲午战败的主要原因。教师通过"甲午战争失败"的辩论式活动教学，以古鉴今，加强学生忧患意识，强化对海权及海洋军事文化重要性的理解。

活动过程设计：

正方：甲午战争是在海上战败的。

反方：甲午战争不是在海上战败的。

由于课堂时间有限，具体环节与用时需提前制定，仔细斟酌，具体环节参照下表：

表7-15　　　　海洋文化辩论式活动具体环节参照表

	环节	时间
立论阶段	（一）正方一辩开篇立论	3分钟
	（二）反方一辩开篇立论	3分钟
驳立论阶段	（三）正方二辩驳对方立论，进行一对一攻辩	2分钟
	（四）反方二辩驳对方立论，进行一对一攻辩	2分钟
质辩环节	（五）正方三辩提问反方一、二、四辩各一个问题，反方辩手分别应答	提问不超过30秒，三个问题累计回答1分30秒
	（六）反方三辩提问正方一、二、四辩各一个问题，正方辩手分别应答	提问不超过30秒，三个问题累计回答1分30秒
	（七）正方三辩质辩小结	1分30秒
	（八）反方三辩质辩小结	1分30秒
自由辩论	（九）自由辩论	5分钟
总结陈词	正方四辩总结陈词	3分钟
	反方四辩总结陈词	3分钟
评价环节	（十二）教师点评或学生自评	10分钟
奖励颁布	（十三）奖励冠军辩论队及最佳辩手4名	2分钟
	总用时：	30分钟

（四）沉浸式融入：增强海洋文化学习体验

不同于物理、化学等科目可以通过实验的方式再现同样的操作，历史具有不可再现性，历史的过去性，使得历史事件、历史人物、历史现象等从本质上讲都是历史的陈迹[①]。因此，单纯以语言和文字

---

① 赵克礼主编：《历史教学论》，陕西师范大学出版社2005年版，第46页。

来描述历史对许多学生来讲具有一定的抽象性，需要教师及学校设计或安排一些校外参观体验实践活动即研学旅行以使学生亲身体验历史文化的魅力。"沉浸式融入"即通过研学旅行等方式使学生"身临"历史情境，以人文遗址作为载体进行沉浸式体验与学习，从而有利于了解家乡与民族的历史，加深了对中华民族一脉相承与源远流长的理解，树立对国家历史文化的认同感。

历史学科研学旅行并不仅仅是娱乐性的参观游览，教师应该先做先行，制定完整的研学旅行规划，促进研学旅行与历史学科有机融合。研学旅行的教学目标应与课堂教学目标相一致，研学旅行的教育内容应与教材内容相互衔接。例如学习《中外历史纲要》上册第2课《诸侯纷争与变法运动》时，可组织"圣人之道，海岱齐风"为主题的研学旅行，笔者据此设定了本次研学旅行的教育目标：

表7-16　　　课程教学目标与研学旅行教学目标对照表

	课程教学目标	研学旅行教育目标
唯物史观	通过学习，使学生识记春秋战国时期经济发展的史实，认识它们与春秋战国时期政治、文化变革的关系，了解生产力的不断进步推动了井田制瓦解，封建私有制度的建立	①参观齐文化博物馆基本陈列展厅及齐地遗风专题陈列展厅、考古厅、石刻厅，了解齐国在春秋战国时期的历史地位，并分析其发展壮大的海洋文化因素。②参观齐文化博物馆基本陈列展厅，了解齐国在海洋物质、制度及精神文化的表现，感悟不同发展阶段下的不同特点。③参观稷下学宫特色展厅，从稷下学宫的发展史理解稷下学宫是中国海洋文化精神兼容并蓄的一个缩影
时空观念	通过认识春秋战国时期的社会变迁，把握春秋战国时期的政治变革、经济发展与思想活跃在时空上的联系，抓住同一时空下的阶段特征	
史料实证	通过历史图片和历史资料提出问题，了解诸侯纷争与变法运动的特征、影响，提高学生探究分析历史问题的能力	
历史解释	引导学生运用文献资料所提供的有效信息，对春秋战国的大变革进行理性的分析和客观评述，认识百家争鸣的内容与影响	

续表

	课程教学目标	研学旅行教育目标
家国情怀	通过本课学习，认识到诸侯纷争促进了华夏民族认同，早期儒学思想奠定了中华民族爱国爱家情怀，增强对中华历史文化的认同，形成正确的民族观	齐鲁文化是儒家文化的发源地，也是形成中华民族传统思想的根基。齐鲁文化具有浓厚的海洋文化底蕴，是我国海洋文化源远流长的见证。学习齐鲁文化，感受海岱齐风，从而感悟时代印记，涵养家国情怀

与沿海学校相比，内陆学校推行海洋文化研学旅行充满阻力与艰难，涉及安全、资金、资源协调等众多问题，因此，内陆学校也可以采取"线上研学"的方式弥补某些地区海洋文化资源不足或其他问题给研学模式带来的不便与困难。但需注意的是，线上研学不同于线下实地研学。教师如何选择研学资料与利用互联网技术手段激发学生学习兴趣，使学生"身临其境"是一个值得思考的问题。因此，这要求教师不断学习，提高自己的信息素养与教学能力，充分利用网络资源为"线上研学"做足充分准备。

参考文献

一 著作

白月桥：《历史教学问题探讨》，教育科学出版社2001年版。

仇世林：《名师历史教学设计分析》，山东人民出版社2011年版。

干炎平：《中国海洋国土》，海洋出版社1998年版。

顾明远：《教育大词典（第1卷）》，上海教育出版社1990年版。

国民海洋意识发展指数课题组：《国民海洋意识发展指数报告（MAI）研究报告（2017）》，海洋出版社2017年版。

何成刚、夏辉辉：《历史教学设计》，华东师范大学出版社2010年版。

黄顺力：《海洋迷思——中国传统海洋观的变迁》，江西高校出版社2012年版。

姬秉新、李稚勇、赵亚夫：《理解与实践高中历史新课程：与高中历史教师的对话》，高等教育出版社2005年版。

教育部师范教育司：《窦桂梅与主题教学》，北京师范大学出版社2006年版。

李吉林：《情境教学理论与实践》，四川教育出版社1990年版。

李明春、徐志良：《海洋龙脉：中国海洋文化纵览》，海军出版社2007年版。

李明杰、沈文周：《走向海洋——中国海洋的历史与现状》，五洲传播出版社2014年版。

李巍然：《海洋教育新进展——2011年海洋教育国际研讨会论文

集》，中国海洋大学出版社2012年版。

刘军：《历史教学的新视野》，高等教育出版社2003年版。

聂幼犁：《历史课程与教学论》，浙江教育出版社2003年版。

皮连生：《教学设计》，高等教育出版社2006年版。

《普通高中历史课程标准（实验）》，人民教育出版社2003年版。

齐健、赵亚夫：《历史教育价值论》，高等教育出版社2003年版。

齐渝华、石蔷：《历史教学课例分析》，高等教育出版社2003年版。

曲金良、陈智勇：《中国海洋文化史长编（先秦秦汉卷）》，中国海洋大学出版社2008年版。

曲金良主编：《海洋文化概论》，青岛海洋大学出版社1999年版。

曲金良：《海洋文化与社会》，中国海洋大学出版社2005年版。

曲金良：《中国海洋文化发展报告》，社会科学文献出版社2013年版。

[英] 特里·海顿等编，袁从秀、曹华清等译：《历史教学法》，重庆大学出版社2015年版。

王宏斌：《晚清海防：思想与制度研究》，商务印书馆2005年版。

吴靖国：《海洋教育·教科书·教师与学生》，北京理工大学出版社2009年版。

徐蓝、朱汉国：《普通高中历史课程标准（2017年版2020年修订）解读》，高等教育出版社2020年版。

许涤新、吴承明：《中国资本主义发展史》，社会科学文献出版社2007年版。

薛伟强等：《中学历史课程与教学概论》，北京师范大学出版社2019年版。

杨小微：《现代教学论》，山西教育出版社2010年版。

叶小兵、姬秉新、李稚勇：《历史教育学》，高等教育出版社2004年版。

于友西、叶小兵、赵亚夫：《历史学科教育学》，首都师范大学出版社1999年版。

于友西、赵亚夫：《中学历史教学法（第4版）》，高等教育出版社2017年版。

赵克礼主编：《历史教学论》，陕西师范大学出版社2005年版。

赵秀玲：《历史教育学》，山东大学出版社1997年版。

赵亚夫：《历史教学课例分析》，高等教育出版社2003年版。

周晓光：《历史教学论》，安徽人民出版社2007年版。

朱汉国、郑林：《新编历史教学论》，华东师范大学出版社2008年版。

二　学术论文

蔡高强、高阳：《论解决南海争端的国际法路径》，《湘潭大学学报》（哲学社会科学版）2011年第3期。

蔡一鸣：《学习借鉴海权论·构建当代和谐海洋》，《浙江国际海运职业技术学院学报》2008年第4期。

曹惠容：《海南省海洋教育的现状及存在的问题》，《海南热带海洋学院学报》2022年第3期。

曹娟玲：《谈中学地理教学中海洋意识的渗透》，《地理教学》2002年第11期。

陈国新：《在地理教学中要加强"海洋国土"观念的教育》，《中学地理教学参考》1992年第3期。

陈辉、葛赛：《海权视角下甲午战争的教学设计——以〈甲午中日战争与分中国狂潮〉一课为例》，《历史教学》2019年第11期。

陈炜：《现代海洋意识的培养与教育》，《海洋与渔业》2007年第6期。

邓文金：《改革开放时期中国海洋观的演变——以中共第二、第三代领导集体为中心的考察》，《党史研究与教学》2009年第1期。

邓聿文、农华西：《世纪之交的中国海洋问题》，《海洋开发与管理》1998年第1期。

董蓓菲：《美国主题教学与六种语言能力》，《语文教学通讯》2008

年第 10 期。

冯建勇:《现当代中国海洋文化的重构历程》,《浙江学刊》2013 年第 6 期。

冯梁:《论 21 世纪中华民族海洋意识的深刻内涵与地位作用》,《世界经济与政治论坛》2009 年第 1 期。

付秀先:《高中历史主题教学实施策略探讨》,《课程教育研究》2017 年第 25 期。

耿文强:《论高中地理新课程海洋意识教育的缺位》,《教学与管理》2010 年第 10 期。

巩建华:《海洋权力的系统解读与中国海权的三维分析》,《太平洋学报》2010 年第 7 期。

顾兴斌、张杨:《论中国的海洋意识与和平崛起》,《南昌大学学报》(人文社会科学版) 2009 年第 2 期。

郭纯青、何敏:《广西需要海洋教育——广西高等教育海洋学科建设战略研究》,《中国地质教育》2007 年第 3 期。

韩增林:《人海关系地域系统的特征》,《地理教育》2011 年第 10 期。

何海伦、岳庆来、邵思蜜:《海洋通识教育探讨》,《高教发展与评估》2014 年第 2 期。

何兆雄:《试论海洋意识》,《学术论坛》1998 年第 2 期。

洪刚、洪晓楠:《中国海洋文化的内在逻辑与发展取向》,《太平洋学报》2017 年第 8 期。

胡送、刘慧、李勇攀:《美国海洋科学教育概况分析》,《海洋开发与管理》2012 年第 29 期。

黄牧航:《论中学历史主题教学的三个层次》,《中学历史教学》2011 年第 11 期。

纪德奎、乔虹:《主题教学的本质、实施现状及改进路径》,《教育理论与实践》2021 年第 1 期。

季托、武波:《系统思维视角下海洋教育的内涵与外延》,《教学研究》2017 年第 4 期。

季翊等：《中国海洋文化话语体系构建：内涵、框架与路径》，《中国海洋大学学报》（社会科学版）2022年第4期。

柯文涛、汪宜萍：《中国海洋教育研究：内容与思考》，《航海教育研究》2022年第4期。

李桂敏：《我国海洋意识教育现状分析与策略展望》，《环境教育》2022年第1期。

李国强：《关于中国海洋文化的理论思考》，《思想战线》2016年第6期。

李骥秋：《历史专题讲座：在研究型课程意义上的实践与思考》，《中学历史教学参考》2002年第11期。

李军：《近五年来国内研学旅行研究述评》，《北京教育学院学报》2017年第6期。

李军：《认识视角、叙事结构与教育价值——关于高中历史选择性必修课程教学的几个问题》，《课程·教材·教法》2020年第9期。

李枚、王颖：《关于我国中小学开展海洋教育的建议》，《管理观察》2016年第19期。

李强华：《基于近代海洋意识觉醒视角的魏源"海国"理念探究》，《上海海洋大学学报》2012年第9期。

李小军：《改革教学组织形式 提高教育改革成果》，《新课程研究》2008年第11期。

李小霞：《海洋强国背景下大学生海洋意识培育的路径研究》，《南方论刊》2021年第4期。

李亚璇：《海洋意识教育在高中历史教学的重要实践》，《考试周刊》2016年第55期。

刘小芳：《新高考改革背景下的高中历史教学设计——以统编版〈全球航路的开辟〉为例》，《中学历史教学参考》2021年第3期。

刘新华、秦仪：《海洋观演变略论》，《湖北行政学院学报》2004年第2期。

刘训华：《国家海洋战略的推进向度》，《深圳大学学报》（人文科学版）2019年第5期。

陆安：《青岛市中小学海洋教育现状及发展对策》，《海洋开发与管理》2005年第3期。

马九轩：《关于进行海洋意识教育的思考》，《山西财经大学学报》2001年第2期。

马莲菁：《从古希腊文学作品看古希腊人与海洋的关系》，《淮南师范学院学报》2009年第6期。

马仁锋：《国民素养视角海洋文化的知识体系及其教育实施策略》，《航海教育研究》2022年第1期。

马勇：《从海洋意识到海洋素养——我国海洋教育目标的更新》，《宁波大学学报》2022年第2期。

马勇：《何谓海洋教育——人海关系视角的确认》，《中国海洋大学学报》2012年第6期。

马勇、王婧、周甜甜：《我国海洋教育政策的发展脉络及其内容分析》，《中国海洋大学学报》（社会科学版）2014年第6期。

马勇、王欣莹：《韩国海洋教育发展现状及其启示》，《世界教育信息》2019年第13期。

马勇、朱信号：《试论我国海洋跨学科教育及其发展趋向》，《中国海洋大学学报》（社会科学版）2010年第2期。

朴英新：《运用教学反思创生历史教学成长点》，《中学历史教学参考》2017年第14期。

戚其章：《魏源的海防论和朴素的海防思想》，《求索》1996年第2期。

秦东兴、王晶晶：《日本中小学海洋教育评介》，《世界教育信息》2017年第3期。

曲金良：《西方海洋文明千年兴衰历史考察》，《人民论坛·学术前沿》2012年第6期。

邵杰、王俊英、李英宽、孟庆玲：《海洋教育综述及对崂山区中小学的启示》，《学周刊》2015年第2期。

苏小东：《甲午战争前后东亚海权与海防的较量及其影响》，《安徽史学》2015 年第 4 期。

孙安然、陈宁：《国家海洋安全被受访者高度关注》，《中国海洋报》2014 年第 2 期。

孙吉亭：《海洋渔业与海洋文化协调发展研究》，《中国渔业经济》2016 年第 34 期。

孙健、张红霞：《新时代建设海洋强国视野下海洋文化自信的生成》，《中国石油大学学报》（社会科学版）2018 年第 3 期。

童桦：《左史右图浅议地图在高中历史教学中的运用》，《中国教师》2013 年第 5 期。

王必闩：《高中历史主题教学基本范式探索》，《中学历史教学参考》2023 年第 6 期。

王芳、王瑞金、吕明、冯莉媚：《海洋强国战略背景下的大学生海洋教育》，《教育现代化》2016 年第 38 期。

王华：《论公众海洋意识的觉醒》，《科技管理研究》2009 年第 8 期。

王琪、王璇：《我国海洋教育在海洋人才培养中的不足及对策》，《科学与管理》2011 年第 3 期。

王书明等：《人海关系的历史发展阶段》，《中国海洋社会学研究》2019 年第 1 期。

王孙旺：《大国外交视域下习近平海洋强国战略研究》，《中共太原市委党校学报》2022 年第 1 期。

王新刚、王丽玲、肖继新等：《大学生海洋意识教育现状调查研究》，《长春教育学院学报》2012 年第 1 期。

王振敏：《项目式学习下 STEM 海洋教育课程体系建设——以青岛第三十九中学为例》，《现代教育》2020 年第 4 期。

魏冬明：《试析高中历史教学中海洋意识教育》，《中学历史教学参考》2023 年第 4 期。

吴继陆：《论海洋文化研究的内容、定位及视角》，《宁夏社会科学》2008 年第 4 期。

吴建华：《谈中外海洋文化的共性、个性与局限性》，《浙江海洋学院学报》（人文科学版）2003年第1期。

吴卫卫、王勇军：《试论发展海洋教育的时代价值》，《长春师范大学学报》（人文社会科学版）2014年第2期。

夏立平：《中国特色海洋文化建设与软实力提升》，《人民论坛·学术前沿》2022年第17期。

肖阳：《运用主题教学整合〈中外历史纲要〉初探》，《课程教材教学研究》2022年第2期。

肖圆、郭新丽：《海洋教育：教育思想与实践的嬗变》，《海洋开发与管理》2022年第3期。

徐继存、段兆兵、陈琼：《论课程资源及其开发与利用》，《学科教学》2002年第2期。

徐蓝：《历史核心素养下统领下统编高中历史教科书的编写》，《课程·教材·教法》2019年第9期。

徐蓝：《统编普通高中历史教科书的新气象》，《基础教育课程》2019年第17期。

许维安：《论海洋文化及其与海洋经济的关系》，《湛江海洋大学学报》2002年第5期。

晏绍祥：《统编高中历史教材〈中外历史纲要（下）〉的总体构架及主要线索》，《课程·教材·教法》2020年第6期。

杨成志：《海洋意识初探》，《军事经济研究》1990年第10期。

杨国桢：《海洋丝绸之路与海洋文化研究》，《学术研究》2015年第2期。

杨国帧：《论海洋人文社会科学的概念磨合》，《厦门大学学报》（哲学社会科学版）2000年第1期。

叶龙：《全球海洋教育的发展新路径与趋势——走向海洋文化教育》，《现代教育科学》2019年第8期。

叶小兵：《钻研新教材，用好新教材——统编高中历史必修教材使用的若干建议》，《历史教学》（上半月刊）2020年第8期。

叶云飞：《试论海洋类高校学生海洋文化素养的培育》，《浙江海洋学院学报》（人文科学版）2006年第4期。

詹秀娣、陈红伟：《地理教学视角下中学生海洋意识教育述评》，《天津师范大学学报》（社会科学版）2019年第3期。

张帆：《对大航海时代西方国家海洋战略的一点思考》，《珠江论丛》2018年第3期。

张付文：《基于高中历史课程标准的考试命题初探——以"中国海洋权益和海防问题"试题设计为例》，《中学历史教学参考》2020年第8期。

张海鹏：《统编高中历史教科书的学科体系和学术体系——适应和掌握统编高中历史教材〈中外历史纲要〉（上）的意见》，《课程·教材·教法》2019年第9期。

张开诚：《海洋文化与中华文明》，《广东海洋大学学报》2012年第5期。

张立敏：《海洋教育国内研究综述》，《岭南师范学院学报》2020年第2期。

张梦皙：《近年来普通高中教学组织形式变革研究综述》，《教育科学论坛》2017年第11期。

张梦滟：《浅谈基础教育视野中的海洋意识培养》，《亚太教育》2016年第5期。

张蓉：《从陆地文明向海洋文明的"飞跃"——以部编版〈探寻新航路〉为例》，《中学教学参考》2020年第31期。

张羽丰：《高中历史课堂实施主题教学的有效策略》，《中学历史教学参考》2015年第14期。

赵国惠、邬岩姣：《英国历史学科国家课程标准探析》，《大连教育学报》2006年第4期。

赵娟：《我国海洋意识教育探究》，《海洋开发与管理》2021年第5期。

赵永花：《新课改下高中历史教学组织形式的设计与研究》，《教育探索》2012年第39期。

赵宗金、沈学乾：《海洋意识的变迁及其建构研究——基于建构主义的分析视角》，《中国海洋社会学研究》2014年第1期。

钟昌红、姚锐、陈力：《中小学海洋意识教育的探索与实践——以海南省为例》，《基础教育课程》2021年第1期。

钟凯凯：《海洋教育概念探讨》，《浙江海洋大学学报》（人文科学版）2019年第6期。

周锦萍：《历史教学应加强学生海洋意识的培养》，《中学教学参考》2012年第25期。

朱成刚、翁丹凤：《浅谈中学校本课程中海洋教育的开展》，《中国教育技术装备》2014年第23期。

朱信号、马勇：《我国台湾地区中小学海洋教育探索及借鉴——兼与大陆地区的比较研究》，《教学研究》2014年第4期。

三　教材

曹大为、赵世瑜总主编，曹大为、郭小凌主编：《普通高中课程标准实验教科书·历史必修（Ⅲ）》，岳麓书社2004年版。

曹大为、赵世瑜总主编，曹文柱、杨宁一主编：《普通高中课程标准实验教科书·历史必修（Ⅱ）》，岳麓书社2004年版。

曹大为、赵世瑜总主编，赵世瑜、刘北成主编：《普通高中课程标准实验教科书·历史必修（Ⅰ）》，岳麓书社2004年版。

张海鹏、徐蓝总主编，晏绍祥、张顺洪主编：《中外历史纲要（下）》，人民教育出版社2019年版。

张海鹏、徐蓝总主编，张帆、李帆主编：《中外历史纲要（上）》，人民教育出版社2019年版。

后　　记

　　海洋不仅是生命的摇篮，更是人类文明的发源地。在历史的长河中，海洋见证了文明的兴衰更迭。将海洋教育融入中学历史教学，不仅是对中学生知识结构的完善，更是对他们视野的拓宽和情怀的滋养。

　　在《海洋教育与高中历史教学》撰写的过程中，我们遇到了很多挑战，但更多的是收获与感动。对于史料的搜集、教材内容的挖掘以及问卷调查的开展都倾注了我们的心血。同时也深刻感受到海洋教育的重要性和紧迫性，因为他关乎国家海洋发展的未来。

　　在此特别感谢那些为本书提供支持和帮助的同仁。感谢我的学生们，是你们求知若渴的热情反馈，给了我无限的动力和灵感；还要感谢所有关心和支持海洋教育与中学历史教学的同仁们，是你们的关注与鼓励，让我们在探索的道路上不再孤单。希望这本书能够成为中学历史教师的参考书，为他们提供一套系统、实用的海洋教育教学方案。让海洋教育能够真正融入高中历史课堂、融入学生的生活。

　　本书共分为七个部分，为孙晓光教授、张赫名教授所带领指导的海洋教育团队的七名硕士研究生在毕业论文的基础上修改、整合而成，具体分工如下：

　　山东省高清县第一中学邢智玲、张赫名教授负责《高中历史教学中海洋教育的探索——以教学组织形式为视角》的撰写、框架设计及审读。山东省枣庄市第四十一中学吴敏、张赫名教授负责《论海洋教育在高中历史教学中的实施》的撰写、框架设计及审读。山东省阳信县委宣传部田梦杰、孙晓光教授负责《统编版高中历史必修教材海洋教育内容研究》的撰写、框架设计及审读。山东省德州市德城区教育和体育局刘玉坤、孙晓光教授负责《高中历史教学中开展海洋教育研究——以人海关系为视角》的撰写、框架设计及审读。山东省济南市历城第二中学李智昊、孙晓光教授负责《高中历史"海洋教育主题教学"研究》的撰写及框架设计与审读。曲阜师范大学中国史博士研究生孙盼盼、孙晓光教授负责《高中历史教学中海洋意识培养研究》的撰写、框架设计及审读。烟台经济技术开发区高级中学刘悦、孙晓光教授负责《海洋文化融入高中历史教学的策略研究》的撰写、框架设计及审读。李智昊对格式规范、文字校对等方面进行了具体统筹。曲阜师范大学孙晓光教授、张赫名教授对各部分题目的拟定、框架设计等方面作了具体的指导，并对全书进行了统稿。

孙晓光、张赫名
2024 年 9 月 10 日